Fallstudien zu akademischen Ausgründungen

Petra Dickel · Achim Walter
Monika Sienknecht · Anke Rasmus
Hrsg.

Fallstudien zu akademischen Ausgründungen

Werdegang technologieorientierter und sozialunternehmerischer Gründer

Hrsg.
Petra Dickel
Fachhochschule Kiel
Kiel, Deutschland

Monika Sienknecht
Univ. Kiel
Kiel, Deutschland

Achim Walter
Univ. Kiel
Kiel, Deutschland

Anke Rasmus
Univ. Kiel
Kiel, Deutschland

ISBN 978-3-658-25699-9   ISBN 978-3-658-25700-2 (eBook)
https://doi.org/10.1007/978-3-658-25700-2

Die Deutsche Nationalbibliothek verzeichnet diese Publikation in der Deutschen Nationalbibliografie; detaillierte bibliografische Daten sind im Internet über http://dnb.d-nb.de abrufbar.

Springer Gabler
© Springer Fachmedien Wiesbaden GmbH, ein Teil von Springer Nature 2019
Das Werk einschließlich aller seiner Teile ist urheberrechtlich geschützt. Jede Verwertung, die nicht ausdrücklich vom Urheberrechtsgesetz zugelassen ist, bedarf der vorherigen Zustimmung des Verlags. Das gilt insbesondere für Vervielfältigungen, Bearbeitungen, Übersetzungen, Mikroverfilmungen und die Einspeicherung und Verarbeitung in elektronischen Systemen.
Die Wiedergabe von allgemein beschreibenden Bezeichnungen, Marken, Unternehmensnamen etc. in diesem Werk bedeutet nicht, dass diese frei durch jedermann benutzt werden dürfen. Die Berechtigung zur Benutzung unterliegt, auch ohne gesonderten Hinweis hierzu, den Regeln des Markenrechts. Die Rechte des jeweiligen Zeicheninhabers sind zu beachten.
Der Verlag, die Autoren und die Herausgeber gehen davon aus, dass die Angaben und Informationen in diesem Werk zum Zeitpunkt der Veröffentlichung vollständig und korrekt sind. Weder der Verlag, noch die Autoren oder die Herausgeber übernehmen, ausdrücklich oder implizit, Gewähr für den Inhalt des Werkes, etwaige Fehler oder Äußerungen. Der Verlag bleibt im Hinblick auf geografische Zuordnungen und Gebietsbezeichnungen in veröffentlichten Karten und Institutionsadressen neutral.

Springer Gabler ist ein Imprint der eingetragenen Gesellschaft Springer Fachmedien Wiesbaden GmbH und ist ein Teil von Springer Nature.
Die Anschrift der Gesellschaft ist: Abraham-Lincoln-Str. 46, 65189 Wiesbaden, Germany

Danksagung

Wir bedanken uns bei allen Interviewpartnern, die durch ihre wertvollen Auskünfte zu ihrem Werdegang und Unternehmen dieses Fallstudienbuch ermöglicht haben. Dies gilt sowohl für alle im Buch namentlich genannten akademischen Gründer als auch im Besonderen für alle anonymen Interviewpartner, die mit ihren Unternehmen für die Fallstudien Pate standen. Wir bedanken uns außerdem herzlich bei der Mathias-Tantau-Stiftung für die Unterstützung bei der Umsetzung des Projektes.

Kiel, im Frühjahr 2019

Petra Dickel
Achim Walter
Monika Sienknecht
Anke Rasmus

Einleitung

Wer wird warum Unternehmer?[1] In einem Land wie Deutschland, dessen wirtschaftlicher Erfolg weitgehend auf dem unternehmerischen Verdienst des Mittelstandes beruht, ist das eine Frage, die Wissenschaft und Praxis gleichermaßen bewegt. Dieses Buch möchte daher einen Erklärungsbogen zwischen theoretischen Überlegungen in der Entrepreneurship-Forschung einerseits und realen Beobachtungen in der Unternehmenspraxis andererseits spannen. Dabei, und auf der Suche nach einer Antwort zur eben gestellten Frage, folgen wir der in der Fachliteratur zunehmend geteilten Auffassung, dass gegenwärtiges und zukünftiges Verhalten von Gründern durch Einflussgrößen geprägt ist, die während lernsensibler Abschnitte ihrer biografischen Vergangenheit auftraten. Das vorliegende Buch beleuchtet prägende Einflussfaktoren, die Hochschulabsolventen und Mitarbeiter öffentlicher Forschungseinrichtungen dazu bewegt haben, eigene Geschäftsideen zu formulieren, daraus innovative Geschäftsmodelle abzuleiten und diese schließlich in originäre Unternehmensgründungen umzusetzen. Hierzu werden auf Basis von Fallstudien die Hintergründe und Vorgeschichten sogenannter akademischer Gründer erfasst, um daraus jene prägenden Faktoren abzuleiten, die in Zusammenhang mit ihren Unternehmensgründungen stehen.

Bei der Definition des Begriffs „akademische Gründer" folgen wir einer eher breiteren Auffassung, der zufolge zu diesen Persönlichkeiten alle gegenwärtigen und ehemaligen Angehörigen (Forschende und Studierende) aus Hochschulen und anderen Forschungseinrichtungen zählen, die ihre dort erworbenen wissenschaftlichen Erkenntnisse als Geschäftsgrundlage für den Aufbau eines Unternehmens einsetzen. Im Folgenden bezeichnen wir so entstandene Unternehmen auch als akademische Spin-offs.

Von akademischen Spin-offs gehen vielfältige positive ökonomische Effekte aus (z. B. O'Shea et al. 2005; Vincett 2010; Dickel 2015). Untersuchungen der Entrepreneurship-Forschung belegen, dass sich aus Hochschulen und Forschungseinrichtungen Unternehmen ausgründen lassen, die aus dem innovationsfähigen Stoff sind, der Wachstum fördert und Wohlstand sichert (vgl. hierzu Schmidt et al. 2011; Walter et al. 2013). Wenig überraschend entstanden hierzulande aufgrund dieser positiven Effekte über die letzten beiden

---

[1] Aus Gründen der Lesbarkeit wird im vorliegenden Buch nicht nach geschlechterspezifischen Bezeichnungen differenziert. Die gewählte männliche Form schließt eine adäquate weibliche Form gleichberechtigt ein.

Dekaden mehr und mehr Unterstützungsangebote für gründungsinteressierte Persönlichkeiten an Hochschulen und Forschungseinrichtungen.

Neben Institutionen wie beispielsweise Bundesministerien oder regionalen Wirtschaftsfördergesellschaften widmet sich auch die Wissenschaft seit einiger Zeit verstärkt dem Phänomen akademischer Ausgründungen. Im Gegensatz zur klassischen Entrepreneurship-Forschung, die unternehmerisches Verhalten auf inter-individuelle Unterschiede, wie unternehmerische Erfahrungen (Hsu 2007) oder genetische Einflüsse (Shane 2010) zurückführt, widmet sich die Forschung im Bereich des akademischen Entrepreneurship besonders sozialen und institutionellen Kontextfaktoren (Kenney und Goe 2004; Mosey und Wright 2007). Vorbestehende Kontextfaktoren wie z. B. institutionelle Normen, Gruppen oder Netzwerke betten Akademiker ein und können unternehmerisches Verhalten stimulieren (Clarysse et al. 2005). Um zu ergründen, wie sich der Einfluss vorbestehender Kontextfaktoren auf Individuen, Teams oder Unternehmen auswirkt und langfristig deren (Entscheidungs-)Verhalten beeinflusst, nutzt die betriebswirtschaftliche Forschung das Konzept der Prägung (Imprinting) (Stinchcombe 1965; Simsek et al. 2011). Erste Imprinting-Forschungsarbeiten zur Gründung von Unternehmen lassen darauf schließen, dass eine nachhaltige Wirkung der Bedingungen vor Gründung eines Unternehmens auf dessen Entwicklung weit über die Anfangsphase hinaus besteht (Milanov und Fernhaber 2009; Marquis und Tilcsik 2013).

Die zentrale Frage dieses Buchs nach den Einflüssen, die akademische Gründer geprägt haben, den Weg in die berufliche Selbstständigkeit zu wagen und dabei bestimmte Geschäftschancen zu verfolgen, wird vor dem Hintergrund zweier unterschiedlicher Unternehmensausrichtungen betrachtet. Zum einen werden Gründerpersönlichkeiten technologiebasierter Unternehmen befragt. Bei diesen Unternehmensgründungen handelt es sich um langfristig gewinnorientierte Unternehmungen, deren Produkte und Dienstleistungen auf innovativen Forschungs- und Entwicklungsergebnissen basieren, die sie alleine oder kooperativ mit externen Partnern erzielt haben. Die aus einem technisch-naturwissenschaftlichen Umfeld stammenden Gründer verfügen über das neuartige technologische Know-how, um daraus marktfähige innovative Problemlösungen zu schaffen. In der Entrepreneurship-Forschung wird bis heute lebhaft diskutiert, welche personenbezogenen Eigenschaften darüber hinaus dazu beitragen, dass Angehörige aus Hochschulen und anderen Forschungseinrichtungen den Schritt der Gründung eines technologiebasierten Unternehmens wagen und in einem wettbewerblichen Umfeld erfolgreich meistern (siehe hierzu z. B. Ensley und Hmieleski 2005; van Dierdonck und Debackere 1988; Jain et al. 2009; Vohora et al. 2004).

Darüber hinaus wissen wir wenig über die Beweggründe, aus denen sich akademische Gründer für die Realisierung sozialunternehmerischer Geschäftsideen entscheiden. Im Gegensatz zu klassischen Unternehmen spielt eine gewinnorientierte Ausrichtung in diesen sogenannten Sozialunternehmen eine untergeordnete Rolle. Sozialunternehmer lösen mit unternehmerischen Ansätzen gesellschaftliche Herausforderungen (z. B. Bildungsgerechtigkeit, Armut, Umweltschutz) und tragen so zu einer nachhaltigen Entwicklung bei (Austin et al. 2006; Dacin et al. 2011; Miller et al. 2012). Im Vergleich zu gewinnorientierten

Unternehmern legt die Forschung zu Sozialunternehmern eine prosoziale Persönlichkeit nahe (Mair und Noboa 2006). Ähnlich wie bei gewinnorientierten Unternehmern können Arbeitserfahrungen in sozialen Unternehmen die Absicht zur Gründung eines Sozialunternehmens erhöhen (Hockerts 2017). Mitunter sind Sozialunternehmer Situationen ausgesetzt, in denen sie selbst spezifische gesellschaftliche Probleme erfahren, sodass ihre Wahrnehmung von Lösungsmöglichkeiten in Form gesellschaftliche Geschäftsideen geschärft wird (Zahra et al. 2008). Folglich werden vorbestehende Kontextfaktoren auch für die Gründungsentscheidung von Sozialunternehmen als relevant erachtet (Saebi et al. 2019).

Die in diesem Buch gesammelten Fallstudien konzentrieren sich auf die Auswirkungen prägender Erfahrungen auf *Individuen vor der Gründung* eines akademischen Spin-offs. Damit veranschaulichen die verschiedenen Beiträge, wie Personen, Organisation und Umweltfaktoren den Weg und die Art und Weise der Gründung entscheidend geprägt haben. Das Buch zeigt damit auch Wege für die Hochschule, Politik und Wirtschaftsförderung auf, wie akademische Ausgründungen forciert und gefördert werden können.

In elf Beiträgen werden die theoretischen Grundlagen, Hintergründe und Auswirkungen von Prägungen auf technologiebasierte und sozialunternehmerische Unternehmensgründungen kompakt dargestellt. Die Fallstudien entstammen aus realen Unternehmungen und bieten sich für den Einsatz in Entrepreneurship- und Management-Modulen in Bachelor- und Masterstudiengängen an. Im Anschluss an die Fallstudien folgen jeweils Fragen, anhand derer die Leser lernen, theoretische Konzepte und Methoden zur Lösung von Problemen aus der Unternehmenspraxis anzuwenden.

Der *erste Teil* des Buches fokussiert Prägungen in technologiebasierte Unternehmensgründungen und wird durch den Beitrag von *Monika Sienknecht* eröffnet. Die Autorin gibt zunächst einen umfassenden theoretischen Überblick in das Thema Prägungen im unternehmerischen Kontext. Sie beleuchtet am Fallbeispiel von BG Think Tank, einem Unternehmen, das automatisierte Bilderkennungssoftware herstellt, inwiefern Prägungen durch soziale Lernprozesse in beruflichen und familiären Lebensbereichen existieren und welche Rolle die soziale Nähe für frühe unternehmerische Prägungen spielt. *Gerrit Jochims* analysiert in seinem Beitrag die prägende Wirkung von biografischen Netzwerken und zeigt in einer Fallstudie zu dem Hightech Unternehmen Optosight, dass Rollenmodelle und soziale Kollektive als Prägungsquellen von unternehmerischem Verhalten differenziert betrachtet werden sollten. *Philip Hutchinson* und *Christoph Petersen* widmen sich Prägungen, die akademische Gründer durch die makroökonomische Umwelt erfahren. Die Autoren identifizieren die konjunkturelle Lage, die Wahrnehmung und Verfügbarkeit von Subventionen und die gesellschaftliche Legitimation als prägende Einflüsse und analysieren ihre Propositionen am Beispiel von omics2view.consulting, einem Unternehmen, das Lösungen für bioinformatische und biostatische Datenanalysen anbietet. Der Beitrag von *Constantin Niemann* beschäftigt sich mit der Wahl eines Individuums zwischen zwei verschiedenen unternehmerischen Alternativen, nämlich der Wahl innerhalb einer bestehenden Organisation unternehmerisch tätig zu sein (Intrapreneur) oder selbst zu gründen (Entrepreneur). Am Fallbeispiel von ClimbZ, einer Softwarefirma im Klettersportbereich, beleuchtet der Autor die Rolle von personellen, organisationalen und umweltbezogenen Prägungsquellen auf die Wahl der unternehmerischen Alternative. Der erste Teil des Buches schließt mit der Fallstudie von *Christian Marx* und *Mareike Peters* zu dem Unternehmen FunSurf, das Smartwatches für Kitesurfer entwickelt. Die Autoren fokussieren in ihrem Beitrag insbesondere die prägenden Einflüsse von persönlichen Beziehungen aus dem familiären und außerfamiliären Umfeld auf die Gründungsentscheidung.

Der *zweite Teil* beschäftigt sich mit Prägungen von Sozialunternehmern, also Personen, die mit ihrer Unternehmung primär gesellschaftliche Ziele verfolgen. *Katharina Knapp* diskutiert in ihrem Beitrag die Besonderheiten von Prägungen im sozialunternehmerischen Kontext und zeigt am Beispiel von kulturgrenzenlos e.V. auf, welche Rolle prägende Faktoren für die Entscheidung, ein Sozialunternehmen zu gründen, spielen. Darüber hinaus analysiert sie, wie Prägungen die Ausgestaltung der vorherrschenden kommerziellen Logik und den Einsatz von Maßnahmen zur Wirkungsmessung durch das Sozialunternehmen beeinflussen. Der Beitrag von *Rahel Graeber* widmet sich dem Unternehmen myBoo, einem Anbieter von Bambusfahrrädern, welches die Herstellung und den Vertrieb der einzigartigen Fahrräder mit sozialem Engagement und ökologischem Nutzen verbindet. Die Autorin zeigt anschaulich auf, inwiefern Prägungen in der Kindheit und Jugend die Gründungsentscheidung der beiden Unternehmer beeinflusst haben. *Barbara Schrader* und *Constantin Niemann* beschäftigen sich mit den Prägungen einer der Purefood Gründer. Purefood ist ein junges Sozialunternehmen, das unter dem Markennamen Lycka nachhaltige Eissorten und andere Snacks vertreibt und mittels des integrierten One-for-One Prinzips die Bildungschancen in Entwicklungsländern fördert. Für mehr Bildungsgerechtigkeit und Chancengleichheit setzt sich auch Rock Your Life! ein, deren Hintergrund von *Lena Reschke* und *Rahel Graeber* eindrücklich beschrieben wird. Neben dem Unternehmenskonzept gehen die Autorinnen insbesondere auf die prägenden Einflüsse und die Gründungsentscheidung der Sozialunternehmer ein. Der nachfolgende Beitrag von *Rahel Graeber*, beleuchtet den Hintergrund und Prägungen einer der Gründerinnen von Ruby Life. Das Sozialunternehmen setzt sich mit dem Produkt Ruby Cup für eine gesunde, nachhaltige, kostengünstige und umweltfreundliche Alternative für Menstruationsprodukte ein und eröffnet dabei Mädchen, u. a. in afrikanischen Ländern, die Möglichkeit, sorgenfrei zur Schule gehen zu können. Der zweite Teil schließt mit einem Beitrag von *Constantin Niemann, Barbara Schrader* und *Lena Reschke* über die Leonhard gGmbH, einem Sozialunternehmen, das es sich zur Aufgabe gemacht hat, Strafgefangene unternehmerisch zu qualifizieren und zu resozialisieren. Die Fallstudie zeigt den Gründungsprozess und das Unternehmenskonzept auf und beleuchtet hierbei insbesondere die prägenden Faktoren, die zu der Unternehmensgründung geführt haben.

Petra Dickel
Achim Walter
Monika Sienknecht
Anke Rasmus

Literatur

Austin, J., Stevenson, H., & Wei-Skillern, J. (2006). Social and commercial entrepreneurship: Same, different, or both? *Entrepreneurship: Theory & Practice, 30*(1), 1–22.

Clarysse, B., Wright, M., Lockett, A., Van de Velde, E., & Vohora, A. (2005). Spinning out new ventures: A typology of incubation strategies from European research institutions. *Journal of Business Venturing, 20*(2), 183–216.

Dacin, M. T., Dacin, P. A., & Tracey, P. (2011). Social entrepreneurship: A critique and future directions. *Organization Science, 22*(5), 1203–1213.

Dickel, P. (2015). Linking technologies to markets: The relationship of protectability and entrepreneurial learning in academic spin-offs. *Die Betriebswirtschaft, 75*(4), 253–272

van Dierdonck, R., & Debackere K. (1988). Academic entrepreneurship at belgian universities. *R&D Management, 18*(4), 341–354.

Ensley, M. D., & Hmieleski, K. M. (2005). A comparative study of new venture top management team composition, dynamics and performance between university-based and independent start-ups. *Research Policy, 34*, 1091–1105.

Hockerts, K. (2017). Determinants of social entrepreneurial intentions. *Entrepreneurship Theory and Practice, 41*(1), 105–130.

Hsu, D. H. (2007). Experienced entrepreneurial founders, organizational capital, and venture capital funding. *Research Policy, 36*(5), 722–741.

Jain, S., George, G., & Maltarich, M. (2009). Academics or entrepreneurs? Investigating role identity modification of university scientists involved in commercialization activity. *Research Policy, 38*(6), 922–935.

Kenney, M., & Goe, R. W. (2004). The role of social embeddedness in professorial entrepreneurship: A comparison of electrical engineering and computer science at UC Berkeley and Stanford. *Research Policy, 33*(5), 691–707.

Mair, J., & Noboa, E. (2006). Social entrepreneurship: How intentions to create a social venture get formed. In J. Mair, J. Robinson & K. Hockerts (Hrsg.), *Social Entrepreneurship* (S. 121–136). New York: Palgrave MacMillan.

Marquis, C., & Tilcsik, A. (2013). Imprinting: Towards a multilevel theory. *The Academy of Management Annals, 7*(1), 193–243.

Milanov, H., & Fernhaber, S. A. (2009). The impact of early imprinting on the evolution of new venture networks. *Journal of Business Venturing, 24*(1), 46–61.

Miller, T. L., Grimes, M. G., McMullen, J. S., & Vogus, T. J. (2012). Venturing for others with heart and head: How compassion encourages social entrepreneurship. *Academy of Management Review, 37*(4), 616–640.

Mosey, S., & Wright, M. (2007). From human capital to social capital: A longitudinal study of technology-based academic entrepreneurs. *Entrepreneurship Theory and Practice, 31*(6), 909–935.

O'Shea, R. P., Allen, Th. J., Chevalier, A., & Roche F. (2005). Entrepreneurial orientation, technology transfer and spinoff performance of U.S. universities. *Research Policy, 34*(7), 994–1009

Saebi, T., Foss, N. J., & Linder, S. (2019). Social entrepreneurship research: Past achievements and future promises. *Journal of Management, 45*(1), 70–95.

Schmidt, A., Heinrichs, S., & Walter, A. (2011). Technologiebasierte Spin-offs – Ein Forschungsüberblick zu Einflussgrößen ihrer Entwicklung. *Zeitschrift für Betriebswirtschaft, 81*(6), 677–714.

Shane, S. (2010). *Born entrepreneurs, born leaders: How our genes affect our work life.* New York: Oxford University Press.

Simsek, Z., Fox, B. C., & Heavey, C. (2015). „What's past is prologue" A framework, review, and future directions for organizational research on imprinting. *Journal of Management, 41*(1), 288–317.

Stinchcombe, A. L. (1965). Social structure and organizations. In J. G. March (Hrsg.), *Handbook of organizations* (S. 142–193). London: Routledge.

Vincett, P. S. (2010). The economic impacts of academic spin-off companies, and their implications for public policy. *Research Policy, 39*(6), 736–747.

Vohora, A., Wright, M., & Lockett, A. (2004). Critical junctures in the development of university high-tech spinout companies. *Research Policy, 33*(1), 147–175.

Walter, A., Rasmus, A., Riesenhuber, F., Schmidthals, J., & Dickel, P. (Hrsg.). (2013). *Fallstudien zur Gründung und Entwicklung innovationsorientierter Unternehmen: Einflussgrößen und theoretische Verankerung des Erfolgs.* Wiesbaden: Springer Gabler.

Zahra, S. A., Rawhouser, H. N., Bhawe, N., Neubaum, D. O., & Hayton, J. C. (2008). Globalization of social entrepreneurship opportunities. *Strategic Entrepreneurship Journal, 2*(2), 117–131.

Inhaltsverzeichnis

Teil I Prägungen technologieorientierter Gründer

1 Frühe Prägungen akademischer Gründer anhand sozialer Lernprozesse: Einfluss verschiedener Lebensbereiche auf die Gründungsentscheidung am Beispiel von BG ThinkTank 3
Monika Sienknecht
   1.1 Einleitung, Problemstellung und Aufbau des Beitrags 4
   1.2 Rahmenbedingungen des akademischen Entrepreneurship 6
   1.3 Theoretische Bezugspunkte und Grundlagen der Prägungsforschung 7
   1.4 Prägungen akademischer Entrepreneure 13
   1.5 Methodik und Untersuchungsgegenstand 21
   1.6 Zusammenführung von Theorie und Empirie 25
   1.7 Zusammenfassung, Implikationen und Limitationen 29
   Literatur 34

2 Prägung des unternehmerischen Verhaltens von Akademikern durch biografische Netzwerke: Fallstudienanalyse des akademischen High-Tech Unternehmens Optosight GmbH 41
Gerrit Jochims
   2.1 Motivation, Forschungsfrage und Aufbau der Arbeit 43
   2.2 Akademiker und unternehmerisches Verhalten 44
   2.3 Basistheoretisches Fundament 45
   2.4 Prädiktoren unternehmerischen Verhaltens von Akademikern 51
   2.5 Methodik und Gegenstand der Untersuchung 56
   2.6 Integration von Theorie und empirischen Befunden 57
   2.7 Schlussfolgerungen 66
   Literatur 70

3 Prägung akademischer Gründer durch die makroökonomische
   Umwelt – Eine fallstudienbasierte Analyse am Beispiel von
   omics2view.consulting... 75
   Philip Hutchinson und Christoph Petersen
   3.1 Einleitung 76
   3.2 Prägung makroökonomischer Faktoren auf Unternehmensgründer 77
   3.3 Fallstudie 85
   3.4 Prägung der Gründer 89
   3.5 Befunde der Fallstudie 92
   3.6 Fazit 94
   3.7 Ausblick 95
   Literatur 97

4 Entrepreneur oder Intrapreneur – Prägende Einflüsse auf die Wahl der
   unternehmerischen Alternative am Fallbeispiel von ClimbZ 103
   Constantin Niemann
   4.1 Problemstellung, Zielsetzung und Aufbau der Arbeit 104
   4.2 Theoretische Grundlagen 105
   4.3 Prägung und die Wahl der unternehmerischen Alternative 109
   4.4 Fallstudienmethodik und Untersuchungsgegenstand 117
   4.5 Diskussion der Fallstudie vor dem Hintergrund des theoretischen
        Modells 124
   4.6 Zusammenfassung und Ausblick 128
   Literatur 131

5 Prägung akademischer Gründer durch persönliche Beziehungen am
   Beispiel von FunSurf 135
   Christian Marx und Mareike Peters
   5.1 Einleitung, Problemstellung und Zielsetzung 136
   5.2 Theoretische Grundlagen 137
   5.3 Prägende Individuen 141
   5.4 Fallstudie 147
   5.5 Befunde der Fallstudie 150
   5.6 Zusammenfassung 154
   Literatur 155

Teil II Prägungen sozialunternehmerischer Gründer

6 Der Einfluss von Prägung auf die soziale Gründungsentscheidung und die
   strategische Ausgestaltung eines Sozialunternehmens am Beispiel von
   kulturgrenzenlos 161
   Katharina Knapp
   6.1 Einleitung 162
   6.2 Theoretische Fundierung 164

	6.3	Ableitung der Propositionen	169
	6.4	Fallstudienmethodik und Untersuchungsgegenstand	177
	6.5	Diskussion der Fallstudie vor dem Hintergrund des theoretischen Modells	181
	6.6	Schlussfolgerungen und Ausblick	187
		Literatur	191

7 My Boo Bambusfahrräder – Unikate aus Ghana und Kiel 199
Rahel Graeber

7.1	Einleitung	200
7.2	Vorstellung des Start-Ups	201
7.3	Prägung der Gründer	206
	Literatur	208

8 Purefood – Lebensmittel für eine nachhaltige Zukunft 211
Barbara Schrader und Constantin Niemann

8.1	Einleitung	212
8.2	Vorstellung des Startups	212
8.3	Prägung des Gründers Felix Leonhardt	219
	Literatur	222

9 Rock Your Life! – Bildungsgerechtigkeit für alle 223
Lena Reschke und Rahel Graeber

9.1	Einleitung	224
9.2	Vorstellung des Start-ups	225
9.3	Prägung der Gründerin Elisabeth Hahnke	229
	Literatur	232

10 Ruby Cup – Ökologische, kostengünstige und gesunde Frauenhygiene 233
Rahel Graeber

10.1	Einleitung	234
10.2	Vorstellung des Start-ups	234
10.3	Prägung der Gründerin Maxie Matthiessen	239
	Literatur	242

11 Leonhard gGmbH – Unternehmertum für Gefangene 243
Constantin Niemann, Barbara Schrader und Lena Reschke

11.1	Einleitung	244
11.2	Vorstellung des Startups	245
11.3	Prägung des Gründers Bernward Jopen	251
	Literatur	254

Teil I

Prägungen technologieorientierter Gründer

Frühe Prägungen akademischer Gründer anhand sozialer Lernprozesse: Einfluss verschiedener Lebensbereiche auf die Gründungsentscheidung am Beispiel von BG ThinkTank

Monika Sienknecht

Inhaltsverzeichnis

1.1	Einleitung, Problemstellung und Aufbau des Beitrags	4
1.2	Rahmenbedingungen des akademischen Entrepreneurship	6
1.3	Theoretische Bezugspunkte und Grundlagen der Prägungsforschung	7
	1.3.1 Grundlagen der Prägung	8
	1.3.2 Prägung von Individuen	10
	1.3.3 Soziale Lerntheorie	11
	1.3.4 Prägungen im Kontext der sozialen Lerntheorie	12
1.4	Prägungen akademischer Entrepreneure	13
	1.4.1 Prägungen im familiären Lebensbereich	13
	1.4.1.1 Prägung durch Erziehung und Training	14
	1.4.2 Prägungen im beruflichen Lebensbereich	15
	1.4.2.1 Prägungen durch Mentoren und Vorgesetzte	16
	1.4.2.2 Prägungen durch Kommilitonen und Arbeitskollegen	17
	1.4.3 Konsistenz der Prägungen	18
	1.4.4 Soziale Nähe und Prägungen im beruflichen Lebensbereich	19
	1.4.5 Überblick über die Propositionen	20
1.5	Methodik und Untersuchungsgegenstand	21
	1.5.1 Fallstudienmethodik	21
	1.5.2 Untersuchungsgegenstand und Datenerhebung – ThinkTank	22
	1.5.2.1 Die Technologie von ThinkTank	22
	1.5.2.2 Der Gründungsprozess	23
	1.5.2.3 Vorstellung des Gründerteams	24
	1.5.2.4 Werdegang von Gründer A	24

M. Sienknecht (✉)
Institut für Betriebswirtschaftslehre, Christian-Albrechts-Universität zu Kiel, Kiel, Deutschland
E-Mail: m.sienknecht@bwl.uni-kiel.de

1.6	Zusammenführung von Theorie und Empirie	25
	1.6.1 Prägungen im familiären Lebensbereich	25
	1.6.2 Prägungen im beruflichen Lebensbereich	26
	1.6.3 Konsistenz der Prägungen im familiären und beruflichen Bereich	28
	1.6.4 Einfluss sozialer Nähe auf Prägungen im beruflichen Lebensbereich	28
1.7	Zusammenfassung, Implikationen und Limitationen	29
	1.7.1 Zusammenfassung wesentlicher Erkenntnisse	29
	1.7.2 Limitationen	31
	1.7.3 Implikationen für die Forschung	31
	1.7.4 Implikationen für die Praxis	32
Literatur		34

Zusammenfassung

Akademische Spin-Offs (fortan ASOs) bezeichnen gewerbliche Ausgründungen von Hochschulabsolventen oder Mitarbeitern öffentlicher Forschungseinrichtungen. Obgleich noch immer ein seltenes Phänomen (Braun-Thürmann et al. 2010; Shane 2004), steigt weltweit die Relevanz akademischer Spin-Offs als Transferkanäle von Wissen und Technologien aus öffentlichen Forschungseinrichtungen (Hemer et al. 2006; Mustar und Wright 2010). Voraussetzung für diese spezielle Form des Entrepreneurship ist der Wandel von Hochschulangehörigen zu Entrepreneuren.

In diesem Kontext liefert das Konzept der Prägung (engl. *Imprinting*) einen theoriegeleiteten Zugang, um die Entstehung unternehmerischer Verhaltensweisen von Akademikern zu untersuchen. Dabei erscheint es zielführend, die spezifischen Lebensbereiche akademischer Entrepreneure unter Berücksichtigung der Argumente und Erkenntnisse der sozialen Lerntheorie differenziert zu betrachten. Die vorliegende Fallstudie beleuchtet daher frühe Prägungen eines akademischen Gründers (fortan Gründer A), die auf professionelle und familiäre Lebensabschnitte zurückgeführt werden können. Darüber hinaus wird in dem vorliegenden Beitrag die Bedeutung sozialer Nähe für frühe unternehmerische Prägungen analysiert.

Das konzeptionelle Modell wird anhand einer explorativen Fallstudie des akademischen Gründers der BG ThinkTank GmbH & Co. KG (fortan ThinkTank) validiert. Das Gründerteam von ThinkTank hat sich im Bereich der Softwareentwicklung spezialisiert. Als Hauptapplikation entwickelten sie eine automatische Bilderkennungssoftware, die in verfügbare Sicherheitslösungen (z. B. Videoüberwachungssysteme) integriert werden kann, um potenziell gefährliche Situationen in Echtzeit zu erkennen und zu analysieren. Eingesetzt wird die Software derzeit bei Großveranstaltungen, wie Fußballspielen, um die Sicherheit im Stadion zu erhöhen.

1.1 Einleitung, Problemstellung und Aufbau des Beitrags

Im Zuge ihres bislang größten öffentlich geförderten Forschungsprograms, Horizon 2020, fördert die Europäische Union gezielt den Transfer und die Kommerzialisierung öffentlicher Forschungsergebnisse (European Commission 2016; Fini et al. 2018). Prominente

Beispiele wachstumsstarker amerikanischer ASOs, darunter Genentech, Amazon und Adobe Systems, ließen europäische Regierungsvertreter unlängst das volkswirtschaftliche Potenzial akademischer Spin-Offs erkennen. Seitdem investieren viele europäische Staaten gezielt in eine frühe gründungsbezogene Ausbildung, vornehmlich an Universitäten und Schulen (EACEA 2012; Fini et al. 2018; Mustar und Wright 2010). Allein in Deutschland wurden seit 1998 135 Professuren für Entrepreneurship eingerichtet (Stand: Juni 2016, vgl. Klandt 2004). Zudem wurden die an deutschen Universitäten und Hochschulen zur Verfügung stehenden Fördermittel für akademische Ausgründungen im Jahr 2013 auf 65 Mio. Euro erhöht, was einem Anstieg um 28 Prozent im Vergleich zum Vorjahr entspricht (Grave et al. 2014). Durch die Bereitstellung komplementärer Ressourcen und gründungsfördernder Strukturen, wie Technologietransferzentren (fortan TTOs), Finanzierungsangeboten (Shane und Stuart 2002), Zugang zu sozialen Netzwerken (Stuart und Ding 2006) und dem Aufbau von Infrastrukturangeboten (Vohora et al. 2004) wurden bekannte Hürden akademischer Gründungsvorhaben abgebaut. Gleichzeitig wurden gründungsfördernde Anreizsysteme, etwa durch Umverteilung der Rechte an Patenten und Lizenzen, an Universitäten und Forschungseinrichtungen geschaffen und vielerorts die Etablierung einer unternehmerisch-orientierten Organisationskultur eingeleitet, um Universitätsangehörige im Bereich des Entrepreneurship zu sensibilisieren und zu qualifizieren (Clarysse et al. 2005).

Die Forschung über die Wirksamkeit dieser Anreize, gemessen anhand vermehrter akademischer Ausgründungen, kommt bisher zu gemischten Befunden (Fini et al. 2018; Muscio et al. 2016; Mustar et al. 2008). Untersuchungen weisen darauf hin, dass Gründungsintention und tatsächliches Verhalten bei Akademikern noch immer weit auseinanderfallen (Schlaegel und Koenig 2014; Kautonen et al. 2015). Nach Sternberg und von Bloh (2017) haben in Deutschland zwischen 2013 und 2016 rund 2,9 Prozent der Erwachsenen[1] konkrete Schritte einer Unternehmensgründung unternommen und etwa 1,7 Prozent eine Gründung vollzogen. Von den rund 250.000 jährlichen Unternehmensgründungen in Deutschland (IfM Bonn 2017) gehen laut einer Befragung von 194 deutschen Hochschulen[2] knapp 6400 Gründungsvorhaben auf Akademiker zurück (Frank et al. 2017); das entspricht einem Anteil von rund 2,6 Prozent. Die Zahl der bereits erfolgten Gründungen fällt mit 1615 Unternehmen deutlich geringer aus. Zudem verweisen Grave et al. (2014) darauf, dass von den 1766 akademischen Gründungen im Jahr 2013 nur etwa die Hälfte auf einem Wissenstransfer aus der Hochschule beruhte. Zusammenfassend scheint es daher ungenügend, allein die Wirkung von Anreizsystemen und -strukturen auf die akademische Gründungsentscheidung in den Fokus der Forschung zu rücken (Fini et al. 2017).

Tiefergehende Einblicke in gründungsfördernde Faktoren liefern Studien, die statt organisationaler und makroökonomischer Charakteristika den Einfluss persönlicher Erfahrungen des Individuums auf die Entscheidung, unternehmerisch aktiv zu werden, untersuchen (vgl. Shane und Khurana 2003; Higgins 2005). Etablierte Forschungsströme in den

---

[1] Erwachsene umfassen alle Befragten im Alter von 18 bis 64 Jahren.
[2] Die Grundgesamtheit im Jahr 2016 bestand aus 390 staatlichen und staatlich anerkannten privaten Hochschulen. Somit umfasst die Stichprobe rund 50 Prozent der Grundgesamtheit.

Bereichen der Soziologie und Organisationstheorie dokumentieren zunehmend, wie prägende Erfahrungen und soziale Interaktionen das individuelle Verhalten und somit den Karriereweg beeinflussen (McEvily et al. 2012; Higgins 2005; Kacperczyk 2009). Speziell die im Bereich der Sozialpsychologie beheimatete Forschung zur Prägung (engl. *Imprinting*) legt nahe, dass Individuen durch soziales Lernen in Form prägender Erfahrungen ihre Geisteshaltungen und kognitiven Strukturen nachhaltig verändern und den Korridor zukünftiger individueller Verhaltensweisen ebnen (Kacperczyk 2009; Azoulay et al. 2017). So identifizieren Mathias et al. (2015) einen Einfluss des sozialen Kontextes auf unternehmerisches Verhalten. Ergänzend zeigen Eesley und Wang (2017), dass die Gründungswahrscheinlichkeit eines Individuums von seinen sozialen Verbindungen beeinflusst wird.

Ziel der vorliegenden Studie ist es, mithilfe eines qualitativen Ansatzes zu beleuchten, wie und warum prägende Einflüsse die Gründungsentscheidung von Akademikern beeinflussen. Dabei baut die Fallstudie auf bestehenden Erkenntnissen der Entrepreneurship-Forschung auf und unterscheidet prägende Ereignisse und Erfahrungen nach ihrem sozialen Kontext in den familiären bzw. beruflichen Lebensbereich (vgl. Cohen-Scali 2003; Fernández-Pérez et al. 2015). Da interpersonale Verbindungen im beruflichen Kontext auf einer primär freiwilligen Basis entstehen und nicht ab initio von sozialer Nähe gekennzeichnet sind, wird der Einfluss sozialer Nähe auf Prägungen im beruflichen Lebensbereich näher analysiert.

Vor diesem Hintergrund gliedert sich die Fallstudie in sieben Kapitel. Im Anschluss an die Einleitung werden die Rahmenbedingungen des akademischen Entrepreneurships dargelegt. Anschließend werden zentrale theoretische Grundlagen erörtert und integriert, um deduktiv drei erkenntnisleitende Forschungsfragen abzuleiten. Prägungen akademischer Entrepreneure werden literaturbasiert beleuchtet und geeignete Propositionen aufgestellt. Im Anschluss wird die methodische Vorgehensweise sowie die Datenbasis erörtert. Die Untersuchungsergebnisse werden vor dem Hintergrund der theoretisch hergeleiteten Forschungsfragen dargelegt. Abschließend werden die Ergebnisse diskutiert und einer kritischen Betrachtung unterzogen. In diesem Zusammenhang werden aus den Erkenntnissen der Fallstudie systematisch Implikationen für die Forschung und Praxis abgeleitet und Limitationen der vorliegenden Arbeit aufgezeigt.

1.2 Rahmenbedingungen des akademischen Entrepreneurship

Kommerzielle Ausgründungen aus Universitäten und Forschungseinrichtungen stellen in der Forschung und Praxis ein bekanntes, jedoch weitgehend unverstandenes Phänomen dar (Fini et al. 2018; Shane 2004). Paradox erscheint insbesondere die dysfunktionale Ausgangssituation, basierend auf der konfliktären institutionellen Logik zwischen akademischer und industrieller Welt (Sauermann und Stephan 2013; Fini und Toschi 2016). Akademische Gründer sind demnach bei ihrem erwerbsbezogenen Wechsel in die Industrie mit umfassenderen Hürden konfrontiert als Gründer, die bereits einen nennenswerten industriellen Erfahrungshintergrund aufweisen. Sauermann und Stephan (2013) identifizieren drei Dimensionen entlang derer Akademiker bei einem gründungsbedingten Wechsel von dem akademischen in den Industriekontext gezwungen sind, sich der institutionellen Logik anzupassen: (i) die Art und Weise der Erwerbstätigkeit, (ii) die Charakteristika des Arbeitsplatzes sowie (iii) individuelle Charakteristika.

Erstens weicht die zuvor grundlagenorientierte Forschungs- und Entwicklungsarbeit mit der Unternehmensgründung einem deutlich stärkeren Kommerzialisierungsbezug, in dem Probleme vorwiegend nach dem Prinzip des Market-Pull (statt Technology-Push) gelöst werden (Sauermann und Stephan 2013). Zweitens stehen akademische Gründer vor der Herausforderung, die Gewinnmaximierung ihres Unternehmens zu forcieren, sodass das übergeordnete Ziel der Wissensakkumulation und -erweiterung dem Aufbau komplementärer Wissensbausteine weichen muss (ebenda). Drittens erfordert der Wechsel des institutionellen Kontextes eine Veränderung der individuellen Präferenzen zugunsten der Befriedigung monetärer Bedürfnisse und zulasten der Freiheit in der Wahl und Ausgestaltung der eigenen Arbeit (Aghion et al. 2008). So zeigen Aghion et al. (2008), dass industriell beschäftigte Akademiker häufig eine monetäre Kompensation ebendieser Einschränkung ihrer beruflichen Freiheit fordern und andernfalls eine dysfunktionale Unzufriedenheit mit ihrer neuen Rolle empfinden (Miller 1976) oder ihren Arbeitseinsatz verringern (Lacetera 2009).

Neben der dysfunktionalen Ausgangssituation, mit der akademische Gründer konfrontiert sind, werden Akademikern in der Literatur nicht selten Eigenschaften, Normen und Wertverständnisse zugeschrieben, die eine geringere Affinität zum Unternehmertum implizieren (Krabel und Mueller 2009; Kolb und Wagner 2015). Jedoch zeigen Clarysse et al. (2011) im Kontext akademischer Gründungen, dass Attribute auf Individualebene bessere Prädiktoren der Gründungsentscheidung sind, als institutionelle Charakteristika. Dieser Logik folgend setzt der Wechsel von einem akademischen in einen Industriekontext einen nachhaltigen Wandel individueller Charakteristika voraus. Durch frühe unternehmerische Prägungen können Eigenschaften, Verhaltensweisen und kognitive Modelle ganz oder teilweise im Zuge eines sozialen Lernprozesses übertragen werden (Azoulay et al. 2017). Demnach können frühe unternehmerische Prägungen einen nachhaltigen Wandel individueller Charakteristika initiieren.

1.3 Theoretische Bezugspunkte und Grundlagen der Prägungsforschung

Die Entrepreneurship-Forschung bemüht sich seit langem um eine Erklärung für den Wandel eines Individuums zum Entrepreneur (Özcan und Reichstein 2009; Stuart und Ding 2006; Hsu et al. 2007; Sørensen 2007a; Elfenbein et al. 2010). Viele Untersuchungen haben konzeptionelle Modelle zur Entstehung von Verhaltensintentionen aus der Psychologie (*Theory of Planned Behaviour* nach Ajzen 1991) und dem Entrepreneurship (*Entrepreneurial Event Model* nach Shapero und Sokol 1982) herangezogen, um zu verstehen, warum Individuen eine Gründungsintention entwickeln (Schlaegel und Koenig 2014;

Goethner et al. 2012). Obgleich die Gründungsintention eine notwendige Bedingung darstellt, so kann sie doch nur bedingt das tatsächliche Gründungsverhalten erklären (Kautonen et al. 2015). Zu ergründen, welche Determinanten die Gründungsintention beeinflussen, reicht daher allein nicht aus, um den Wandel eines Individuums zum Gründer besser zu verstehen (ebenda).

Andere Forschungsströme im Bereich des Entrepreneurship führen einen solchen Rollenwandel auf heterogene Charakteristika von Individuen, wie Präferenzen für bestimmte Berufe, und Mechanismen der Selbstselektion zurück (Busenitz und Barney 1997; Elfenbein et al. 2010). Diese Ansicht vernachlässigt jedoch den Einfluss der Umwelt als externen Treiber unternehmerischer Verhaltensweisen von Individuen (Busenitz und Barney 1997; Aldrich und Zimmer 1986).

Einige Autoren folgen daher soziologischen Theorien, die den Rollenwandel zum Entrepreneur anhand sozialer Kontextfaktoren, wie institutionellen Normen und Referenzgruppen modellieren (Dobrev und Barnett 2005; Stuart und Ding 2006; Sørensen 2007a; Nanda und Sørensen 2010). Sørensen (2007b) betont, dass viele dieser Untersuchungen vorbestehende individuelle Charakteristika in ihrer Analyse sozialer Kontextfaktoren ausklammern, weshalb bisher unklar ist, ob und wie endogene individuelle Charakteristika und exogene soziale Kontexteinflüsse zusammenwirken.

1.3.1 Grundlagen der Prägung

In seinen ersten Beschreibungen organisationaler Strukturen beobachtete Stinchcombe (1965), dass Organisationen in ihrer Gründungsphase exogenen Einflüssen ihrer Umwelt ausgesetzt waren, deren Charakteristika sie nachhaltig in Form stabiler interner Strukturen, Prozesse und Routinen reflektierten. Neben exogenen Umweltfaktoren können auch endogene individuelle Charakteristika des Gründers neue Unternehmen nachhaltig formen (Hannan et al. 1996; Schein 1971). Auch Individuen können durch selektive Absorption nachhaltig geprägt werden (Higgins 2005). Das Phänomen der Prägung liefert eine konzeptionelle Erklärung dafür, dass sich Organisationen und Individuen infolge ihrer Erfahrungen innerhalb sensitiver Lebensphasen Charakteristika ihrer Umwelt aneignen und – entgegen nachfolgender Veränderungen ihrer Umwelt – persistent reflektieren (Marquis und Tilcsik 2013). Als Arbeitsdefinition wird daher unter einer Prägung der an sensitive Lebensphasen gekoppelte soziale Lernprozess verstanden, durch den ein Individuum Elemente seiner Umwelt nachhaltig zu reflektieren beginnt, d. h. eine neue persistierende Trajektorie in der Entwicklung initiiert.

Damit eine Prägung erfolgen kann, bedarf es der Existenz prägender Quellen, sogenannte *Imprinter* (Simsek et al. 2015). *Imprinter* können auf verschiedenen konzeptionellen und analytischen Ebenen existieren, darunter der Makroebene (Netzwerke, Industrien, Gemeinschaften), der Mesoebene (Teams, Organisationseinheiten, berufliche Positionen) und der Mikroebene (Individuen). Gemein ist den verschiedenen *Imprintern*, dass sie Charakteristika aufweisen, die über einen prägenden Prozess übertragen werden können.

Grundsätzlich können alle potenziellen *Imprinter* auch selbst geprägt werden; die vorliegende Arbeit forciert jedoch die Individualebene, d. h. das Individuum als Träger einer Prägung.

Simsek et al. (2015) systematisieren den Prozess der Prägung entlang eines drei-Phasen-Modells. Die Entstehungsphase bedingt, dass Träger übertragbarer Charakteristika in der Umwelt existieren. Zudem muss sich das zu prägende Individuum in einer zeitlich begrenzten sensitiven Phase befinden, die häufig durch konkrete Ereignisse, wie dem Beginn einer persönlichen Umbruchphase, ausgelöst wird (Marquis und Tilcsik 2013). Drittens erfordert die Entstehungsphase, dass das Individuum dem Einfluss externer Stimuli ausgesetzt ist (Schein 1971). Sind diese Voraussetzungen erfüllt, können Charakteristika des *Imprinters* in Form von Eigenschaften, Verhaltensweisen und kognitiven Modellen, ganz oder teilweise im Zuge eines sozialen Lernprozesses auf das Individuum übertragen werden (Azoulay et al. 2017; Göktepe-Hultén 2008; Higgins 2005; McEvily et al. 2012; Simsek et al. 2015). Dabei wird sich das Individuum, um Kongruenz mit dem neuen sozialen Kontext herzustellen (Kacperczyk 2009) und seine Unsicherheit zu reduzieren (Marquis und Tilcsik 2013), durch Beobachtung und Bewertung von Verhaltensweisen innerhalb des neuen sozialen Kontextes sozialisieren (Dokko et al. 2009) und bestehende Werte, Heuristiken oder kognitive Schemata hinterfragen und verändern (Marquis und Tilcsik 2013).

An die Entstehung schließt sich die dynamische Phase der Wandlung einer Prägung an. Prägungen können in dieser Phase persistieren, abklingen, verstärkt oder verändert werden (Simsek et al. 2015). Zudem können weitere Prägungen die vormaligen überlagern, sodass das geprägte Individuum erneut für externe Einflüsse sensibilisiert wird (Marquis und Tilcsik 2013), z. B. im Falle des Berufseinstiegs (McEvily et al. 2012) oder infolge von Karriereumbrüchen (Carnabuci und Wezel 2011; Chen 2012).

Nach dem Stand der Forschung existieren verschiedene theoretische Ansätze, die die Persistenz von Prägungen erklären. Bezugnehmend auf organisationale Strukturen argumentiert Stinchcombe (1965), dass geprägte Eigenschaften persistieren, solange sie (i) ihren Zweck effizient erfüllen, (ii) keine konkurrierenden Alternativen existieren oder (iii) einem Eigeninteresse dienen. Andere Erklärungsansätze identifizieren Prägungen als Treiber von Lock-In Effekten (Hannan et al. 1996), analysieren den Grad der Übereinstimmung zwischen Prägung und Umwelt (Burton und Beckman 2007), legen netzwerkbasierte Prozesse wie Homophilie (Milanov und Fernhaber 2009) zugrunde oder nutzen kognitive Ansätze, wie die Überführung von Prägungen in Routinen (Bryant 2014). Chen (2012) identifiziert die Persistenz von Prägungen anhand sektoraler Berufswechsel (z. B. Kündigungen) infolge eines Rollenkonflikts. Solche Rollenkonflikte können durch plötzlich verringerte Übereinstimmungen zwischen organisationalen Anforderungen und individuellen Prägungen hervorgerufen werden (ebenda).[3]

---

[3] Weitere Formen der Transformation von Prägungen sind in der einschlägigen Literatur nachzulesen und werden aufgrund des Forschungsschwerpunktes dieser Arbeit nicht näher dargelegt.

In der dritten Phase des Prozesses zeigen sich saliente Merkmale der Prägung in Form beobachtbarer Verhaltensweisen, wie Gründungsverhalten (Fauchart und Gruber 2011; Mathias et al. 2015), Patentaktivitäten (Azoulay et al. 2017), Technologietransfer-Initiativen (Berkovitz und Feldman 2008) und exploitativen Verhaltensweisen (Kacperczyk 2009). Simsek et al. (2015, S. 301) unterscheiden proximale und distale Manifestierungen. Als proximale Manifestierung identifizieren Friesl et al. (2011) den verringerten Wissensaustausch zwischen Mitgliedern neuer organisationaler Einheiten infolge kultureller Prägungen. Fauchart und Gruber (2011) führen unterschiedliche Verhaltensweisen in der Unternehmensgestaltung auf divergent geprägte Gründeridentitäten zurück. McEvily et al. (2012) finden in ihrer Analyse geprägter Netzwerkverbindungen zwischen Anwälten distale Manifestierungen in Form erhöhter Wachstumsraten in jenen Kanzleien, deren Mitglieder geprägte Netzwerkverbindungen aufwiesen. Higgins (2005) argumentiert, dass der Pharmakonzern Baxter International seine Mitarbeiter innerhalb ihrer ersten Berufserfahrungen dergestalt prägte, dass ein überproportionaler Anteil von ihnen Führungspositionen innerhalb der aufstrebenden Biotechnologie-Branche erreichte. Demnach stimmte die Prägung des Baxters Konzerns inhaltlich mit den Anforderungen und Erwartungen an Führungskräfte innerhalb der Biotechnologie-Branche überein.

1.3.2 Prägung von Individuen

Basierend auf dem Konzept der Prägung haben u. a. Forschungsströme im Bereich des Entrepreneurship (Mathias et al. 2015), International Entrepreneurship (Autio et al. 2000; Schwens und Kabst 2009), Intrapreneurship (Kacperczyk 2009) und Social Entrepreneurship (Lee und Battilana 2013) erkannt, dass die Entwicklung unternehmerischer Verhaltensweisen maßgeblich davon abhängt, wann ein Lernprozess stattfindet (sensitive Phase) und auf welche Art und Weise gelernt wird (prägender Prozess). Allerdings liegt der Forschungsschwerpunkt der Mehrheit der Untersuchungen in der Identifikation und Analyse geprägter Verhaltensweisen von Individuen und ihrer *Imprinter*. So wurden u. a. Mentoren (McEvily et al. 2012), Kollegen (Nanda und Sørensen 2010; Dokko et al. 2009; Higgins 2005; Göktepe-Hultén 2008; Aschhoff und Grimpe 2014; Stuart und Ding 2006), Mitarbeiter (Kacperczyk 2013; Bercovitz und Feldman 2008) und Familienmitglieder (Sørensen 2007b; Carr und Sequeira 2007) als *Imprinter* in sensiblen Phasen, wie z. B. Karriereanfängen (Kacperczyk 2009) oder neuen Berufs- oder Ausbildungsabschnitten (Burton et al. 2002; McEvily et al. 2012) identifiziert und analysiert (Mathias et al. 2015).

Wenige Studien haben bisher untersucht, wie und warum bestimmte Charakteristika in Form kognitiver Strukturen, Eigenschaften und Verhaltensweisen im Zuge einer Prägung übertragen werden.[4] Simsek et al. (2015, S. 306) betonen: „To date, the emphasis has been

---

[4] Zwar stellen Marquis und Huang (2010) eine Ausnahme dar, ihre Analyse forciert jedoch Prägungen von Unternehmen durch intraorganisationale Prozesse und bewegt sich folglich auf einer makroökonomischen Ebene.

on what is imprinted, without sufficient insight into why and when certain characteristics are imprinted. [...] we know little about how, why, and when entities differ in their receptivity and/or response to imprinting influences under the same temporal and spatial conditions".

Studien, die den prägenden Prozess näher beleuchten und der Frage nachgehen, auf welche Art und Weise sich die Entwicklung eines Individuums zu einem Entrepreneur vollzieht, analysieren zumeist die Entwicklung bzw. Veränderung unternehmerischer Identitäten (Jain et al. 2009; Hoang und Gimeno 2010; Farmer et al. 2011). Auf Individualebene legen sozialpsychologisch verankerte Literaturströme vielfach die soziale Identitätstheorie (Tajfel und Turner 1979) und das Konzept der Rollenidentität (Hoang und Gimeno 2010) zugrunde. Um unternehmerisch tätig zu werden, bedarf es diesem Konzept zufolge eines Rollenwandels zum Entrepreneur (Hoang und Gimeno 2010; Farmer et al. 2011). Das Konzept der Rollenidentität verbindet sozial definierte Elemente einer Rolle mit der individuellen Interpretation ebendieser. Während eine Rolle im Sinne einer sozialen Position extern durch die Erwartungen dritter definiert wird, stiftet das Individuum der Rolle eine tiefere Bedeutung und legt Orientierungspunkte innerhalb des sozialen Kontexts fest (Jain et al. 2009).

Simsek et al. (2015) folgern, dass die institutionelle und kulturelle Einbettung in der Analyse prägender Prozesse überschätzt wird und der Fokus in der Analyse sensitiver Perioden stärker auf den Einfluss kleiner kollektiver Instanzen (z. B. Familien oder Teams) und Individuen gelenkt werden muss (Simsek et al. 2015; Göktepe-Hultén 2008). Aus diesem Grund verfolgt die vorliegende Arbeit das Ziel, unternehmerische Prägungen akademischer Gründer durch direkte interpersonale Kontakte zu identifizieren und zu analysieren. Konkret werden folgende Forschungsfragen analysiert:

1. Wie und warum werden unternehmerische Verhaltensweisen akademischer Gründer durch direkte Kontakte innerhalb sensibler Phasen geprägt?
2. Wirken Prägungen direkter Kontakte innerhalb verschiedener Lebensbereiche komplementär oder substituierend?
3. Beeinflusst soziale Nähe zwischen dem Individuum und seinen direkten Kontakten innerhalb des beruflichen Lebensbereichs die Empfänglichkeit des Individuums für Prägungen?

1.3.3 Soziale Lerntheorie

Bandura (1969, 1977a) erkannte anhand von Experimenten, dass Kinder Verhaltensweisen erlernen, indem sie das Verhalten ihrer direkten Umwelt (z. B. Rollenverhalten oder verbale Diskussionen) beobachten und die erhaltenen Informationen abstrahieren und integrieren. Bedingt durch diese kognitiven Prozesse beginnen Individuen, ihre Umwelt und sich selbst mental abzubilden. Grusec (1992, S. 781) beschreibt diesen Prozess wie folgt: „Through this abstraction and integration, [individuals] mentally represent their environments and themselves in terms of certain crucial classes of cognitions that include response-outcome expectancies, perceptions of self-efficacy, and standards for evaluative self-reactions.

These cognitions are believed to affect not only how they respond to environmental stimuli but also the sorts of environments they seek out for themselves."

Das beobachtbare Verhalten ist dabei an relevante Individuen oder Gruppen, z. B. Familienmitglieder, Arbeitskollegen oder Mentoren geknüpft. Ob das beobachtete Verhalten repliziert wird, hängt nach der sozialen Lerntheorie von motivationalen Aspekten, wie z. B. positivem Feedback oder Belohnungen des beobachteten Verhaltens ab. Demnach wird die Gründungsintention von Kindern nicht allein durch das Vorliegen unternehmerischer Rollenmodelle der Eltern beeinflusst, sondern von der Kombination dieser Rollenmodelle mit wahrgenommenem positivem Feedback (Mungai und Velamuri 2011). Ist dies gegeben, wird das Verhalten als „sozial effektiv" eingeordnet, d. h. mit der Replikation des beobachteten Verhaltens werden positive Erwartungen verknüpft. Dieser Prozess wird in der Literatur als beobachtetes Lernen bezeichnet (Bandura 1977a).

Carr und Sequeira (2007) argumentieren, dass Kinder durch diese reflektiven und handlungsorientierten Sozialisationsprozesse ihre selbstwahrgenommene Identität aufbauen. Dabei reflektiert ein Kind die von wichtigen Personen oder Gruppen vorgenommenen Bewertungen seines Verhaltens, um eine eigene Identität zu konstruieren und zu verstehen, wie es sich in Verbindung mit dieser Identität verhalten sollte. Individuen, die in diesem Prozess die Effektivität des beobachteten Verhaltens bewerten und ihre Entscheidungen hieran ausrichten, lernen anhand eines kognitiven Prozesses in einem sozialen Kontext (Bandura 1977b). Die Theorie des sozialen Lernens integriert somit verhaltensbasierte und kognitive Lerntheorien in einen umfassenden Rahmen zur Erklärung individueller Verhaltensweisen (Grusec 1992).

Im Kontext des akademischen Entrepreneurship untersuchen Berkovitz und Feldman (2008) den Einfluss sozialen Lernens in Form sozialer Prägungen auf die Adoption neuer strategischer Initiativen durch Individuen. Dabei kommen sie zu dem Ergebnis, dass Individuen ihr Verhalten nur dann an das beobachtete Verhalten Dritter anpassen, wenn sie sich mit der Zielperson identifizieren konnten (ebenda). Reflektieren Individuen eine Bewertung Dritter, nutzen sie nach den Ergebnissen von Shrauger und Schoeneman (1979) ihr Selbstbild als Filter. Wurden Kinder beispielsweise in einer Unternehmerfamilie sozialisiert, filtern Sie externes Feedback anhand ihres unternehmerisch geprägten Selbstbildes (Carr und Sequeira 2007). Fauchart und Gruber (2011) argumentieren, dass die Identität eines Individuums dessen Rezeptivität für bestimmte Verhaltenshinweisen erhöht; demnach verfolgt ein Individuum mit höherer Wahrscheinlichkeit jene Verhaltensweisen, die mit der Identität des Individuums übereinstimmen. Exemplarisch legen diese Befunde nahe, dass unternehmerische Verhaltensweisen auf der Individualebene ihren Auslöser in sozialen Lernprozessen finden und bewusst gefördert werden können.

1.3.4 Prägungen im Kontext der sozialen Lerntheorie

Das Konzept der Prägung bereichert die soziale Lerntheorie, indem es Lernphasen, in denen Individuen besonders empfänglich für soziale Lernprozesse sind, nach dem Zeitpunkt, der Art des Lernens und der Persistenz des gelernten Verhaltens strukturiert. Ein

Individuum erlernt neue Verhaltensweisen demnach vorwiegend in sensiblen Lebensphasen, wobei Verhaltensweisen in Form eines prägenden Lernprozesses übertragen werden und entgegen späterer Umweltveränderungen erhalten bleiben (Mathias et al. 2015).

In sensiblen Lebensphasen kann das Individuum Prägungen aus unterschiedlichen Lebensbereichen erhalten. Dabei variiert die Relevanz bestimmter Lebensbereiche für das Individuum mit der Lebensphase, in der es sich befindet. Während sich der Kreis relevanter Personen im Kindesalter auf die Familie konzentriert, gewinnt der beruflichen Lebensbereich mit zunehmendem Alter an Relevanz (z. B. Einschulung, Studienbeginn, Berufseinstieg). Johnson (2002) zeigt, dass der elterliche Einfluss auf die Karriereentscheidungen ihrer Kinder mit der Entwicklungsstufe variiert. Zusätzlich sind die verschiedenen Lebensbereiche durch unterschiedliche Sozialisierungsprozesse gekennzeichnet. Cohen-Scali (2003) unterscheidet Einstellungen, Werte und Kognitionen, die vor Eintritt in die Arbeitswelt vermittelt werden (*socialization for work*) von Fähigkeiten, die Individuen durch Konfrontation mit der Arbeitswelt entwickeln (*socialization by work*). Fernández-Pérez et al. (2015) kommen zu dem Ergebnis, dass sowohl persönliche als auch berufliche Netzwerke, gemessen an der Unterstützung durch Familienmitglieder und Mentoren, die Gründungsintention von Akademikern erhöhen.

Die separate Betrachtung von Prägungen innerhalb des familiären und beruflichen Lebensbereichs erlaubt es zum einen, systematische Unterschiede in der Rezeptivität eines Individuums gegenüber unternehmerischen Prägungen in verschiedenen Lebensbereichen aufzudecken. Zum anderen können die Sozialisierungsprozesse innerhalb sensibler Phasen einer differenzierten Analyse unterzogen werden.

1.4 Prägungen akademischer Entrepreneure

Unternehmerisches Verhalten unterliegt nach Gruber und MacMillan (2017, S. 273) stets dem Einfluss des sozialen Kontextes: „[…] people behave and act in ways that they deem appropriate for themselves in a particular context (such as new firm creation)". Dabei muss der soziale Kontext nicht unbedingt einen direkt prägenden Einfluss auf das Individuum ausüben. Stattdessen führen Marquis und Tilcsik (2013), ebenso wie Lee und Battilana (2013) an, dass Individuen vielfach indirekt durch Interaktionen und Sozialisierungsprozesse mit Dritten geprägt werden. Nach aktuellem Forschungsstand sind hierbei mindestens zwei Lebensbereiche von Individuen zu differenzieren (vgl. Lee und Battilana 2013), die nachfolgend erläutert werden.

1.4.1 Prägungen im familiären Lebensbereich

Das familiäre Umfeld stellt aufgrund der emotionalen Bindung für fast jedes Individuum einen wichtigen Bezugspunkt im Leben dar (Lee und Battilana 2013). Eltern agieren dabei als initiale Rollenmodelle und Leitfiguren in der Entwicklung und Karrierewahl ihrer Kinder (Keller und Whiston 2008). Familienmitglieder können durch ihren sozialen Einfluss Werte, Einstellungen und Verhaltensweisen von Individuen nachhaltig prägen (Carr und Sequeira 2007).

Anhand der Handlungsweisen von Familienmitgliedern bewerten Kinder ihre eigenen Verhaltensweisen und gleichen diese gegebenenfalls an (Handel et al. 2007). Individuen, deren familiäres Umfeld in seinen Verhaltensweisen eine positive Einstellung gegenüber Unternehmertum demonstriert, adaptieren mithin diese Einstellung (Carr und Sequeira 2007). Zudem können Personen aus dem unmittelbaren familiären Umfeld einen prägenden Einfluss auf das Individuum ausüben, indem sie Unternehmertum an positive Erwartungen knüpfen (Carr und Sequeira 2007; Lee und Battilana 2013). Durch den Austausch von Informationen und Meinungen über die beruflichen Erfahrungen der Eltern, internalisieren Kinder und Jugendliche indirekt Normen und Werte, die sich verfestigen und langfristig persistieren (Menaghan und Parcel 1995; Whiston und Keller 2004). So zeigen die Ergebnisse von Kohn et al. (1986), dass das Werteverständnis der Eltern die Lernpraktiken ihrer Kinder beeinflusst. Im Kontext von Familienunternehmen konnte der enorme Einfluss enger Familienangehöriger auf die Entwicklung positiver Einstellungen und Werte gegenüber Unternehmertum bereits exemplarisch gezeigt werden (Carr und Sequeira 2007; Jaskiewicz et al. 2015).

In den Phasen der Kindheit und Jugend, die von erhöhter Unsicherheit gekennzeichnet sind, stellen Familienangehörige eine wichtige Orientierungsgröße für das Individuum dar (Menaghan und Parcel 1995; Mathias et al. 2015). Am Beispiel von Familienunternehmen führen Jaskiewicz et al. (2015) das Phänomen des *transgenerational entrepreneurship* – die Förderung unternehmerischen Handelns über Generationen hinweg – auf einen sinnstiftenden Prozess zurück. Dabei wird das unternehmerische Verhalten vorangegangener Generationen mithilfe von Anekdoten und Erzählungen so transportiert, dass es der nachfolgenden Generation als sinnstiftendes Leitbild oder Erbe dient (ebenda). Dieses Unternehmer-Erbe beeinflusst wesentlich, wie die nachfolgende Generation unternehmerisches Verhalten wahrnimmt (ebenda). Dyer (1994) konkludiert, dass Kinder unternehmerischer Eltern dem Unternehmertum eine höhere Akzeptanz gegenüber dem Angestelltenverhältnis zuschreiben. Mathias et al. (2015) bestätigen, dass der Wahrnehmungskorridor von Individuen in frühen Phasen der Sozialisierung entscheidend und, im Hinblick auf zukünftige Karriereentscheidungen, nachhaltig beeinflussbar ist. Sie resümieren: „Those individuals exposed to entrepreneurship at a young age, particularly through family, are repeatedly willing to take on new challenges by pursuing new businesses" (Mathias et al. 2015, S. 19).

▶ **Proposition 1a:** Zeigen enge Familienangehörige erkennbares unternehmerisches Verhalten, erhöht dies die Wahrscheinlichkeit einer akademischen Gründung.

1.4.1.1 Prägung durch Erziehung und Training

Dass Familienmitglieder aktiv auf die Wahrnehmung unternehmerischer Aktivitäten und Verhaltensweisen durch die Nachkommen einwirken, zeigt die Entrepreneurship-Forschung am Beispiel von Familienunternehmen (Jaskiewicz et al. 2015). Eigenschaften und Charakterzüge können durch erzieherische Maßnahmen gefördert oder gehemmt werden (Aldrich und Yang 2014). Hierbei werden in der Literatur im Wesentlichen zwei Mechanismen hervorgehoben, die im Folgenden näher erläutert werden.

Erstens gestalten Familien aktiv strategische Erziehungsmaßnahmen. So wird der Nachwuchs in Familienunternehmen früh in die Geschäftstätigkeit integriert, um eigene Erfahrungen im Bereich des Entrepreneurship zu fördern (Jaskiewicz et al. 2015; Aldrich und Yang 2014). Diese intensive Einbettung erleichtert es der nachfolgenden Generation, sich frühzeitig mit Unternehmertum zu identifizieren und die Geschäftsabläufe zu verstehen. Außerhalb von Familienunternehmen können Eltern frühe Prägungen im Bereich des Entrepreneurship gezielt fördern, indem Sie ihrem Nachwuchs unternehmerische Arbeitserfahrungen nahelegen und zur Durchführung unternehmerischer Projekte ermutigen. Aldrich und Kim (2007, S. 49) argumentieren: „[Parents] may try to shape the educational experiences and peer-group choices of their children by sending them to private schools and otherwise controlling their learning environments." Whiston und Keller (2004) betonen, dass im Kindesalter geäußerte Karrierevorschläge und -erwartungen der Eltern die Karrierebestreben von Kindern nachhaltig beeinflussen.

Zweitens argumentiert Bandura (1986), dass es Individuen ohne hinreichende Selbstwirksamkeit an Überzeugung mangelt, ein selbst gestecktes Ziel erreichen zu können. Dabei kann die Selbstwirksamkeit u. a. durch (1) aktive Bewältigung einer Situation, (2) beobachtbares Lernen anhand von Rollenverhalten und Erfahrungen, sowie (3) sozialer Einflussnahme gefördert werden (Bandura 1986). Zhao et al. (2005) zeigen empirisch, dass unternehmerische Selbstwirksamkeit, definiert als die Zuversicht eines Individuums in seine Fähigkeiten, unternehmerische Rollen und Aufgaben erfolgreich zu absolvieren (ebenda), die Beziehung von Faktoren auf Individualebene und der Gründungsabsicht vermittelt. Enge Familienangehörige können daher die Selbstwirksamkeit ihrer Kinder im Hinblick auf Karriere-Entscheidungen durch ihr Verhalten als Rollenmodelle sowie durch Unterstützung eigener unternehmerischer Erfahrungen stärken (Zhao et al. 2005; Keller und Whiston 2008). So zeigen Entwisle und Hayduk (1988), dass unterstützendes Einwirken der Eltern im Grundschulalter einen langfristig positiven Effekt auf die Leistung der Schüler hat.

> **Proposition 1b:** Durch aktive Förderung unternehmerischen Verhaltens erhöhen enge Familienangehörige die Wahrscheinlichkeit einer akademischen Gründung.

1.4.2 Prägungen im beruflichen Lebensbereich

Individuen werden nach Marquis und Tilcsik (2013) durch vorherrschende soziale Normen innerhalb sensibler Phasen ihres beruflichen Werdegangs geprägt. Der Ausbildungs- und Trainingsprozess innerhalb einer Forschungseinrichtung oder Universität, z. B. in Form eines Bachelor-, Master- oder Promotionsstudiums, beinhaltet solche sensiblen Phasen (Berkovitz und Feldman 2008). Ein wachsender Forschungsstrom untersucht bereits den Zusammenhang zwischen Charakteristika des sozialen Kontexts und dem Wandel zum

Entrepreneur (vgl. Aldrich und Zimmer 1986; Higgins 2005). So wenden z. B. Alumni derselben Universität vergleichbare Problemlösungsstrategien an und weisen ein ähnliches normatives Empfinden auf (DiMaggio und Powell 1983).

Johnson (2002) verweist darauf, dass Karrierebestreben und Wertehaltungen im Übergang zum Erwachsenenalter starken Veränderungen unterworfen sind. In Einklang damit zeigen die Ergebnisse von Nanda und Sørensen (2010), dass Arbeitskollegen mit Gründungserfahrung die Wahrscheinlichkeit eines Individuums, selbst unternehmerisch aktiv zu werden, deutlich erhöhen. Vor diesem Hintergrund können Mentoren, Arbeitskollegen und Kommilitonen die akademische Gründungsentscheidung innerhalb sensibler Ausbildungs- und Trainingsphasen über einen Sozialisierungsprozess beeinflussen (Kacperczyk 2009).

1.4.2.1 Prägungen durch Mentoren und Vorgesetzte

Azoulay et al. (2017) zeigen, dass Wissenschaftler ihr Patentierverhalten an das ihrer Mentoren angleichen, nachdem sie durch intensive Zusammenarbeit einem Sozialisierungs- und Trainingsprozess ausgesetzt waren. Ebenso fanden Frank et al. (1993) in ihrer vergleichenden Analyse, dass Studenten mit höherer Wahrscheinlichkeit selbstorientiertes Verhalten zeigten, wenn sie zuvor von einem Mentor mit Forschungsschwerpunkt in der Spieltheorie unterrichtet worden waren. Diese Befunde zeigen exemplarisch, dass Vorgesetzte wie Mentoren einen prägenden Einfluss ausüben können.

In neuartigen Situationen, wie z. B. dem Beginn eines Studiums oder eines Arbeitsverhältnisses, sind die Kriterien, entlang derer sich Individuen weiterentwickeln sollen, nicht auf Anhieb klar spezifiziert und kodiert (Berkovitz und Feldman 2008). Jones (1986, S. 263) beschreibt diesen Zustand folgendermaßen: „Newcomers entering organizations may experience a reality shock or surprise when their assumptions about how people interpret and respond to actions or events do not conform with those that prevail in their new contexts". In diesen von Unsicherheit gekennzeichneten, sensitiven Phasen weisen Individuen eine hohe Rezeptivität gegenüber Werten, Normen und kognitiven Modellen auf. Diesen Prozess des *cognitive unfreezing* (Marquis und Tilcsik 2013) erläutern Dokko et al. (2009, S. 55) wie folgt: „cognitive models can be challenged and replaced with scripts and schema that are more congruent with the new environment".

Arbeitsrelevante Vorprägungen können sich in konkreten Verhaltensweisen manifestieren, die zur Ausgründung aus einer Forschungsreinrichtung führen. Vorgesetzte und Mentoren dienen oftmals beim Übergang in einen neuartigen Arbeitskontext als Rollenmodelle (Azoulay et al. 2017). Durch ihr erkennbares Verhalten vermitteln Mentoren und Vorgesetzte erstrebenswerte Normen, Werte und Aktivitäten, die über den aktuellen Arbeitskontext hinausreichen. Scherer et al. (1989) identifizieren unternehmerische Rollenmodelle, unabhängig von ihrem beruflichen Erfolg oder Misserfolg, als wirkungsvollen Faktor in der Entwicklung unternehmerischer Karrierepräferenzen. Hieraus schließen die Autoren, dass Mentoren ihre Mentees beeinflussen, indem sie saliente Merkmale des Unternehmertums hervorheben, z. B. durch Ausüben unternehmerischer Aktivitäten (ebenda). Anknüpfend analysieren Van Auken et al. (2006) anhand zwanzig verschiedener Aktivitäten, ob und wie Mentoren die unternehmerische Intention ihrer Mentees beeinflussen. Ihren

Ergebnissen zufolge fördern Mentoren die unternehmerische Intention ihrer Mentees durch positiv wahrgenommene, beobachtbare oder erfahrbare Aktivitäten, wie durch Vermittlung erster eigener Arbeitserfahrungen und Einbindung in aktive Diskussionen. Hiermit übereinstimmend identifizieren Bosma et al. (2012) „learning by example" als wichtigste Funktion eines unternehmerischen Rollenmodells. Im Einklang mit diesen Befunden argumentiert Schein (1985), dass Mentees ihre Erwartungen an jene Werte angleichen, die durch das Verhalten des Mentors oder Vorgesetzten vermittelt werden. Über diesen adaptiven Prozess und bedingt durch die spezifischen Verhältnisse einer sensitiven Phase, prägen Vorgesetzte und Mentoren die Verhaltensweisen, Wertesysteme und Selbst-Konzepte ihrer Mentees (Berkovitz und Feldman 2008).

▶ **Proposition 2:** Zeigen Vorgesetzte oder Mentoren erkennbares unternehmerisches Verhalten, erhöht dies die Wahrscheinlichkeit einer akademischen Gründung.

1.4.2.2 Prägungen durch Kommilitonen und Arbeitskollegen

Ist die korrekte Handlungsweise in einer neuen Situation unbekannt, so versuchen Individuen gemäß der sozialen Lerntheorie angemessene Verhaltensweisen aus dem Verhalten ihres sozialen Umfeldes, d. h. ihrer direkten Arbeitskollegen und Vorgesetzten, zu extrapolieren (Bandura 1986). Während Vorgesetzte über ihr Verhalten direkte Rückschlüsse auf erwartete Werte, Normen und Aktivitäten zulassen, ermöglicht die Beobachtung von Arbeitskollegen und Kommilitonen Rückschlüsse auf die Alternativen angemessenen Verhaltens (Duflo und Saez 2002). Nach Azoulay et al. (2017) führen Individuen diese Vergleiche vorwiegend anhand ähnlicher Referenzpersonen durch; dabei können u. a. übereinstimmende Interessen, soziodemografische Charakteristika, räumliche Nähe oder der soziale Status ausschlaggebend für den Grad der wahrgenommenen Ähnlichkeit sein.

Im Hinblick auf das Gründungsverhalten steigt die Wahrscheinlichkeit einer Unternehmensgründung, sofern Referenzpersonen im Arbeitsumfeld bereits Gründungserfahrung vorweisen können. Durch den sozialen Kontakt zu diesen Referenzpersonen werden Werteinstellungen übernommen, die eine unternehmerische Tätigkeit sinnvoll erscheinen lassen (Nanda und Sørensen 2010). Eine solche indirekte Prägung von Normen und Werten erfolgt durch Interaktion und Sozialisierung mit Individuen, die ihrerseits institutionelle Prägungen tragen (Lee und Battilana 2013; Tilcsik 2014). So konnten Louis et al. (1989) zeigen, dass kontextabhängige Referenzgruppen das Verhalten von Wissenschaftlern durch etablierte Normen signifikant beeinflussen. Schätzten frühere Arbeitskollegen mögliche Investments und Geschäftsvorgänge positiv ein, so wird diese Einstellung gegenüber Geschäftsvorgängen mithin übernommen (Law 2013). Zu erwarten ist daher, dass unternehmerische Tätigkeiten von Akademikern wahrscheinlicher werden, wenn (ehemalige) Kollegen oder Kommilitonen diesen Schritt bereits vollendet haben (Stuart und Ding 2006).

Kacperczyk (2009) argumentiert, dass prägende Effekte dieser Art durch externes Feedback beeinflusst werden. Nach dem Prozess adaptiven Lernens (Tyre und von Hippel 1997; Cope 2003) korrigieren soziale Akteure ihre Verhaltensweisen und Aktivitäten als

Reaktion auf externes Feedback. Denrell (2003), der die Umstände adaptiven Lernens genauer untersucht, verweist darauf, dass Individuen aufgrund vorangegangener Sozialisierungs- und Selektionsprozesse häufig nur die begrenzte Stichprobe erfolgreicher Individuen beobachten können. Damit einher geht eine selektive Verzerrung, aufgrund derer Individuen falsche Schlussfolgerungen über die kausalen Bedingungen des Erfolgs Dritter treffen. Es erscheint daher wahrscheinlich, dass auch bei der Beobachtung und Analyse der Verhaltensweisen von Referenzpersonen adaptive Lernprozesse ablaufen (Tilcsik 2014). Wird eine Referenzperson für ihr unternehmerisches Verhalten belohnt (positives Feedback), so wird der prägende Einfluss auf das beobachtende Individuum verstärkt. Im akademischen Kontext kann dies zur Folge haben, dass die Risiken einer Gründung unterschätzt bzw. die Erfolgschancen akademischer Gründungen überschätzt werden, wenn Kommilitonen und Kollegen in der Vergangenheit erfolgreich ausgegründet haben.

▶ **Proposition 3:** Erhalten Kommilitonen und Kollegen für ihr unternehmerisches Verhalten positives Feedback, erhöht dies die Wahrscheinlichkeit einer akademischen Gründung.

1.4.3 Konsistenz der Prägungen

Der Logik der sozialen Lerntheorie folgend können Prägungen durch Konsistenz verstärkt werden (Tilcsik 2013). Tilcsik (2014, S. 645) erläutert: „Even among newcomers with similar levels of prior experience, there may be important variation in the strength of initial learning that occurs, depending on the consistency of the environmental influences that they encounter during socialization". Einige Studien identifizieren lokale Referenzgruppen als Einflussfaktoren auf unternehmerisches Verhalten (Bercovitz und Feldman 2008; Stuart und Ding 2006). Tilcsik (2014) zeigt, dass initiale Prägungen von Individuen durch konsistente Verhaltensweisen von Kollegen, denen das Individuum ausgesetzt ist, verstärkt werden können. In einem solchen Fall wird die Prägung des Individuums durch die übereinstimmenden formativen Erfahrungen direkter Kontakte amplifiziert. Zu einem ähnlichen Ergebnis kommen Cronqvist et al. (2012). Ihre Analyse zeigt, dass Geschäftsführer, deren persönliche Verschuldungspräferenz nicht zu dem angestrebten Verschuldungsgrad eines Unternehmens passt, frühzeitiger durch Personen ersetzt werden, die eine entsprechende Übereinstimmung vorweisen: „If the firm believes that the CEO will imprint his personal leverage preference on the firm, then one way to mitigate value-destroying effects of such debt preference is simply to choose a manager whose debt preference is aligned with the optimal capital structure of the firm" (Cronqvist et al. 2012, S. 36). In ihrer qualitativen Studie untersucht Higgins (2005) Karriereschritte infolge organisationaler Prägungen in der Biotechnologiebranche. Dabei konkludiert Higgins (2005, S. 261): „Organizational career imprints are associated with cognition or worldviews that are tied to specific aspects of previous employers' organizational environments". Übereinstimmend finden Burton und Beckman (2007), dass Berufseinsteiger, deren individuelle Prägung zu der Prägung der neu besetzten Position passt, die geringste Fluktuationsrate aufweisen. Exemplarisch legen diese Befunde eine Interaktion verschiedener beruflicher Prägungen nahe.

Nanda und Sørensen (2010) finden hingegen keine Hinweise auf eine Verstärkung unternehmerischer Prägungen, wenn Individuen sowohl durch Arbeitskollegen als auch Eltern unternehmerischen Erfahrungen ausgesetzt waren. Eine mögliche Erklärung liefern die Ergebnisse von Mungai und Velamuri (2011); sie untersuchen den elterlichen Einfluss auf die Gründungswahrscheinlichkeit von Kindern in Abhängigkeit der Entwicklungsphase des Kindes. Dabei zeigt sich, dass der elterliche Einfluss im jungen Erwachsenenalter (18–21 Jahre) die größte Intensität aufweist. Folglich könnten unternehmerische Prägungen aus dieser Phase besonders resistent gegenüber weiteren formativen Einflüssen sein. Zusammenfassend kann im Falle gleichgerichteter Prägungen aus verschiedenen sozialen Bereichen eine Verstärkung prägender Effekte erwartet werden.

▶ **Proposition 4:** Erhalten Individuen konsistente Prägungen innerhalb des familiären und beruflichen Lebensbereichs, erhöht dies die Wahrscheinlichkeit einer akademischen Gründung.

1.4.4 Soziale Nähe und Prägungen im beruflichen Lebensbereich

Unternehmensgründungen basieren in ihren verschiedenen Stadien stets auf sozialen Prozessen und unterliegen Einflüssen interpersonaler Netzwerke (Stuart und Sørenson 2007). Obwohl netzwerkbasierte Untersuchungen aufgrund der strategischen Ausgestaltung sozialer Netzwerke vielfach mit Endogenitätsproblemen konfrontiert sind (Borgatti und Halgin 2011), kommt eine Vielzahl von Studien im Entrepreneurship zu dem Ergebnis, dass die Gründungswahrscheinlichkeit eines Individuums von seinen sozialen Verbindungen beeinflusst wird (Eesley und Wang 2017). In diesem Zusammenhang wurden u. a. familiäre Verbindungen (Sørensen 2007b; Halaby 2003), schulische Netzwerke (Stuart und Ding 2006) sowie Netzwerkverbindungen zwischen Arbeitskollegen (Nanda und Sørensen 2010) untersucht.

Im Kontext sozialer Netzwerke kennzeichnet das Konzept der sozialen Nähe die Qualität einer Verbindung in Form von Vertrauen, Freundschaft und gemeinsamen Erfahrungen (Boschma 2005). Entwickeln Individuen eine vertrauensbasierte Verbindung, fördert soziale Nähe die Kommunikation, den Wissensaustausch und die Zusammenarbeit zwischen Individuen. Kacperczyk (2013) dokumentiert, dass Individuen Verhaltensweisen sozial naher Akteure imitieren, um selbst ein möglichst angemessenes Verhalten zu zeigen. Die soziale Lerntheorie hebt den Einfluss sozial naher Personen auf die Entstehung von individuellen Einstellungen hervor; demnach nutzen Individuen sozial nahe Personen als Referenz bei der Bildung schwieriger und unsicherer Bewertungen (Bandura 1986; Kacperczyk 2013).

Die Ergebnisse von Shah (1998) zeigen, dass das Konzept der Homophilie die Wahl der Referenzpersonen determiniert. Demnach erachten Versuchspersonen insbesondere solche Individuen als sozial relevant, die von ihnen entlang bestimmter Charakteristika als ähnlich eingestuft werden (Shah 1998). McPherson et al. (2001) unterscheiden Homophilie entlang soziodemografischer (z. B. Alter, Geschlecht, Nationalität) und akquirierter

Charakteristika (z. B. Ausbildung, Beruf). Wheeler und Miyake (1992) zeigen, dass Individuen sich häufiger mit Freunden als mit Bekannten vergleichen. Floyd und Parks (1995) schlussfolgern, dass soziale Nähe in außerfamiliären Verbindungen in Abhängigkeit vorbestehender Ähnlichkeit entsteht, weil diese – anders als familiäre Verbindungen – auf freiwilliger Basis geknüpft werden. Kacperczyk (2013) betont, dass auch Arbeitskollegen und Kommilitonen sozial nahe Referenzpersonen darstellen können. Sie argumentiert: „Because shared prior educational affiliation represents a salient indicator of social proximity and mutual trust, past behaviors of university peers will significantly shape the decision to become an entrepreneur" (Kacperczyk 2013, S. 667). Dieser Argumentation folgend, fällt die Wahrscheinlichkeit einer Prägung höher aus, wenn zwischen dem Individuum und seinen Arbeitskollegen und Kommilitonen soziale Nähe besteht.

▶ **Proposition 5:** Sind die Verbindungen zwischen dem Individuum und seinen direkten Kommilitonen und Kollegen von sozialer Nähe gekennzeichnet, steigt die Wahrscheinlichkeit einer Prägung durch Kommilitonen und Kollegen.

1.4.5 Überblick über die Propositionen

Abb. 1.1 veranschaulicht die aufgestellten Propositionen in einer Übersicht. Bezugnehmend auf die eingangs dargelegten Forschungsfragen postulieren Proposition 1a–b, Proposition 2 sowie Proposition 3, wie und warum akademische Gründer durch direkte

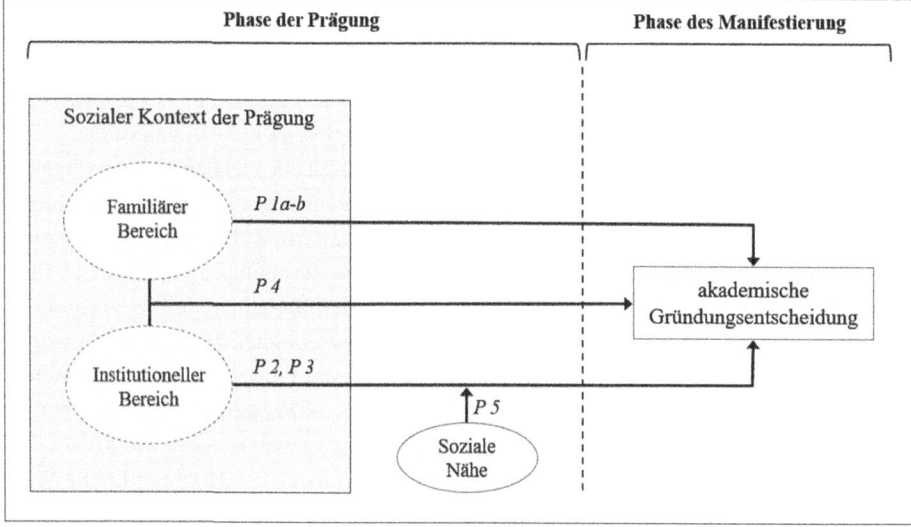

Abb. 1.1 Konzeptionelles Modell der Gründungsentscheidung von Akademikern und Überblick über die Propositionen (eigene Darstellung)

interpersonale Kontakte innerhalb sensibler Phasen geprägt werden. Proposition 4 nimmt Bezug darauf, wie Prägungen innerhalb verschiedener Lebensbereiche zusammenwirken, während Proposition 5 dem Einfluss sozialer Nähe im beruflichen Lebensbereich nachgeht.

1.5 Methodik und Untersuchungsgegenstand

Die zunehmende Diffusion und Integration des Konzeptes der Prägung in verschiedene Forschungsbereiche hat zu fragmentierten Ergebnissen und begrenzt übertragbaren Einsichten geführt. Simsek et al. (2015, S. 289) betonen: „[…] individual imprinting studies differ dramatically from each other, hampering direct comparisons of arguments and evidence". Dem fragmentierten Forschungsfeld entgegen steht die grundsätzliche Einsicht und empirische Herausforderung, Quellen von Prägungen und ihre langfristige Persistenz durch tiefgründige Einblicke in Individuen und ihre Lebensläufe analysieren zu können (Mathias et al. 2015). Standardisierte Fragebögen und Sekundärdaten liefern in diesem Fall keine hinreichend detaillierten Informationen über individuelle Prägungen. Hingegen ermöglichen qualitative Forschungsdesigns in Form von Fallstudien ganzheitliche Einblicke in komplexe Sachverhalte im realen Kontext.

1.5.1 Fallstudienmethodik

Yin (2013, S. 16) definiert Fallstudien als „[…] an empirical inquiry that investigates a contemporary phenomenon (the „case") in depth and within its real-world context, especially when the boundaries between phenomenon and context may not be clearly evident". Dieser Definition folgend ist eine qualitative Vorgehensweise in Form einer Fallstudie geeignet, wenn der realweltliche Kontext des beobachteten Phänomens gehaltvolle Informationen enthält, die es einzubeziehen gilt.

Des Weiteren sind die Art der Forschungsfrage und die Rahmenbedingungen der Untersuchung richtungsweisend für die gewählte Forschungsstrategie. Unter diesen Aspekten ist eine Fallstudienmethodik gerechtfertigt, wenn (1) eine Kontrolle oder gezielte Manipulation von Verhaltensweisen weder möglich noch notwendig ist, (2) der Untersuchungsgegenstand zeitgenössischer Natur ist, d. h. das zu untersuchende Phänomen sowohl durch Beobachtung als auch Interviews mit beteiligten Personen erfassbar ist und (3) die Forschungsfrage erkenntnisleitender Natur ist, d. h. das Ziel forciert, neue Theorien zu generieren oder Sachverhalte zu beschreiben (Yin 2013; Eisenhardt 1989).

Die Forschungsfragen dieser Arbeit forcieren den Zweck der Theoriebildung und Überprüfung von Befunden innerhalb eines neuen Kontextes, dem akademischen Entrepreneurship. Methodisch eignet sich die holistische Einzelfallstudie diesen Zweck zu erfüllen, da es sich um einen für die Theoriebildung kritischen und aufschlussreichen Fall handelt (Yin 2013).

1.5.2 Untersuchungsgegenstand und Datenerhebung – ThinkTank

Das Unternehmen ThinkTank mit Sitz in 38106 Braunschweig wurde am 23.05.2018 aus der TU Braunschweig ausgegründet. Gründer A identifiziert die Kontaktaufnahme mit seinem Mentor als prägendes Ereignis innerhalb einer sensiblen Phase, dem Abschluss seines Bachelorstudiums. Vor dem Hintergrund, dass der soziale Lernprozess zwischen dem Gründer und seinem Mentor die Gründungsentscheidung von Gründer A maßgeblich geprägt hat, ist der Fall als kritisch und aufschlussreich zur Überprüfung bestehender theoriegeleiteter Befunde und zur Theorieerweiterung einzustufen. Die einzigartigen Umstände, unter denen Gründer A sein Gründungsverhalten entwickelte, lassen sich im Zuge des holistischen Ansatzes umfänglich erfassen und analysieren. Um die Validität der Einzelfallstudie zu gewährleisten, wurden die qualitativ erhobenen Primärdaten durch eine umfangreiche externe Recherche validiert und ergänzt (Triangulation).

Die Primärdaten der Fallstudie wurden in drei semi-strukturierten Interviews mit dem angehenden Hauptgründer von ThinkTank (Gründer A) generiert. Das erste mehrstündige Interview erfolgte vor Gründung des Unternehmens im Mai 2016. Das zweite Interview wurde im Dezember 2017 ebenfalls telefonisch durchgeführt; das dritte Interview erfolgte im Juli 2018. Die zeitliche Differenz zwischen den Interviews ermöglichte eine Konsistenzprüfung der Aussagen. Um die Objektivität der Erkenntnisse zu verbessern, wurden die Interviews jeweils getrennt von zwei Personen durchgeführt. Die anschließende Transkription erfolgte ebenfalls getrennt und unabhängig voneinander.

1.5.2.1 Die Technologie von ThinkTank

Gründer A wurde während seiner Bachelorarbeit auf die Technologie, die der Hauptapplikation von *ThinkTank* zugrunde liegt, aufmerksam. Die Geschäftsidee entstand aus dem Wissen heraus, das während der Abschlussarbeit und der Zeit danach erarbeitet wurde. Nach eigener Aussage wurde so praktisch anwendbares und sinnvolles Wissen geschaffen, was vom Markt bisher noch unbeachtet geblieben ist.

Die Hauptapplikation des Unternehmens, *TopView,* stellt eine Software zur automatischen Bilderkennung dar, die Gefahrensituationen in Echtzeit erkennt und analysiert. Hierzu kann die Applikation in nahezu jede Sicherheitslösung (z. B. Videoüberwachungssysteme) integriert und mit verfügbaren Kameras gekoppelt werden. Zum Einsatz kommt *TopView* bei Großveranstaltungen, um die Sicherheit während der Veranstaltung zu erhöhen. Dabei erkennt und aggregiert *TopView* aggressive Verhaltensmuster und Stimmungen sowie unerwünschte Objekte, um potenziell gefährliche Situationen zu identifizieren und das Sicherheitspersonal auf Gefahrensituationen aufmerksam zu machen. Die Lösung wird seit Mitte 2017 gemeinsam mit Stadionbetreibern, Polizei und Datenschützern entwickelt. Durch Kundenanfragen konnten 2018 neben der Zusammenarbeit mit Fußballvereinen weitere Marktchancen identifiziert werden, darunter die Freilandüberwachung durch Integration von *TopView* in Drohnen.

"Der Grundgedanke unserer Hauptapplikation bleibt derselbe, allerdings muss die Sicherheit in den neuen Anwendungsbereichen durchgängig überprüft werden, während bei Fußballspielen ein definiertes Zeitfenster vorgegeben ist. Für unsere Testphasen war ein definiertes Zeitfenster ideal, daher haben wir uns auf Fußballstadien konzentriert. Dieser Markteinstieg ergab sich aus strategischen Überlegungen."

1.5.2.2 Der Gründungsprozess

Ernsthafte Gründungsabsichten entwickelte Gründer A im Zuge seiner Bachelorarbeit, in der er sich erstmals eingehend mit der Technologie auseinandersetzte und zahlreiche Einsatzmöglichkeiten erkannte. Mit Beginn seiner Bachelorarbeit kam Gründer A erstmalig mit seinem Mentor und späteren Geschäftspartner (Gründer B) in Kontakt. Gründer B förderte die Gründungsabsicht von Gründer A direkt, indem er mit ihn auf das Marktpotenzial der Technologie hinwies und konkrete Pläne für eine gemeinsame Unternehmensgründung unterstützte. Zusätzlich trug Gründer B indirekt durch Vermittlung einer Stelle als wissenschaftliche Hilfskraft am Institut für Informationssysteme der TU Braunschweig dazu bei, dass Gründer A seinen Gründungsvorhaben finanzieren und weiterentwickeln konnte. Durch die Arbeit als Projektleiter bei einem großen deutschen Automobilhersteller hatte Gründer B bereits vor Gründung ein sehr großes Netzwerk direkter und indirekter Kontakte. Nach Konkretisierung des Gründungsvorhabens weiteten die Gründer ihr Netzwerk zunächst deutlich aus:

"Durch die Teilnahme an Summer Schools und Gründertreffen sowie Gründerstammtischen versuchten wir ganz bewusst, unser Netzwerk zu erweitern und unsere Gründungsidee voranzubringen."

Im Rahmen des Ideenwettbewerbs „IDEE" hatten die Gründer 2016 erstmals Gelegenheit, ihre innovative Gründungsidee vor einer Jury aus Wirtschaftsjuroren zu präsentieren. Ein Antrag auf EXIST-Förderung wurde ab Mitte 2016 verfasst und vor der Einreichung Mitte 2017 mehrfach umgeschrieben, nachdem das zu lösende Anwendungsproblem verändert und konkretisiert wurde. Über das EXIST Gründerstipendium konnten zwei Vollzeitstellen sowie eine Teilzeitstelle finanziert werden.

Im Januar 2017 nutzte das Gründungsteam den Ideenwettbewerb „IDEE" erneut, um Feedback zu erhalten und ihr überarbeitetes Konzept zu präsentieren; diesmal erreichten sie mit ihrem Gründungsvorhaben den zweiten Platz. Im Juli 2017 erzielte das Gründerteam im Gründungswettbewerb „start2grow" der Wirtschaftsförderung Dortmund mit ihrem Businessplan den ersten Platz. Damit setzten sich die Gründer in mehreren Runden gegenüber einhundert andere Bewerber durch. Im September 2017 wurde *ThinkTank* auf der Internationalen Funkausstellung (IFA) in Berlin als Preisträger des Gründerwettbewerbs „Digitale Innovationen" des Bundesministeriums für Wirtschaft und Energie ausgezeichnet.

Die Unternehmensgründung der *ThinkTank GmbH & Co. KG* erfolgte am 23.05.2018 durch Eintragung ins Handelsregister. Aktuell laufen konkrete Verhandlungen mit künftigen Finanzierungspartnern. Drei der vier Gründer arbeiten noch immer Vollzeit, Gründer B in Teilzeit für das Unternehmen. Inzwischen hat die Hauptapplikation *TopView* die

Testphase erfolgreich absolviert und ein Prototyp steht zur Verfügung (Stand: Juli 2018). Gründer A erklärt:

> „Nachdem wir viel externes Feedback eingesammelt und unseren Businessplan weiterentwickelt hatten, haben wir uns eher zurückgezogen. Da entstand praktisch ein Vakuum – es gab noch keine Kunden und wir haben uns stark auf die technologische Weiterentwicklung konzentriert. Jetzt, wo der Prototyp sich bewährt hat, haben wir etwas, womit wir rausgehen können und reaktivieren unser Netzwerk."

Seine Kontakte zu ehemaligen Kommilitonen und Mitarbeitern der TU Braunschweig nutzt Gründer A inzwischen als Informationskanäle zur Beschaffung technologischen Wissens. Die Möglichkeit einer einfachen und informellen Kontaktaufnahme und ein gemeinsames Verständnis erleichtern den regelmäßigen Informationsaustausch:

> „Viele [meiner ehemaligen Kollegen und Kommilitonen] sind in der Region geblieben und in verschiedene Unternehmen gegangen. Dadurch tauscht man häufig Erfahrungen, besonders in Bezug auf technische Probleme und Möglichkeiten, aus. Auch mit der TU [Braunschweig] sind wir noch immer stark vernetzt. Ein Gründungsmitglied schreibt dort aktuell seine Masterarbeit und wir organisieren regelmäßige Meetings, um die Wissensvermittlung in die Industrie voranzubringen. Künftig wird unser Team außerdem durch Werkstudenten von der TU Braunschweig verstärkt."

1.5.2.3 Vorstellung des Gründerteams

Das Team von *ThinkTank* ist auf Verfahren maschinellen Lernens spezialisiert und besteht aus vier Gründern (Gründer A, B, C und D). Alle Teammitglieder haben ihren Wohnsitz in Braunschweig. Gründer A, C und D haben jeweils ein Bachelor- und Masterabschluss im Fachgebiet Informatik der TU Braunschweig. Gründer B hat sein Diplom im Fachbereich Informatik an der Universität „Alexandru Ioan Cuza" in Iași, Rumänien absolviert. Es folgte ein Masterstudium der Informationssysteme an der TU Braunschweig und eine Promotion am Institut für Informationssysteme in den Fachgebieten „Data Mining" und „Machine Learning on Big Data". Neben seinem Diplom Informatik-Studium gründete Gründer B im Jahr 2002 erstmals ein technologieorientiertes Unternehmen zur Entwicklung von Buchhaltungssoftware in Rumänien.

1.5.2.4 Werdegang von Gründer A

Gründer A ist ledig, 1992 geboren und deutscher Staatsbürger. Im Zuge seiner schulischen Ausbildung besuchte Gründer A ein Gymnasium, übersprang eine Klasse und erreichte sein Abitur. 2010 nahm Gründer A ein Studium der Informatik an der TU Braunschweig auf, welches er 2015 erfolgreich mit dem Titel Master of Science (M.Sc.) abschloss. Seitdem ist Gründer A selbstständig tätig. Durch die Tätigkeit seines Vaters, ebenfalls ein akademischer Gründer, kam Gründer A bereits im Kindesalter mit dem Thema Selbstständigkeit in Berührung. Dabei vermittelte sein Vater ein positives Bild der Selbstständigkeit, sodass Gründer A diese als angenehm und erstrebenswert empfand. Auch kleine Hilfstätigkeiten im Unternehmen des Vaters erledigte er gern.

Gründer A entwickelte früh ein Interesse für Informatik und unternahm bereits im Alter von elf Jahren erste Programmierversuche. Er absolvierte sowohl sein Bachelor- als auch sein Masterstudium an der TU Braunschweig im Fachbereich der Informatik, wobei er als Interessenschwerpunkte die Bereiche künstliche Intelligenz, maschinelles Lernen und Simulationen benennt. Auslandsaufenthalte an anderen Universitäten waren nicht vorgesehen. Die TU Braunschweig besuchte Gründer A von 2010 bis 2015; mit Beginn des Masterstudiums im Jahr 2013 nahm Gründer A eine Stelle als studentische Hilfskraft am Institut für Informationssysteme der TU Braunschweig an. Im Wintersemester 2014/15 übernahm er die Funktion eines Übungsleiters. Besonders eng arbeitete Gründer A während seines Bachelor- und Masterstudiums mit seinem Betreuer, Gründer B, zusammen.

1.6 Zusammenführung von Theorie und Empirie

Nachfolgend werden die Erkenntnisse der Einzelfallstudie zusammengefasst und unter Rückbezug auf die Propositionen theoriegeleitet analysiert. Die Propositionen werden anhand der empirischen Befunde unterstützt bzw. widerlegt.

1.6.1 Prägungen im familiären Lebensbereich

▶ **Ad. Proposition 1a:** Zeigen enge Familienangehörige erkennbares unternehmerisches Verhalten, erhöht dies die Wahrscheinlichkeit einer akademischen Gründung.

▶ **Ad. Proposition 1b:** Durch aktive Förderung unternehmerischen Verhaltens erhöhen enge Familienangehörige die Wahrscheinlichkeit einer akademischen Gründung.

Gründer A betonte in den Interviews, dass seine Eltern ihm bereits in der Kindheit eine positive Einstellung gegenüber der Selbstständigkeit vermittelten. Dieser Einfluss äußerte sich sowohl indirekt in den unternehmerisch geprägten Verhaltensweisen seines Vaters, der selbst ein akademischer Gründer ist, als auch direkt in der verbalen Vermittlung positiver Effekte der Selbstständigkeit, wie der selbstbestimmten Arbeitsweise und der Freiheit, eigene Ziele zu verfolgen. So folgten seine Eltern auch noch lange Zeit nach ihrem Studium dem Leitspruch „Stillstand ist Rückschritt" und wechselten etwa alle fünf Jahre ihr Arbeitsverhältnis auf der Suche nach neuen Herausforderungen. Dass bei jeder Herausforderung immer auch die Möglichkeit des Scheiterns besteht, empfanden die Eltern des Gründers eher als Chance, denn als Risiko.

> „Mein Vater hat oft gesagt: ‚Wenn man wirklich gut sein will, gehört ein gewisser Grad an Verrücktheit dazu. Fehlschläge geben einem dabei die Möglichkeit, sich zu verbessern'".

Diese Einstellung lebten die Eltern von Gründer A nicht nur beruflich, sondern auch privat, insbesondere im Bereich sportlicher Aktivitäten vor:

> „Meine Eltern sind beide Sportler – da gehört Scheitern dazu. Wenn mein Vater sagt ‚Man muss der erste sein, der kommt, und der letzte, der geht', bezieht er das nicht nur auf seine Arbeit, sondern auch auf den Sport. Nach einem Fehlversuch macht man Überstunden, trainiert härter als zuvor und lernt, es beim nächsten Mal besser zu machen."

Diese Aussagen zeigen exemplarisch, dass die Eltern von Gründer A ihn als erste soziale Referenzgruppe im Hinblick auf unternehmerische Wertvorstellung und Verhaltensweisen prägten und ihm insbesondere eine hohe Lernorientierung und positive Einstellung gegenüber Risiken vermittelten. Darüber hinaus kam Gründer A bereits in der Schulzeit durch Hilfstätigkeiten im elterlichen Unternehmen selbst in direkten Kontakt mit der selbstständigen Arbeitsweise eines Gründers. Nach eigener Aussage erledigte Gründer A solche Arbeiten gern. Rückblickend wurde er auf diese Weise bereits im Jugendalter in einem unternehmerisch orientierten familiären Kontext sozialisiert:

> „Mir haben diese Erfahrungen gezeigt, dass ich mir meine Arbeitsbereiche selbst aussuchen kann und dabei eine besonders hohe Lernkurve habe. In Kombination mit den Informationen, die ich durch meine Eltern bekommen habe, hat das meine Gründungsentscheidung stark beeinflusst."

Insgesamt zeigen beide Interviews, dass Gründer A durch die Werte und Handlungsweisen seiner Eltern nachhaltig unternehmerisch geprägt wurde. Die Propositionen 1a–b werden somit bekräftigt.

1.6.2 Prägungen im beruflichen Lebensbereich

▶ **Ad. Proposition 2:** Zeigen Vorgesetzte oder Mentoren erkennbares unternehmerisches Verhalten, erhöht dies die Wahrscheinlichkeit einer akademischen Gründung.

Gründer A identifizierte im Zuge der Interviews insbesondere die Verfassung seiner Bachelorarbeit als sensitive Lebensphase, in der er sich mit neuen Anforderungen und erhöhter Unsicherheit konfrontiert sah. Wesentlicher sozialer Referenzpunkt war in dieser Zeit sein Betreuer und Mentor, Gründer B, der ihn mehrfach auf den kommerziellen Nutzen und das Potenzial der Technologie hinwies. Zudem betonte Gründer B: „Gute Forschungsergebnisse müssen in die Wirtschaft gebracht werden" und vermittelte Gründer A somit Werte und Normen, die die kommerzielle Nutzung von Forschungsergebnissen, z. B. durch Ausgründungen aus Universitäten und Forschungseinrichtungen, als erstrebenswert erachten.

In mehreren Gesprächen berichtete Gründer B von seinen Erfahrungen im Zuge einer eigenen Unternehmensgründung im Jahr 2002 und fungierte somit als Rollenmodell. Zwar stellte die damalige Gründung „eher eine Softwareschmiede und Nebenverdienst, als ein technologieorientiertes Unternehmen dar", dennoch berichtete Gründer B mehrfach über seine gewonnenen positiven Erfahrungen im eigenen Unternehmen. Zudem förderte Gründer B die aufkeimende Gründungsabsicht von Gründer A aktiv, indem er ihm eine Nebentätigkeit am Institut für Informationssysteme der TU Braunschweig vermittelte, die es ihm ermöglichte, sich tief greifender mit der Gründungsidee zu beschäftigen. Gründer B entwickelte schließlich zusammen mit Gründer A konkrete Pläne für eine gemeinsame Gründung.

Insgesamt offenbaren beide Interviews, dass Gründer A während der Bearbeitung seiner Bachelorarbeit einem Sozialisierungs- und Trainingsprozess durch seinen Mentor ausgesetzt war. Proposition 2 wird daher bekräftigt.

> **Ad. Proposition 3:** Erhalten Kommilitonen und Kollegen für ihr unternehmerisches Verhalten positives Feedback, erhöht dies die Wahrscheinlichkeit einer akademischen Gründung.

Die Beziehungen zu Kollegen beschränken sich im Falle von Gründer A auf Kommilitonen und Arbeitskollegen am Institut für Informationssysteme der TU Braunschweig. Als sensitive Phase konnte in den Interviews die Erstellung der Masterarbeit identifiziert werden. Während dieser Phase erhielt Gründer A mehrere Angebote, sein technologisches Wissen im Fachbereich der Informatik durch eine Anstellung als wissenschaftlicher Mitarbeiter und Doktorand weiter zu vertiefen. Gründer A benannte diese Zeit als eine von Unsicherheit gekennzeichnete Phase, in der er sein Gründungsvorhaben mehrfach überdachte.

> „Im Hinterkopf hatte ich mich schon für die Gründung entschieden. Doch als ich während der Masterarbeit mehrere Angebote zur Promotion erhielt, hat das natürlich die Unsicherheit erhöht und ich habe meine Pläne zur Gründung noch einmal intensiv überdacht. Eine Promotion klang zwar verlockend, doch die Sorge, meine Forschungsergebnisse würden in der Schublade verschwinden und nicht ihren Weg in die Praxis finden, überwog."

Gründer A berichtet, sich problemlos und zügig in den neuen sozialen Kontext als wissenschaftliche Hilfskraft am Institut für Informationssysteme eingearbeitet zu haben und noch immer den regelmäßigen Austausch zu suchen. In diversen Gesprächen kam Gründer A intensiv mit den Gruppennormen seiner Kollegen am Institut für Informationssysteme in Berührung. Kommerzialisierungsbestreben waren in diesen Gruppennormen nicht nur toleriert, sondern wurden wertgeschätzt.

> „Der flüssige Wissensaustausch mit den Kollegen hat mich schnell gefesselt. Es gab viele Diskussionen über die Anwendbarkeit und die gesellschaftlichen Auswirkungen neuer Technologien. Immer wieder betonten Mitarbeiter, wie wichtig es ist, Forschungserkenntnisse in die Realität umzusetzen. Genau das hat die Kultur am Institut ausgemacht."

Aktiv umgesetzt wurden diese Gruppennormen in anwendungsorientierten Forschungsprojekten, in die auch Gründer A im Zuge seiner Tätigkeit als wissenschaftliche Hilfskraft aktiv eingebunden wurde. Auf diese Art und Weise konnte Gründer A beobachten, dass unternehmerisches Verhalten durch positives Feedback belohnt wird. Proposition 3 wird daher bekräftigt.

1.6.3 Konsistenz der Prägungen im familiären und beruflichen Bereich

▶ **Ad. Proposition 4:** Erhalten Individuen konsistente Prägungen innerhalb des familiären und beruflichen Lebensbereichs, erhöht dies die Wahrscheinlichkeit einer akademischen Gründung.

Im familiären Kontext haben beide Elternteile die unternehmerischen Fähigkeiten des Gründers A sowohl indirekt über ihr Wertverständnis und ihr beobachtbares Verhalten, wie die akademische Gründung des Vaters oder die regelmäßigen Arbeitgeberwechsel aufgrund der elterlichen Bestrebungen nach neuen beruflichen Herausforderungen, als auch indirekt über die gezielte Unterstützung eigener unternehmerischer Erfahrungen und Projekte von Gründer A, z. B. Hilfsarbeiten im elterlichen Unternehmen, geprägt. Dass Familienmitglieder einen enormen Einfluss auf die Gründungsentscheidung eines Individuums ausüben, führen Breton-Miller und Miller (2009, S. 1177) u. a. auf die ausgeprägte soziale Nähe familiär verbundener Akteure zurück: „family members have spent most of their lives together under conditions of very significant interdependence, family social bonds are enduring, emotionally involving, and encompassing in scope".

Zusammenfassend erfuhr Gründer A sowohl im familiären, als auch im beruflichen Lebensbereich konsistente Prägungen, die unternehmerisches Verhalten in Form akademischer Ausgründung aus Universitäten und Forschungseinrichtungen bekräftigen und fördern. Gründer A selbst gibt an, dass die Beobachtungen und Erfahrungen innerhalb beider Lebensbereiche äußert relevant für die Gründungsentscheidung waren: „Ich kann nicht spezifizieren, welcher Lebensbereich eine größere Rolle bei meiner Gründungsentscheidung gespielt hat". Innerhalb beider Bereiche konnten sensitive Phasen, in denen unternehmerische Prägungen erfolgten, identifiziert werden. Proposition 4 wird somit bekräftigt.

1.6.4 Einfluss sozialer Nähe auf Prägungen im beruflichen Lebensbereich

▶ **Ad. Proposition 5:** Sind die Verbindungen zwischen dem Individuum und seinen direkten Kommilitonen und Kollegen von sozialer Nähe gekennzeichnet, steigt die Wahrscheinlichkeit einer akademischen Gründung.

Die Erläuterungen von Gründer A im Zuge der drei Interviews offenbaren, dass sich Gründer A in neuen, unsicheren Situationen an Referenzpersonen orientierte, zu denen er eine vertrauensbasierte Verbindung aufgebaut hatte. Während seiner Masterarbeit stellten Mitarbeiter des Instituts für Informationssysteme der TU Braunschweig diese Referenzpersonen dar. Mithilfe seines Betreuers wurde Gründer A schnell und problemlos in den neuen sozialen Kontext eingebettet, sodass sich eine Vertrauensbasis entwickelte, die die informelle Kommunikation und den Wissensaustausch mit anderen Mitarbeitern des Instituts erleichterte. Der Gründer berichtet von regelmäßigen gemeinsamen kreativen Pausen, in denen ein umfassender Austausch von Meinungen und Ansichten zu Forschungsthemen, (akademischen) Unternehmensgründungen und privaten Anliegen stattfand.

> „Ich würde sagen, dass ich zu meinen Kollegen aus der Tätigkeit als wissenschaftliche Hilfskraft ein freundschaftliches Verhältnis habe. […] Als ich die Hiwi-Tätigkeit aufnahm, wurde schnell klar, dass meine Kollegen und ich dieselben Interessenbereiche teilen. Im Kaffeeraum haben wir viel diskutiert und waren oft unterschiedlicher Meinung. Aus diesen Diskussionen entstanden vielfach neue und bessere Lösungen. Neben den fachlichen Gesprächen konnte man sich auch über persönliche Anliegen austauschen."

In ähnlicher Weise berichtet Gründer A, dass die anfangs formal gestaltete Verbindung zu dem Betreuer seiner Bachelorarbeit schnell eine freundschaftliche Komponente erhielt, die den Austausch persönlicher Einstellungen und Erfahrungen förderte und zu intensiven Gesprächen auf professioneller wie persönlicher Ebene führte. So berichtete der Betreuer von seiner eigenen Gründungserfahrung und bewertete diese als positiv und wertvoll. Ebenso stand er dem Gründer mit freundschaftlichen Ratschlägen zur Seite. Proposition 5 kann folglich bekräftigt werden.

1.7 Zusammenfassung, Implikationen und Limitationen

1.7.1 Zusammenfassung wesentlicher Erkenntnisse

Ziel der vorliegenden Fallstudie ist es, unternehmerische Prägungen akademischer Gründer durch direkte interpersonale Kontakte zu identifizieren und zu analysieren. Hierzu wurden drei erkenntnisleitende Forschungsfragen entwickelt, die (1) ergründeten, wie und warum unternehmerische Verhaltensweisen akademischer Gründer durch direkte interpersonale Kontakte innerhalb sensibler Phasen geprägt werden, (2) die Wirkungsweise direkter Kontakte innerhalb verschiedener Lebensbereiche analysieren und (3) den Einfluss sozialer Nähe zwischen dem Individuum und seinen direkten Kontakten auf die Empfänglichkeit des Individuums für Prägungen untersuchen. Die theoriegeleiteten Propositionen wurden anhand von drei Interviews mit dem akademischen Gründer A, in Triangulation mit Sekundärdaten analysiert.

Im Hinblick auf die erste Forschungsfrage zeigen die empirischen Befunde die Relevanz direkter Kontakte innerhalb verschiedener Lebensbereiche als wirksame Quellen unternehmerischer Prägungen auf. Dabei offenbaren die Ergebnisse, dass unternehmerische Verhaltensweisen durch eine Form des *social imprinting* übertragen werden, indem das Individuum innerhalb sensibler Phasen durch direkte und indirekte soziale Lernprozesse, wie beobachtbares Lernen anhand relevanter Referenzpersonen, geprägt wird. Die Ergebnisse unterstüzen, dass Prägungen dieser Art sowohl innerhalb des familiären, als auch des beruflichen Lebensbereichs ablaufen. Obgleich sensible Phasen, innerhalb derer ein Individuum für Prägungen empfänglich ist, in beiden Lebensbereichen vorkommen, treten sie im familiären bzw. im beruflichen Lebensbereich in unterschiedlichen Entwicklungsstadien auf. Während familiäre Prägungen bereits früh in der Kindheit auftreten können, werden Prägungen im beruflichen Bereich erst in späteren Entwicklungsstadien möglich, wenn Phasen konkreter Unsicherheit und Ambiguität eine kritische Reorientierung in einem neuen sozialen Kontext erfordern, so z. B. im jungen Erwachsenenalter.

Bezugnehmend auf die zweite Forschungsfrage verdeutlichen die Erkenntnisse dieser Einzelfallstudie, dass konsistente Prägungen innerhalb verschiedener Lebensbereiche komplementär wirken und sich in ihrer Wirksamkeit amplifizieren können. Untersuchungen belegen nicht nur die Interaktion unterschiedlicher Prägungen, sondern auch die Verstärkung konsistenter Prägungen (Tilcsik 2013). Gründer A erhielt innerhalb beider Lebensbereiche mehrere konsistente Prägungen; er selbst konnte nicht spezifizieren, welcher Einfluss ausschlaggebend für seine Gründungsentscheidung war. Vor dem Hinblick, dass Prägungen, wenngleich sehr stabiler Natur, Transformations- und Interaktionsprozessen unterworfen sein können (Simsek et al. 2015), erscheint es schwer, den Einfluss einzelner Prägungen zu bemessen. Ellis et al. (2017, S. 507) argumentieren: „A misalignment between the mental models of knowledge transmitters and knowledge receivers might diminish or even inhibit the inheritance process". Simsek et al. (2015) diskutieren *complex layering* und *embeddedness of imprints* als mögliche Ergebnisse solcher transformativen Prozesse.

In Bezug auf die dritte Forschungsfrage offenbart die fallbasierte Untersuchung, dass soziale Nähe den Einfluss von Prägungen im beruflichen Lebensbereich auf die Verhaltensmanifestation in Form der Gründungsentscheidung moderiert. Demnach erhöht soziale Nähe die Wahrscheinlichkeit unternehmerischer Prägungen durch Kommilitonen und Kollegen, in der Umsetzung eines Gründungsvorhabens zu münden. Der Stand der Forschung legt nahe, dass die Rezeptivität des Individuums gegenüber Prägungen durch vorherrschende soziale Nähe zu dem prägenden Individuum erhöht wird.

Zusammenfassend liefert diese Arbeit drei wesentliche Beiträge. Erstens forciert die Fallstudie die Analyse prägender Ereignisse auf Ebene des Individuums und seiner direkten Kontakte innerhalb verschiedener Lebensbereiche. Eine solche Mikroperspektive eröffnet neue Einblicke in die „Black Box" der unterschiedlichen Wirksamkeit prägender Einflüsse auf Individuen (Simsek et al. 2015). Zweitens integriert die Fallstudie Mechanismen der Prägung und des sozialen Lernens, um den sozialen Kontext und die direkten und indirekten Interaktionen zwischen dem prägenden und dem geprägten Individuum näher zu beleuchten. Hiermit liefert die vorliegende Arbeit einen Ansatz, um die Mechanismen der Prägung durch Analyse dyadischer Interaktionen und kleiner kollektiver Instanzen in den Fokus der Forschung zu rücken (Simsek et al. 2015). Drittens wird die tatsächliche

Gründungsentscheidung als Verhaltensergebnis prägender Prozesse zugrunde gelegt, um Rückschlüsse auf prägende Ereignisse ziehen zu können. Hierzu wurde der akademische Gründer zweimal in der unmittelbaren Vorgründungsphase und einmal im Anschluss an die Gründung befragt. Mit diesem Vorgehen umgeht diese Arbeit eine wesentliche Limitation bisheriger Studien, die die Analyse von Antezedenten der Gründungsentscheidung modellieren. Obgleich empirische Befunde eine Korrelation zwischen Intention und tatsächlichem Verhalten zeigen, erklären empirische Designs dieser Art das tatsächliche Gründungsverhalten nur unzureichend (*intention-behaviour gap*) und können nur begrenzt Rückschlüsse auf das tatsächliche Verhalten ziehen (Schlaegel und Koenig 2014).

1.7.2 Limitationen

Holistische Einzelfallstudien stellen ein geeignetes Instrument dar, um neue komplexe Sachverhalte erkenntnisleitend in ihrem realweltlichen Kontext zu analysieren, sofern es sich um einen aufschlussreichen und kritischen Fall handelt (Yin 2013). Obgleich die vorliegende Fallstudie diese Anforderungen erfüllt, weist sie Limitationen auf. Grundsätzlich unterliegen die Ergebnisse von Einzelfallstudien aufgrund ihres einzigartigen Untersuchungsgegenstandes einer geringen Generalisierbarkeit und können Verzerrungen aufweisen (Yin 2013), wenngleich die erhobenen Daten durch Triangulation mit Sekundärdaten verifiziert wurden und die zeitliche Differenz zwischen den Interviews eine Konsistenzprüfung der Aussagen ermöglicht. Der Rückbezug auf theoriegeleitete und empirische Literaturbefunde vermag eine empirische Überprüfung der Ergebnisse nicht hinreichend zu ersetzen. Problematisch erscheint insbesondere, dass prägende Einflüsse in der vorliegenden Arbeit *ex post* identifiziert und analysiert wurden, da der Gründungsprozess zum Zeitpunkt der Primärdatenerhebung bereits initiiert worden war. Eine Verzerrung zu Lasten der internen Validität durch mögliche Rückschaufehler (*retrospective bias*) kann daher nicht vollständig ausgeschlossen werden. Longitudinale Analysen sollten die hier dargelegten Ergebnisse empirisch überprüfen; ferner eignet sich ein solches Forschungsdesign, um prägende Prozesse und Mechanismen künftig detaillierter zu erfassen.

1.7.3 Implikationen für die Forschung

Im Zuge dieser Arbeit wurden die Theorie des sozialen Lernens und das Konzept der Prägung integriert, um die „Black Box" prägender Prozesse auf Ebene direkter dyadischer Interaktionen zwischen Individuen näher zu beleuchten. Die Integration des Prägungskonzeptes mit verwandten Theorieströmen bereichert unser Verständnis der Mechanismen individueller Prägungen und sollte künftig weiterverfolgt werden. So komplementiert die Theorie des sozialen Lernens das Konzept der Prägung, indem sie die Lernprozesse innerhalb zeitlich begrenzter sensitiver Lebensphasen systematisiert und, über Persönlichkeitsattribute hinausgehend, Einblicke liefert, warum Individuen in ihrer Rezeptivität gegenüber prägenden Ereignissen divergieren. Vielversprechend erscheint zudem die Integration teleologischer Modelle, die Prägungen in Form eines adaptiven Prozesses, basierend auf repetitiven Lernzyklen und Feedback-Mechanismen, analysieren (Van de Ven und Poole 1995). Ein teleologischer Ansatz könnte insbesondere unser Verständnis der Amplifizierung und Transformation von Prägungen bereichern (Simsek et al. 2015).

Die vorliegende Fallstudie trägt der zunehmenden Forderung nach einer Mikrofundierung Rechnung (Simsek et al. 2015; Fauchart und Gruber 2011), indem prägende Prozesse direkter interpersonaler Interaktionen zwischen Individuen analysiert werden (Ellis et al. 2017). Sozialpsychologische Modelle wie die *Theory of Planned Behaviour* (Ajzen 1991) und das *Entrepreneurial Event Model* (Shapero und Sokol 1982), die die Entstehung von Verhaltensintentionen modellieren, forcieren bereits mikrofundierte Ansätze, da sie Interaktionen mit direkten und indirekten Kontakten unlängst als Treiber von Intentionen und individuellen Verhaltensweisen identifiziert haben.

Daneben verspricht eine Anknüpfung an netzwerktheoretische Untersuchungen neue Erkenntnisse in prägende Prozesse auf Individualebene, da sie die Einbettung des Individuums in sein umliegendes Netzwerk differenziert betrachten. Die Ergebnisse von Hayter (2016) implizieren, dass akademische Entrepreneure vor der Herausforderung stehen, ihre akademischen Netzwerkkontakte zugunsten marktorientierter Netzwerkkontakte zu verändern. McEvily et al. (2012), die das Konzeptes der Prägung in eine Netzwerkperspektive integrieren, zeigen für die Phase des Berufseintritts, dass mit der Erschließung neuer Netzwerkkontakte in einem neuen Kontext individuelle Prägungen über direkte Netzwerkkontakte möglich sind.

1.7.4 Implikationen für die Praxis

Anhand der gewonnenen Erkenntnisse aus der Analyse der theoriegeleiteten Forschungsfragen dieser Arbeit können Handlungsempfehlungen für (1) die Politik, insbesondere politische Maßnahmen zur Förderung akademischer Gründungen in Deutschland sowie (2) Hochschulen, Universitäten und Forschungseinrichtungen ausgesprochen werden.

Bezugnehmend auf politische Maßnahmen implizieren die Ergebnisse dieser Arbeit, dass unternehmerische Prägungen bereits früh im Leben akademischer Gründer auftreten, weshalb eine gezielte Förderung akademischer Ausgründungen nur gelingen kann, wenn entsprechende Programme frühzeitig, z. B. innerhalb von Kitas, Grund- oder weiterführenden Schulen, durchgeführt werden. Die Ergebnisse dieser Arbeit weisen darauf hin, dass unternehmerisches Verhalten zumindest teilweise durch strategische Erziehungsmaßnahmen der Eltern geprägt werden kann (Jaskiewicz et al. 2015). Auch in der institutionellen Betreuung, wie sie z. B. in Grundschulen und Kitas stattfindet, wird Erziehungsarbeit geleistet. Konkret könnten Beschäftigte anhand von Schulungs- und Trainingsprogrammen darauf ausgerichtet werden, Kindern positive Wertvorstellungen des Unternehmertums zu vermitteln.

Ferner bekräftigen die Ergebnisse dieser Fallstudie die Relevanz eigener Erfahrungen auf unternehmerische Prägungen, womit sie die Befunde des Literaturstroms zu prägenden

Erfahrungen durch aktive Einbindung von Individuen in Familienunternehmen verifizieren. Bereits die Ermutigung von Individuen, eigene unternehmerische Projekte durchzuführen, kann ihr Selbstwirksamkeitsgefühl steigern (Bandura 1986) und im Hinblick auf zukünftige Karriereentscheidungen prägen (Zhao et al. 2005). Eine frühe Förderung unternehmerischer Projekte durch die öffentliche Hand kann dazu beitragen, Individuen bereits im Kindesalter unternehmerisch zu prägen.

Universitäten und Forschungseinrichtungen bemühen sich vielfach, ihre Mitglieder im Bereich des Entrepreneurship zu sensibilisieren und zu qualifizieren und akademische Ausgründungen durch Unterstützungsangebote wie TTOs oder Inkubatoren gezielt zu fördern. Dabei reicht eine verbesserte Aufklärung durch vermehrten Lehreinsatz und den Auf- und Ausbau unterstützender Angebote im Bereich des Entrepreneurship allein nicht aus, um die Anzahl akademischer Gründungen direkt zu erhöhen (Fini et al. 2017).

Eine bessere Möglichkeit der Einwirkung ergibt sich über (1) gezielte Mentorenprogramme und (2) neue Lehrkonzepte. In Bezug auf Mentoren zeigte sich, dass Akademiker im beruflichen Kontext nach Rollenmodellen suchen, anhand derer sie erwartete und belohnende Verhaltensweisen identifizieren können, um ihr Verhalten und ihr Selbstkonzept daran auszurichten (Azoulay et al. 2017). Universitäre Einrichtungen können unternehmerische Prägungen durch Sozialisierung mit Individuen, die bereits unternehmerische Prägungen tragen, beispielsweise anhand von Mentorenprogrammen, fördern. Aus den dargelegten Feedback-Mechanismen im Zuge adaptiver Lernprozesse kann abgeleitet werden, dass die Wahrscheinlichkeit unternehmerischer Prägungen infolge positiven Feedbacks steigt. Nicht selten verweist die Lehre im Bereich des Entrepreneurship auf die Schwierigkeiten und hohen Misserfolgsquoten akademischer Ausgründungen, wodurch Akademiker direkt mit negativen Verhaltenskonsequenzen konfrontiert werden. Da bei weitem nicht jeder unternehmerisch interessierte Akademiker eine Gründung intendiert, könnte eine konsequente Trennung der Entrepreneurship-Lehre in sensibilisierende und qualifizierende Lehrveranstaltungen ein entscheidender Schritt sein, um auf der einen Seite forschungsinteressierte Akademiker auszubilden und auf der anderen Seite die unternehmerische Prägung von Akademikern durch positives Feedback sowie beobachtbare oder erfahrbare Aktivitäten unternehmerischer Verhaltensweisen zu intensivieren.

Fragen

1. Erläutern Sie, welche Voraussetzungen erfüllt sein müssen, damit ein Individuum unternehmerisch geprägt werden kann.
2. Diskutieren Sie mit Bezug zur Biografie des Gründers wodurch sensible Lebensphasen gekennzeichnet sind und wie sie identifiziert werden können.
3. Erläutern Sie, warum Verhaltensänderungen sowohl anhand des prägenden Konzeptes als auch mithilfe der sozialen Lerntheorien erklärt werden können. Gehen Sie ferner darauf ein, welche zusätzlichen Erkenntnisse aus der Integration beider Theorien gewonnen werden können.
4. Nennen und erläutern Sie Gründe für die Entstehung akademischer Spin-Offs. Diskutieren Sie vor diesem Hintergrund auch Alleinstellungsmerkmale akademischer Spin-Offs.

Literatur

Aghion, P., Dewatripont, M., & Stein, J. (2008). Academic freedom, private sector focus, and the process of innovation. *RAND Journal of Economics, 39*(3), 617–635.

Ajzen, I. (1991). The theory of planned behavior. *Organizational Behavior and Human Decision Processes, 50*(2), 179–211.

Aldrich, H. E., & Kim, P. H. (2007). A life course perspective on occupational inheritance: Self-employed parents and their children. In M. Ruef & M. Lounsbury (Hrsg.), *The sociology of etrepreneurship* (S. 33–82). Bingley: Emerald Group Publishing Limited.

Aldrich, H. E., & Yang, T. (2014). How do entrepreneurs know what to do? Learning and organizing in new ventures. *Journal of Evolutionary Economics, 24*(1), 59–82.

Aldrich, H. E., & Zimmer, C. (1986). Entrepreneurship through social networks. In D. L. Sexton & R. W. Smilor (Hrsg.), *The art and science of entrepreneurship* (S. 3–23). Cambridge, MA: Ballinger Publishing.

Aschhoff, B., & Grimpe, C. (2014). Contemporaneous peer effects, career age and the industry involvement of academics in biotechnology. *Research Policy, 43*(2), 367–381.

Autio, E., Sapienza, H. J., & Almeida, J. G. (2000). Effects of age at entry, knowledge intensity, and imitability on international growth. *Academy of Management Journal, 43*(5), 909–924.

Azoulay, P., Liu, C. C., & Stuart, T. E. (2017). Social influence given (partially) deliberate matching: Career imprints in the creation of academic entrepreneurs. *American Journal of Sociology, 122*(4), 1223–1271.

Bandura, A. (1969). *Principles of behavior modification*. New York: Holt, Rinehart & Winston.

Bandura, A. (1977a). Self-efficacy: Toward a unifying theory of behavioral change. *Psychological Review, 84*(2), 191–215.

Bandura, A. (1977b). *Social learning theory*. Englewood Cliffs: Prentice Hall.

Bandura, A. (1986). *Social foundations of thought and action: A social cognitive theory*. Englewood Cliffs: Prentice-Hall.

Bercovitz, J., & Feldman, M. (2008). Academic entrepreneurs: Organizational change at the individual level. *Organization Science, 19*(1), 69–89.

Borgatti, S. P., & Halgin, D. S. (2011). On network theory. *Organization Science, 22*(5), 1168–1181.

Boschma, R. (2005). Proximity and innovation: A critical assessment. *Regional Studies, 39*(1), 61–74.

Bosma, N., Hessels, J., Schutjens, V., Van Praag, M., & Verheul, I. (2012). Entrepreneurship and role models. *Journal of Economic Psychology, 33*(2), 410–424.

Braun-Thürmann, H., Knie, A., & Simon, D. (2010). *Unternehmen Wissenschaft: Ausgründungen als Grenzüberschreitungen akademischer Forschung*. Bielefeld: transcript.

Bryant, P. T. (2014). Imprinting by design. The microfoundations of entrepreneurial adaptation. *Entrepreneurship Theory and Practice, 38*(5), 1081–1102.

Burton, M. D., & Beckman, C. M. (2007). Leaving a legacy: Position imprints and successor turnover in young firms. *American Sociology Review, 72*(2), 239–266.

Burton, M. D., Sørensen, J. B., & Beckman, C. M. (2002). Coming from good stock: Career histories and new venture formation. In M. Lounsbury & M. J. Ventresca (Hrsg.), *Social structure and organizations revisited* (S. 229–262). Bingley: Emerald Group Publishing Limited.

Busenitz, L. W., & Barney, J. B. (1997). Differences between entrepreneurs and managers in large organizations: Biases and heuristics in strategic decision-making. *Journal of Business Venturing, 12*(1), 9–30.

Carnabuci, G., & Wezel, F. C. (2011). Back to the future: Career transitions at the dawn of capitalism: The immigration of merchants from the southern Netherlands to Amsterdam, 1578–1602. *Organization Studies, 32*(12), 1621–1637.

Carr, J. C., & Sequeira, J. M. (2007). Prior family business exposure as intergenerational influence and entrepreneurial intent: A theory of planned behavior approach. *Journal of Business Research, 60*(10), 1090–1098.

Chen, C. (2012). Sector imprinting: Exploring its impacts on managers' perceived formalized personnel rules, perceived red tape, and current job tenure. *American Review of Public Administration, 42*(3), 320–340.

Clarysse, B., Wright, M., Lockett, A., Van de Velde, E., & Vohora, A. (2005). Spinning out new ventures: A typology of incubation strategies from European Research Institutions. *Journal of Business Venturing, 20*(2), 183–216.

Clarysse, B., Tartari, V., & Salter, A. (2011). The impact of entrepreneurial capacity, experience and organizational support on academic entrepreneurship. *Research Policy, 40*(8), 1084–1093.

Cohen-Scali, V. (2003). The influence of family, social, and work socialization on the construction of the professional identity of young adults. *Journal of Career Development, 29*(4), 237–249.

Cope, J. (2003). Entrepreneurial learning and critical reflection: Discontinuous events as triggers for ‚higher-level' learning. *Management Learning, 34*(4), 429–450.

Cronqvist, H., Makhija, A. K., & Yonker, S. E. (2012). Behavioral consistency in corporate finance: CEO personal and corporate leverage. *Journal of Financial Economics, 103*(1), 20–40.

Denrell, J. (2003). Vicarious learning, undersampling of failure, and the myths of management. *Organization Science, 14*(3), 227–243.

DiMaggio, P. J., & Powell, W. W. (1983). The iron cage revisited: Institutional isomorphism and collective rationality in organizational fields. *American Sociological Review, 48*(2), 147–160.

Dobrev, S. D., & Barnett, W. P. (2005). Organizational roles and transition to entrepreneurship. *Academy of Management Journal, 48*(3), 433–449.

Dokko, G., Wilk, S. L., & Rothbard, N. P. (2009). Unpacking prior experience: How career history affects job performance. *Organization Science, 20*(1), 51–68.

Duflo, E., & Saez, E. (2002). Participation and investment decisions in a retirement plan: The influence of colleagues' choices. *Journal of Public Economics, 85*(1), 121–148.

Dyer, W. G. (1994). Toward a theory of entrepreneurial careers. *Entrepreneurship Theory and Practice, 19*(2), 7–21.

EACEA. (2012). *Entrepreneurship education at school in Europe: National strategies, curricula and learning outcomes*. Brüssel: Education, Audiovisual and Culture Executive Agency.

Eesley, C., & Wang, Y. (2017). Social influence in career choice: Evidence from a randomized field experiment on entrepreneurial mentorship. *Research Policy, 46*(3), 636–650.

Eisenhardt, K. M. (1989). Building theories from case study research. *Academy of Management Review, 14*(4), 532–550.

Elfenbein, D. W., Hamilton, B. H., & Zenger, T. R. (2010). The small firm effect and the entrepreneurial spawning of scientists and engineers. *Management Science, 56*(4), 659–681.

Ellis, S., Aharonson, B. S., Drori, I., & Shapira, Z. (2017). Imprinting through inheritance: A multi-genealogical study of entrepreneurial proclivity. *Academy of Management Journal, 60*(2), 500–522.

Entwisle, D. R., & Hayduk, L. A. (1988). Lasting effects of elementary school. *Sociology of Education, 61*(3), 147–159.

European Commission. (2016). Horizon 2020 annual monitoring report 2015, Nr. 376. Brussels. http://ec.europa.eu/research/evaluations/pdf/archive/h2020_monitoring_reports/second_h2020 annual_monitoring_report.pdf. Zugegriffen am 05.08.2018.

Farmer, S. M., Yao, X., & Kung-Mcintyre, K. (2011). The behavioral impact of entrepreneur identity aspiration and prior entrepreneurial experience. *Entrepreneurship Theory and Practice, 35*(2), 245–273.

Fauchart, E., & Gruber, M. (2011). Darwinians, communitarians, and missionarians: The role of founder identity in entrepreneurship. *Academy of Management Journal, 54*(5), 935–957.

Fernández-Pérez, V., Alonso-Galicia, P. E., Rodríquez-Ariza, L., & del Mar Fuentes-Fuentes, M. (2015). Professional and personal social networks: A bridge to entrepreneurship for academics? *European Management Journal, 33*(1), 37–47.

Fini, R., & Toschi, L. (2016). Academic logic and corporate entrepreneurial intentions: A study of the interaction between cognitive and institutional factors in new firms. *International Small Business Journal, 34*(5), 637–659.

Fini, R., Fu, K., Mathisen, M. T., Rasmussen, E., & Wright, M. (2017). Institutional determinants of university spin-off quantity and quality: A longitudinal, multilevel, cross-country study. *Small Business Economics, 48*(2), 361–391.

Fini, R., Rasmussen, E., Siegel, D., & Wiklund, J. (2018). Rethinking the commercialization of public science: From entrepreneurial outcomes to societal impacts. *Academy of Management Perspectives, 32*(1), 4–20.

Floyd, K., & Parks, M. R. (1995). Manifesting closeness in the interactions of peers: A look at siblings and friends. *Communication Reports, 8*(2), 69–76.

Frank, R. H., Gilovich, T., & Regan, D. T. (1993). Does studying economics inhibit cooperation? *Journal of Economic Perspectives, 7*(2), 159–171.

Frank, A., Krempkow, R., & Mostovova, E. (2017). *Gründungsradar 2016: Wie Hochschulen Unternehmensgründungen fördern*. Essen: Edition Stifterverband-Verwaltungsgesellschaft für Wissenschaftspflege mbH.

Friesl, M., Sackmann, S. A., & Kremser, S. (2011). Knowledge sharing in new organizational entities: The impact of hierarchy, organizational context, micro-politics and suspicion. *Cross Cultural Management: An International Journal, 18*(1), 71–86.

Goethner, M., Obschonka, M., Silbereisen, R. K., & Cantner, U. (2012). Scientists' transition to academic entrepreneurship: Economic and psychological determinants. *Journal of Economic Psychology, 33*(3), 628–641.

Göktepe-Hultén, D. (2008). Academic inventors and research groups: Entrepreneurial cultures at universities. *Science and Public Policy, 35*(9), 657–667.

Grave, B., Hetze, P., & Kanig, A. (2014). *Gründungsradar 2013: Wie Hochschulen Unternehmensgründungen fördern. Analysen*. Essen: Stifterverband für die deutsche Wissenschaft.

Gruber, M., & MacMillan, I. C. (2017). Entrepreneurial behavior: A reconceptualization and extension based on identity theory. *Strategic Entrepreneurship Journal, 11*(3), 271–286.

Grusec, J. E. (1992). Social learning theory and developmental psychology: The legacies of Robert Sears and Albert Bandura. *Developmental Psychology, 28*(5), 776–786.

Halaby, C. N. (2003). Where job values come from: Family and schooling background, cognitive ability, and gender. *American Sociological Review, 68*(2), 251–278.

Handel, G., Cahill, S., & Elkin, F. (2007). *Children and society: The sociology of children and childhood socialization*. Los Angeles: Roxbury Publishing Company.

Hannan, M. T., Burton, M. D., & Baron, J. N. (1996). The road taken: Origins and evolution of employment systems in emerging companies. *Industrial and Corporate Change, 5*(2), 239–275.

Hayter, C. S. (2016). Constraining entrepreneurial development: A knowledge-based view of social networks among academic entrepreneurs. *Research Policy, 45*(2), 475–490.

Hemer, J., Schleinkofer, M., & Göthner, M. (2006). *Akademische Spin-offs in Ost- und Westdeutschland und ihre Erfolgsbedingungen* (Büro für Technikfolgen-Abschätzung beim Deutschen Bundestag, Arbeitsbericht Nr. 109). Berlin: Büro für Technikfolgen-Abschätzung beim Dt. Bundestag (TAB).

Higgins, M. C. (2005). *Career imprints: Creating leaders across an industry* (1. Aufl.). San Francisco: Jossey-Bass.

Hoang, H., & Gimeno, J. (2010). Becoming a founder. How founder role identity affects entrepreneurial transitions and persistence in founding. *Journal of Business Venturing, 25*(1), 41–53.

Hsu, D. H., Roberts, E. B., & Eesley, C. E. (2007). Entrepreneurs from technology-based universities: Evidence from MIT. *Research Policy, 36*(5), 768–788.

Institut für Mittelstandsforschung. (2017). Gründungs- und Liquidationsstatistik des IfM Bonn im gewerblichen Bereich: Gewerbliche Gründungen und Liquidationen im Jahr 2016 in Deutschland. https://www.ifm-bonn.org/fileadmin/data/redaktion/statistik/gruendungen-und-unternehmensschliessungen/dokumente/Kennzahlen_GewGrLiIns_D_2016.pdf. Zugegriffen am 05.08.2018.

Jain, S., George, G., & Maltarich, M. (2009). Academics or entrepreneurs? Investigating role identity modification of university scientists involved in commercialization activity. *Research Policy, 38*(6), 922–935.

Jaskiewicz, P., Combs, J. G., & Rau, S. B. (2015). Entrepreneurial legacy: Toward a theory of how some family firms nurture transgenerational entrepreneurship. *Journal of Business Venturing, 30*(1), 29–49.

Johnson, M. K. (2002). Social origins, adolescent experiences, and work value trajectories during the transition to adulthood. *Social Forces, 80*(4), 1307–1340.

Jones, G. R. (1986). Socialization tactics, self-efficacy, and newcomers' adjustments to organizations. *Academy of Management Journal, 29*(2), 262–279.

Kacperczyk, A. J. (2009). *Inside or outside: The social mechanisms of entrepreneurship choices. Evidence from the mutual fund industry*. Ann Arbor: University of Michigan.

Kacperczyk, A. J. (2013). Social influence and entrepreneurship: The effect of university peers on entrepreneurial entry. *Organization Science, 24*(3), 664–683.

Kautonen, T., Gelderen, M., & Fink, M. (2015). Robustness of the theory of planned behavior in predicting entrepreneurial intentions and actions. *Entrepreneurship Theory and Practice, 39*(3), 655–674.

Keller, B. K., & Whiston, S. C. (2008). The role of parental influences on young adolescents' career development. *Journal of Career Assessment, 16*(2), 198–217.

Klandt, H. (2004). Entrepreneurship education and research in German-speaking Europe. *Academy of Management Learning & Education, 3*(3), 293–301.

Kohn, M. L., Slomczynski, K. M., & Schoenbach, C. (1986). Social stratification and the transmission of values in the family: A cross-national assessment. *Sociological Forum, 1*(1), 73–102.

Kolb, C., & Wagner, M. (2015). Crowding in or crowding out: The link between academic entrepreneurship and entrepreneurial traits. *The Journal of Technology Transfer, 40*(3), 387–408.

Krabel, S., & Mueller, P. (2009). What drives scientists to start their own company? An empirical investigation of Max Planck Society scientists. *Research Policy, 38*(6), 947–956.

Lacetera, N. (2009). Different missions and commitment power in R&D organizations: Theory and evidence on industry-university alliances. *Organization Science, 20*(3), 565–582.

Law, H. (2013). *The psychology of coaching, mentoring and learning*. Malden: Wiley.

Le Breton-Miller, I., & Miller, D. (2009). Agency vs. stewardship in public family firms: A social embeddedness reconciliation. *Entrepreneurship Theory and Practice, 33*(6), 1169–1191.

Lee, M., & Battilana, J. (2013). *How the zebra got its stripes: Imprinting of individuals and hybrid social ventures* (Working paper, no. 14-005. Harvard Business School). Boston: Organizational Behavior Unit.

Louis, K. S., Blumenthal, D., Gluck, M. E., & Stoto, M. A. (1989). Entrepreneurs in academe: An exploration of behaviors among life scientists. *Administrative Science Quarterly, 34*(1), 110–131.

Marquis, C., & Huang, Z. (2010). Acquisitions as exaptation: The legacy of founding institutions in the US commercial banking industry. *Academy of Management Journal, 53*(6), 441–1473.

Marquis, C., & Tilcsik, A. (2013). Imprinting: Toward a multilevel theory. *The Academy of Management Annals, 7*(1), 195–245.

Mathias, B. D., Williams, D. W., & Smith, A. R. (2015). Entrepreneurial inception: The role of imprinting in entrepreneurial action. *Journal of Business Venturing, 30*(1), 11–28.

McEvily, B., Jaffee, J., & Tortoriello, M. (2012). Not all bridging ties are equal: Network imprinting and firm growth in the Nashville legal industry, 1933–1978. *Organization Science, 23*(2), 547–563.

McPherson, M., Smith-Lovin, L., & Cook, J. M. (2001). Birds of a feather: Homophily in social networks. *Annual Review of Sociology, 27*(1), 415–444.

Menaghan, E. G., & Parcel, T. L. (1995). Social sources of change in children's home environments: The effects of parental occupational experiences and family conditions. Journal of Marriage and the Family, 57, 69-84.

Milanov, H., & Fernhaber, S. A. (2009). The impact of early imprinting on the evolution of new venture networks. *Journal of Business Venturing, 24*(1), 46–61.

Miller, G. A. (1976). Professionals in bureaucracy: Alienation among industrial scientists and engineers. *American Sociological Review, 32*(5), 755–768.

Mungai, E., & Velamuri, S. R. (2011). Parental entrepreneurial role model influence on male offspring: Is it always positive and when does it occur? *Entrepreneurship Theory and Practice, 35*(2), 337–357.

Muscio, A., Quaglione, D., & Ramaciotti, L. (2016). The effects of university rules on spinoff creation: The case of academia in Italy. *Research Policy, 45*(7), 1386–1396.

Mustar, P., & Wright, M. (2010). Convergence or path dependency in policies to foster the creation of university spin-off firms? A comparison of France and the United Kingdom. *The Journal of Technology Transfer, 35*(1), 42–65.

Mustar, P., Wright, M., & Clarysse, B. (2008). University spin-off firms: Lessons from ten years of experience in Europe. *Science and Public Policy, 35*(2), 67–80.

Nanda, R., & Sørensen, J. B. (2010). Workplace peers and entrepreneurship. *Management Science, 56*(7), 1116–1126.

Özcan, S., & Reichstein, T. (2009). Transition to entrepreneurship from the public sector: Predispositional and contextual effects. *Management Science, 55*(4), 604–618.

Sauermann, H., & Stephan, P. (2013). Conflicting logics? A multidimensional view of industrial and academic science. *Organization Science, 24*(3), 889–909.

Schein, E. H. (1971). The individual, the organization, and the career: A conceptual scheme. *The Journal of Applied Behavioral Science, 7*(4), 401–426.

Schein, E. H. (1985). *Organizational culture and leadership: A dynamic view*. San Francisco: Jossey-Bass.

Scherer, R. F., Adams, J. S., Carley, S. S., & Wiebe, F. A. (1989). Role model performance effects on development of entrepreneurial career preference. *Entrepreneurship Theory and Practice, 13*(3), 53–72.

Schlaegel, C., & Koenig, M. (2014). Determinants of entrepreneurial intent: A meta-analytic test and integration of competing models. *Entrepreneurship Theory and Practice, 38*(2), 291–332.

Schwens, C., & Kabst, R. (2009). How early opposed to late internationalizers learn: Experience of others and paradigms of interpretation. *International Business Review, 18*(5), 509–522.

Shah, P. P. (1998). Who are employees' social referents? Using a network perspective to determine referent others. *Academy of Management Journal, 41*(3), 249–268.

Shane, S. A. (2004). *Academic entrepreneurship: University spinoffs and wealth creation*. Cheltenham: Edward Elgar Publishing.

Shane, S., & Khurana, R. (2003). Bringing individuals back in: The effects of career experience on new firm founding. *Industrial and Corporate Change, 12*(3), 519–543.

Shane, S., & Stuart, T. (2002). Organizational endowments and the performance of university start-ups. *Management Science, 48*(1), 154–170.

Shapero, A., & Sokol, L. (1982). The social dimensions of entrepreneurship. In C. Kent, D. Sexton & K. Vesper (Hrsg.), *Encyclopedia of entrepreneurship* (S. 72–90). Englewood Cliffs: Prentice Hall.

Shrauger, J. S., & Schoeneman, T. J. (1979). Symbolic interactionist view of self-concept: Through the looking glass darkly. *Psychological Bulletin, 86*(3), 549–573.

Simsek, Z., Fox, B. C., & Heavey, C. (2015). What's past is prologue: A framework, review, and future directions for organizational research on imprinting. *Journal of Management, 41*(1), 288–317.

Sørensen, J. B. (2007a). Bureaucracy and entrepreneurship: Workplace effects on entrepreneurial entry. *Administrative Science Quarterly, 52*(3), 387–412.

Sørensen, J. B. (2007b). Closure and exposure: Mechanisms in the intergenerational transmission of self-employment. In M. Ruef & M. Lounsbury (Hrsg.), *Research in the sociology of organizations* (S. 83–124). New York: Elsevier/JAI.

Sternberg, R., & von Bloh, J. (2017). Global Entrepreneurship Monitor (GEM). Länderbericht Deutschland 2016.

Stinchcombe, A. L. (1965). Social structure and organizations. In J. G. March (Hrsg.), *Handbook of organizations* (S. 142–193). London: Routledge.

Stuart, T. E., & Ding, W. W. (2006). When do scientists become entrepreneurs? The social structural antecedents of commercial activity in the academic life sciences. *American Journal of Sociology, 112*(1), 97–144.

Stuart, T. E., & Sørenson, O. (2007). Strategic networks and entrepreneurial ventures. *Strategic Entrepreneurship Journal, 1*(3–4), 211–227.

Tajfel, H., & Turner, J. C. (1979). An integrative theory of intergroup conflict. In W. G. Austin & S. Worchel (Hrsg.), *The social psychology of intergroup relations* (S. 33–47). Monterey: Brooks-Cole.

Tilcsik, A. (2013). *Remembrance of things past: Individual imprinting in organizations*. Doctoral dissertation.

Tilcsik, A. (2014). Imprint-environment fit and performance. How organizational munificence at the time of hire affects subsequent job performance. *Administrative Science Quarterly, 59*(4), 639–668.

Tyre, M. J., & Von Hippel, E. (1997). The situated nature of adaptive learning in organizations. *Organization Science, 8*(1), 71–83.

Van Auken, H., Fry, F. L., & Stephens, P. (2006). The influence of role models on entrepreneurial intentions. *Journal of Developmental Entrepreneurship, 11*(2), 157–167.

Van de Ven, A. H., & Poole, M. S. (1995). Explaining development and change in organizations. *Academy of Management Review, 20*(3), 510–540.

Vohora, A., Wright, M., & Lockett, A. (2004). Critical junctures in the development of university high-tech spinout companies. *Research Policy, 33*(1), 147–175.

Wheeler, L., & Miyake, K. (1992). Social comparison in everyday life. *Journal of Personality and Social Psychology, 62*(5), 760–773.

Whiston, S. C., & Keller, B. K. (2004). The influences of the family of origin on career development: A review and analysis. *The Counseling Psychologist, 32*(4), 493–568.

Yin, R. K. (2013). *Case study research: Design and methods* (9. Aufl.). Newbury Park: Sage.

Zhao, H., Seibert, S. E., & Hills, G. E. (2005). The mediating role of self-efficacy in the development of entrepreneurial intentions. *Journal of Applied Psychology, 90*(6), 1265–1272.

2
Prägung des unternehmerischen Verhaltens von Akademikern durch biografische Netzwerke: Fallstudienanalyse des akademischen High-Tech Unternehmens Optosight GmbH

Gerrit Jochims

Inhaltsverzeichnis

2.1 Motivation, Forschungsfrage und Aufbau der Arbeit 43
2.2 Akademiker und unternehmerisches Verhalten 44
    2.2.1 Relevanz akademischer Entrepreneure 44
    2.2.2 Unternehmerisches Verhalten 45
2.3 Basistheoretisches Fundament 45
    2.3.1 Intentionsbasierte Modelle 45
    2.3.2 Netzwerkprägung und biografische Netzwerke 47
    2.3.3 Theorie-Integration von Netzwerkprägung und intentionsbasierten Modellen 48
    2.3.4 Konzeption 50
2.4 Prädiktoren unternehmerischen Verhaltens von Akademikern 51
    2.4.1 Prägung unternehmerischer Verhaltensweisen 51
    2.4.2 Prägung der Rollenidentität 52
    2.4.3 Prägung der Normen und Werte 53
    2.4.4 Mediation sozialer Prägungseffekte 54
2.5 Methodik und Gegenstand der Untersuchung 56
    2.5.1 Fallstudienmethodik und Datenerhebung 56
    2.5.2 Fallstudie Optosight GmbH 57

Namen und Firma wurden zum Schutz der Personen pseudonymisiert.

G. Jochims (✉)
Institut für Betriebswirtschaftslehre, Christian-Albrechts-Universität zu Kiel, Kiel, Deutschland
E-Mail: g.jochims@bwl.uni-kiel.de

2.6	Integration von Theorie und empirischen Befunden	57
	2.6.1 Prägung unternehmerischer Verhaltensweisen durch Netzwerke	59
	2.6.2 Prägung der Rollenidentität	60
	2.6.3 Prägung der Normen und Werte	62
	2.6.4 Mediation sozialer Prägungseffekte	64
2.7	Schlussfolgerungen	66
	2.7.1 Zusammenfassung der zentralen Ergebnisse	66
	2.7.2 Limitationen und Implikationen für die Forschung	67
	2.7.3 Politik- und Managementimplikationen	69
Literatur		70

Zusammenfassung

Akademische Entrepreneure sind Treiber des technologischen Wandels und bedeuten ein hohes ökonomisches Wertpotenzial für eine Gesellschaft. Folglich ist ein Kerninteresse der Wirtschafts- und Hochschulpolitik das unternehmerische Verhalten von Akademikern zu fördern. Eine effektive Förderung von akademischen Entrepreneuren setzt allerdings das Verständnis voraus, warum und unter welchen Rahmenbedingungen Akademiker unternehmerisch aktiv werden. Studien zum akademischen Entrepreneurship zeigen, dass psychografische Faktoren und soziale Netzwerke das unternehmerische Verhalten von Personen motivieren. Eine besonders prägende Wirkung erfolgt durch biografische soziale Netzwerke, welche aus Rollenmodellen oder sozialen Kollektiven der Vergangenheit bestehen können. Die Wirkung von Rollenmodellen und sozialen Kollektiven, die in vergangenen sensiblen Lebensphasen eines Akademikers das unternehmerische Verhalten prägen, ist kritisch zu betrachten und bedarf einer differenzierten Untersuchung, da sie im Gegensatz zu bisherigen theoretischen Ansätzen nicht nur geplantes, sondern vollzogenes Verhalten erklären können.

Zur differenzierten Analyse unternehmerischer Verhaltensweisen erfolgt eine theoretische Integration von intentions- und prägungsbasierten Modellen. Vor dem Hintergrund des aktuellen Forschungsstandes des akademischen Entrepreneurship werden Propositionen postuliert. Die resultierende Konzeption wird mit Hilfe einer explorativen Fallstudie eines akademischen Entrepreneurs (Mitgründer des Hochtechnologieunternehmens Optosight GmbH) qualitativ validiert. Die Befunde sprechen gegen einen unmittelbaren Prägungseffekt biografisch-sozialer Netzwerke auf das unternehmerische Verhalten akademischer Entrepreneure. Allerdings können psychografische Faktoren, die unternehmerische Verhaltensweisen motivieren, Ergebnisse von historisch-sozialen Prägungen sein. Folglich sollten die Gestalter öffentlicher Programme zur Förderung akademischer Entrepreneure auf Maßnahmen setzen, welche auf die Prägung von verhaltensmotivierenden psychografischen Faktoren abzielen jedoch nicht auf das Verhalten selber. Zukünftige Forschung bedarf quantitativer, longitudinaler Arbeiten, die dem multi-periodischen Charakter der Prägung von akademischen Entrepreneuren gerecht werden und Generalisierungen ermöglichen.

2.1 Motivation, Forschungsfrage und Aufbau der Arbeit

Akademische Entrepreneure sind zentrale Wachstumstreiber einer Volkswirtschaft (Algieri et al. 2013; Etzkowitz 2003; Hayter et al. 2017). Die von ihnen gegründeten Unternehmen (akademische Spin-Offs) sind im Vergleich zu klassischen (derivativen) Existenzgründungen innovativer (Shane 2004; Lehoux et al. 2014) und technologieintensiver (Autio et al. 2014). Prominente Beispiele wie Elon Musk (Zip2, Paypal, SpaceX), Sergey Brin (Google), Günther Schuh (StreetScooter, e.GO) oder Theodor Hänsch (Menlo Systems) verdeutlichen exemplarisch die hohe ökonomische und gesellschaftliche Relevanz akademischer Entrepreneure durch die von ihnen gegründeten Unternehmen. Die volkswirtschaftliche Bedeutung dieser Entrepreneure lässt die Wirtschafts- und Hochschulpolitik nach Maßnahmen ringen, welche die Anzahl akademischer Ausgründungen erhöhen (Wright et al. 2007). Trotz zahlreichen Studien zu akademischen Spin-Offs (siehe Grimaldi et al. 2011; Bozeman et al. 2013; Shane et al. 2015) besteht noch kein ausreichendes Verständnis warum, wann und unter welchen sozialen Gegebenheiten sich Akademiker unternehmerisch verhalten (Grimaldi et al. 2011; Hayter 2016).

Unternehmerisches Verhalten findet nicht in einem Vakuum statt, sondern ist eingebettet in einem Netzwerk sozialer Beziehungen (Reynolds 1992; Krueger und Brazeal 1994; Autio et al. 2014). Auf dieser Erkenntnis aufbauend haben Forscher die sozialen Antezedenzien und Determinanten unternehmerischen Verhaltens analysiert. Neben der sozialen Lerntheorie (Bandura 1977) und dem sozialen Netzwerkansatz (Coleman 1988; Granovetter 1973) haben sich intentionsbasierte Modelle (u. a. Ajzen 1991; Shapero und Sokol 1982; Krueger und Brazeal 1994) als empirisch valide Verhaltensprognosen von Entrepreneuren gezeigt. Die Grundlogik intentionsbasierter Modelle besagt, dass vollzogenes Verhalten (z. B. formale Unternehmensgründung) vorrangig von der Verhaltensintention abhängig ist. Die Verhaltensintention ist die Absicht des potenziellen Entrepreneurs, ein Verhalten zu zeigen (z. B. die Absicht ein Unternehmen zu gründen) und beschreibt damit geplantes Verhalten (Krueger und Carsrud 1993). Die Verhaltensintention wird durch die Einstellungen, soziale Normen und Werte des potenziellen Entrepreneurs bestimmt. Zwar stützt eine Vielzahl empirischer Studien die Validität der Verhaltensprognose intentionsbasierter Modelle, aber sie erklären lediglich die *Absicht*, nicht jedoch den Vollzug des unternehmerischen Verhaltens, wie Veciana et al. (2005) basierend auf Ajzens (1991) Modell veranschaulichen. So ist der Erklärungsgehalt einer Verhaltensabsicht auf den realisierten Vollzug immer noch fraglich (z. B. Schlaegel und Koenig 2014; Kautonen et al. 2015). Ferner spezifizieren intentionsbasierte Modelle nicht hinreichend die zeitvariaten Rahmenbedingungen, die das unternehmerische Verhalten von Akademikern beeinflussen (Krueger und Carsrud 1993; Krueger 2017).

Diese Erklärungspotenziale – (1) Erklärung von Verhalten, nicht nur von Verhaltensabsichten sowie (2) Berücksichtigung der Zeitabhängigkeit – leistet der prägungsbasierte Ansatz im Sinne von McEvily et al. (2012), Marquis (2003) und Sullivan et al. (2014). Der Ansatz möchte insbesondere den persistenten Einfluss von biografischen Netzwerken (definiert als soziale Beziehungen zu einflussreichen Akteuren wie Rollenmodelle oder soziale Kollektive aus der Vergangenheit) auf Eigenschaften und Verhaltensweisen von sozialen Entitäten erklären. Während die geprägte soziale Entität in den beiden theoretischen Vorreitern junge Anwälte (McEvily et al. 2012) respektive Beziehungsgeflechte von Unternehmensvertretern (Marquis 2003) sind, konzentriert sich diese Arbeit auf akademische Entrepreneure als geprägte soziale Entität. Der prägungsorientierte Ansatz modelliert einen holistischen Mechanismus der Sozialisation, wie es Simsek et al. (2015) erläutern: Während die fokale soziale Entität eine sensible Lebensphase durchläuft, ist sie besonders empfänglich für äußere Einwirkungen, die beispielsweise von einflussreichen Netzwerk-Akteuren wie Rollenmodelle oder soziale Kollektive ausgehen. Lernt die soziale Entität in dieser Zeit von den Rollenmodellen oder Kollektiven, so ist es wahrscheinlich, dass die soziale Entität im Rahmen dieses Prozesses hinsichtlich einer Eigenschaft respektive eines Verhaltens geprägt wird. Allerdings ist noch nicht gänzlich verstanden, wie, warum und wann sich Entitäten in ihrer Empfänglichkeit für einen prägenden Effekt unterscheiden (Simsek et al. 2015).

Zielstellung dieser Arbeit ist es, mithilfe einer qualitativen Fallstudie zu untersuchen, (1) *warum sich akademische Entrepreneure unternehmerisch verhalten*, (2) *wie soziale Kontakte oder Kollektive unter welchen Umständen akademische Entrepreneure unternehmerisch prägen* und (3) *in welchen Lebensphasen sie unternehmerisch geprägt werden*. Mit diesen Forschungsfragen dient diese Arbeit der Mikrofundierung des prägungsbasierten Ansatzes. Sie fokussiert auf Individuen (vgl. McEvily et al. 2012) als geprägte soziale Entität (hier: akademische Entrepreneure), während externe soziale Kontakte oder Kollektive die Quelle der Prägung darstellen (vgl. Marquis und Tilcsik 2013). Des Weiteren soll diese Abhandlung intentionsbasierte Modelle ergänzen, indem diejenigen sozialen Kontakte identifiziert werden, welche die Einstellungen, Normen und Werte des akademischen Entrepreneurs nachhaltig beeinflussen. Ferner trägt die Fallstudie zur sozialen Lerntheorie (Bandura 1977) bei, indem durch den prägungsbasierten Ansatz die Bedingungen des sozialen Lernprozesses genauer spezifiziert werden können.

Die vorliegende Abhandlung gliedert sich wie folgt. Nach der theoretischen Fundierung und Konzeption der Studie erfolgt die literaturbasierte Argumentierung der Propositionen. Anschließend werden das methodische Vorgehen und der zugrunde liegende Untersuchungsgegenstand erläutert. Im darauffolgenden Abschnitt folgt die Zusammenführung von konzeptionellen Überlegungen und empirischen Befunden. Die Abhandlung schließt mit einer Zusammenfassung der essenziellen Ergebnisse, Limitationen sowie Forschungs- und Praxisimplikationen.

2.2 Akademiker und unternehmerisches Verhalten

2.2.1 Relevanz akademischer Entrepreneure

Akademische Entrepreneure sind respektive waren Hochschulangehörige oder Studenten, die eine Technologie oder eine technologiebasierte Idee innerhalb ihrer akademischen Mutterorganisation entwickelten und auf Basis dieser Technologie ein Unternehmen gründen (Smilor et al. 1990; Shane 2004; Hayter 2016). Als Wissensagenten (Hayter 2016) nehmen sie eine Geschäftsmöglichkeit (unternehmerische Chance) wahr und schaffen eine Organisation, um diese zu verwerten (Bygrave und Hofer 1992). Die Geschäftsmodelle akademischer Entrepreneure sind im Vergleich zu industriellen Entrepreneuren besonders innovativ, indem sie neue kommerziell rentabler Technologien generieren (Shane 2004; Lehoux et al. 2014): Unternehmensgründungen aus Hochschulen versprechen ein höheres Wachstumspotenzial (Schmidt et al. 2013) und bedeuten positive ökonomische Effekte für die Volkswirtschaft (Steffensen et al. 1999; Etzkowitz 2003; Hayter et al. 2017). Die akademischen Spin-Offs ehemaliger Hochschulangehöriger haben das Potenzial neue Branchen zu schaffen oder zu revolutionieren (Shane 2004). Dieses schöpferische Potenzial im Sinne Schumpeters (1934) kennzeichnet die hohe makroökonomische Bedeutung der Geschäftsmodelle, die sich auf akademische Entrepreneure zurückführen lassen.

2.2.2 Unternehmerisches Verhalten

Unternehmerisches Verhalten vereint jegliche Verhaltensweisen, die auf die Schaffung und Entwicklung von Unternehmen ausgerichtet sind. (Klofsten und Jones-Evans 2000; Gartner et al. 2003; Rauch und Hulsink 2015). Eine Übersicht diverser unternehmerischer Verhalten von Akademikern liefern Klofsten und Jones-Evans (2000) sowie Bird und Schjoedt (2009). Bezugnehmend hierauf stellt die Ausgründung nur *eine* Form unternehmerischen Verhaltens eines Hochschulangehörigen dar. Darüber hinaus subsummieren Krabel und Mueller (2009) unter unternehmerischen Verhalten die Suche nach Finanzierungsmöglichkeiten, die Zusammenstellung eines Teams sowie die Erstellung eines Geschäftsmodells. Daneben wird unternehmerisches Verhalten ebenfalls über das Ausmaß bestimmt, inwieweit Wissenschaftler (1) mit Industriepartnern kooperieren (Louis et al. 1989; Stuart und Ding 2006; Aschhoff und Grimpe 2014), (2) Forschungsergebnisse durch Patente kommerziell verwerten (Bercovitz und Feldman 2008; Azoulay et al. 2017) oder (3) Beratungsdienstleistungen für die Industrie anbieten (Klofsten und Jones-Evans 2000). Ferner stellen das Initiieren von Alternativen, das Kombinieren von Ressourcen respektive Akteuren (Netzwerken) und das Durchsetzen von Problemlösungen weitere unternehmerische Verhaltensweisen dar (Bretz 1991; Walter et al. 2003). Basierend auf diesen Ausführungen werden im Folgenden alle für den Start und das Wachstum einer neuen Organisation erforderlichen Aktivitäten unter unternehmerischem Verhalten zusammengefasst.

2.3 Basistheoretisches Fundament

2.3.1 Intentionsbasierte Modelle

Zur Erläuterung unternehmerischer Verhaltensweisen dienen häufig Modelle, welche die Verhaltensabsicht (Intention) modellieren. Nachfolgend sollen zunächst die Gemeinsamkeiten zentraler intentionsbasierter Modelle und anschließend das jeweilige Alleinstellungsmerkmal erläutert werden. Zahlreich untersuchte Intentionsmodelle sind die Theorie des geplanten Verhaltens (Ajzen 1991), die Theorie des unternehmerischen Ereignisses (Shapero und Sokol 1982) sowie das Modell des unternehmerischen Potenzials (Krueger und Brazeal 1994). Diese intentionsbasierten Modelle gelten als empirisch robust und praktisch wertvoll (u. a. Krueger 2017). Ein zentraler Einflussfaktor in diesen drei Intentionsmodellen ist das mikrosoziale Umfeld der im Fokus stehenden sozialen Entität. Die Theorie des geplanten Verhaltens (Ajzen 1991) argumentiert, dass Verhaltensintentionen im Allgemeinen von Wahrnehmungen persönlicher Attraktivität, Machbarkeit und sozialer Normen abhängen. Letzteres erfasst den wahrgenommen sozialen Druck, das Verhalten auszuüben oder zu unterlassen und gleichzeitig die Motivation, diesem Einfluss nachzukommen. Dieser Faktor definiert folglich die Wahrnehmung der extrapersonalen Meinungen über das beabsichtigte Verhalten (Guerrero et al. 2008). Basierend auf diesen drei Einflussfaktoren neigen Individuen eher zu einer Unternehmensgründung, wenn sie einer Gründung grundsätzlich positiv gegenüberstehen, diese von ihrem sozialen Umfeld als erwünscht wahrnehmen und die Gründung für machbar erachten (Walter und Walter 2009).

Im Gegensatz zur Theorie des geplanten Verhaltens (Ajzen 1991) sind die Überlegungen zum unternehmerischen Ereignis (Shapero und Sokol 1982) direkt auf den Kontext des Entrepreneurs bezogen. Das Modell fußt auf der Annahme, dass die Unternehmensgründung durch ein starkes Ereignis im Leben der sozialen Entität motiviert wird. Demnach führt das Eintreten des Ereignisses (oftmals ein negatives Event wie Jobverlust; Krueger und Brazeal 1994) zu einer Verhaltensänderung der sozialen Entität, die in Folge des Ereignisses nach der besten Alternative sucht. Shapero und Sokol (1982) argumentieren analog zu Ajzen (1991), dass auch *unternehmerische* Intentionen von Wahrnehmungen persönlicher Erwünschtheit, Machbarkeit und Handlungsneigung abhängen. Beide Ansätze erheben nicht den Anspruch auf Vollständigkeit, in Kombination gewähren sie allerdings ein fundiertes Verständnis unternehmerischer Verhaltensweisen (Engle et al. 2010; Krueger et al. 2000).

Basierend auf Ajzens (1991) sowie Shapero und Sokols (1982) Überlegungen entwickelten Krueger und Brazeal (1994) das Modell des unternehmerischen Potenzials, wie Veciana et al. (2005) und Guerrero et al. (2008) feststellen. Das Modell integriert beide Theorien, indem es Shapero und Sokols (1982) Terminologie übernimmt, die Konstrukte der wahrgenommenen Erwünschtheit sowie der wahrgenommenen Machbarkeit zentralisiert, jedoch die Konzepte aus beiden Modellen zusammenführt. Die Überlegung von Krueger und Brazeal (1994) berücksichtigt aus sozialpsychologischer Perspektive, dass Umweltfaktoren das unternehmerische Verhalten beeinflussen (Guerrero et al. 2008). Diesem Modell zufolge erfordert z. B. eine Unternehmensgründung eine vorher bestehende Bereitschaft, eine attraktive unternehmerische Chance zu ergreifen (= unternehmerisches Potenzial). Dieses unternehmerische Potenzial wird basierend auf der Logik von Ajzen (1991) sowie Shapero und Sokol (1982) durch die drei zentralen Faktoren, wahrgenommene Erwünschtheit, wahrgenommene Machbarkeit und Handlungsneigung beeinflusst.

2.3.2 Netzwerkprägung und biografische Netzwerke

Zunehmend untersuchen Studien zu sozialen Netzwerken den nachhaltigen Einfluss biografischer Netzwerkstrukturen und -positionen auf Verhaltensweisen der betreffenden Akteure (Marquis 2003; Soda et al. 2004; McEvily et al. 2012; Sullivan et al. 2014). Basierend auf der Theorie organisationaler Prägung (Stinchcombe 1965) entwickelten Marquis (2003) und McEvily et al. (2012) den Prägungsansatz maßgeblich weiter, indem sie soziale Netzwerke als prägende Entität (imprinter; Simsek et al. 2015) analysierten. Zentrale Logik des Prägungsansatzes ist, dass Erfahrungen respektive Bedingungen aus der Vergangenheit nachfolgendes soziales Verhalten in gewissem Maße dauerhaft determinieren (Marquis und Tilcsik 2013; Mathias et al. 2015). Die Prägung (imprinting) sozialen Verhaltens wird dabei als Prozess aufgefasst, der die folgenden Aspekte umschließt (Marquis und Tilcsik 2013; Mathias et al. 2015; Simsek et al. 2015): (1) Während einer *zeitsensitiven Phase* übt die prägende Entität einen Einfluss auf die zu prägende Entität (imprinted; Simsek et al. 2015) aus. In derartigen, zeitlich begrenzten Phasen, sind soziale Entitäten aufgrund wahrgenommener Unsicherheiten gegenüber Einflüssen in ihrer Umwelt sehr empfänglich. Diese Phase der Einflussnahme determiniert die Entstehung des Prägungseffekts (*Genesis*). (2) Die Einflussnahme initialisiert einen *Lernprozess* bei der zu prägenden Entität. Es kommt dabei zu einer Internalisierung der zu prägenden Merkmale (z. B. Identitäten, Normen und Werte) bei der zu prägenden Entität (*Metamorphose*). (3) Der Lernprozess bestimmt einen *nachhaltigen Entwicklungspfad* der geprägten Entität. Die Wirkung der internalisierten Merkmale wird offenbart, beispielweise in langfristigen Verhaltensweisen der geprägten Entität (*Manifestation*). Die Verhaltensweisen spiegeln markante Merkmale biografischer Gegebenheiten einer sozialen Entität wider, die trotz erheblicher Umweltveränderungen in den nachfolgenden Perioden fortwährend Bestand haben (Marquis und Tilcsik 2013).

Bezugnehmend auf die Forschung der Netzwerkprägung, stellt ein *biografisches Netzwerk* inklusive der darin angesammelten relationalen Erfahrung eine Art Netzwerkgedächtnis dar, über das die soziale Entität verfügt und in der Folge auch nicht ganz abschütteln kann (Soda et al. 2004). Im Rahmen der Netzwerkprägung werden zwei differente Dimensionen persistenter Effekte von biografischen Netzwerken unterschieden (vgl. Marquis und Tilcsik 2013): (1) Zum einen können Inter-subjekt-Beziehungen innerhalb eines Netzwerks die Prägungsquelle darstellen. Demnach üben biografische Beziehungen zu einflussreichen Akteuren (z. B. Rollenmodelle) einen nachhaltigen Einfluss auf das gegenwärtige Verhalten der geprägten Entität aus. So zeigen McEvily et al. (2012), dass biografische Beziehungen von Berufseinsteigern zu erfahrenen Mitarbeitern lang anhaltende Wirkungen auf die Arbeitsweisen und folglich die Karriereentwicklung der Einsteiger ausüben können. Demnach liefern diese Lehrbeziehungen zu Beginn der Karriere als zeitsensitive Phase wertvolle Erkenntnisse, die ansonsten im späteren Verlauf der Karriere schwer zu erwerben wären. (2) Zum anderen können ganze Netzwerke (= soziale Kollektive) eine prägende Wirkung haben. So zeigt Marquis (2003) einen nachhaltigen Einfluss von Normen biografischer sozialer Netzwerke auf die Normen von nachfolgenden Netzwerken. Die andauernde Wirkung biografischer Netzwerke wird darin erläutert, dass neue Netzwerkmitglieder (hier: Unternehmen) dazu neigen, bestehende Normen und Muster von Mitgliedern aus etablierten Netzwerken zu imitieren respektive fortzuführen (Marquis 2003). Ferner zeigen Sullivan et al. (2014), dass die Struktur (hier: Netzwerkposition) zum Zeitpunkt der Netzwerkgründung das künftige Lernverhalten von Netzwerkmitgliedern beeinflusst. Eine solch persistente Wirkung von Eigenschaften biografischer Netzwerke schafft folglich dauerhafte Unterschiede in der Beschaffenheit zwischen unterschiedlichen Netzwerken, sodass Wissensströme, Informationszugänge oder Lernmuster der Netzwerkmitglieder langfristig beeinflusst werden (Marquis und Tilcsik 2013).

Die relationale (McEvily et al. 2012) als auch die strukturelle Netzwerkperspektive (Marquis 2003) des prägungsbasierten Ansatzes demonstrieren, dass sich biografische Netzwerke wie ein einflussreicher Schatten über künftige Ereignisse legen können (Soda et al. 2004; Marquis und Tilcsik 2013). Würde eine Betrachtung alleine auf aktuelle Netzwerkdimensionen gelegt werden (wie es beim Netzwerkansatz (Coleman 1988; Granovetter 1973) oder der sozialen Lerntheorie (Bandura 1977) der Fall ist), führte ein solcher Fokus zu einem unvollständigen, verzerrten Verständnis darüber, wie soziale Mechanismen das Verhalten von sozialen Entitäten prägen (Marquis und Tilcsik 2013).

Eine der drei zentralen Bedingungen im Prägungs-Modell ist der Lernprozess der sozialen Entität. Im Rahmen der Netzwerkprägung lernt die soziale Entität von einflussreichen Akteuren wie (1) Rollenmodelle (McEvily et al. 2012) oder (2) sozialen Kollektiven (Marquis 2003; Sullivan et al. 2014). Damit zeigen sich inhaltliche Parallelen zur Theorie des sozialen Lernens (Bandura 1977). Unterschied zwischen beiden Ansätzen ist, dass das prägungsbasierte Modell nicht nur verhaltensorientiert ist, sondern jegliche Charakteristika beeinflussen kann, wie Marquis und Tilcsik (2013) sowie Simsek et al. (2015) veranschaulichen. Damit kann der prägungsbasierte Ansatz als eine Spezialform der Theorie des sozialen Lernens angesehen werden (Mathias et al. 2015).

2.3.3 Theorie-Integration von Netzwerkprägung und intentionsbasierten Modellen

Wie die Ausführungen oben andeuten, beinhalten sowohl die Netzwerkprägung (Marquis 2003; McEvily et al. 2012; Sullivan et al. 2014) als auch die intentionsbasierten Modelle (Ajzen 1991; Shapero und Sokol 1982; Krueger und Brazeal 1994) inhaltliche Überschneidungen. Nachfolgend wird erläutert, welche (relevanten) Gemeinsamkeiten bestehen und warum trotz bestehender Unterschiede eine Zusammenführung zweckdienlich ist (eine Zusammenführung von intentions- und prägungsbasierten Ansätzen, wie sie in dieser Fallstudie beabsichtigt ist, erfolgt vergleichbar zu Ellis et al. 2017). *Erstens*, stellt die zu erklärende Variable beider Ansätze das Verhalten von sozialen Entitäten dar. In den intentionsbasierten Modellen basiert das Verhalten einer Person auf der *Absicht* ein bestimmtes Verhalten zu zeigen. In der Netzwerkprägung basiert Verhalten (oder eine andere Ergebnisvariable) auf biografischen Beziehungen oder sozialen Kollektiven. *Zweitens* wird das soziale Umfeld in beiden Gebilden fokussiert. In den Intentionsmodellen determinieren wichtige Bezugspersonen des fokalen Akteurs einen sozialen Druck. Die Existenz von Rollenmodellen mit Gründungserfahrung im mikrosozialen Umfeld findet in einigen intentionsfundierten Studien Berücksichtigung und dient der etablierten Intentions-Theorie als Kontrollvariable (z. B. Walter et al. 2013). In der Netzwerkprägung werden einflussreiche Akteure, wie biografische Rollenmodelle und soziale Kollektive, die aktuelle Verhaltensweisen von sozialen Entitäten beeinflussen, wesentlich zentraler gesehen. *Drittens*, stellen Normen und Werte sowie Einstellungen in beiden Gebilden wichtige Komponenten dar. In den intentionsbasierten Ansätzen sind Einstellung zur Selbstständigkeit und subjektive Norm zentrale Faktoren des unternehmerischen Verhaltens. In der Prägungs-Literatur üben Normen und Werte persistente Wirkungen auf das Verhalten von sozialen Entitäten aus (Marquis 2003; Marquis und Tilcsik 2013; Ellis et al. 2017). Einstellungen der fokalen Entität stellen in beiden theoretischen Ansätzen eine essenzielle Funktion dar (Ajzen 1991; Fauchart und Gruber 2011; Marquis und Tilcsik 2013; Kidwell et al. 2018). So basiert die Einstellung zur Handlung, welche die Gründungsintention beeinflusst, auf der Nutzenerwartung des durchzuführenden Verhaltens und darauf, wie dieses Verhalten beurteilt wird. In der Prägungs-Literatur werden entweder Einstellungen von sozialen Entitäten geprägt oder sie sind Inhalte der Prägung (Fauchart und Gruber 2011; Kidwell et al. 2018). *Viertens*, spielt die Variable Erfahrung in beiden Ansätzen eine wichtige Rolle. So wird die Gründungsintention über ein hohes Ausmaß an wahrgenommenen unternehmerischen Fähigkeiten, wie z. B. unternehmerische Selbstwirksamkeit (Carr und Sequeira 2007; McGee et al. 2009) beeinflusst. Im prägungsbasierten Ansatz wird durch Erfahrung und Sozialisierung Wissen erlangt, das für die Bewertung von Möglichkeiten essenziell ist (Mathias et al. 2015). Ferner werden im Rahmen dieses Ansatzes biografische Netzwerke als Gedächtnis von akkumulierten Erfahrungen gesehen (Soda et al. 2004; Marquis und Tilcsik 2013).

Um endgültig über die Vorteilhaftigkeit einer Integration urteilen zu können, bedarf es auch der Gegenüberstellung divergierender Inhalte beider Ansätze. Mit Blick auf die intentionsbasierten Modelle (Shapero und Sokol 1982; Ajzen 1991; Krueger und Brazeal 1994) ist festzustellen, dass der Einfluss von sozialen Netzwerken nicht explizit nach vergangenen oder aktuellen Beziehungen unterschieden wird. Dagegen fokussiert der Prägungsansatz ausdrücklich Beziehungen und Netzwerke aus der Biografie der sozialen Entitäten. Darüber hinaus stellen intentionsbasierte Modelle eher einen statischen Ansatz dar. Dahingegen ist der Prägungsansatz durch einen dynamischen Charakter einer mehrperiodischen Betrachtungsweise gekennzeichnet, die im theoretischen Bezugsrahmen von Simsek et al. (2015) veranschaulicht wird. Des Weiteren legt die Netzwerkprägung Wert auf das Argument der Sozialisierung respektive auf den Lernprozess (Marquis und Tilcsik 2013; Simsek et al. 2015; Mathias et al. 2015), den die soziale Entität durchläuft, während Lernen in intentionsbasierten Modellen nur vereinzelt als Einflussfaktor integriert wird.

Trotz dieser divergierenden Inhalte ist eine Integration beider theoretischer Ansätze vorteilhaft, denn Abschn. 3.1, 3.2 und 3.3 zeigen, dass sich sowohl intentions- als auch prägungsbasierte Modelle für die Erklärung des unternehmerischen Verhaltens eignen. In Bezug auf das unternehmerische Verhalten wird *zusammenfassend* festgehalten, dass im Vergleich zu den Intentionsmodellen die Netzwerkprägung über eine Momentaufnahme hinausgeht. Der mehrperiodische Charakter äußert sich, indem für fokale Akteure biografische Ereignisse und Beziehungen in sehr empfindlichen Phasen aufgenommen und deren Einfluss auf abhängige Variablen betrachtet wird. Dadurch, dass beide theoretische Gebilde (intentions- und prägungsbasierter Ansatz) das soziale Umfeld sowie Normen und Werte betonen, gibt es hinreichend viele Schnittpunkte (vgl. Abschn. 3.1, 3.2 und 3.3), die eine Zusammenführung beider Modelle nicht nur sinnvoll, sondern auch möglich macht.

2.3.4 Konzeption

Im Gegensatz zu einigen Studien auf Individualebene, welche die Prägungen von Individuen und die Implikationen für deren Karrieren (Higgins 2005; McEvily et al. 2012) oder deren wissenschaftlicher Orientierung (Aschhoff und Grimpe 2014) untersuchten, analysiert diese Studie darüber hinausgehende Implikationen von Prägungen. Insbesondere wird in dieser Fallstudie untersucht, wie Prägungen durch soziale Netzwerke in sensitiven Lebensphasen das unternehmerische Verhalten von Akademikern beeinflussen.

In dieser Arbeit wird der Effekt von biografischen Netzwerkakteuren – wie Rollenmodelle und soziale Kollektive – auf das unternehmerische Verhalten von Akademikern

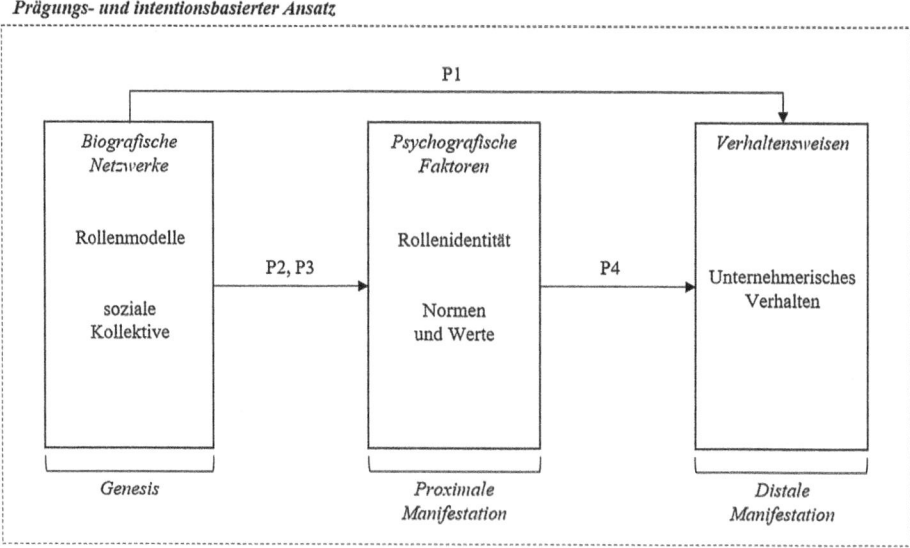

Abb. 2.1 Konzeptioneller Bezugsrahmen dieser Arbeit (eigene Darstellung)

basierend auf zwei Argumentationslinien erläutert: (1) Das Verhalten akademischer Entrepreneure wird in einer sensitiven Lebensphase der Vergangenheit von einflussreichen Akteuren wie Rollenmodellen oder sozialen Kollektiven unternehmerisch geprägt. (2) Identitäten, Normen und Werte akademischer Entrepreneure werden in einer sensitiven Lebensphase der Vergangenheit von Rollenmodellen oder sozialen Kollektiven unternehmerisch geprägt und führen zu einem langfristigen unternehmerischen Verhalten (Mediation). Abb. 2.1 veranschaulicht den konzeptionellen Bezugsrahmen und den integrativen Charakter dieser Studie. Nachfolgend werden die Propositionen dieser Konzeption argumentiert.

2.4 Prädiktoren unternehmerischen Verhaltens von Akademikern

2.4.1 Prägung unternehmerischer Verhaltensweisen

Integraler Bestandteil des Prägungsmechanismus ist der Lernprozess der fokalen sozialen Entität (Kacperczyk 2009). In Bezug auf die Netzwerkprägung (Marquis 2003; McEvily et al. 2012) kann der fokale Akademiker Verhaltensweisen von einflussreichen Akteuren wie *individuelle Rollenmodelle* oder *soziale Kollektive* lernen (Marquis und Tilcsik 2013). *Individuelle Rollenmodelle* leben soziales Verhalten vor, das informell beobachtet und dann von einem Lernenden übernommen wird (Bandura 1977). Die lernende Person lernt nicht durch eigene Erfahrungen, sondern am Beispiel eines Rollenmodells, das Bandura (1977) als Vorbild („*example*") beschreibt. Rollenmodelle als Prägungsquelle können Eltern (Falck et al. 2012; Scherer et al. 1989), Mitarbeiter (Kacperczyk 2013; Bercovitz und Feldman 2008), Kollegen (Aschhoff und Grimpe 2014; Stuart und Ding 2006) oder Mentoren (McEvily et al. 2012) darstellen. So zeigen Azoulay et al. (2017), dass Wissenschaftler das Patentierungsverhalten ihrer Mentoren übernehmen. Durch ihre industrienahen Rollenmodelle lernen Wissenschaftler Geschäftsmöglichkeiten zu erkennen, welche die Verwertung ihres wissenschaftlichen Know-hows ermöglichen. In Konsequenz neigen diese Akademiker, wie ihre Kollegen zuvor, stärker zum Patentieren (Azoulay et al. 2017). Ferner beeinflussen gründungserfahrene und industrienahe Fakultätsmitarbeiter die Entscheidung des fokalen Akademikers das eigene Wissen durch eine Unternehmensgründung zu verwerten (Stuart und Ding 2006; Kacperczyk 2009, 2013; Walter et al. 2013). Neben individuellen Rollenmodellen können auch *soziale Kollektive* wie intra-organisationale (Stuart und Ding 2006; Aschhoff und Grimpe 2014; Dokko et al. 2009) oder inter-organisationale Netzwerke (Marquis 2003) Ausgangspunkt der Prägung sein. Stuart und Ding (2006) zeigen, dass Wissenschaftler zu Entrepreneuren wurden, wenn ihre Forschungsabteilungen bereits vorherigen Kollegen den Übergang ins Unternehmertum ermöglicht hatten. Aschhoff und Grimpe (2014) finden einen positiven Zusammenhang zwischen der unternehmerischen Ausrichtung junger Akademiker und der industriellen Ausrichtung ihrer Forschungsabteilung.

Angewendet auf den prägungsbasierten Ansatz, lassen sich diese Befunde durch den Lernprozess während einer sensitiven Lebensphase der Akademiker erklären. Der Lernprozess ist charakterisiert durch eine Beobachtungs- und Bewertungsphase, in dem das Individuum hinsichtlich beobachteter Verhaltensweisen nachhaltig sozialisiert wird (Dokko et al. 2009). Bestehende kognitive Schemata werden in Frage gestellt, rekombiniert und an die äußeren Bedingungen angepasst, sodass eine Kongruenz mit der Umwelt geschaffen wird (Kacperczyk 2009; Dokko et al. 2009). Unternehmerische Verhaltensweisen werden insbesondere während sensitiver Lebensphasen von Personen übertragen (Kacperczyk 2009; Aschhoff und Grimpe 2014). Sensitive Lebensphasen markieren gemäß Marquis und Tilcsik (2013) nicht bloß die erste Zeit eines beliebigen Lebensabschnittes, sondern stellen Übergangsphasen dar, in denen die betroffene Person eine (Rollen-) Transformation durchläuft. So ist beispielsweise die berufliche Anfangsphase von Individuen eine sensible Zeit, in der sie aufmerksam, wissbegierig und damit hoch empfänglich für das Lernen und für die Wissensakquise über Rollenmodelle oder sozialer Kollektive sind (McEvily et al. 2012). Ebenso der Wechsel zwischen nachfolgenden Karrierestufen, Funktionen oder Arbeitgebern charakterisiert sensitive Lebensphasen (Higgins 2005). In Übereinstimmung mit früheren Studien wird erwartet, dass biografische Beziehungen zu einflussreichen Akteuren wie Rollenmodelle oder soziale Kollektive, die unternehmerisch handelten dazu führen, dass Akademiker diesem unternehmerischem Verhalten nachhaltig folgen.

▶ **Proposition 1:** Werden akademische Entrepreneure durch biografische Rollenmodelle und soziale Kollektive in sensiblen Lebensphasen unternehmerisch beeinflusst, formt dies nachhaltig ihr unternehmerisches Verhalten.

2.4.2 Prägung der Rollenidentität

Rollenidentität ist definiert als internalisierte Erwartungen über jene Eigenschaften, die das fokale Individuum für sich als zentral, unverwechselbar und nachhaltig erachtet und die sich zumindest teilweise in ihren Rollen widerspiegeln (Burke und Reitzes 1991; Cardon et al. 2009). Dieses Selbstkonzept kann als eine Einstellung mit der Besonderheit verstanden werden, dass das Einstellungsobjekt die eigene Person darstellt (Daig 2006) – also das aktive Selbst der Person, die für sich die Frage „Wer bin ich?" beantwortet (Burke und Reitzes 1991; Cardon et al. 2009). Geformt, erhalten und bestätigt wird die Rollenidentität durch soziale Interaktionen. Erst die persönliche Interaktion mit anderen Individuen oder einer Vergleichsgruppe ermöglicht dem fokalen Individuum soziale Vergleiche und Kategorisierungen vorzunehmen (Burke und Reitzes 1991). Dadurch ist das Individuum in der Lage, sich und sein Verhalten vergleichend zu evaluieren. So schafft die Rollenidentität ein imaginäres Bild der fokalen Person selbst, wie sie gerne sein und sich in sozialen Situationen verhalten möchte (Daig 2006). Bezugnehmend auf diese Definitionen, resultiert die Rollenidentität maßgeblich durch die Sozialisation der fokalen sozialen Entität durch Rollenmodelle und Vergleichsgruppen (Akerlof und Kranton 2005).

Fauchart und Gruber (2011) zeigen, dass die Rollenidentitäten von Entrepreneuren systematisch ihre Schlüsselentscheidungen bei der Gründung (z. B. welche Marktsegmente bedient oder Kundenbedürfnisse adressiert werden) und damit schließlich ihre Unternehmen prägen. Folglich werden Start-ups mit unterschiedlichen Selbstkonzepten ihrer Gründer geprägt. Auf dieser Erkenntnis aufbauend, liegt der Gedanke nahe, dass sich Rollenidentitäten nicht nur von Individuen auf Organisationen, sondern auch auf andere Individuen übertragen lassen. Einige Studien (Stuart und Ding 2006; Azoulay et al. 2017; Falck et al. 2012; Aschhoff und Grimpe 2014) deuten darauf hin, dass Individuen durch die Interaktion mit unternehmerischen Rollenmodellen persönliche Einstellungen (z. B. die Rollenidentität) entwickeln, die den Übergang von einer akademischen zu einer unternehmerischen Rolle begünstigen. Zum Beispiel stellen Falck et al. (2012) fest, dass die unternehmerische Identität eines Individuums durch unternehmerische Rollenmodelle beeinflusst werden. So nehmen Akademiker beispielsweise eher ein kommerzielles denn wissenschaftliches Selbstverständnis an, wenn sie beobachten, dass ihre Mitarbeiter in der Vergangenheit eine ähnliche Initiative ergriffen haben (Stuart und Ding 2006; Kacperczyk 2013; Aschhoff und Grimpe 2014). Neben individuellen Rollenmodellen können auch ganze Gruppen die Identität eines Individuums prägen. So nimmt der Anteil unternehmersicher Rollenmodelle einer Vergleichsgruppe Einfluss auf das unternehmerische Selbstbild von Jugendlichen (Falck et al. 2012). Ferner formt die Forschungsabteilung einer Hochschule die Identität des fokalen Akademikers (Azoulay et al. 2017). Azoulay et al. (2017) zeigen, dass junge Wissenschaftler von einem akademischen zu einem unternehmerischen Selbstkonzept wechseln, indem sie die wirtschaftlich ausgerichtete Einstellung ihrer Mentoren oder der Forschungsabteilung übernehmen. Zusammenfassend wird im Weiteren davon ausgegangen, dass sich die Rollenidentitäten der Rollenmodelle auf die soziale Entität als Begünstigten übertragen.

▶ **Proposition 2:** Werden akademische Entrepreneure durch biografische Rollenmodelle und soziale Kollektive in sensiblen Lebensphasen unternehmerisch beeinflusst, formt dies nachhaltig ihre Rollenidentität.

2.4.3 Prägung der Normen und Werte

Normen und Werte stellen Regeln dar, die das soziale Zusammenleben einer Gruppe bestimmen. Sie nehmen Einfluss auf die Art und Weise, wie sich die Mitglieder einer Gruppe zueinander verhalten (Bae et al. 2014; Louis et al. 1989). Die empirische prägungsbasierte Literatur zu inter-organisationalen Netzwerken (Marquis 2003), Akademikern (Kacperczyk 2013; Aschhoff und Grimpe 2014; Stuart und Ding 2006) und jungen Berufstätigen (Tilcsik 2014) liefert Argumente, dass sich Normen und Werte von biografischen Rollenmodellen und sozialen Kollektiven auf andere Individuen übertragen und einen nachhaltigen Effekt auf deren Normen- und Wertesystem ausüben. So werden auch unternehmerische Werte und Präferenzen von unternehmerisch handelnden Eltern auf ihre Kinder übertragen (Aldrich et al. 1998; Kacperczyk 2013). Auch Rollenmodelle außerhalb des Familienkreises können nachhaltig auf das Wertesystem von Individuen wirken (Giannetti und Simonov 2009; Kacperczyk 2013). So prägen Gleichaltrige die Entscheidung eines Individuums, unternehmerisch aktiv zu werden, indem sie berufliche Bestrebungen und Werte zum Unternehmertum vermitteln (Stuart und Ding 2006; Kacperczyk 2013).

Neben einzelnen Rollenmodellen haben auch soziale Kollektive einen persistenten Effekt auf das individuelle Normen und Wertsystem. Marquis (2003) zeigt, dass Normenmuster eines biografischen sozialen Netzwerks durch Nachahmung dieser Normen von neuen Netzwerkmitgliedern aufrechterhalten werden. Die Netzwerkmitglieder übernehmen die Normen biografischer Netzwerke, da sich diese über die Zeit als vorteilhaft erwiesen haben (Marquis 2003). Die Übertragung von Normen und Orientierungen erfolgt über eine Sozialisation des fokalen Individuums: Das fokale Individuum akquiriert und internalisiert Werte von einflussreichen Individuen oder Gruppen von Individuen, deren Status es anstrebt (Stuart und Ding 2006).

Auf den Kontext akademischer Entrepreneure bezogen, haben diese grundsätzlich, wie jegliche Individuen, die Tendenz sich der Gruppennorm ihrer Vergleichsgruppe anzupassen (Louis et al. 1989), unterliegen jedoch einem besonderen Spannungsfeld zwischen zwei vorherrschenden Konsense. So folgen Hochschulangehörige entweder den Richtlinien des wissenschaftlichen Ethos (Merton 1968; Jain et al. 2009) – was einer ökonomischen Ausnutzung von Forschungsergebnissen entgegenläuft (Stuart und Ding 2006) – oder aber sie orientieren sich an kommerziellen, unternehmerischen Bestrebungen (Jain et al. 2009; Aschhoff und Grimpe 2014). Diese Gruppennormen werden einerseits durch die Forschungsinstitute (= soziales Kollektiv), andererseits durch Institutsmitglieder (= Rollenmodelle) vorgelebt (Stuart und Ding 2006; Jain et al. 2009; Aschhoff und Grimpe 2014; Tilcsik 2014; Louis et al. 1989; Kenney und Goe 2004; Bercovitz und Feldman 2008). Zusammengefasst liefern die oben genannten Studien konsistente Belege dafür, dass Akademiker, die in einer sensitiven Lebensphase in unternehmerisch orientierten Rollenmodellen oder sozialen Kollektiven eingebettet waren, nicht nur implizites Wissen und Informationen über attraktive Geschäftsmöglichkeiten erwerben, sondern vor allem, dass die fokalen Akademiker mit Normen und Werten geprägt wurden, welche ihr künftiges unternehmerisches Verhalten fördern.

▶ **Proposition 3:** Werden akademische Entrepreneure durch biografische Rollenmodelle und soziale Kollektive in sensiblen Lebensphasen unternehmerisch beeinflusst, formt dies nachhaltig ihr Normen- und Wertesystem.

2.4.4 Mediation sozialer Prägungseffekte

Die bisherigen Ausführungen zeigen, wie Rollenmodelle und soziale Kollektive aus der Biografie eines akademischen Unternehmers seine Rollenidentität, Normen und Werte beeinflussen. Nachfolgend wird argumentiert, wie diese psychografischen Faktoren das unternehmerische Verhalten akademischer Unternehmer formen. Hierzu beschreibt

Kacperczyk (2009) einen sozialen Wirkungsmechanismus, in dem biografische Netzwerkakteure zunächst Normen und schließlich das zukünftige Verhalten eines fokalen Individuums beeinflussen. Demzufolge geben etablierte Mitarbeiter ihre unternehmerischen Normen und Überzeugungen an neue Kollegen weiter (Kacperczyk 2013; Schein 1983) und sozialisieren dementsprechend das Normen- und Wertesystem der nachfolgenden Individuen am Arbeitsplatz. Higgins (2004) veranschaulicht die Sozialisierung von Normen- und Glaubensstrukturen am Beispiel junger Führungskräfte. Unabhängig von ihren Fähigkeiten, treten Führungskräfte zunächst als Newcomer in die Organisationen ein. Zu diesem Zeitpunkt haben sie noch keine grundlegenden Konzepte entwickelt, die ihnen ein Verständnis für die Rollen, die Arbeit und den Kontext der Organisation vermitteln können. In diesem frühen Stadium ihrer Karriere sind junge Führungskräfte besonders empfänglich für den Einfluss sozialer Normen und Verhaltensweisen ihrer etablierten Mitarbeiter. Dass nicht nur Normen, sondern auch Rollenidentitäten von Personen oder Personengruppen auf andere Individuen übertragen werden können, zeigen Falck et al. (2012). Die Autoren stellen fest, dass Jugendliche, die sich als zukünftige Unternehmer verstehen, einen bedeutenden Einfluss auf die Gründungsintention ihrer Mitschüler haben und sich die *unternehmerische* Identität auf ihre Mitschüler überträgt.

Rollenidentitäten (z. B. Jain et al. 2009; Fauchart und Gruber 2011; Jain et al. 2009) und Normen (z. B. Higgins 2004; Dokko et al. 2009) von biografischen Rollenmodellen oder sozialen Kollektiven sind Beispiele für Bedingungen, die in sensiblen Lebensphasen eines Individuums, einen nachhaltigen Einfluss auf dessen nachfolgendes Verhalten haben. So zeigen beispielsweise Louis et al. (1989), dass die Gruppennorm einer Fakultät (definiert als die Art und Weise, wie sich die meisten Fakultätsmitglieder verhalten) das Ausmaß beeinflusst, inwieweit fokale Wissenschaftler Forschungsergebnisse patentieren und sich an Unternehmen beteiligen. Ersteres bestätigen Azoulay et al. (2017), die feststellen, dass junge Wissenschaftler den Orientierungen ihrer Mentoren folgen, beispielsweise in Hinsicht auf die Verwertung von Forschungsergebnissen. Ergänzend zeigen Bercovitz und Feldman (2008) in Bezug auf lokale Fakultätsnormen, dass Fakultätsmitglieder eher an Technologietransferprojekten partizipieren, wenn ihre Lehrstuhlinhaber aktiv in Technologietransferprojekten beteiligt waren. Kenney und Goe (2004) verglichen in ihrer Studie die unternehmerischen Aktivitäten der Fakultätsmitglieder der Universitäten Berkeley und Stanford. Sie stellen fest, dass die Verhaltensregeln beider Universitäten einen Einfluss auf die unternehmerischen Aktivitäten ihrer Fakultätsmitglieder haben. Zusammenfassend zeigen die geschilderten Studienergebnisse, dass (1) biografische Netzwerkakteure (wie Rollenmodelle oder soziale Kollektive) ihre unternehmerischen Normen und Rollenidentitäten auf Individuen übertragen können und (2) die übernommen Normen oder Rollenidentitäten das künftige Verhalten der in Betracht stehenden Individuen (hier: akademische Entrepreneure) beeinflussen.

▶ **Proposition 4:** Werden Rollenidentitäten, Normen und Werte von akademischen Entrepreneuren durch biografische Rollenmodelle und soziale Kollektive in sensiblen Lebensphasen unternehmerisch beeinflusst, formt dies nachhaltig ihr unternehmerisches Verhalten.

2.5 Methodik und Gegenstand der Untersuchung

Das Forschungsdesign der vorliegenden Studie und dessen Motivation orientiert sich stark an der Arbeit von Mathias et al. (2015). Bei der Auswahl einer geeigneten Forschungsmethode wurden die zugrunde liegenden Forschungsfragen (vgl. Kap. 1), der aktuelle Forschungsstand, sowie der beabsichtigte theoretische Beitrag berücksichtigt, um eine hohe methodische interne Konsistenz zu erzielen (Edmondson und McManus 2007). Um der Forschungsfrage gerecht zu werden, bedarf es eines methodischen Ansatzes, der es erstens erlaubt, netzwerkbasierte Prägungsquellen zu identifizieren. Zweitens muss die Methodik die Analyse des postulierten mikrobasierten Wirkungsmechanismus gewährleisten. Im Unterschied zu Mathias et al. (2015) erfolgt über die Modellentwicklung hinaus auch ein qualitativer Test des entwickelten Modells. Folglich eignet sich für diese Arbeit ein induktiver qualitativer Forschungsansatz (Eisenhardt 1989).

2.5.1 Fallstudienmethodik und Datenerhebung

Für diese Arbeit wurde die explorative Einzelfallstudie als qualitative Forschungsmethodik ausgewählt. Dieser Ansatz dient der Entwicklung neuer Theorien, die durch Gegenüberstellung verschiedener Sachverhalte geschaffen werden können (Eisenhardt 1989). Dieses Vorgehen eignet sich auch dafür, etablierte Konzepte zu beschreiben, zu prüfen, inhaltlich zu ergänzen, zu spezifizieren oder aus neuen Perspektiven zu betrachten (Eisenhardt 1989; Locke 2001; Yin 2003). In dieser Arbeit werden einerseits etablierte Theorien hinsichtlich des Einflusses sozialer Netzwerke getestet, andererseits sollen neue Erkenntnisse hinsichtlich des Zusammenhangs von Netzwerkprägung und unternehmerischen Verhaltensweisen generiert werden. Letztendlich stehen also die Kombination bereits etablierter Konzepte sowie die Entwicklung eines neuen Ansatzes eher im Vordergrund, als die Anwendung von bekannten Theorien. Diesem hybriden wissenschaftlichen Beitrag wird eine Einzelfallstudie gerecht (Yin 2003). Die Wahl dieser Forschungsmethodik wird ferner empfohlen, wenn der Untersuchungsgegenstand einen exklusiven, sehr individuellen Kontext darstellt (Yin 2003). Um den Nachteil gegenüber kreuzvergleichenden Fallstudien (Leonard-Barton 1990) auszugleichen, erfolgte ein triangulativer Ansatz (Eisenhardt 1989; Yin 2003). Die Nutzung mehrerer Datenquellen ist für die qualitative Forschung von entscheidender Bedeutung, da sie die Validierung theoretischer Konstrukte erleichtert (Fauchart und Gruber 2011).

Die für diese Analyse verarbeiteten Daten wurden aus mehreren persönlichen Gesprächen sowie E-Mails mit dem hier in Betracht genommenen akademischen Entrepreneur gewonnen. Die Primär- und Sekundärdaten wurden über (1) offene Gespräche mit offenen Fragen, (2) semi-strukturierten Fragebogen, (3) Archivdaten (wie Zeitungsartikel, Unternehmens- und Produktbroschüren) sowie (4) über die Website des Unternehmens erhoben. Einerseits wurde mit diesem Vorgehen vor der Erhebung der Untersuchungsrahmen konkretisiert, andererseits fanden Faktoren, die erst während der Interviews und der Analyse Relevanz offenbarten ebenso Berücksichtigung (Eisenhardt 1989).

2.5.2 Fallstudie Optosight GmbH

Problem, Technologie und Unternehmen Das akademische Spin-Off ist ein junges Hochtechnologieunternehmen für optische Bildverarbeitung industrieller Anwendung. Das Unternehmen sitzt in Norddeutschland in der Nähe der akademischen Mutterorganisation. Das Leistungsspektrum umfasst die Herstellung und Entwicklung von optischen Kamerainspektionssystemen. Die Technologie der Optosight GmbH löst ein Problem, das in Serienproduktionen unterschiedlicher Branchen auftritt. In Massenfertigungen kann es leicht zu Fehlern kommen, die vom menschlichen Auge nicht zu identifizieren sind. Eine nachträgliche Korrektur dieser Fehler führt zu hohen finanziellen Aufwendungen der industriellen Produzenten. Um bereits während des Herstellungsprozesses kleinste Mängel zu vermeiden und Beschädigungen oder Verunreinigungen zu identifizieren, dient die optische Bildverarbeitung als eine effektive Lösung. Dieses Verfahren stellt die Kernkompetenz des Unternehmens Optosight GmbH dar. Die Lösungen des 20-köpfigen Unternehmens werden international und in unterschiedlichen Branchen eingesetzt.

Gründungsteam und -prozess Die Gründer der Optosight GmbH sind Nils Kern (interviewte Entrepreneur dieser Fallstudie), Christian Banck und Sönke Lange. Bei allen drei Gründern handelt es sich um Akademiker. Vor der Unternehmensgründung arbeiteten die drei akademischen Entrepreneure gemeinsam als wissenschaftliche Mitarbeiter einem Institut für digitale Bilderkennung der akademischen Mutterorganisation, das 2009 von Herrn Professor Ralf Thomsen gegründet wurde. Im Jahr 2012 lief das drittmittelfinanzierte Projekt aus, sodass in Konsequenz die drei Wissenschaftler das Hochtechnologieunternehmen Optosight GmbH gründeten.

2.6 Integration von Theorie und empirischen Befunden

Im Sinne des prägungsbasierten Ansatzes (Marquis und Tilcsik 2013; Simsek et al. 2015) kann nur dann eine Prägung stattgefunden haben, wenn die drei Merkmale (1) sensitive Phase, (2) Einsetzen eines Lernprozesses respektive Sozialisierung und (3) persistente Wirkung erfüllt sind. Im Rahmen der Gespräche mit dem fokalen akademischen Entrepreneur, Nils Kern, können insgesamt fünf sensitive Lebensphasen, sieben Rollenmodelle und zwei soziale Kollektive identifiziert werden, die potenziell persistente Effekte auf den Entrepreneur ausübten (Übersicht siehe Tab. 2.1). Nachfolgend werden die empirischen Befunde den postulierten Propositionen vergleichend gegenübergestellt.

Tab. 2.1 Identifizierte sensitive Lebensphasen, Rollenmodelle und soziale Kollektive (eigene Darstellung)

Identifizierte Phasen	Einordnung der sensitiven Lebensphasen		Begründung der Sensitivität	Identifizierte bedeutende Rollenmodelle oder soziale Kollektive
Abitur	Schulische Ausbildung	Späte Jugend	Prüfungssituation; Bestehen des Entrepreneurs fraglich; entscheidende Gespräche mit Lehrkräften und Eltern; emotional intensive Phase, die dem Entrepreneur bis heute gut in Erinnerung ist.	Eltern; Lehrer
			Neben der Schule betrieb der Entrepreneur ambitioniert Mannschaftssport (Fußball): Erfolg und relativ hohe Professionalität in einer hohen Amateurliga bedeuteten einschneidende Erlebnisse für den Entrepreneur.	Ko-Trainer (Vater des fokalen Entrepreneurs); Fußballmannschaft (soziales Kollektiv A)
Ausbildung	Berufliche Ausbildung	frühes Erwachsenenalter	Erste Karriere-Schritte (McEvily et al. 2012); Insolvenz der Ausbildungsstätte; hoher wirtschaftlicher Druck auf das Unternehmen; Entlassungen der Mitarbeiter; hohe Unsicherheit über organisationale und individuelle Zukunft.	Geschäftsführer A (ehemaliger Einkaufsleiter in der Automobilindustrie)
			Einschneidende Erlebnisse im Mannschaftssport (Fußball, siehe oben)	Ko-Trainer (Vater des fokalen Entrepreneurs); Fußballmannschaft (soziales Kollektiv A)

(Fortsetzung)

Tab. 2.1 (Fortsetzung)

Identifizierte Phasen	Einordnung der sensitiven Lebensphasen		Begründung der Sensitivität	Identifizierte bedeutende Rollenmodelle oder soziale Kollektive
Studium	Akademische Ausbildung	frühes Erwachsenenalter	Vordiplom knapp bestanden; Entrepreneur stand unter hohem Leistungsdruck	Geschäftsführer B; Wohngemeinschaft (soziales Kollektiv B); Institut der akademischen Mutterorganisation (Soziales Kollektiv C)
Öff. Dienst	Frühe Karriere	frühes Erwachsenenalter	Erste Karriere-Schritte (McEvily et al. 2012) nach dem Studium in der Hochschule aus Schleswig-Holstein als wissenschaftlicher Mitarbeiter	Institutsleiter; Mitgründer A und B; Dozenten A und B

2.6.1 Prägung unternehmerischer Verhaltensweisen durch Netzwerke

▶ *Proposition 1: Werden akademische Entrepreneure durch biografische Rollenmodelle und soziale Kollektive in sensiblen Lebensphasen unternehmerisch beeinflusst, formt dies nachhaltig ihr unternehmerisches Verhalten.*

Das unternehmerische Verhalten des fokalen akademischen Entrepreneurs manifestiert sich u. a. durch das Kombinieren von Ressourcen, Kooperation mit Industriepartnern und der Suche nach Finanzierungsmöglichkeiten, vor allem aber durch die Gründungsintention und die formelle Ausgründung. Zur Analyse der Proposition 1 wird am Beispiel der Gründungsintention als unternehmerisches Verhalten argumentiert, was nach Carr und Sequeira (2007), die initiale Aktion vor der formellen Gründung darstellt.

Biografische soziale Netzwerke und Gründungsintention Im engeren Familienkreis (Eltern, Geschwister) des fokalen Entrepreneurs existieren keine *unternehmerischen* Rollenmodelle im klassischen Sinne. Beide Eltern waren in einem Angestelltenverhältnis beschäftigt. Das soziale Umfeld – auch über die Familie hinaus – hatte einen zweitrangigen Einfluss auf seine Gründungsintention, berichtet der Gründer. Entscheidend für die Gründungsabsicht hingegen waren primär meso-ökonomische Veränderungen: Die Drittmittelfinanzierung des Forschungsprojekts an der schleswig-holsteinischen Hochschule lief aus; dem damaligen angestellten Wissenschaftler (und seinen Kollegen) drohte der Jobverlust an seiner Hochschule. Die potenzielle Arbeitslosigkeit oder ein notwendiger Jobwechsel induzierte erstmalig eine kognitive Auseinandersetzung des Gründers mit einer möglichen Selbstständigkeit als berufliche Option. Auf Nachfrage, wann der Gründer erstmalig über eine Unternehmensgründung nachdachte, antwortete Herr Kern: *„Als klar war, dass das Projekt nicht weiterläuft."* Ferner gab Herr Kern an, dass er *„vorher [...] keine Unternehmensgründung beabsichtigt"* hatte. Folglich beeinflusste maßgeblich ein unternehmerisches Ereignis (im Sinne von Shapero und Sokol 1982) die Absicht, das Forschungsprojekt durch Unternehmensgründung fortzuführen, jedoch nicht der Einfluss biografischer Rollenmodelle oder soziale Kollektive. Erst nachdem sich die Absicht einer Unternehmensgründung bereits manifestiert hatte, übte das soziale Umfeld einen Einfluss auf die formale Gründung aus. So orientierte sich der fokale Akademiker erst nach Absicht der Unternehmensgründung an Rollenmodelle innerhalb der Familie und an einem externen Start-up-Berater, indem er seine Eltern und den Berater bezüglich der Gründungsfinanzierung konsultierte. Sowohl die familiären Rollenmodelle als auch der Berater unterstützten den fokalen Entrepreneur erheblich bei der formellen Unternehmensgründung – beeinflussten aber nicht die Gründungsabsicht, welche bereits vorher durch das Auslaufen der Drittmittel erfolgte. Die Interviews und Sekundärdaten geben keine Hinweise, dass biografische Rollenmodelle oder soziale Kollektive das Verhalten des fokalen Entrepreneurs unmittelbar unternehmerisch prägen. Die Befunde oben unterstützen vielmehr das intentionsbasierte Modell von Shapero und Sokol (1982) sowie den Sozialkapitalansatz (Portes 1998; Nahapiet und Ghoshal 1998), nicht aber den postulierten Effekt des prägungsbasierten Ansatzes (Marquis 2003; McEvily et al. 2012) in Bezug auf die Gründungsintention als unternehmerisches Verhalten. Proposition 1 findet keine Unterstützung durch den untersuchten Einzelfall.

2.6.2 Prägung der Rollenidentität

▶ *Proposition 2: Werden akademische Entrepreneure durch biografische Rollenmodelle und soziale Kollektive in sensiblen Lebensphasen unternehmerisch beeinflusst, formt dies nachhaltig ihre Rollenidentität.*

Im Rahmen des Interviews wurden unterschiedliche Rollenidentitäten durch biografische Rollenmodelle und soziale Kollektive geprägt. Nachfolgend sollen diese nacheinander erläutert werden.

Stratege und Pessimist Während seiner beruflichen Ausbildung zum Industriekaufmann beobachtete und erlernte der fokale Akademiker eine strategische Rolle – sowohl durch ein soziales Kollektiv, als auch durch ein Rollenmodell. Hintergrund dieses Lernprozesses ist die Insolvenz der Ausbildungsstätte. Ein Großkunde (= soziales Kollektiv) war an dem Know-how der Ausbildungsstätte interessiert – eine Akquisition zum Marktpreis aber zu teuer. Der Großkunde drückte die Preise, um den Unternehmenswert zu mindern, führte es dadurch in die Insolvenz und konnte das Unternehmen anschließend kostengünstig übernehmen. Während der Insolvenz wurde die Ausbildungsstätte von einem ehemaligen

Automotiv-Einkaufsleiter (= Rollenmodell) geführt, dessen strategische Geschäftspraktiken Eindruck auf den damals jungen Auszubildenden machten: *„Durch die Insolvenz und den Geschäftsführer bin ich sehr pessimistisch und strategisch geworden. Zum einen als Schutz für das Unternehmen, zum anderen um Business zu machen und Risiken einzuschätzen."* Die Aussagen des Interviewten zu dieser Phase kennzeichnen, dass ein unternehmerisches Selbstkonzept durch biografische Vorbilder geprägt wurde, das Strategien entwickelt, die dem Erfolg des eigenen Unternehmens zweckdienlich sind.

Netzwerker Während des Studiums wurde der Gründer mit einem Geschäftsführer eines global handelnden Spirituosenherstellers bekanntgemacht. Der Gründer zeigte sich von diesem Unternehmer sehr beeindruckt und berichtete *„Der Mann hatte Aura, Charisma"* sowie *„Zu diesem Mann hat man aufgeschaut"*. Ferner dachte der fokale Akademiker damals, dass es ihn reizen würde, ebenso ein Unternehmertyp zu werden. Charakteristisch für diesen Geschäftsführer waren u. a. die Netzwerkfähigkeiten, die dem fokalen Akademiker klarmachten, wie wichtig interpersonelle Beziehungen für unternehmerische Aktivitäten sind. Das Selbstbild des Netzwerkers wurde später während der Phase im öffentlichen Dienst ebenfalls vom Institutsleiter vorgelebt. Dieser lebte nach dem Motto *„Das Netzwerk kann nicht groß genug sein"* und *„Man weiß ja nie, wozu man jemanden braucht"*. Diese Eindrücke der biografischen Rollenmodelle prägten den Gründer (*„Das habe ich von ihm mitgenommen"*); sie manifestieren sich in seinem Selbstverständnis für das inter- wie auch intra-organisationale Netzwerkmanagement in seinem Unternehmen verantwortlich zu sein.

Hybride Rollenidentität mit missionarischen und kommunitaristischen Elementen Fauchart und Gruber (2011) unterscheiden in ihrer Studie zur Analyse von unternehmerischen Identitäten und Verhaltensweisen von Entrepreneuren drei Identitäten, die sich den Aktionen der Entrepreneure reflektieren: Darwinistische, missionarische und kommunitaristische Identität. Je nach sozialer Motivation, sozialen Referenzrahmens und der Selbsteinschätzung des Entrepreneurs lassen sich Unternehmer einer dieser drei Identitäten oder auch Mischformen ebendieser zuordnen. Basierend auf der Arbeit von Fauchart und Gruber (2011) sowie den Angaben zur unternehmerischen Identität des fokalen Gründers kann nachfolgend die unternehmerische Identität von Herrn Nils Kern als eine hybride Identität mit missionarischen und kommunitaristischen Elementen beschrieben werden.

Dem fokalen Unternehmer ging es bei der Gründung und Gestaltung seines Unternehmens nicht um den eigenen Profit, was nach Fauchart und Gruber (2011) auf eine darwinistische Identität schließen ließe. Vielmehr ging es Herrn Kern darum, den Mitarbeitern des Forschungsprojekts nach Ablauf der Drittmittelfinanzierung weiterhin eine Beschäftigung zu garantieren (*„Es ging darum, die Mitarbeiter in Lohn und Brot zu bringen"*). Dieser Befund zeigt eine prosoziale und altruistische Orientierung des Gründers und deutet daher auf ein Selbstbild hin, dass die Autoren als missionarisch beschreiben. Allerdings nicht in Bezug auf das makrosoziale Umfeld, wie es Fauchart und Gruber (2011) beschreiben, sondern hinsichtlich des mikrosozialen Umfelds. Im Rahmen der Interviews erfolgte zusätzlich eine Selbstauskunft basierend auf den von den Autoren identifizierten unternehmerischen Rollenidentitäten. Der interviewte Gründer urteilte über die eigene als auch über die wahrgenommenen Identitäten seiner Rollenmodelle. Zur Zeit des öffentlichen Dienstes nahm der fokale Gründer eine kommunitaristische Identität seiner damals gegenwärtigen Rollenmodelle wahr (Institutsleiter und Mitarbeiter). Er vermutete also, dass es seinen Rollenmodellen bei ihren Projekten darum ging, mit ihren innovativen Produkten einen gemeinschaftlichen Beitrag zu leisten, was der von Fauchart und Gruber (2011) konzipierten Identität des Kommunitaristen entspricht. Die Rollenmodelle aus den Lebensphasen vor seiner Zeit als wissenschaftlicher Mitarbeiter (Geschäftsführer A und B), nahm der fokale Gründer dagegen eher als profit- und wachstumsorientierte Akteure wahr.

Basierend auf den Angaben hinsichtlich seiner Identität und der dargestellten Anmerkungen des fokalen Gründers ist ihm insgesamt eine hybride Rollenidentität zuzuschreiben, bestehend aus Elementen, die sich gemäß Fauchart und Gruber (2011) in einer kommunitaristischen sowie missionarischen Identität reflektiert. Diese hybride Rollenidentität (Fauchart und Gruber 2011) mit kommunitaristischen und missionarischen Markmalen weist Einflüsse eines aktuellen, nicht biografischen Netzwerks auf. Insofern deutet die Betrachtung bis hierhin darauf hin, dass unternehmerische Rollenidentitäten nicht zwingend Resultate von Prägungseffekten sind. Neben der hybriden Rolle versteht sich der fokale Gründer ebenso als Stratege, Pessimist und Netzwerker. Diese eigenen Rollenidentitäten können durchaus als Resultate prägender Rollenmodelle verstanden werden, die sich in der Biografie der Person finden. Bezugnehmend auf die Proposition 2 kann geschlussfolgert werden, dass die Rollenidentitäten des fokalen Gründers teilweise Resultate von Prägungseffekten sind. Die Proposition 2 wird also teilweise unterstützt.

2.6.3 Prägung der Normen und Werte

▶ *Proposition 3: Werden akademische Entrepreneure durch biografische Rollenmodelle und soziale Kollektive in sensiblen Lebensphasen unternehmerisch beeinflusst, formt dies nachhaltig ihr Normen- und Wertesystem.*

Fokus und Konzentration Während des Abiturs drohte der interviewte Gründer durch die Abschlussprüfung zu fallen und führte intensive Gespräche mit seinen Eltern. Seine Eltern insistierten bei der Vorbereitung einen Fokus zu setzen und sich thematisch zu konzentrieren. Im Umkehrschluss bedeutete dies, dass der fokale Entrepreneur damals bewusst Themen vernachlässigen musste. Diese Maßnahme führte zum Erfolg (Bestehen) und prägte Herrn Kern. Die Situation hatte ihn nach eigenen Auskünften derart geprägt, dass er bis heute in zeitkritischen Situationen Fokus und Konzentration auf zentrale Aufgaben als eine wichtige zielführende Regel (Norm) betrachtet, um erfolgreich in einer leistungsorientierten Gemeinschaft bestehen zu können.

Verantwortungsbewusstsein und Führung In der beruflichen Ausbildung des insolventen Unternehmens übertrug der Interims-Geschäftsführer dem fokalen akademischen Entrepreneur viel Verantwortung. Zwar kam die Verantwortung viel zu früh, aber

„*Ich habe in der Zeit viel gelernt*", so der Gründer im Interview. Dabei ist nicht nur fachliches Wissen gemeint, sondern Verantwortungsbewusstsein als ein Ideal, welches das Unternehmen und seine Mitarbeiter beeinflusst. Über den damaligen Geschäftsführer berichtet der Gründer, dass ihn zwischenmenschliche Defizite charakterisierten und die Mitarbeiter unter ihm öfters litten. Der Gründer missbilligte dieses Verhalten („*So will ich nie als Chef sein*"). Der nachhaltige Effekt des Geschäftsführers äußert sich, indem der Gründer eine andere Wertvorstellung, nämlich die eines respektvollen Führungsstils seiner Mitarbeiter lebt.

Persistenz und Fairness Dass Hartnäckigkeit eine notwendige Verhaltensweise im unternehmerischen Wettbewerb ist, lernte der interviewte Gründer durch zwei Rollenmodelle. Zum einen lernte Herr Kern durch den Geschäftsführer des Spirituosenherstellers, der ihm Folgendes demonstrierte: „*Man kann alles schaffen, wenn man hart arbeitet und hartnäckig bleibt.*" Zum anderen lebte auch der Onkel des Gründers persistentes Geschäftsverhalten vor. Der Gründer sah in seinem Onkel ein „*Stehaufmännchen*", das nach der Regel „*never give up*" arbeitet. Für die positive Entwicklung seines akademischen Spin-Offs befolgt Herr Kern ebendiese Verhaltensregel (Persistenz) und berichtet „*Geduld! Man muss […] immer am Ball bleiben. Wenn uns unsere Kunden angerufen haben, waren wir sofort da, das hat überzeugt. Das ist oft anstrengend, aber es lohnt sich*". In der Zeit als wissenschaftlicher Mitarbeiter beeindruckte der Institutsleiter den Gründer durch sein Wertesystem, das vor allem auf Fairness beruht. Gemäß dem Gründer, behandelte der Institutsleiter alle Mitarbeiter gleich, was ihm besonders positiv aufgefallen ist. Problematisch sei diese Wertvorstellung jedoch, wenn „*nicht alle Mitarbeiter die gleiche Leistung bringen*".

Unternehmerische Vorsicht Der interviewte Gründer internalisierte ein gewisses Maß an Pessimismus während der beruflichen Ausbildung, was sich nach eigener Auskunft immer dann zeigt, wenn er die eigene zukünftige Geschäftsentwicklung beurteilen soll. Die ökonomische Krise der Ausbildungsstätte und die damit einhergehenden Entlassungen wurden durch die Geschäftspraktiken eines Großkunden hervorgerufen. In Folge dieser Erfahrung berichtet Herr Kern hinsichtlich diverser Geschäftsgebaren stets bedacht zu handeln. Zum Wohle des Unternehmens als auch aus Fürsorge der Mitarbeiter geht er „*[…] grundsätzlich vom schlimmsten Szenario aus*". Insofern offenbart sich der prägende Effekt im Pessimismus des fokalen Gründers. In einer stark kompetitiven Umwelt dient dieser Skeptizismus dem Unternehmer als Norm, um vorausschauend agieren und in verschiedenen Entwicklungsszenarien unternehmerisch handlungsfähig bleiben zu können.

Unternehmertum vs. Beamtentum Als wissenschaftlicher Mitarbeiter und damit als öffentlich Angestellter war Herr Kern in einem Normen- und Wertesystem eingebettet, das nach seinen Aussagen „*ein wirtschaftliches Arbeiten nicht ermöglicht*". Der Gründer berichtet, dass die Bürokratie und der Dienst nach Vorschrift einiger Angestellter die

Ausgründung des Projekts erschwerten, sogar konterkarierten. Dieses gelebte Handlungsmuster einiger Institutsmitglieder (= soziales Kollektiv) resultierte in einer *„Federführung"* und *„viele verbrannter Erde"* ausgehend von dem sozialen Kollektiv, was den Entrepreneur prägte. Dem Gründer wurde klar, dass *„keine industrielle Ausrichtung"* des Projekts an der Hochschule möglich ist. Auch im Interview, Jahre nach der seiner Zeit an der Hochschule als wissenschaftlicher Mitarbeiter, sind die negativen Eindrücke von damals bei Herrn Kern noch sehr präsent. Die ungünstigen Arbeitsnormen, wie Sie von Herrn Kern geschildert wurden, konnten ihn jedoch nicht von einer Gründung abhalten. Im Gegenteil, der Gründer berichtet, dass die *„Federführung"* die Gründungsabsicht sogar motivierte: Es ginge ihm ein Stück weit auch darum zu zeigen, dass *„man […] es ohne die […] Dozenten schaffen"* könnte.

Teamgeist und Kohäsion In der Jugend und im frühen Erwachsenenalter spielte Herr Kern auf hohem Amateurniveau Fußball. Der Gründer berichtet: *„Durch den Fußball habe ich Teamwork gelernt. In unserem Team hieß es: Mit gehangen, mit gefangen. […] Das hat mich schon geprägt"*. Die Erfolge und Misserfolge haben die Mannschaft zusammengeschweißt. Ein ähnliches Maß an Zusammenhalt und Loyalität erlebte der Unternehmer in der Wohngemeinschaft während seines Studiums. *„[…] Das war sehr kollegial, wie eine Art Kommune. Wir fahren heute noch zusammen in den Urlaub und machen weltweite Trips."* Diese erlebte Kohäsion durch die sozialen Kollektive (Mannschaft und Wohngemeinschaft) äußern sich auch in der Art und Weise, wie der Unternehmer die Beziehungen in seinem Unternehmen gestaltet. Er fungiert als eine Art *„Informationshub"* und sorgt für einen kontinuierlichen Kommunikationsfluss und Zusammenhalt zwischen den Mitarbeiten.

Die obigen Ausführungen machen deutlich, dass sowohl Rollenmodelle als auch soziale Kollektive aus der Historie das Normen- und Wertesystem des akademischen Entrepreneurs beeinflussen. Das gilt für positive Normen und Werte (z. B. Fokus, Fairness oder Persistenz) sowie für Handlungsmuster, die der fokale Akademiker missbilligt und diese als Negativbeispiele anerkennt (z. B. unlautere Geschäftsgebaren oder übermäßige Bürokratie). Insofern unterstützen die Befunde Proposition 3: Werden akademische Entrepreneure durch biografische Rollenmodelle und soziale Kollektive in sensiblen Lebensphasen beeinflusst, formt dies nachhaltig ihr Normen- und Wertesystem.

2.6.4 Mediation sozialer Prägungseffekte

Entgegen der Propositionen 1 deuten die Befunde dieser Fallstudie gegen einen direkten Einfluss prägender Rollenmodelle und sozialer Kollektive auf das unternehmerische Verhalten. Dagegen stützen die Befunde, dass biografische Netzwerke einen lang anhaltenden Effekt auf Rollenidentitäten, Normen und Werte nehmen können. Nachfolgend soll geprüft werden, ob die Prägungen durch Rollenmodelle und Kollektive einen indirekten Einfluss auf das unternehmerische Verhalten nehmen.

▶ *Proposition 4: Werden Rollenidentitäten, Normen und Werte von akademischen Entrepreneuren durch biografische Rollenmodelle und soziale Kollektive in sensiblen Lebensphasen unternehmerisch beeinflusst, formt dies nachhaltig ihr unternehmerisches Verhalten.*

Diese Arbeit postuliert, dass die geprägte Rollenidentität, Normen und Werte einen Einfluss auf unternehmerische Verhaltensweisen nehmen und somit der Prägungseffekt biografischer sozialer Kontakte mediiert wird.

Rollenidentität Das Selbstkonzept eines Netzwerkers führt dazu, dass der fokale Gründer Kontakte zu anderen Organisationen aufbaut. So beispielsweise zu den regionalen Wirtschaftsjunioren, einer Vereinigung junger Unternehmer und Führungskräfte. Über diese Plattform werden überwiegend Kontakte aufgebaut, die sich gemäß der Definition von Granovetter (1973) als schwache Beziehungen definieren lassen. Über schwache Beziehungen wird der Austausch kritischer und nicht-redundanter Informationen (Granovetter 1973) gefördert. Damit steigt die Wahrscheinlichkeit, dass der fokale Entrepreneur neue Geschäftsmöglichkeiten erkennen, initiieren und durchführen kann. Das Initiieren von Alternativen, Durchsetzen von Problemlösungen aber auch das Kombinieren von Ressourcen (z. B. Netzwerken) stellen unternehmerische Verhaltensweisen dar (Bretz 1991). Die Rollenidentität des Netzwerkers ermöglichte ferner, dass die Optosight GmbH einen Großteil des Vertriebs nicht in Eigenregie durchführte, sondern über einen kooperierenden Technologiekonzern. Dieser vertreibt neben seinen eigenen Produkten auch die komplementäre Technologie der Optosight GmbH, um so den Kunden ganzheitliche Problemlösungen anbieten zu können. Durch das große und professionelle Vertriebsteam des Konzerns ist das junge Start-up in der Lage, an Großunternehmen mit ansonsten etablierten Lieferanten heranzutreten und Fuß zu fassen. Somit kann festgehalten werden, dass die Rollenidentitäten des fokalen akademischen Entrepreneurs typische unternehmerische Verhaltensweisen leiten und motivieren, beispielsweise das Initiieren von Alternativen, Kombinieren von Ressourcen und Durchsetzen von Problemlösungen. Die Vermutung, dass sich eine geprägte Rollenidentität auf die Gründungsintention auswirkt, kann dagegen nur bedingt gestützt werden. Möglich scheint, dass das prägende Rollenmodell (hier im Fall: Geschäftsführer des Spirituosenherstellers) einen unbewussten Wunsch nach Unternehmensgründung beim fokalen Gründer auslöste, da dieser sich von den Qualitäten und Erfolgen des Rollenmodells nachhaltig beeindruckt zeigte. Weitere Befunde sprechen allerdings dagegen, dass die Gründungsintention durch geprägte Rollenidentitäten *biografischer* Rollenmodelle determiniert wurde, sondern eher durch Identitäten *aktueller* Rollenmodelle.

Normen und Werte Die Befunde unterstützten die Vermutung, dass geprägte Normen und Werte die unternehmerischen Verhaltensweisen beeinflussen. Die beim Gründer sozialisierte Hartnäckigkeit wirkte positiv auf die Unternehmensgründung. So berichtet der Gründer, dass er gemeinsam mit seinen Partnern trotz opportunistischer Haltung der akademischen Mutterorganisation und hoher Bürokratie die Gründung durchsetze: Das Arbeiten im öffentlichen Dienst war *„wie das Leben in Schranken. Es war keine industrielle Ausrichtung möglich. Es gab zwei Dozenten, die das Projekt konterkariert haben."* *[...] „Wir wollten unsere Arbeit nicht wegschmeißen, sondern wollten es professionell aufstellen"*. Diese Situation zeigt, dass Herr Kern auch in widrigen Situationen beharrlich für seine Ziele einsteht – eine Eigenschaft, die Herrn Kern bereits früher bei seinem Onkel (*„Stehaufmännchen"*) und dem Geschäftsführer des Spirituosenherstellers (*„Man kann alles schaffen, wenn man hart arbeitet und hartnäckig bleibt"*) beeindruckte. Ferner scheinen sich die Normen wie Teamgeist und Kohäsion nachhaltig auf das unternehmensinterne Beziehungsmanagement des fokalen Gründers auszuwirken. Beispielsweise lehrten ihm die Erfolge und Misserfolge während seiner Zeit als Amateurfußballer, dass Zusammenhalt im Team ein wichtiger Erfolgsfaktor ist. Im Interview zeigt Herr Kern, dass er Zusammenhalt, wie er ihn früher im Fußball emotional erlebte, heute zwischen seinen Mitarbeitern fördert – gerade in Situationen, wo die Kommunikation im Arbeitsteam stockt: *„Ich bekomme hier schon ziemlich viel mit und setze mich dafür ein, dass die Dinge dann laufen. Zum Beispiel sitzen Mitarbeiter nur zwei Türen voneinander entfernt, aber manchmal ich muss trotzdem noch mal zu ihnen und vermitteln, damit sie miteinander Reden und die Sache funktioniert."* Als Ansprechpartner für berufliche und private Angelegenheiten des Personals ist Herr Kern Dreh- und Angelpunkt für viele seiner Mitarbeiter hinsichtlich diverser Themen. Das obige Zitat zeigt, dass er wie ein Prozesspromotor (Gemünden et al. 2007) zu einem florierenden Kommunikationsmanagement in seinem Unternehmen beiträgt. Bezugnehmend auf Proposition 4 kann festgehalten werden, dass sowohl Rollenidentitäten als auch Handlungsmuster, welche sich auf die soziale Entität während einer sensitiven Phase übertragen, unternehmerische Verhaltensweisen motivieren.

2.7 Schlussfolgerungen

2.7.1 Zusammenfassung der zentralen Ergebnisse

Vor dem Hintergrund der hohen ökonomischen Relevanz akademischer Entrepreneure, des starken Einflusspotenzials des mikrosozialen Umfeldes und den gegebenen Limitationen intentionsbasierter Modelle zur Prognose unternehmerischer Verhaltensweisen wurde diese Fallstudie angefertigt. Im Einzelnen ging es um die folgenden Fragen: *(1) Warum verhalten sich manche akademischen Entrepreneure unternehmerisch, (2) wie prägen soziale Kontakte oder Kollektive unter welchen Umständen akademische Entrepreneure unternehmerisch* und *(3) in welchen Lebensphasen werden sie unternehmerisch geprägt?* Zur Analyse dieser Fragen erfolgten Interviews und Auswertungen von Sekundärdaten eines akademischen Entrepreneurs, der als wissenschaftlicher Mitarbeiter ein Hochtechnologieunternehmen (Optosight GmbH) zusammen mit zwei weiteren Personen gründete. Die Befunde dieser Fallstudie sprechen gegen einen unmittelbaren Prägungseffekt biografischer Rollenmodelle oder soziale Kollektive auf das unternehmerische Verhalten akademischer Entrepreneure. Die dargelegten Zusammenhänge lassen vielmehr die Vermutung eines mittelbaren Einflusses zu, dass sich unternehmerische Rollenidentitäten, Normen und Werte von biografischen Netzwerkakteuren auf die Rollenidentitäten, Normen und Werte des fokalen Entrepreneurs übertragen. Abschließend unterstützen die Befunde, dass durch die biografischen Netzwerkakteure geprägten Rollenidentitäten, Normen und Werte das unternehmerische Verhalten des akademischen Entrepreneurs motivieren. Ferner zeigt die Analyse, dass eine komplementäre Anwendung des prägungsbasierten und intentionsbasierten Ansatzes eine vollständigere Analyse des unternehmerischen Verhaltens ermöglicht, als eine die ausschließliche Anwendung eines dieser beiden Ansätze (vgl. Abschn. 1.3.3).

2.7.2 Limitationen und Implikationen für die Forschung

Unter Berücksichtigung eingehender Literatur und den zugrunde liegenden Befunden werden nachfolgend Anknüpfungspunkte für die zukünftige Entrepreneurship-Forschung diskutiert. Zunächst soll jedoch eine kritische Auseinandersetzung mit Limitationen Studie erfolgen.

Zwar eignet sich die Fallstudienmethodik für dieses Projekt, da sie eine authentische Analyse von dynamischen und komplexen Tatbeständen ermöglicht (Eisenhardt 1989) aber demgegenüber abzuwägen sind die geringe Stichprobengröße und mangelnde Objektivität. Die Befunde von Einzelfallstudien sind stets kontextabhängig und wenig generalisierbar (Yin 2003). Die Generalisierbarkeit dieses Bottom-up Ansatzes leidet (1) zum einen durch ggf. spezielle, nicht repräsentative Falleigenschaften des stets kontextabhängigen Datensatzes (Eisenhardt 1989; Leonard-Barton 1990) und klärt damit möglicherweise nur idiosynkratische Phänomene (Eisenhardt 1989), (2) zum anderen stehen keine quantitativen Messgrößen oder Beobachtungen zu Zusammenhängen über mehrere Untersuchungsobjekte zur Verfügung. Daher können derartige Studien ebenso nicht beurteilen, welche die *wichtigsten* Beziehungen darstellen (Eisenhardt 1989). Folglich sollten zukünftige Studien quantitative empirische Untersuchungen anstreben, zum Beispiel mittels Umfragen, Archivdaten oder sozialwissenschaftlichen Experimenten (Yin 2003). Die Kritik an der mangelnden Objektivität ist dadurch zu erklären, dass Zusammenhänge aus Perspektive der Forscher in den Vordergrund gestellt werden, wodurch die Forschungsergebnisse einem subjektiven Informationsgehalt unterliegen (Leonard-Barton 1990). Dennoch eignet sich die explorative Fallstudie als qualitative Forschungsmethodik für dieses Projekt, da die Arbeit einen stark explorativen Charakter aufweist.

Weiter bedarf der prägungsbasierte Ansatz im Sinne von Marquis (2003) und McEvily et al. (2012) eine longitudinale Analyse, da Prägungsmechanismen mehrperiodische Prozesse darstellen (Simsek et al. 2015; Marquis und Tilcsik 2013). Schließlich erscheint eine Mehrebenenanalyse (Raudenbush und Bryk 2002) für das hier untersuchte Modell eine weitere sinnvolle methodische Ergänzung zu sein (Lee et al. 2011). Wie Marquis und

Tilcsik (2013) in ihrer Studie betonen, kann die Prägung individueller Verhaltensweisen auf unterschiedlichen Ebenen stattfinden. In Anlehnung an Walter et al. (2013) könnten nachfolgende Forschungsarbeiten untersuchen, welche Einflussgrößen auf unternehmerische Rollenidentitäten, Normen und Werte junger Akademiker dominieren: (1) Sind es die akademischen Mutterorganisationen (also soziale Kollektive), in denen junge Akademiker eingebettet sind, oder (2) sind es die individuellen Mentoren (Rollenmodelle), die ihren jungen Kollegen den Weg weisen? Die vorliegende Fallstudie veranschaulicht, dass Rollenidentitäten des fokalen akademischen Entrepreneurs sowohl durch biografische als auch aktuelle Rollenmodelle beeinflusst werden. Insofern können nachfolgende Studien untersuchen, unter welchen Umständen Rollenidentitäten die Resultate von Prägungsprozessen sind und wann nicht. Darüber hinaus wird in der empirischen Entrepreneurship-Forschung bei Gründerpersönlichkeiten der Einfluss unternehmerischer versus wissenschaftlicher Werte untersucht (z. B. Jain et al. 2009; Lam 2011). Dieser Forschungsstrang deckt in seinen Untersuchungen allerdings nicht alle institutionellen Werte ab. So stellt diese Fallstudie eindrucksvoll dar, dass es möglicherweise nicht der wissenschaftliche Ethos nach Merton (1968) ist, der unternehmerisches Verhalten von Akademikern konterkariert. So konfundieren ggf. wissenschaftliche Normen mit Handlungsmustern wie Bürokratie und Beamtentum, die charakteristisch für staatliche Organisationen sind. Nachfolgende Forschung könnte diese Diskussion institutioneller Werte und deren Einfluss auf das unternehmerische Verhalten um quantitative Analysen hinsichtlich wissenschaftlicher vs. staatsdienstlicher Werte bereichern.

Die Fallstudie unterstützt die Arbeit von Shapero und Sokol (1982) zur Theorie unternehmerischer Ereignisse. So ist die Gründungsintention des fokalen akademischen Entrepreneurs auf das Auslaufen der Projektfinanzierung zurückzuführen. Der drohende Verlust des Arbeitsplatzes stellt im Sinne des Modells von Shapero und Sokol (1982) das unternehmerische Ereignis dar, welches die Gründungsabsicht initiiert. Weiterhin zeigt die Fallstudie, dass der prägungsbasierte Ansatz und die Intentionsmodelle komplementär verwendet werden können (in Anlehnung an Ellis et al. 2017), um die jeweiligen Limitationen beider Ansätze (vgl. Abschn. 3.1, 3.2, und 3.3) zu reduzieren. So zentrieren beide Ansätze den mikrosozialen Einfluss auf das unternehmerische Verhalten, der prägungsbasierte Ansatz jedoch gliedert die Verhaltensantezedenzien hinsichtlich biografischer Beziehungen genauer. Darüber hinaus ergänzt die Netzwerkprägung die soziale Lerntheorie. Die Netzwerkprägung spezifiziert zum einen, unter welchen Rahmenbedingungen und zu welchen Zeitpunkten Lernprozesse erfolgen und Individuen psychografische Faktoren internalisieren. Zum anderen stellt sie die Persistenz der Prägung nicht nur als Produkt vom aktuellen sozialen Umfeld, sondern als Ergebnis eines systematischen Prägungsprozesses innerhalb und zwischen Individuen dar (Ellis et al. 2017). Ferner besteht ein Beitrag darin, dass die Fallstudie individuelle Prägungsprozesse über die Phase des Karriereeinstiegs und über berufliche Lehrbeziehungen (McEvily et al. 2012) hinaus betrachtet. Damit bekräftigt diese Fallstudie die Feststellung von Marquis und Tilcsik (2013), dass eine soziale Entität über die Zeit, d. h. im Laufe ihrer Biografie mehrere sensitive Phasen erfahren. Weiter bekräftigt die vorliegende Studie Mikrofundierung des Unternehmertums von Fauchart und Gruber (2011). Die Autoren untersuchten die Prägung von Rollenidentitäten von Unternehmensgründern auf die gegründeten Organisationen. Die Fallstudie überträgt die Argumentation der Identitätsprägung von der „Individuum-zu-Organisation-Ebene" (Rollenidentität des Gründers prägt Schlüsseldimensionen des Start-ups) auf die „Individuum-zu-Individuum-Ebene" (Rollenidentität des biografischen Akteurs prägt Rollenidentität des fokalen Gründers). Abschließend trägt die Studie eingehend zum Verständnis bei, wie, warum und wann sich akademische Entrepreneure in ihrer Empfänglichkeit für Prägungseffekte unterscheiden und kommt damit der Aufforderung von Simsek et al. (2015) zu Klärung dieser Fragen nach.

2.7.3 Politik- und Managementimplikationen

Die prägungsbasierte Analyse zeigt, wann und welche Akademiker empfänglich für unternehmerische Förderungen sind und wie die Wirkungsmechanismen der Förderungen greifen. Dabei wird deutlich, dass eine Demonstration unternehmerischen Verhaltens etwa durch ehemalige Hochschulangehörige nicht ausreicht. Entscheidend ist neben dem Timing der Maßnahmen, dass ebendiese auf die psychografischen Faktoren, die das Verhalten motivieren, abzielen.

Die vorliegende Analyse deutet an, dass die Einrichtung von akademischen Gründerzentren wie Hochschul-Inkubatoren alleine nicht ausreicht, um unternehmerisches Verhalten von Akademikern zu motivieren. Vielmehr bedarf es Maßnahmen, die jungen Akademikern neben unternehmerischen Chancen auch unternehmerische Rollenidentitäten, Normen und Werte vorleben. Beispielsweise über das Angebot eines Mentorenprogramms sowie die Kommunikation von vergangenen Erfolgsmodellen (z. B. über Artefakte, die Schein (2010) u. a. als beobachtbare Rituale, Zeremonien und Signalveranstaltungen definiert), die unternehmerische Normen und Werte für nachfolgende Akademiker erlebbar machen. Dabei sollten Gestalter der öffentlichen Hand ihre Programme nicht nur auf junge Akademiker zuschneiden, sondern auch auf jene, die innerhalb der Forschungseinrichtung ihre Funktion oder Rolle ändern.

Nicht alle unternehmerisch handelnde Akademiker intendieren eine selbstständige Beschäftigung. Viele Hochschulangehörige wechseln nach wie vor in ein Angestelltenverhältnis der freien Wirtschaft. Doch auch in etablierten Unternehmen können unternehmerisch handelnde Beschäftigte einen wesentlichen Beitrag für die Unternehmen leisten, z. B. durch individuelles Engagement zur Förderung von Neuproduktentwicklungen oder Spin-Out-Gründungen – zwei der vier Dimensionen des Intrapreneurship nach Antoncic und Hisrich (2001). Wie Antoncic und Hisrich (2001) empfehlen, kann Intrapreneurship neben Faktoren wie Top-Managementunterstützung oder intensiver Technologiefrüherkennung auch durch die Vermittlung unternehmerischer Werte innerhalb der Organisation gefördert werden. Letztere Empfehlung wird durch die vorliegende Arbeit ergänzt: Zur Förderung von unternehmerischen Aktionen der Mitarbeiter ist es wichtig, dass die Förderprogramme auf die psychografischen Faktoren des unternehmerischen

Verhaltens ausgerichtet sind – und das sind neben Normen und Werte auch Rollenidentitäten der Mitarbeiter.

Abschließend ist festzuhalten, dass die Fallstudie exemplarisch den bedeutenden Einfluss von biografischen Netzwerken auf psychografische Faktoren unterstützt, die das unternehmerische Verhalten von Akademikern beeinflussen. Folglich sollten die Gestalter öffentlicher als auch privatwirtschaftlicher Programme zur Förderung akademischer Entrepreneure auf Maßnahmen setzen, welche auf die Prägung von verhaltensmotivierenden Faktoren abzielen jedoch nicht auf das Verhalten selber.

> **Fragen**
> 1. Warum beeinflussen biografische Rollenmodelle und soziale Kollektive das unternehmerische Verhalten von akademischen Entrepreneuren? Beantworten Sie die Frage, indem Sie die prägungsbasierten Wirkungsmechanismen zwischen sozialen Netzwerken und dem unternehmerischen Verhalten von Akademikern näher erläutern.
> 2. Grenzen Sie die prägungsbasierten von den intentionsbasierten Modellen zur Erläuterung von individuellen Verhaltensweisen ab. Worin besteht der zusätzliche Erklärungsgehalt des prägungsbasierten Ansatzes in Bezug auf das unternehmerische Verhalten von Akademikern?
> 3. Rollenmodelle und soziale Kollektive können Rollenidentität, Normen und Werte eines Akademikers prägen. Was können öffentliche Institutionen (z. B. Landesregierungen, Wirtschaftsfördergesellschaften) unternehmen, um gezielt ein unternehmerisches Selbstbild von Akademikern zu fördern? Erläutern Sie ferner basierend auf dem prägungsbasierten Ansatz (Marquis 2003; McEvily et al. 2012), welche Akademiker besonders empfänglich für derartige Förderungen sind!
> 4. Nicht jeder Akademiker, der in die freie Wirtschaft wechselt, intendiert ein eigenes Unternehmen zu gründen. Was können etablierte Institutionen (z. B. Unternehmen, Stiftungen, Vereine) unternehmen, um ein unternehmerisches Verhalten von Akademikern zu fördern? Nennen Sie Beispiele für Normen und Werte, die sich über soziale Netzwerke auf Akademiker übertragen lassen und prinzipiell deren unternehmerisches Verhalten befördern.

Literatur

Ajzen, I. (1991). The theory of planned behavior. *Organizational Behavior and Human Decision Processes, 50*(2), 179–211.

Akerlof, G. A., & Kranton, R. E. (2005). Identity and the economics of organizations. *The Journal of Economic Perspectives, 19*(1), 9–32.

Aldrich, H., Renzulli, L. A., & Langton, N. (1998). Passing on privilege: Resources provided by self-employed parents to their self-employed children. *Research in Social Stratification and Mobility, 16*, 291–318.

Algieri, B., Aquino, A., & Succurro, M. (2013). Technology transfer offices and academic spin-off creation: The case of Italy. *The Journal of Technology Transfer, 38*(4), 382–400.

Antoncic, B., & Hisrich, R. D. (2001). Intrapreneurship: Construct refinement and cross-cultural validation. *Journal of Business Venturing, 16*(5), 495–527.

Aschhoff, B., & Grimpe, C. (2014). Contemporaneous peer effects, career age and the industry involvement of academics in biotechnology. *Research Policy, 43*(2), 367–381.

Autio, E., Kenney, M., Mustar, P., Siegel, D., & Wright, M. (2014). Entrepreneurial innovation: The importance of context. *Research Policy, 43*(7), 1097–1108.

Azoulay, P., Liu, C. C., & Stuart, T. E. (2017). Social influence given (partially) deliberate matching: Career imprints in the creation of academic entrepreneurs. *American Journal of Sociology, 122*(4), 1223–1271.

Bae, T. J., Qian, S., Miao, C., & Fiet, J. O. (2014). The relationship between entrepreneurship education and entrepreneurial intentions: A meta-analytic review. *Entrepreneurship Theory and Practice, 38*(2), 217–254.

Bandura, A. (1977). Self-efficacy: Toward a unifying theory of behavioral change. *Psychological Review, 84*(2), 191–215.

Bercovitz, J., & Feldman, M. (2008). Academic entrepreneurs: Organizational change at the individual level. *Organization Science, 19*(1), 69–89.

Bird, B., & Schjoedt, L. (2009). Entrepreneurial behavior: Its nature, scope, recent research, and agenda for future research. In A. Carsrud & M. Brännback (Hrsg.), *Understanding the entrepreneurial mind. International studies in entrepreneurship* (Bd. 24, S. 327–358). New York: Springer.

Bozeman, B., Fay, D., & Slade, C. P. (2013). Research collaboration in universities and academic entrepreneurship: The-state-of-the-art. *The Journal of Technology Transfer, 38*(1), 1–67.

Bretz, H. (1991). Zur Kultivierung des Unternehmerischen im Unternehmen. In U. D. Laub & D. Schneider (Hrsg.), *Innovation und Unternehmertum* (S. 273–295). Wiesbaden: Gabler.

Burke, P. J., & Reitzes, D. C. (1991). An identity theory approach to commitment. *Social Psychology Quarterly, 54*(3), 239–251.

Bygrave, W. D., & Hofer, C. W. (1992). Theorizing about entrepreneurship. *Entrepreneurship Theory and Practice, 16*(2), 13–22.

Cardon, M. S., Wincent, J., Singh, J., & Drnovsek, M. (2009). The nature and experience of entrepreneurial passion. *Academy of Management Review, 34*(3), 511–532.

Carr, J. C., & Sequeira, J. M. (2007). Prior family business exposure as intergenerational influence and entrepreneurial intent: A theory of planned behavior approach. *Journal of Business Research, 60*(10), 1090–1098.

Coleman, J. S. (1988). Social capital in the creation of human capital. *American Journal of Sociology, 94*, 95–120.

Daig, I. (2006). *Male gender role dysfunction. Age differences in men: Male gender-role stress, impression management and risk behavior*. Dissertation, Freie Universität Berlin.

Dokko, G., Wilk, S. L., & Rothbard, N. P. (2009). Unpacking prior experience: How career history affects job performance. *Organization Science, 20*(1), 51–68.

Edmondson, A. C., & McManus, S. E. (2007). Methodological fit in management field research. *Academy of Management Review, 32*(4), 1155–1179.

Eisenhardt, K. M. (1989). Building theories from case study research. *Academy of Management Review, 14*(4), 532–550.

Ellis, S., Aharonson, B. S., Drori, I., & Shapira, Z. (2017). Imprinting through inheritance: A multi-genealogical study of entrepreneurial proclivity. *Academy of Management Journal, 60*(2), 500–522.

Engle, R. L., Dimitriadi, N., Gavidia, J. V., Schlaegel, C., Delanoe, S., Alvarado, I., Wolff, B., et al. (2010). Entrepreneurial intent: A twelve-country evaluation of Ajzen's model of planned behavior. *International Journal of Entrepreneurial Behavior & Research, 16*(1), 35–57.

Etzkowitz, H. (2003). Research groups as ‚quasi-firms': The invention of the entrepreneurial university. *Research Policy, 32*(1), 109–121.

Falck, O., Heblich, S., & Luedemann, E. (2012). Identity and entrepreneurship: Do school peers shape entrepreneurial intentions? *Small Business Economics, 39*(1), 39–59.

Fauchart, E., & Gruber, M. (2011). Darwinians, communitarians, and missionaries: The role of founder identity in entrepreneurship. *Academy of Management Journal, 54*(5), 935–957.

Gartner, W. B., Carter, N. M., & Reynolds, P. D. (2003). Entrepreneurial behavior and firm organizing processes. In Z. J. Acs & D. B. Audretsch (Hrsg.), *Handbook of entrepreneurship research* (International handbook series on entrepreneurship, Bd. 1, S. 195–221). Boston: Springer.

Gemünden, H. G., Salomo, S., & Hölzle, K. (2007). Role models for radical innovations in times of open innovation. *Creativity and Innovation Management, 16*(4), 408–421.

Giannetti, M., & Simonov, A. (2009). Social interactions and entrepreneurial activity. *Journal of Economics & Management Strategy, 18*(3), 665–709.

Granovetter, M. S. (1973). The strength of weak ties. *American Journal of Sociology, 78*(6), 1360–1380.

Grimaldi, R., Kenney, M., Siegel, D. S., & Wright, M. (2011). 30 years after Bayh–Dole: Reassessing academic entrepreneurship. *Research Policy, 40*(8), 1045–1057.

Guerrero, M., Rialp, J., & Urbano, D. (2008). The impact of desirability and feasibility on entrepreneurial intentions: A structural equation model. *International Entrepreneurship and Management Journal, 4*(1), 35–50.

Hayter, C. S. (2016). Constraining entrepreneurial development: A knowledge-based view of social networks among academic entrepreneurs. *Research Policy, 45*(2), 475–490.

Hayter, C. S., Lubynsky, R., & Maroulis, S. (2017). Who is the academic entrepreneur? The role of graduate students in the development of university spinoffs. *The Journal of Technology Transfer, 42*(6), 1237–1254.

Higgins, M. (2004). Career imprinting and leadership development: Theory and practice. In S. Chowdhury (Hrsg.), *Next generation business handbook* (S. 91–105). Hoboken: Wiley.

Higgins, M. C. (2005). *Career imprints: Creating leaders across an industry*. Hoboken: Wiley.

Jain, S., George, G., & Maltarich, M. (2009). Academics or entrepreneurs? Investigating role identity modification of university scientists involved in commercialization activity. *Research Policy, 38*(6), 922–935.

Kacperczyk, A. J. (2009). *Inside or outside: The social mechanisms of entrepreneurship choices. Evidence from the mutual fund industry*. Dissertation, University of Michigan.

Kacperczyk, A. J. (2013). Social influence and entrepreneurship: The effect of university peers on entrepreneurial entry. *Organization Science, 24*(3), 664–683.

Kautonen, T., Gelderen, M., & Fink, M. (2015). Robustness of the theory of planned behavior in predicting entrepreneurial intentions and actions. *Entrepreneurship Theory and Practice, 39*(3), 655–674.

Kenney, M., & Goe, W. R. (2004). The role of social embeddedness in professorial entrepreneurship: A comparison of electrical engineering and computer science at UC Berkeley and Stanford. *Research Policy, 33*(5), 691–707.

Kidwell, R. E., Eddleston, K. A., & Kellermanns, F. W. (2018). Learning bad habits across generations: How negative imprints affect human resource management in the family firm. *Human Resource Management Review, 28*(1), 5–17.

Klofsten, M., & Jones-Evans, D. (2000). Comparing academic entrepreneurship in Europe – The case of Sweden and Ireland. *Small Business Economics, 14*(4), 299–309.

Krabel, S., & Mueller, P. (2009). What drives scientists to start their own company? An empirical investigation of Max Planck Society scientists. *Research Policy, 38*(6), 947–956.

Krueger, N. (2017). Entrepreneurial intentions are dead: Long live entrepreneurial intentions. In A. Carsrud & M. Brännback (Hrsg.), *Understanding the entrepreneurial mind* (S. 13–34). New York: Springer.

Krueger, N. F., & Brazeal, D. V. (1994). Entrepreneurial potential and potential entrepreneurs. *Entrepreneurship Theory and Practice, 18*(3), 91–104.

Krueger, N. F., & Carsrud, A. L. (1993). Entrepreneurial intentions: Applying the theory of planned behaviour. *Entrepreneurship & Regional Development, 5*(4), 315–330.

Krueger, N. F., Reilly, M. D., & Carsrud, A. L. (2000). Competing models of entrepreneurial intentions. *Journal of Business Venturing, 15*(5), 411–432.

Lam, A. (2011). What motivates academic scientists to engage in research commercialization: ‚Gold', ‚ribbon' or ‚puzzle'? *Research Policy, 40*(10), 1354–1368.

Lee, L., Wong, P. K., Der Foo, M., & Leung, A. (2011). Entrepreneurial intentions: The influence of organizational and individual factors. *Journal of Business Venturing, 26*(1), 124–136.

Lehoux, P., Daudelin, G., Williams-Jones, B., Denis, J. L., & Longo, C. (2014). How do business model and health technology design influence each other? Insights from a longitudinal case study of three academic spin-offs. *Research Policy, 43*(6), 1025–1038.

Leonard-Barton, D. (1990). A dual methodology for case studies: Synergistic use of a longitudinal single site with replicated multiple sites. *Organization Science, 1*(3), 248–266.

Locke, K. (2001). *Grounded theory in management research*. London: Sage.

Louis, K. S., Blumenthal, D., Gluck, M. E., & Stoto, M. A. (1989). Entrepreneurs in academe: An exploration of behaviors among life scientists. *Administrative Science Quarterly, 34*(1), 110–131.

Marquis, C. (2003). The pressure of the past: Network imprinting in intercorporate communities. *Administrative Science Quarterly, 48*(4), 655–689.

Marquis, C., & Tilcsik, A. (2013). Imprinting: Toward a multilevel theory. *Academy of Management Annals, 7*(1), 195–245.

Mathias, B. D., Williams, D. W., & Smith, A. R. (2015). Entrepreneurial inception: The role of imprinting in entrepreneurial action. *Journal of Business Venturing, 30*(1), 11–28.

McEvily, B., Jaffee, J., & Tortoriello, M. (2012). Not all bridging ties are equal: Network imprinting and firm growth in the nashville legal industry, 1933–1978. *Organization Science, 23*(2), 547–563.

McGee, J. E., Peterson, M., Mueller, S. L., & Sequeira, J. M. (2009). Entrepreneurial self-efficacy: Refining the measure. *Entrepreneurship Theory and Practice, 33*(4), 965–988.

Merton, R. K. (1968). *Social theory and social structure*. New York: Free Press.

Nahapiet, J., & Ghoshal, S. (1998). Social capital, intellectual capital, and the organizational advantage. *Academy of Management Review, 23*(2), 242–266.

Portes, A. (1998). Social capital: Its origins and applications in modern sociology. *Annual Review of Sociology, 24*(1), 1–24.

Rauch, A., & Hulsink, W. (2015). Putting entrepreneurship education where the intention to act lies: An investigation into the impact of entrepreneurship education on entrepreneurial behavior. *Academy of Management Learning & Education, 14*(2), 187–204.

Raudenbush, S. W., & Bryk, A. S. (2002). *Hierarchical linear models: Applications and data analysis methods*. Thousand Oaks: Sage.

Reynolds, P. D. (1992). Sociology and entrepreneurship: Concepts and contributions. *Entrepreneurship Theory and Practice, 16*(2), 47–70.

Schein, E. H. (1983). The role of the founder in creating organizational culture. *Organizational Dynamics, 12*(1), 13–28.

Schein, E. H. (2010). *Organizational culture and leadership*. San Francisco: Jossey-Bass.

Scherer, R. F., Adams, J. S., Carley, S. S., & Wiebe, F. A. (1989). Role model performance effects on development of entrepreneurial career preference. *Entrepreneurship Theory and Practice, 13*(3), 53–72.

Schlaegel, C., & Koenig, M. (2014). Determinants of entrepreneurial intent: A meta-analytic test and integration of competing models. *Entrepreneurship Theory and Practice, 38*(2), 291–332.

Schmidt, A., Walter, S. G., & Walter, A. (2013). Radicalness of technological inventions and young venture performance – The role of technological competition and product diversity. *IEEE Transactions on Engineering Management, 60*(4), 728–738.

Schumpeter, J. (1934). *The theory of economic development.* Cambridge, MA: Harvard University Press.

Shane, S. A. (2004). *Academic entrepreneurship: University spinoffs and wealth creation.* Cheltenham: Edward Elgar Publishing.

Shane, S., Dolmans, S. A., Jankowski, J., Reymen, I. M., & Romme, A. G. L. (2015). Academic entrepreneurship: Which inventors do technology licensing officers prefer for spinoffs? *The Journal of Technology Transfer, 40*(2), 273–292.

Shapero, A., & Sokol, L. (1982). The social dimensions of entrepreneurship. In C. A. Kent, D. L. Sexton & K. H. Vesper (Hrsg.), *Encylclopedia of entrepreneurship* (S. 72–90). Englewood Cliffs: Prentice-Hall.

Simsek, Z., Fox, B. C., & Heavey, C. (2015). „What's past is prologue" A framework, review, and future directions for organizational research on imprinting. *Journal of Management, 41*(1), 288–317.

Smilor, R. W., Gibson, D. V., & Dietrich, G. B. (1990). University spin-out companies: Technology start-ups from UT-Austin. *Journal of Business Venturing, 5*(1), 63–76.

Soda, G., Usai, A., & Zaheer, A. (2004). Network memory: The influence of past and current networks on performance. *Academy of Management Journal, 47*(6), 893–906.

Steffensen, M., Rogers, E. M., & Speakman, K. (1999). Spin-offs from research centers at a research university. *Journal of Business Venturing, 15*(1), 93–111.

Stinchcombe, A. L. (1965). Social structure and organizations. In J. G. March (Hrsg.), *Handbook of organizations* (S. 142–193). Chicago: Rand McNally.

Stuart, T. E., & Ding, W. W. (2006). When do scientists become entrepreneurs? The social structural antecedents of commercial activity in the academic life sciences. *American Journal of Sociology, 112*(1), 97–144.

Sullivan, B., Tang, Y., & Marquis, C. (2014). Persistently learning: How small-world network imprints affect subsequent firm learning. *Strategic Organization, 12*(3), 180–199.

Tilcsik, A. (2014). Imprint–environment fit and performance: How organizational munificence at the time of hire affects subsequent job performance. *Administrative Science Quarterly, 59*(4), 639–668.

Veciana, J. M., Aponte, M., & Urbano, D. (2005). University students' attitudes towards entrepreneurship: A two countries comparison. *International Entrepreneurship and Management Journal, 1*(2), 165–182.

Walter, S. G., & Walter, A. (2009). Personenbezogene Determinanten von Unternehmensgründungen: Stand der Forschung und Perspektiven des Fortschritts. *Schmalenbachs Zeitschrift für betriebswirtschaftliche Forschung, 61*(1), 57–89.

Walter, A., Gemünden, H. G., & Auer, M. (2003). Unternehmerische Aktivitäten im Technologietransfer. *Zeitschrift für Betriebswirtschaft, 73*(7), 679–704.

Walter, S. G., Parboteeah, K. P., & Walter, A. (2013). University departments and self-employment intentions of business students: A cross-level analysis. *Entrepreneurship Theory and Practice, 37*(2), 175–200.

Wright, M., Clarysse, B., Mustar, P., & Lockett, A. (2007). *Academic entrepreneurship in Europe.* Cheltenham: Edward Elgar Publishing.

Yin, R. K. (2003). *Case study research. Design and methods.* Thousand Oaks: Sage.

Prägung akademischer Gründer durch die makroökonomische Umwelt – Eine fallstudienbasierte Analyse am Beispiel von omics2view.consulting

3

Philip Hutchinson und Christoph Petersen

Inhaltsverzeichnis

3.1	Einleitung	76
3.2	Prägung makroökonomischer Faktoren auf Unternehmensgründer	77
	3.2.1 Theoretischer Hintergrund	77
	3.2.2 Propositionen für die Gründerprägung durch makroökonomische Faktoren	81
3.3	Fallstudie	85
	3.3.1 Methodisches Vorgehen	85
	3.3.2 Vorstellung von omics2view.consulting	85
	3.3.2.1 Die NGS-Technologie	86
	3.3.2.2 Der Gründungsprozess	87
	3.3.2.3 Das Team	88
	3.3.2.4 Unternehmenskooperationen	88
3.4	Prägung der Gründer	89
	3.4.1 Vorstellung des Gründers Dr. Henrik Knecht	89
	3.4.2 Vorstellung des Gründers Dr. Sven Neulinger	90
	3.4.3 Einflussfaktoren aus Karriere und Umfeld des Gründungsteams	90
3.5	Befunde der Fallstudie	92
	3.5.1 Proposition 1 – Einfluss der konjunkturellen Lage	92
	3.5.2 Proposition 2 – Einfluss der Inanspruchnahme staatlicher Subventionen	93
	3.5.3 Proposition 3 – Einfluss der gesellschaftlichen Legitimation	94
3.6	Fazit	94
3.7	Ausblick	95
	3.7.1 Implikationen für die Praxis	95
	3.7.2 Limitationen und Implikationen für die weitere Forschung	96
Literatur		97

P. Hutchinson (✉) · C. Petersen
Institut für Betriebswirtschaftslehre, Christian-Albrechts-Universität zu Kiel, Kiel, Deutschland
E-Mail: p.hutchinson@bwl.uni-kiel.de

© Springer Fachmedien Wiesbaden GmbH, ein Teil von Springer Nature 2019
P. Dickel et al. (Hrsg.), *Fallstudien zu akademischen Ausgründungen*,
https://doi.org/10.1007/978-3-658-25700-2_3

Zusammenfassung

Die Imprinting-Fachliteratur hat seit ihrer Entstehung eine Vielzahl an prägenden Faktoren identifiziert, jedoch die Prägung mittels makroökonomischer Faktoren vor allem auf der Individualebene vernachlässigt. Dies gilt insbesondere für die Prägung akademischer Gründer. Im Rahmen dieser Arbeit erfolgt eine umfangreiche State-of-the-Art Analyse der bisherigen makroökonomischen Imprinting-Fachliteratur und deren anschließende Übertragung auf die Prägung akademischer Gründer. (1) Die konjunkturelle Lage, (2) die Wahrnehmung zur Verfügbarkeit von Subventionen sowie (3) die gesellschaftliche Legitimation unternehmerischen Handelns werden dabei als einflussreiche Quellen des Imprintings identifiziert. Anhand einer Fallstudie des akademischen Spin-Offs omics2view.consulting aus dem Bereich der bioinformatischen und biostatistischen Datenanalyse werden die aufgestellten Propositionen überprüft und Implikationen für Theorie und Praxis abgeleitet.

3.1 Einleitung

Die omics2view.consulting GbR ist ein im Jahre 2015 gegründetes akademisches Spin-Off der Christian-Albrechts-Universität zu Kiel und offeriert Geschäftskunden bioinformatische sowie biostatistische Datenanalysen. Hierbei hat das in Kiel ansässige Unternehmen sich auf die sogenannte Sequenzierung der nächsten Generation bzw. Next Generation Sequencing (NGS) fokussiert, welche eine preiswerte sowie in kurzer Zeit durchführbare Sequenzierung des menschlichen Genoms ermöglicht.

Einschlägiger wissenschaftlicher Literatur (bspw. Kriauciunas und Kale 2006; Malmendier und Nagel 2011; Ellis et al. 2017) zufolge wird vermutet, dass Individuen nebst Faktoren wie bspw. durch Routinen oder ihre akademische Ausbildung auch durch die vorherrschenden makroökonomischen Rahmenbedingungen geprägt werden. Prägung bedeutet in diesem Kontext, dass die makroökonomischen Rahmenbedingungen einen solch starken Einfluss auf Individuen ausüben, sodass diese speziellen Charakteristika entwickeln, welche trotz späterer Änderungen eben dieser Rahmenbedingungen langfristig bestehen bleiben. Die frühzeitige makroökonomische Prägung speziell auf akademische Gründer ist hierbei bisher nur oberflächlich untersucht worden, weist jedoch eine hohe theoretische sowie praktische Relevanz auf, da die Mehrheit der Imprinting-Fachliteratur sich bisher auf der Ebene der Organisation als ausgesetzte Entität des Imprintings fokussiert (bspw. Kriauciunas und Kale 2006; Johnson 2007; Marquis und Huang 2010) und somit die Individualebene tendenziell vernachlässigt hat. Dies gilt insbesondere für die makroökonomische Prägung auf Unternehmensgründer, von welcher starke Auswirkungen auf die Individualebene und deren Gründungsneigungen vermutet werden (vgl. Marquis und Tilcsik 2013). Die Betrachtung der makroökonomischen Prägung auf akademische Gründer erscheint insbesondere vor dem Hintergrund notwendig, da bisherige Befunde nicht ohne Weiteres auf diese übertragbar sind. So nehmen akademische Entrepreneure ihre Umwelt möglicherweise besonders intensiv wahr (vgl. hierzu Cope 2005) und sind somit besonders anfällig für die Prägung durch externe makroökonomische Einflüsse.

Auch aus praktischer Sicht ergibt sich die Notwendigkeit für weitergehende Forschung zum Thema Imprints akademischer Gründer. Grundsätzlich wird makroökonomischen Faktoren eine hohe Bedeutung zugemessen, wenn es um die Entscheidung potenzieller Unternehmer geht, ihre Gründungsintention tatsächlich zu realisieren (vgl. bspw. Audretsch et al. 2007; Welter 2011). So führen beispielsweise eine Senkung der Körperschaftssteuer oder das Schaffen einer politischen Innovationsvision zu mehr Gründungsrealisierungen (Jacob et al. 2003; Djankov et al. 2010). Die Identifikation und Kenntnis über eine mögliche Gestaltung entsprechender makroökonomischer Faktoren ist somit essenziell, um Individuen bereits frühzeitig hin zur Gründung eines Unternehmens prägen und somit letztlich die Anzahl an akademischen Ausgründungen erhöhen zu können.

Die vorliegende Fallstudie dient dazu, die Rolle des makroökonomischen Imprintings auf die individualunternehmerische Gründungsentscheidung qualitativ anhand eines technologischen akademischen Spin-Offs herauszukristallisieren und so den Grundstein für eine weitergehende quantitativ-empirische Forschung zu legen. Die Fallstudie fokussiert sich auf makroökonomische Prägungen und wirft insbesondere die Frage auf, inwiefern Unterschiede zwischen der wahrgenommenen und der tatsächlichen makroökonomischen Prägung existieren.

Dazu wird im Folgenden zunächst eine Analyse der makroökonomischen Imprinting-Fachliteratur vorgenommen, in deren Anschluss sowohl die wissenschaftliche als auch die praktische Relevanz der zugrunde liegenden Forschungsfrage verdeutlicht wird. Auf Basis der Literaturanalyse werden anschließend in Abschn. 2.2 drei Propositionen abgeleitet, die Aussagen zur Prägung von akademischen Gründern durch die makroökonomische Umwelt treffen. Im darauffolgenden Kap. 3 werden das methodische Vorgehen, die Technologie des Spin-Offs, der Gründungsprozess, das Gründerteam sowie Unternehmenskooperationen von omics2view.consulting vorgestellt. Anschließend erfolgt in Kap. 4 eine Beschreibung der Werdegänge sowie der makroökonomischen Prägungen der beiden Unternehmensgründer. Im darauf aufbauenden Kap. 5 werden die zuvor aufgestellten Propositionen anhand der Aussagen der Unternehmensgründer überprüft und kritisch hinterfragt, bevor in Kap. 6 ein Fazit über die gewonnenen Erkenntnisse dieser Fallstudie gezogen und zuletzt in Kap. 7 Implikationen für Forschung und Praxis abgeleitet werden.

3.2 Prägung makroökonomischer Faktoren auf Unternehmensgründer

3.2.1 Theoretischer Hintergrund

Der Begriff des Imprintings („Prägung") wurde erstmals in der Biologie verwendet, als der Ethologe Konrad Lorenz (1937) am Beispiel von Jungvögeln beschrieb, dass diese am Anfang ihres Lebens ihrer Mutter nachfliegen und auch im weiteren Verlauf ihres Lebens dem zuerst gesehenen fliegenden Objekt folgen. Die Jungvögel werden nach Lorenz (1937) somit insofern geprägt, dass ihre frühen Erfahrungen ihre späteren Verhaltensweisen beeinflussen. Hieraus lässt sich ein wesentlicher Aspekt des Imprintings allgemein aufzeigen: Es existieren unter Umständen sehr kurze Perioden im Leben eines Individuums, welche das Verhalten dieses Individuums jedoch langfristig prägen können (Immelmann 1975).

Das Phänomen Imprint wurde konzeptionell erstmals von Stinchcombe (1965) in einen betriebswirtschaftlichen Kontext übertragen. Er untersuchte den Einfluss von externen Umweltfaktoren zum Zeitpunkt der Unternehmensgründung auf die Unternehmensstruktur und stellte dabei fest, dass diese Umweltfaktoren institutionalisiert werden und einen lang anhaltenden Imprint auf das Unternehmen hinterlassen. Stinchcombe (1965) bewegt sich auf der Ebene des Unternehmens als Empfänger der Umwelteinflüsse, lässt andere Entitäten dabei jedoch außen vor.

Seit Stinchcombes Einführungswerk hat sich die Imprinting-Forschung kontinuierlich weiterentwickelt, weist jedoch einen hohen Fragmentierungsgrad auf. Marquis und Tilcsik (2013) liefern einen umfassenden Überblick über die Imprinting-Literatur und definieren Imprinting als einen Prozess, in welchem die fokale Entität für einen kurzen Zeitraum eine erhöhte Empfänglichkeit für Umwelteinflüsse aufweist und diese Charakteristika in darauffolgenden Perioden trotz signifikanter sich verändernder Umwelteinflüsse bestehen bleiben. Der Imprinting-Begriff verkörpert somit folgende Aspekte: Erstens existiert eine zeitlich beschränkte sensitive Periode, welche durch eine hohe Anfälligkeit für externe Umwelteinflüsse gekennzeichnet ist. Zweitens sind diese externen Umwelteinflüsse so stark, dass die fokale Entität sie innerhalb dieser Zeit reflektiert. Drittens bleiben die in der sensitiven Periode entwickelten Charakteristika auch angesichts späterer Änderungen der Umwelt langfristig bestehen.

Die bisherigen Erkenntnisse der Imprinting-Literatur hinsichtlich der Prägung von Individuen durch makroökonomische Faktoren basieren auf nur wenigen Einzelstudien. Die entscheidende Frage in einem betriebswirtschaftlichen Kontext ist dabei, ob und inwiefern Individuen dahingehend geprägt werden bzw. geprägt werden können, dass sie sich für einen unternehmerischen Karriereweg entscheiden. Das Konzept des Imprintings wird aus verschiedenen Disziplinen heraus beleuchtet, wie bspw. des strategischen Managements (z. B. Ferriani et al. 2012), der Organisationsforschung (z. B. Simsek et al. 2015), oder des Entrepreneurship (z. B. Ellis et al. 2017). Trotz heterogener Perspektiven werden die Quellen des Imprintings und die ausgesetzten Entitäten des Imprintings weitgehend ähnlich benannt (Marquis und Tilcsik 2013). Dabei stellt sich in der Forschung die Frage, inwiefern äußere Faktoren zur Prägung eines Menschen beitragen können und zu welchem Grad diese genetisch vorbestimmt ist (Clarysse et al. 2011; Nicolaou et al. 2009). Postnatale Quellen des Imprintings können Individuen, institutionelle Faktoren sowie ökonomische, kulturelle und technologische Zustände darstellen. Ausgesetzte Entitäten des Imprintings umfassen ebenfalls Individuen, organisationale Subeinheiten, Organisationen, und organisationale Kollektive. Tab. 3.1 gibt einen Überblick über diese Bausteine.

Tab. 3.1 Quellen und ausgesetzte Entitäten des Imprintings (in Anlehnung an Marquis und Tilcsik 2013, S. 206)

		Ausgesetzte Entitäten des Imprintings			
		Organisationale Kollektive	Organisationen	Organisationale Subeinheiten	Individuen
Quellen des Imprintings	Ökonomische und technologische Zustände	Externe ökonomische und technologische Zustände dienen als Beschränkung für neue Organisationen, und anfängliche Muster werden von danach gegründeten Organisationen beibehalten, da diese frühere Organisationen imitieren.	Beschränkungen der anfänglichen Ressourcen und des technologischen Umfelds formen organisationale Praktiken und Fähigkeiten, welche langfristig aufgrund von Trägheit und Institutionalisierung bestehen bleiben.	Die Ressourcen und die technologische Umwelt in welcher eine organisationale Subeinheit geschaffen wird beeinflusst die zukünftige Entwicklung dieser Subeinheit.	Makroökonomische und intraorganisationale ökonomische Einflüsse in den frühen Gründungsjahren führen zu sich unterscheidenden beruflichen und organisationalen Sozialisationserfahrungen.
	Institutionelle Faktoren	Kollektive weisen sich unterscheidende Legitimitätsstandards auf welche nicht nur die anfängliche Organisation formen, sondern zudem danach gegründete Organisationen beeinflusst.	Organisationale Strukturen und Fähigkeiten werden an die anfängliche institutionelle Umwelt angepasst und bleiben langfristig aufgrund von Trägheit und Institutionalisierung bestehen.	Neu gegründete organisationale Subeinheiten werden durch institutionelle Erwartungen in der Gründungsumgebung geformt und richten sich aufgrund von Trägheit und Institutionalisierung auch weiterhin nach diesen Erwartungen.	Institutionelle Faktoren wie bspw. die Unternehmenskultur beeinflussen Normen, Schemata und Fähigkeiten, welche junge Individuen entwickeln und in späteren Perioden aufrechterhalten.
	Individuen	Politische Führer und einflussreiche Gründer erschaffen Politiken oder Organisationen, welche ein Feld oder eine Industrie langfristig definieren.	Gründer wählen anfängliche organisationale Ausprägungen auf Basis des Hintergrunds und der verfügbaren Umwelt, und aufgrund von Trägheit und Institutionalisierung bleiben diese Ausprägungen bestehen.	Individuen, welche eine spezifische organisationale Subeinheit gründen oder besetzen, formen diese Subeinheit nach ihren eigenen Hintergründen und Präferenzen.	Der frühe berufliche Kontakt mit Mentoren und Kollegen setzt Individuen unterschiedlichen Verhalten, Einstellungen und Wissen aus, deren Einwirkungen langfristig bestehen bleiben.

Die vorliegende Fallstudie betrachtet mit der makroökonomischen Prägung der Unternehmensgründer die ökonomischen, kulturellen und technologischen Zustände als Quellen des Imprintings und bewegt sich hinsichtlich der ausgesetzten Entitäten des Imprintings auf der Individualebene. Die bisherige Imprinting-Literatur offenbart bisher nur fragmentierte Erkenntnisse hinsichtlich der Prägung durch makroökonomische Faktoren auf die Individualebene. So beschreibt Ratner (2006) sich verfestigende makroökonomische Faktoren aus Sicht der Kulturpsychologie, die einen Kontext von Zwängen, Beschränkungen und Filtern formen, an welchen sich die Kognition von Individuen so anpasst, dass diese unter den vorherrschenden Begebenheiten funktionieren können. Dubina und Ramos (2013) argumentieren, dass die westliche Kultur aufgrund höherer Kompetitivität einen individualistischen Kognitivismus geprägt hat, während beispielsweise der japanische Zen-Buddhismus ein Imprinting in der individuellen Kreativität der Japaner hinterlassen hat. Aus dem Bereich der Sozialforschung liefert Field (2005) Hinweise darauf, dass das individuelle Sozialkapital, d. h. bspw. der soziale Status oder das soziale Netzwerk, das lebenslange Lernverhalten prägt. Bercovitz und Feldman (2008) konstatieren, dass für Individuen im Falle von Konflikten zwischen ihnen bereits bekannten Normen und ihnen fremden Normen aus der lokalen Umwelt die bereits bekannten Normen für ihr weiteres Handeln prägend sind. Dies ist möglich, da westliche Gesellschaften ihren Mitgliedern bestimmte Freiheiten bei der Selbstverwirklichung lassen und nur eine vage Orientierung zum kulturellen Verhalten vorgeben (Ratner 2006). So beschreiben beispielsweise Mueller und Thomas (2001) den Einfluss nationaler Kulturen auf das Unabhängigkeitsgefühl und ausgeprägten Individualismus, während Kish-Gephart und Campbell (2015) sowie Stephens et al. (2014) derartige Prägungen anhand der sozialen Klasse eines Individuums festmachen. Preston (2003) findet ergänzend dazu eine Prägung des Ausmaßes an gesellschaftlicher Teilhabe durch die soziale Herkunft und Ethnizität, welche durch Bildung zumindest partiell beeinflusst werden kann. Zusammenfassend ist somit zu konstatieren, dass ein Großteil der Literatur aus den Bereichen der Kulturwissenschaft, der Soziologie sowie der Psychologie entstammt.

Eine im betriebswirtschaftlichen Kontext zu verortende Literaturströmung des Imprinting betrachtet die individuelle Entwicklung unter Einbezug der gegebenen äußeren Umstände. Shah et al. (2012) gelangen zu der Erkenntnis, dass das Erleben von Ressourcenknappheit zu Verhaltensänderungen und kognitiven Veränderungen führt. Andere Autoren untersuchen bspw. die Auswirkungen des Miterlebens von Phasen wirtschaftlichen Umbruchs auf das individuelle Risikoverhalten (Malmendier et al. 2011; Malmendier und Nagel 2011) oder auf das Führungsverhalten von CEOs (Schoar und Zuo 2017). Individuen eignen sich außerdem im Laufe ihrer Karriere ein Repertoire an Kognitionen und Verhaltensweisen über ihre Arbeitgeber an (Beyer und Hannah 2002), sodass sie auch durch ihre berufliche Vergangenheit hinsichtlich ihrer Fähigkeiten, ihres Selbstverständnisses und ihres Sozialkapitals über sog. „Career Imprints" geprägt werden (Higgins 2005). Wilson und Blackwell (2013) erwähnen in diesem Kontext disziplinäre Vorprägungen durch frühe Karriereerfahrungen und die Hochschulausbildung. Ob und inwiefern Individuen dahingehend geprägt werden bzw. geprägt werden können, dass sie sich für eine Unternehmensgründung entscheiden, bleibt bisher jedoch ungeklärt.

Gründungsentscheidungen geschehen zumeist nicht impulsiv, sondern basieren auf unternehmerischen Überzeugungen, welche sich aus der individuellen Wahrnehmung heraus entwickeln. Die individuelle Wahrnehmung unternehmerischer Chancen kann durch makroökonomische Faktoren bereits frühzeitig maßgeblich geprägt werden. Laut Ajzen (1991, 2001) wird ein geplantes Verhalten bewusst innerhalb eines bestimmten Kontexts durchgeführt und somit durch die Absicht zu diesem speziellen Verhalten determiniert. Die Absicht wird wiederum durch die Einstellung zu dem Verhalten, subjektive Normen sowie die wahrgenommene Verhaltenskontrolle bestimmt (Ajzen 1991). Ajzens Theorie des geplanten Verhaltens (engl.: Theory of planned behavior) wurde durch eine vielfach zitierte Studie von Krueger et al. (2000) mit dem Entrepreneurial Event Model nach Shapero und Sokol (1982) zusammengeführt und Ajzens Theorie des geplanten Verhaltens in Bezug auf Gründungsintentionen als überlegen befunden. Die drei zentralen Konstrukte des Entrepreneurial Event Models umfassen die wahrgenommene Erwünschtheit (d. h. die persönliche Attraktivität, ein Unternehmen zu gründen), die wahrgenommene Realisierbarkeit (d. h. der Grad, zu welchem man sich zur Gründung eines Unternehmens fähig fühlt) sowie die Propensität zum Handeln (d. h. die persönliche Disposition, gemäß seinen Entscheidungen zu handeln), welche sich auf die Gründungsintention eines Individuums auswirken (Krueger et al. 2000). Exogene Einflüsse wirken sich somit nicht direkt auf die Gründungsintention oder das Gründungsverhalten aus, sondern werden durch die personenbezogene Wahrnehmung kanalisiert. Shepherd et al. (2007) schlagen in diesem Kontext ein Modell vor, nach dem Umweltstimuli die Aufmerksamkeit des Entrepreneurs erregen, sodass dieser sich ein Abbild seiner Umgebung anfertigt, um sich auf die wesentlichen Umweltaspekte fokussieren zu können und auf dieser Grundlage unternehmerische Überzeugungen zu formen. Cardon et al. (2009) sprechen in diesem Zusammenhang von der sogenannten unternehmerischen Leidenschaft, welche über identitätsstiftende Ereignisse des Werdegangs eines Individuums herausgebildet wird, woraufhin das Individuum eine entsprechende Eigenwahrnehmung entwickelt, die im weiteren Verlauf die Ausübung einer unternehmerischen Tätigkeit wahrscheinlicher werden lässt. Somit bestimmen die Selbstwirksamkeit und die Wahrnehmung von Individuen zur Erwünschtheit unternehmerischen Handelns mittels externer Einflüsse, ob und inwiefern deren nachfolgendes unternehmerisches Verhalten geprägt wird (Krueger et al. 2000; Goethner et al. 2012). Da Gründungsintentionen als Resultat der vorherigen makroökonomischen Imprints auch bei großen time lags einen geeigneten Prädiktor für das Gründungsverhalten darstellen und diese time lags insbesondere bei makroökonomischen Faktoren auftreten, stellt das Entrepreneurial Event Model (Shapero und Sokol 1982) ein geeignetes Grundgerüst für die weiteren Ausführungen des makroökonomischen Imprintings dar (Bagozzi et al. 1989; Krueger et al. 2000).

Nach Shane und Venkataraman (2000) muss eine unternehmerische Chance zunächst wahrgenommen werden, bevor diese in Form einer Unternehmensgründung umgesetzt wird. Nicolaou et al. (2009) haben hierzu festgestellt, dass die Identifikation unternehmerischer Chancen fundamental mit der Ausübung unternehmerischer Tätigkeiten zusammenhängt. Die Autoren kommen zu dem Schluss, dass sich die Fähigkeit zur Erkennung unternehmerischer Chancen, obwohl teilweise genetisch vorbestimmt, beispielsweise durch Interventionen der Regierung positiv beeinflussen lässt. So hat die Teilnahme von Akademikern an Kommerzialisierungsaktivitäten laut Jain et al. (2009) zur Folge, dass diese neben der ihrer akademischen Rollenidentität eine zweite kommerzielle Rollenidentität etablieren. Clarysse et al. (2011) argumentieren weiterhin, dass durch direkte Partizipation von Akademikern an unternehmerischen Aktivitäten die Selbstwirksamkeitserwartung gestärkt wird und einen Indikator für das weitere Ausüben einer unternehmerischen Tätigkeit darstellt. Dahingehend gibt es Hinweise, dass eine Pro-Entrepreneurship-Haltung und unternehmerische Verbindungen an der Universität das kommerzielle Verhalten (Stuart und Ding 2006) sowie das Gründungsverhalten (Clarysse et al. 2005) auf individueller Ebene langfristig prägen.

3.2.2 Propositionen für die Gründerprägung durch makroökonomische Faktoren

Individuen erleben in ihrem Leben unterschiedliche Konjunkturzyklen, welche diese nachhaltig prägen können. Es ist anzunehmen, dass Rezessionen oder konjunkturelle Hochlagen, welche in einer sensitiven Lebensperiode von potenziellen Unternehmensgründern auftreten, deren Gründungsverhalten langfristig beeinflussen. Dies liegt unter anderem darin begründet, dass Erfahrungen aus der Vergangenheit als Erwartungen an die Zukunft projiziert werden (Geroski et al. 2010). So führt beispielsweise das Erleben einer

Rezession während der Kindheit bei CEOs zu einem konservativen und risikoaversen Führungsstil (vgl. Malmendier und Nagel 2011). Ein Großteil der Fachliteratur stellt jedoch heraus, dass nicht die konjunkturelle Lage während der Kindheit, sondern insbesondere die konjunkturelle Lage während des ersten Jobeinstiegs prägend wirkt (bspw. Higgins 2005; McEvily et al. 2012). Dies wird damit begründet, dass Individuen sich während des Jobeinstiegs bereits in einem fortgeschrittenen Alter befinden und die allgemeine Konjunkturlage somit besser wahrnehmen. Schoar und Zuo (2017) argumentieren, dass junge Manager, welche ihre Karriere innerhalb einer Rezession beginnen, aufgrund der wahrgenommenen Ressourcenknappheit andere Fähigkeiten und eine andere Mentalität entwickeln als Manager, die außerhalb einer Rezession aufgewachsen sind. Dadurch haben erstere einen höheren Anreiz, effizienter mit knappen Ressourcen umzugehen, und sie entdecken möglicherweise Chancen, welche andere Menschen bisher übersehen haben (Kirzner 1979). Diese Argumentation der konjunkturellen Lage als Quelle des Imprintings wird auch in einer weiteren Studie von Schoar und Zuo (2017) unterstützt, welche aufzeigt, dass innerhalb einer Rezession in die Arbeitswelt eingestiegene Individuen schneller CEO werden als Individuen, welche in konjunkturellen Hochlagen in die Arbeitswelt eingestiegen und anschließend CEO geworden sind. Es ist somit insgesamt zu vermuten, dass das Erleben einer Rezession die Propensität zum Handeln und somit das Gründungsverhalten eines Individuums erhöht, da betroffene Individuen verstärkt Kontrolle über die eigene Situation erhalten wollen, indem sie selbst in Form einer Gründung aktiv werden (Krueger et al. 2000). Die folgende Proposition spiegelt somit die vorangegangenen Ausführungen wider:

▶ **Proposition 1:** Das Erleben einer Rezession während des Einstiegs in die Arbeitswelt hat einen positiv prägenden Einfluss auf das spätere Gründungsverhalten.

Die Beschaffungsmöglichkeiten zur Finanzierung der Selbstständigkeit spielen eine zentrale Rolle für die tatsächliche Realisierung des Gründungsvorhabens (Cassar 2004). Die gebräuchlichste Beschaffungsmöglichkeit stellt hierbei die Inanspruchnahme von Subventionen dar (Kulicke 2013). Hierbei ist einerseits zwischen der tatsächlichen Inanspruchnahme von Subventionen und der Wahrnehmung der Möglichkeit zur Inanspruchnahme von Subventionen zu differenzieren. Durch die tatsächliche Inanspruchnahme werden akademische Spin-Offs direkt finanziell gefördert und so insbesondere während der Anfangszeit unterstützt. Durch die Wahrnehmung der Möglichkeit zur Inanspruchnahme von Subventionen hingegen können potenzielle Unternehmensgründer bereits frühzeitig geprägt und potenzielle Barrieren abgebaut werden, d. h. akademische Gründer ergreifen Chancen eher, wenn sie die finanziellen Förderbedingungen als positiv wahrnehmen. Im Falle der Inanspruchnahme von Subventionen im näheren Umfeld der akademischen Gründer während sensitiver Lebensperioden kann so das spätere Gründungsverhalten erhöht werden, da die akademischen Gründer fehlendes Kapital nicht als potenzielles Hindernis für eine Unternehmensgründung wahrnehmen und somit zuversichtlicher bei der

Wahl der Selbstständigkeit als geeigneten Karriereweg sind. Durch Fördermittel kann der Staat somit den Unternehmergeist von Akademikern frühzeitig fördern (Powers und McDougall 2005), was letztendlich zu einer erhöhten akademischen Ausgründungsrate führt (Powers und McDougall 2005; O'Shea et al. 2005). Überträgt man diese Überlegungen auf das Entrepreneurial Event Model (Shapero und Sokol 1982), so ist anzunehmen, dass die vergangene Wahrnehmung der Möglichkeit zur Inanspruchnahme staatlicher Subventionen die wahrgenommene Realisierbarkeit einer möglichen Gründung erhöht, was sich letztlich positiv auf die Gründungsintention sowie das Gründungsverhalten auswirkt. Proposition 2 lautet daher wie folgt:

▶ **Proposition 2:** Eine erhöhte Wahrnehmung der Möglichkeit zur Inanspruchnahme von Subventionen ist positiv prägend für das spätere Gründungsverhalten.

Einen weiteren relevanten prägenden makroökonomischen Faktor stellt die gesellschaftliche Legitimation unternehmerischer Aktivitäten dar. Hinsichtlich der gesellschaftlichen Legitimation unternehmerischer Aktivitäten merkt Etzioni (1987, S. 175) an: „Legitimation is a major factor in determining the level of entrepreneurship that is found within one society as compared to others, and in different periods within the same society. The extent to which entrepreneurship is legitimate, the demand for it is higher; the supply of entrepreneurship is higher; and more resources are allocated to the entrepreneurial function." Auch Autio et al. (2013) sowie Stephan und Uhlaner (2010) konstatieren, dass Gesellschaften, welche Selbstständigkeit als erstrebenswertes Ziel ansehen, höhere Unternehmensgründungsraten aufweisen als Gesellschaften mit einem geringen Legitimationsgrad. Gleichzeitig kann sich ein geringer gesellschaftlicher Legitimationsgrad respektive eine niedrige Toleranz des Scheiterns negativ auf die Bereitschaft zur Selbstständigkeit auswirken. Dies hängt auch damit zusammen, dass der Legitimationsgrad die unternehmerische Ressourcenbeschaffung in Form von Kapital oder Technologie beeinflusst (vgl. Zimmerman und Zeitz 2002).

Der gesellschaftliche Legitimationsgrad unternehmerischer Aktivitäten wird durch die nationale Kultur beeinflusst, wie erstmalig von Weber (1904) deskriptiv dargestellt. Inglehart und Baker (2000) vergleichen in ihrer Studie die dominierenden Wertevorstellungen von 65 Ländern miteinander und stellen fest, dass das kulturelle Vermächtnis einer Gesellschaft (bspw. der Katholizismus, Protestantismus, Konfuzianismus oder der Kommunismus) eine weitreichende Prägung auf die gesellschaftlichen Wertevorstellungen hinterlässt. So weisen beispielsweise individualistische Gesellschaften eine höhere „innovative orientation" auf als kollektivistische Gesellschaften (Mueller und Thomas 2001), was durch einen höheren „internal locus of control", d. h. durch eine höhere Kontrollüberzeugung, begründet wird. Gleichzeitig kann sich die kulturell bedingte Toleranz des Scheiterns auf die Bereitschaft zur Selbstständigkeit auswirken (Landier 2002). Auch der Grad der Risikobereitschaft innerhalb einer Kultur wirkt sich auf die unternehmerischen Aktivitäten von Individuen aus. Da Unternehmensgründer typischerweise eine hohe Risikoaffinität aufweisen

(Stewart und Roth 2001), wird unternehmerisches Verhalten in Gesellschaften mit einem niedrigen Unsicherheitsvermeidungsindex eher akzeptiert als in risikoaversen Gesellschaften (Hofstede 2001). Auch Kim und Gao (2010, 2013) haben von der nationalen Kultur ausgehende Effekte beschrieben. So haben der chinesische Konfuzianismus und die ausgeprägte Familienorientierung einen Einfluss auf die Art der dortigen Personalführung. Child und Markóczy (1993) argumentieren, dass die sozialistischen Strukturen in China zu einer Ablehnung von Verantwortung bei lokalen Managern geführt haben. Banalieva et al. (2017) zeigen in einer aktuellen Studie, dass Mitarbeiter, die eine kurze Zeitperiode in einer kommunistischen Gesellschaftsform verbracht haben, offener für Einflüsse des Managements sind als Mitarbeiter, welche über einen langen Zeitraum hinweg in einer kommunistischen Gesellschaft gelebt haben und führen dies auf die gesellschaftliche Prägung während dieser Zeit auf die Mitarbeiter zurück. Zahlreiche weitere Studien bestätigen den Einfluss der Gesellschaft auf unternehmerische Aktivitäten (bspw. McGrath et al. 1992; Baum et al. 1993; Mitchell et al. 2000). Überträgt man die vorausgegangenen Erkenntnisse auf das Entrepreneurial Event Model von Shapero und Sokol (1982), so lässt sich argumentieren, dass die Wahrnehmung der gesellschaftlichen Legitimation unternehmerischer Aktivitäten zu Zeiten sensitiver Lebensperioden die wahrgenommene Erwünschtheit des Unternehmensgründers langfristig erhöht, sodass auch die Gründungsintention ansteigt. Dies wirkt sich letztendlich positiv auf das spätere Gründungsverhalten aus. Proposition 3 spiegelt diese Überlegungen wider:

▶ **Proposition 3:** Eine erhöhte Wahrnehmung der gesellschaftlichen Legitimation unternehmerischer Aktivitäten ist positiv prägend für das spätere Gründungsverhalten.

Die folgende Abb. 3.1 stellt die drei aufgestellten Propositionen gebündelt in einem Bezugsrahmen dar. Für die drei Einflussgrößen (1) Erleben einer Rezession, (2) Wahrnehmung zur Verfügbarkeit von Subventionen sowie (3) gesellschaftliche Legitimation wird angenommen, dass diese einen Einfluss auf (1) die Propensität zum Handeln, (2) die wahrgenommene Realisierbarkeit sowie (3) die wahrgenommene Erwünschtheit ausüben, welche wiederum einen Einfluss auf die Gründungsintention und letztendlich auf das Gründungsverhalten aufweisen.

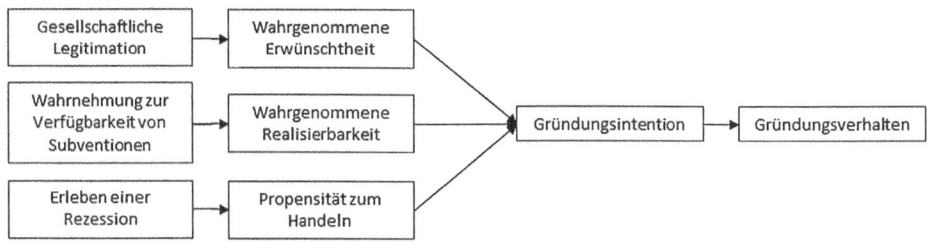

Abb. 3.1 Darstellung der Prägung akademischer Gründer durch makroökonomische Faktoren (Eigene Darstellung aufbauend auf Shapero und Sokol 1982)

3.3 Fallstudie

3.3.1 Methodisches Vorgehen

Fallstudien sind vielseitig einsetzbar und ermöglichen es, Sachverhalte deskriptiv aufzuarbeiten, Theorien zu testen und Theorien weiterzuentwickeln (Eisenhardt 1989). Im Vergleich zu quantitativen Vorgehensweisen stellen Fallstudien die Wirklichkeit umfassender dar und erlauben es, Phänomene und Beobachtungen über einen längeren Zeitraum hinweg betrachten und so Entwicklungen nachvollziehen zu können (Borchardt und Göthlich 2009). Generalisierbare Aussagen auf Basis von Fallstudien können hingegen nicht getroffen werden. Nichtsdestotrotz kann eine fallstudienbasierte Forschung tief greifende Erkenntnisse liefern (Tsang 2014). Als Untersuchungsgegenstand der vorliegenden Arbeit wurde ein einzelnes Unternehmen gewählt, da eine einzelfallbasierte Analyse eine explorative Forschung ermöglicht (Yin 2013) und so gezielt der Einfluss makroökonomischer Charakteristika auf die unternehmerische Gründungsentscheidung analysiert werden kann.[1]

Hierzu wurden die beiden Gründer von omics2view.consulting interviewt. Um die zuerst getroffenen Aussagen der Unternehmensgründer auf Kontinuität und Konsistenz hin überprüfen zu können, wurde anderthalb Jahre nach dem ersten Interviewtermin ein weiteres Interview mit einem der Gründer durchgeführt. Alle drei Interviews folgten einem semi-strukturierten Verlauf, d. h. der Interviewleitfaden wurde im Laufe des Gesprächs um weitere Fragen ergänzt.

3.3.2 Vorstellung von omics2view.consulting

Die omics2view.consulting GbR ist ein im Jahre 2015 gegründetes akademisches Spin-Off der Christian-Albrechts-Universität zu Kiel und operiert im Geschäftsfeld der bioinformatischen sowie biostatistischen Datenanalysen. Unternehmensgründer und Geschäftsführer sind Dr. rer. nat. Sven Neulinger und Dr. rer. nat. Henrik Knecht. Mit Gründungsbeginn hat das in Kiel ansässige Unternehmen sich auf die rasant wachsende NGS-Technologie fokussiert, welche eine preiswerte sowie in kurzer Zeit durchführbare Sequenzierung der Genome von Mensch, Mikroorganismus, Tier und Pflanze ermöglicht und bisherige Analyseverfahren obsolet macht. Der Unternehmensname ist an die tägliche Arbeit angelehnt, die insbesondere von der Verbildlichung von Genom-, Transkriptom-, Metabolom- oder Proteom-Daten mit Hilfe der NGS-Technologie handelt. In parallel gestarteten Forschungsarbeiten entwickelten die beiden Wissenschaftler entsprechende auf der NGS-Technologie basierende Analysealgorithmen weiter und kombinierten diese

---

[1] Für weiterführende Informationen zur fallstudienbasierten Forschung sei auf das Standardwerk von Yin (2013) verwiesen.

miteinander. Im Folgenden werden die NGS-Technologie, der Gründungsprozess, das Gründerteam sowie etwaige Unternehmenskooperation näher betrachtet.

3.3.2.1 Die NGS-Technologie

Internationale Forschungsvorhaben wie das 1000-Genom-Projekt zielen auf die Analyse menschlicher Genomsequenzen ab, um die Beziehung zwischen Genotyp und Phänotyp besser verstehen zu können (1000 Genomes Project Consortium 2010). Dies ermöglicht ein tiefgreifendes Verständnis der humangenetischen Prädispositionen für Krankheiten. Das neu entwickelte NGS-Verfahren hat sowohl das 1000-Genom-Projekt als auch die medizinische und ökologische Forschung im Allgemeinen wesentlich vorangebracht. Neben einer stark erhöhten Sequenzierkapazität ermöglicht NGS die genaue Sequenzierung einzelner Moleküle und dadurch eine genauere, preisgünstigere sowie schnellere Diagnose. Es existiert eine Vielzahl an NGS-Plattformen, welche jeweils auf verschiedene Sequenzierungstechnologien zurückgreifen. Jedoch ist allen NGS-Plattformen gemein, dass sie mehrere Millionen kleiner DNA-Fragmente parallel sequenzieren können (Behjati und Tarpey 2013). Hierbei entstehen große Datenmengen, welche mittels komplexer Verfahren kalibriert und aufgelöst werden müssen, bevor letztlich spezifische statistische Methoden zur Anwendung kommen können (DePristo et al. 2011; Zhang et al. 2011). Der Auswertungs- und Interpretationsprozess des NGS-Verfahrens erfordert einerseits ein umfangreiches biologisches und andererseits tiefgreifendes methodisch-statistisches Wissen. Aufgrund der rasanten Ausbreitung der wissensintensiven NGS-Technologie herrscht jedoch eine globale Knappheit an qualifizierten Forschern, welche mit den gewonnenen Rohdaten entsprechend umgehen können. Abbildung 2 verdeutlicht die rasante Ausbreitung der NGS-Technologie anhand des US-Marktes. So wird erwartet, dass das NGS-Marktvolumen von circa 4,6 Milliarden US-Dollar im Jahr 2017 auf circa 14 Milliarden US-Dollar im Jahr 2024 ansteigen wird (BIS Research 2017) (vgl. Abb. 3.2). Damit einhergehend steigt auch die Notwendigkeit einer fundierten statistischen Auswertung der mittels der NGS-Technologie gewonnenen Rohdaten.

omics2view.consulting setzt genau an dieser Notwendigkeit an, indem das Spin-Off Beratungsdienstleistungen im Bereich der Bioinformatik und der Biostatistik erbringt. Im Laufe der universitären Forschungslaufbahn erarbeitete sich das Gründerteam umfassende Analysefähigkeiten bei der Arbeit mit bioinformatischen Datenmengen. In Forschungsarbeiten entwickelten beide Wissenschaftler verschiedene Analysealgorithmen weiter, welche sie anschließend für ihr Unternehmen miteinander verknüpften. omics2view.consulting ist im Zusammenhang der NGS-Technologie ein Spezialist in der Datenerhebung und -analyse für an bioinformatischen sowie biostatistischen Datenanalysen interessierten Kunden. Die unternehmerische Kernkompetenz umfasst insbesondere die Verbildlichung von sogenannten „Omics", d. h. von Genom-, Transkriptom-, Metabolom- oder Proteom-Daten. Des Weiteren führt omics2view.consulting Auftragsforschung für eine Reihe an Forschungsinstituten durch. Das Unternehmen bedient sowohl nationale als auch internationale Kundenanfragen für derartige Serviceleistungen und Projekte. Insbesondere die

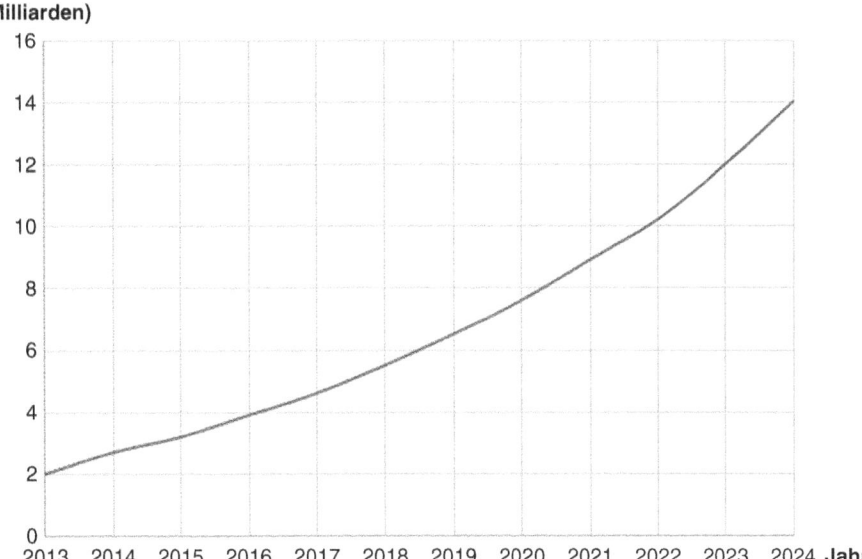

Abb. 3.2 Prognostiziertes Marktvolumen der NGS-Technologie in den USA (Eigene Darstellung basierend auf BIS Research 2017)

Verknüpfung der Humangenetik mit der NGS-Technologie erweist sich für omics2view. consulting als äußerst aufstrebender Geschäftsbereich. omics2view.consulting profitiert diesbezüglich von der Tatsache, dass bisher nur wenige andere Unternehmen eine entsprechende Datenauswertung vornehmen können. Neben umfassendem Wissen im Umgang mit NGS setzt sich die biowissenschaftliche Expertise des Teams außerdem aus klinischer Forschung, Diagnostik, Molekularbiologie, klinischer Mikrobiologie sowie mikrobieller Ökologie zusammen. Zuletzt konnte das Unternehmen auch im Bereich der Virotherapie Klienten gewinnen, jedoch gestaltet sich in diesem Bereich die Gewinnung internationaler Klienten aufgrund von sehr strengen gesetzlichen Rahmenbedingungen als äußerst bürokratisch.

3.3.2.2 Der Gründungsprozess

Der Gründungsprozess des akademischen Spin-Offs gestaltete sich als vergleichsweise problemlos und wurde zügig vorangetrieben. Insbesondere bei Herrn Dr. Knecht bestand der Wunsch zur unternehmerischen Selbstständigkeit bereits seit längerer Zeit. Als sich die Möglichkeit zur Akquise eines Großprojekts im Anschluss an ein akademisches Forschungsprojekt auftat, konnte Herr Dr. Knecht seinen Kollegen Herrn Dr. Neulinger endgültig vom gemeinsamen Schritt in die Selbstständigkeit überzeugen. Beide erkannten, dass die NGS-Technologie und die damit für die Analyse einhergehenden notwendigen Kompetenzen sich schneller als das Angebot an Fachkräften entwickelten. Daraufhin ließen die beiden Gründer eine professionell gestaltete Webpräsenz entwickeln. Insbesondere Herr Dr. Neulinger hat sich intensiv in den Gründungsprozess eingearbeitet und eingelesen sowie die entsprechenden Behördengänge vorgenommen. Da die Gründer mit einem bereits vor der Gründung akquiriertem Großprojekt mit einem namhaften Geschäftspartner in die Selbstständigkeit einstiegen, konnten etwaige kleinere Investitionen sowie die Anschaffung eines Großrechners privat getätigt werden. Die Aufnahme eines Kredits war somit nicht vonnöten und es wurde ein Büro in Kiel angemietet. Im Dezember 2016 erhielt omics2view.consulting den Innovationspreis des GründerCups Kiel Region und setzte sich hierbei gegen 40 weitere Unternehmen durch.

3.3.2.3 Das Team

In der aus öffentlichen Mitteln finanzierten universitären Forschungsarbeit erarbeitete sich das Gründerteam besondere Analysefähigkeiten bei der Arbeit mit umfassenden bioinformatischen Datenmengen. In parallel gestarteten Forschungsarbeiten entwickelten beide Wissenschaftler Analysealgorithmen weiter, die sie hinterher für die Zwecke von omics2view.consulting kombinierten. Während Herr Dr. Knecht seinen Forschungsschwerpunkt in den Bereichen der Humangenetik und der Darmflora angesiedelt hat, liegt Herr Dr. Neulingers Kerngebiet neben Mikrobiomanalysen im Bereich der Analyse von viralen- und Pilzgemeinschaften. Zudem besitzt Herr Dr. Neulinger ein umfangreiches methodisches und statistisches Wissen. Somit ist festzustellen, dass die Fähigkeiten der beiden Unternehmensgründer stark komplementär zueinander sind. Das Unternehmen betreibt heute viel grundlagenorientierte Forschungsarbeit, aber auch zunehmend an die Industrie angepasste anwendungsorientierte Forschung. Die beiden Gründer verfügen über jahrelange Consultingerfahrung, was ihnen zufolge von großem Nutzen im Tagesgeschäft ist. Herr Dr. Neulinger ist in Vollzeit tätig, während Herr Dr. Knecht in Teilzeit arbeitet. Für seine Tätigkeit in Vollzeit erhielt Herr Dr. Neulinger eine monatliche Förderung von der IHK. Mittlerweile werden allerdings auch abhängig von der Auftragslage zusätzliche Bioinformatiker als Freelancer auf Honorarbasis angeworben. Zudem hat das Spin-off eine Angestellte zur Unterstützung des Tagesgeschäfts engagiert.

3.3.2.4 Unternehmenskooperationen

Das Spin-off konnte in der Vergangenheit u. a. das GEOMAR Helmholtz Centre for Ocean Research Kiel, das Department of Environmental Technology der TU Berlin und die medistat GmbH als Kooperationspartner gewinnen. Parallel zur Consulting-Tätigkeit betreibt das Unternehmen zusätzlich noch Grundlagenforschung im Auftrag von diversen Forschungsinstituten. Ferner führt das Unternehmen zahlreiche internationale Forschungsprojekte durch, bspw. mit den USA, den Vereinigten Arabischen Emiraten oder der Schweiz. omics2view.consulting profitiert auch von einer Mitgliedschaft im Life Science Nord Cluster, welches eines der größten Life Science Netzwerke Europas darstellt und dem Unternehmen weitreichende Kontakte vermittelt.

3.4 Prägung der Gründer

3.4.1 Vorstellung des Gründers Dr. Henrik Knecht

Herr Dr. Knecht ist Gründer und nebenberuflicher Geschäftsführer von omics2view.consulting. Er wurde im Jahr 1982 geboren, wuchs innerhalb der DDR auf und war Pionier bei der FDJ. Vom politischen Alltag in der DDR hat er laut eigener Aussage jedoch altersbedingt nicht viel mitbekommen und ist in wahrgenommener Freiheit aufgewachsen. Stattdessen waren sportliche Aktivitäten immer ein wesentlicher Bestandteil seines Lebens und sind es zudem noch immer. Herr Dr. Knechts ursprünglicher Wunsch war das Studium der Medizin, wofür er jedoch keine Studienzulassung erhielt. Den Rat seiner Eltern befolgend entschied er sich zunächst für ein Studium der Betriebswirtschaftslehre, brach dieses jedoch bereits nach kurzer Zeit ab. Stattdessen entschied er sich für ein Studium der Biologie in Greifswald. Nach einem einjährigen Auslandsaufenthalt in Portugal und der anschließenden Beendigung des Studiums im Jahr 2010 beschloss Herr Dr. Knecht, seine akademische Karriere in Form einer Promotion am Universitätsklinikum Schleswig-Holstein fortzusetzen. In seiner Dissertation beschäftigte er sich mit der Bekämpfung von Klinikinfektionen sowie der tiefergehenden Analyse von Darmbakterien. Zu diesem Zeitpunkt fand die NGS-Technologie bereits breite Anwendung. Herr Dr. Knecht wurde schon während des Studiums von zahlreichen Freunden um Hilfe gebeten, wenn es um die Auswertung bioinformatischer Daten ging. Bereits hier wurde er auf die bestehende Marktnische und die gleichzeitig hohe Nachfrage nach kompetenten Dienstleistern aufmerksam. Nachhaltig angetrieben wurde der Gründer aber besonders durch die erwartete Freude an der Selbstständigkeit. Herr Dr. Knecht hat schon immer einen starken Drang zur Unabhängigkeit verspürt und omics2view.consulting entsprechend aus einem ausgeprägten Eigenantrieb heraus gegründet. Als langfristiger Anreiz und persönlichem Ziel nach internationaler Expansion steht außerdem die Schaffung von Arbeitsplätzen im Vordergrund. Der Gründer möchte seinen Mitarbeitern eine langfristige Perspektive sowie berufliche Sicherheit nach der akademischen Karriere bieten. Noch ist Herr Dr. Knecht zwar nebenberuflich am UKSH angestellt, möchte aber langfristig vollständig in die Selbstständigkeit wechseln. Der finanziellen Verantwortung für seine Familie wegen und dem mit der Selbstständigkeit einhergehendem Risiko möchte Herr Dr. Knecht jedoch den passenden Zeitpunkt für einen Volleinstieg bei omics2view.consulting abwarten.

Personen aus Herrn Dr. Knechts Bekanntenkreis haben ihn laut eigener Aussage nicht bei der Gründungsentscheidung beeinflusst. Im Bekanntenkreis des Gründers gab es zwar einige Berührungspunkte mit dem Thema Selbstständigkeit, wie zum Beispiel eine freiberufliche Tätigkeit im Bereich Software-Engineering oder eine Notar- und Rechtsanwaltskanzlei. Derlei Berührungspunkte waren laut eigener Aussage allerdings keine beeinflussenden Faktoren bei der Gründungsentscheidung. Herr Dr. Knechts Doktorvater hat die Unternehmensgründung während der Doktorandenzeit zwar nicht aktiv vorangetrieben, aber auch nicht negativ beeinflusst. Weder das persönliche Netzwerk noch etwaige

Mentoren stellen sich somit als wahrgenommene Einflussfaktoren heraus. Der Schritt in die Selbstständigkeit stellt somit eine bewusst getroffene eigene Entscheidung dar. Die Universität wies dem Gründer zufolge keine weitreichenden Kompetenzen in dessen Kernforschungsgebiet auf, was letztlich dazu führte, dass Herr Dr. Knecht sich einen Großteil seines Wissens autodidaktisch aneignete. Herr Dr. Knecht war außerdem schon vor der Gründung von omics2view.consulting beratend für die TU Berlin tätig, wodurch er entsprechende Consulting-Kenntnisse aufbauen konnte.

3.4.2 Vorstellung des Gründers Dr. Sven Neulinger

Herr Dr. Neulinger ist Gründer und Gesellschafter sowie hauptberuflicher Geschäftsführer von omics2view.consulting. Der Wunschstudiengang des 1976 geborenen Gründers stand mit der Wahl der Biologie und der Biologischen Ozeanografie bereits zu Schulzeiten fest, weshalb er sich 1997 für diesen Studiengang an der Christian-Albrechts-Universität zu Kiel immatrikulierte und 2003 abschloss. Seine akademische Karriere setzte Herr Dr. Neulinger von 2004 bis 2008 in Form einer Promotion im Bereich der Biologischen Ozeanografie an selbiger Universität erfolgreich fort. Hierbei kam insbesondere die hohe Begabung Herrn Dr. Neulingers im Umgang mit der Thematik und das besondere Interesse an der Bioinformatik zutage. Herr Dr. Neulingers Arbeitsvertrag bei seiner Arbeitsgruppe am Institut für Allgemeine Mikrobiologie der Christian-Albrechts-Universität zu Kiel lief letztlich 2015 aus. Im Kollegen- und Bekanntenkreis des Gründers gab es keine Unternehmensgründungen, die ihn beeinflusst hätten. Neben der Perspektivlosigkeit als wissenschaftlicher Mitarbeiter nannte der Gründer zudem die hohe Marktnachfrage nach kompetenten bioinformatischen Analysen als beeinflussenden Faktor zur Gründungsentscheidung. So ist die Beschäftigungssituation ein einflussreicher Faktor bei der Gründungsentscheidung gewesen. Gleichzeitig war es auch der Drang zu einer gewissen Unabhängigkeit und Entscheidungsfreiheit, welcher den Gründer zur Selbstständigkeit getrieben hat. Um mit der Selbstständigkeit langfristig erfolgreich sein zu können, ist der Erhalt und Ausbau des akademischen Netzwerks laut Herrn Dr. Neulinger sehr wichtig. So besitzt der Gründer aufgrund seiner Vergangenheit enge Beziehungen zum IfM Geomar.

3.4.3 Einflussfaktoren aus Karriere und Umfeld des Gründungsteams

Als äußere Faktoren haben vor allem globale Marktentwicklungen die Gründungsentscheidung beeinflusst. Die Nachfrage nach Analysen großer bioinformatischer Datenmengen war vor der Gründung sehr ausgeprägt, sodass sich die Unternehmer sicher waren, mit dieser Geschäftsidee profitabel sein zu können. Begünstigend für die Unternehmensgründung kam hinzu, dass das akademische Feld der Bioinformatik in Deutschland noch relativ jung ist, jedoch eine hohe Nachfrage nach geeigneten Fachkräften besteht. Zwar steigt die Zahl der Bioinformatikstudierenden in Deutschland kontinuierlich, jedoch fehle den Studierenden laut Herrn Dr. Neulinger nach einem entsprechenden Abschluss die Praxiserfahrung und das für den Arbeitsmarkt relevante Wissen. Auch deshalb schien der Gründungszeitpunkt günstig, da man einen sehr heterogenen Markt vorfand. Mit dem Gesetz über befristete Arbeitsverträge in der Wissenschaft (WissZeitVG) hat ein anderer Einfluss ebenfalls die Gründungsentscheidung beeinflusst. Das Gesetz besagt, dass die Höchstdauer einer befristeten Anstellung für Naturwissenschaftler im öffentlichen Dienst 12 Jahre beträgt. Danach muss die unbefristete Übernahme durch den Arbeitgeber erfolgen, so Herr Dr. Knecht, was jedoch in vielen Fällen nicht erfolge oder aber bei Generierung von Drittmitteln in ein unbefriedigendes befristetes Arbeitsverhältnis münde. Da die Beschäftigten nach dem Ende ihrer akademischen Tätigkeit stark universitär geprägt sind, haben sie in der Folge zum Teil Schwierigkeiten am privatwirtschaftlichen Arbeitsmarkt eine Anstellung zu finden. Herr Dr. Neulinger hat miterlebt, wie viele seiner Kollegen in die Wirtschaft gegangen sind, da es die berufliche Planbarkeit nicht anders zuließ. Wie bei seinem Kollegen spielte also das Gesetz über befristete Arbeitsverträge in der Wissenschaft eine Rolle, da keine Weiterbeschäftigung unmittelbar greifbar war. Die Gründer haben sich aufgrund dieser Unsicherheit früh nach möglichen alternativen Karrieremöglichkeiten umgesehen. Mit der Wahl der Doktorarbeit zum Thema Darmbakterien hat laut Herrn Dr. Knecht zusätzlich der Zufall einen großen Einfluss auf die Gründungsentscheidung ausgeübt, da er sich hierbei auf die für omics2view.consulting so relevante NGS-Technologie fokussieren konnte.

Auffällig ist, dass für beide Gründer in erster Linie gesetzliche Vorgaben (WissZeitVG) in Kombination mit der hohen Nachfrage nach Auswertungen mittels der NGS-Technologie gewonnenen Daten für den Wunsch nach Selbstständigkeit verantwortlich sind. Beide erwähnen die frustrierenden beruflichen Folgen, die das Gesetz über befristete Arbeitsverträge in der Wissenschaft versursacht. Somit kann konstatiert werden, dass die Perspektivlosigkeit der Gründer während ihrer wissenschaftlichen Tätigkeit einer der Hauptfaktoren bei der Unternehmensgründung darstellte. Genauso bedeutend für die Unternehmensgründung erwies sich die Anstellung am Universitätsklinikum Schleswig-Holstein (UKSH), bei welcher sich die beiden Gründer kennenlernten. Herr Dr. Neulinger und Herr Dr. Knecht arbeiteten zu dem Zeitpunkt beide am Institut für klinische Molekularbiologie (IKMB), das zum UKSH gehört. Während der dortigen Forschungsarbeit wurde der Grundstein für die Weiterentwicklung der späteren Analysealgorithmen und Verfahren zur Verbildlichung der Analyseergebnisse von omics2view.consulting gelegt. Ohne das Angebot des UKSH wäre die Unternehmensgründung also nicht möglich gewesen, da sich beide Gründer hier erstmals intensiv mit der NGS-Technologie und bioinformatischen Analyseverfahren beschäftigten. Der Erfahrungsaustausch mit anderen Kollegen aus der Wissenschaft war schon zu der Zeit enorm wichtig für die Weiterentwicklung des eigenen Wissens. Noch aus der Studienzeit stammen die Kontakte zum GEOMAR Helmholtz Centre for Ocean Research in Kiel und der TU Berlin. Die persönlichen Beziehungen zu Wissenschaftlern in der ganzen Welt seien durch den Erfahrungsaustausch und die Mund-zu-Mund-Propaganda heute essenziell für den weiteren Erfolg des Unternehmens. Die Wahl des Standortes Kiel erfolgte im Fall von Herrn Dr. Knecht jedoch nicht aufgrund der guten Standortfaktoren, sondern primär wegen des lokalen Freundeskreises sowie seines Sportvereins. Herr Dr. Knecht ließ sich bezüglich der Gründungsentscheidung allerdings von keinen anderen Personen beeinflussen. Weder das persönliche Netzwerk noch etwaige Mentoren haben sich somit als einflussreiche Faktoren herausgestellt. Er war auch die treibende Kraft bei der Gründungsentscheidung und hat seinen Mitgründer, Herrn Dr. Neulinger, für seine Idee überzeugen können. Außer der Beeinflussung durch seinen zukünftigen Mitgründer wirkten die Lebenspartnerin und die Kinder unterstützend auf die Gründungsentscheidung von Herrn Dr. Neulinger. Dieser Umstand habe sich im Nachhinein als Glücksfall und wegweisend für die spätere Unternehmensgründung erwiesen. Zahlreiche Freunde seien auf ihn zugekommen und hätten ihn um Hilfe bei bioinformatischen Datenanalysen gebeten. Bereits hier habe er das große Marktpotenzial und die hohe Marktnachfrage für die gemeinsame Geschäftsidee gesehen. Herr Dr. Neulinger entdeckte damals also eine potenzielle Marktnische in einem relativ heterogenen Markt. Der Markteintritt von omics2view.consulting ist dadurch erleichtert worden, dass dem Markt die etablierten Unternehmen wie auch Fachkräfte, die die NGS-Technologie souverän beherrschen, fehlten. Diese Aussage sei zwei Jahre nach der Gründung von omics2view.consulting weiterhin zutreffend.

Wenn man die Gründe für die Unternehmensgründung untersucht, muss man auch deshalb die besondere Begabung der Gründer im Umgang mit der Technologie und deren Interesse an der Bioinformatik hervorheben. Es kommen ein gewisses Unabhängigkeitsbestreben, die Entscheidungsfreiheit der Selbstständigkeit sowie der Reiz der Expansion als motivierende Faktoren hinzu. Die Spezialisierung auf dieses Fachgebiet erfordert gewisse Grundeigenschaften. Beide Gründer zeigen durch ihre unternehmerische Herangehensweise eine hohe Risikobereitschaft und Innovativität. Dabei sorgt eine ausgeprägte unternehmerische Orientierung für eine höhere Wahrscheinlichkeit der Unternehmensgründung. Des Weiteren waren einige makroökonomische Faktoren mitentscheidend bei der Ausgründung der Befragten, die in Kap. 5 ausführlich beschrieben und mit den zuvor entwickelten Propositionen zu den prägenden Faktoren aus der makroökonomischen Umwelt in Beziehung gesetzt werden.

3.5 Befunde der Fallstudie

3.5.1 Proposition 1 – Einfluss der konjunkturellen Lage

Proposition 1 besagt, dass die wahrgenommene konjunkturelle Lage während des Einstiegs in die Arbeitswelt positiv prägend für das spätere Gründungsverhalten ist. Dies wird damit begründet, dass Individuen sich während des Einstiegs in die Arbeitswelt typischerweise in einem fortgeschrittenen Alter befinden und die allgemeine Konjunkturlage zudem die Arbeitssuche deutlich beeinflusst. Während Herr Dr. Knecht zum Zeitpunkt einer konjunkturellen Hochlage in die Arbeitswelt einstieg, lag Herr Dr. Neulingers Berufsbeginn nach der erfolgreichen Promotion mitten in Zeiten der globalen Finanzkrise. Dadurch, dass Herr Dr. Neulingers Berufseinstieg mitten in eine Rezession fiel, müsste dieser der Argumentation in Abschn. 2.3 folgend effizienter mit neuen Ressourcen umgehen sowie unternehmerische Chancen entdecken, welche andere Individuen bis dahin übersehen haben. Allerdings ist zu konstatieren, dass nicht Herr Dr. Neulinger, sondern stattdessen Herr Dr. Knecht die treibende Kraft hinter der Gründung von omics2view.consulting gewesen ist. Zudem liefern die Interviews mit den beiden Unternehmensgründern keine Hinweise darauf, dass die wahrgenommene konjunkturelle Lage und die damit ausgelöste Prägung während des Einstiegs in die Arbeitswelt einen bedeutenden Einfluss bei der Gründungsentscheidung gespielt haben. Auch explizit auf diese Proposition angesprochen wurde ein bewusster Einfluss der wahrgenommenen konjunkturellen Lage während des Einstiegs in die Arbeitswelt von den beiden Gründern verneint. Ausgehend von diesen Überlegungen wird Proposition 1 an dieser Stelle nicht unterstützt.

3.5.2 Proposition 2 – Einfluss der Inanspruchnahme staatlicher Subventionen

Proposition 2 betont, dass die Wahrnehmung der Möglichkeit zur Inanspruchnahme von Subventionen positiv prägend für das spätere Gründungsverhalten ist. Aussagen von Herrn Dr. Knecht lassen darauf schließen, dass die Wahrnehmung der Verfügbarkeit von Subventionen in seiner Jugend ihn dahingehend geprägt habe, dass Kapital, wenn notwendig, immer zu beschaffen sei: „Mein Vater war Firmenchef. Da hat Geld natürlich immer eine zentrale Rolle eingenommen, aber eigentlich gab es da nie Probleme, denn an Förderungen kam man immer gut heran. Man musste nur wissen, an welchen Stellen und bei welchen Leuten man suchen muss, was in meinen Augen auch noch heute gilt." Insgesamt gebe es viele Subventionsmöglichkeiten und er glaube aufgrund vergangener Erfahrungen fest daran, dass es immer möglich sei, Subventionen zu erhalten. Eine Prägung ist somit eindeutig zu erkennen. Parallel dazu hat laut Herrn Dr. Knecht die frühzeitige Kenntnis über die Möglichkeit zur Subventionierung seitens der IHK sehr stark zur Gründungsentscheidung beigetragen. Ohne die Möglichkeit dieser finanziellen Unterstützung hätte die Umsetzung des Gründungsvorhabens mit hoher Wahrscheinlichkeit nicht stattgefunden. Herr Dr. Neulinger sei insbesondere in der Anfangszeit der Gründung allein aufgrund der erhaltenen Subventionierung dazu in der Lage gewesen, das Management des Unternehmens hauptberuflich zu erledigen. In seinem Falle ist die öffentliche Förderung darum einer der entscheidenden Faktoren für die finale Gründungsentscheidung gewesen. Außerdem sei die Forderung der IHK nach einem Businessplan als Bedingung für die Genehmigung der Förderung von Herrn Dr. Neulinger sehr förderlich für die Weiterentwicklung der Unternehmensidee gewesen. Somit ist zu konstatieren, dass die Wahrnehmung der Möglichkeit zur Inanspruchnahme von Subventionen einen prägenden Einfluss auf das tatsächliche Gründungsverhalten der beiden Unternehmer ausgeübt hat. Proposition 2 ist demnach zu unterstützen.

3.5.3 Proposition 3 – Einfluss der gesellschaftlichen Legitimation

Proposition 3 bringt zum Ausdruck, dass die Wahrnehmung der gesellschaftlichen Legitimation unternehmerischer Aktivitäten prägend für das spätere Gründungsverhalten ist. Herr Dr. Knecht ist zu Zeiten der DDR aufgewachsen und war zudem Mitglied der FDJ. Diese Zeit habe laut eigener Aussage jedoch keine prägende Wirkung auf ihn ausgeübt. Nichtsdestotrotz ist wie bereits ausgeführt eine Prägung durch das kommunistische System der DDR auf das spätere Gründungsverhalten wahrscheinlich, da die gesellschaftliche Legitimation selbstständiger unternehmerischer Aktivitäten als gering einzustufen ist. Herr Dr. Knechts Aussage kann somit dahingehend interpretiert werden, dass die wahrgenommene und die tatsächliche gesellschaftliche Legitimation unternehmerischer Aktivitäten zumindest während des Jugendalters divergieren.

Ferner geben die beiden Unternehmensgründer an, dass die gesellschaftliche Akzeptanz beziehungsweise der herrschende Unternehmergeist sich mit der Zeit gewandelt haben. Herr Dr. Knecht konstatiert dazu: „Früher hat eine große Aufbruchsstimmung geherrscht und die gesellschaftliche Legitimation war damals sehr hoch." Zudem führt der Gründer im weiteren Gesprächsverlauf weiter aus: „Das Erleben dieser Zeit hat mich definitiv dahingehend geprägt, dass ich ein positives Bild von der Selbstständigkeit vermittelt bekommen habe. Heute ist es jedoch so, dass die gesellschaftliche Legitimation unternehmerischer Aktivitäten leider immer weiter abnimmt." Dies habe den beiden Gründern zufolge auch damit zu tun, dass es in Deutschland – anders als in den USA – keine Kultur des Scheiterns gebe, sondern die Angst vor einem potenziellen Misserfolg an erster Stelle stehe. Hierbei sei jedoch von der politischen Legitimation zu differenzieren, da die Politik unternehmerisches Handeln stark befürworte. Nichtsdestotrotz wünscht Herr Dr. Knecht sich mehr Unterstützung seitens der öffentlichen Hand, beispielsweise in Form von Netzwerkmöglichkeiten für Spin-offs. Hinsichtlich der Gründung von omics2view.consulting geben die beiden Gründer jedoch an, dass diese unabhängig von der derzeitigen gesellschaftlichen Legitimation geschehen sei und eher durch die Legitimation in ihrem frühen Erwachsenenalter geprägt sei. Der dritten Proposition kann somit auf Basis der Interviewergebnisse zugestimmt werden.

3.6   Fazit

Die Ergebnisse der vorliegenden Fallstudie zeigen nicht nur, *dass* vergangene makroökonomische Faktoren einen prägenden Effekt auf akademische Entrepreneure haben können, sondern zudem, *wie* diese vergangenen makroökonomischen Faktoren einen prägenden Effekt auf akademische Entrepreneure haben können (vgl. dazu Mathias et al. 2015). Obwohl makroökonomische Einflüsse sich typischerweise über eine lange Zeitspanne erstrecken, bedeutet dies nicht, dass jeder makroökonomische Einfluss auch tatsächlich zu einer langfristigen unternehmerischen Prägung führt bzw. nicht führt. Kongruent hierzu konstatieren Mathias et al. (2015) „it is not that entrepreneurs are imprinted and that knowledge is ‚stuck' with the entrepreneur, but that entrepreneurs are greatly influenced by those complex, and often recursive, combinations of events, people, activities, and experiences that occur throughout life" und betonen somit insbesondere mögliche Interaktionseffekte zwischen einer kaum quantifizierbaren Anzahl an potenziellen makroökonomischen Quellen des Imprintings. Nichtsdestotrotz legen die Ergebnisse dieser Fallstudie nahe, dass einzelne makroökonomische Faktoren wie die Wahrnehmung der Möglichkeit zur Inanspruchnahme von Subventionen sowie die Wahrnehmung der gesellschaftlichen Legitimation unternehmerischer Aktivitäten positiv prägend für das spätere Gründungsverhalten sind, während der wahrgenommenen konjunkturellen Lage während des Einstiegs in die Arbeitswelt keine prägende Wirkung zugeschrieben wird.

3.7 Ausblick

3.7.1 Implikationen für die Praxis

Zwar lässt sich die makroökonomische Umwelt typischerweise nur bedingt von einzelnen Akteuren beeinflussen und Effekte sind erst mit teils erheblicher zeitlicher Verzögerung zu erkennen (vgl. bspw. Chamlin et al. 1992; Conrad 2017). Nichtsdestotrotz existieren Möglichkeiten der Einflussnahme auf makroökonomische Faktoren insbesondere seitens der Politik, sodass sich aus dieser Fallstudie eine Reihe an Implikationen für die Praxis ableiten lassen. Einerseits können staatliche Institutionen zumindest partiell makroökonomische Gestaltungen vornehmen und so eine innovationsfördernde Umwelt schaffen, bspw. mittels der Bereitstellung staatlicher Subvention für akademische Spin-Offs (Friedman und Silberman 2003) oder mittels einer Agenda mit dem Ziel der Erhöhung des gesellschaftlichen Legitimationsgrads unternehmerischer Aktivitäten (Stephan und Uhlaner 2010; Autio et al. 2013). So könnten Individuen bspw. im Falle einer erhöhten Wahrnehmung zur Verfügbarkeit staatlicher Subventionen bereits frühzeitig dahingehend geprägt werden, dass die individuelle wahrgenommene Realisierbarkeit einer potenziellen Unternehmensgründung steigt und sich diese frühzeitige Prägung im Laufe der Jahre in Form einer tatsächlichen Unternehmensgründung manifestiert. Anderseits besteht auch im Lehr- und Bildungsbetrieb die Notwendigkeit eines tief greifenden Verständnisses hinsichtlich der Ausbildung zukünftiger Entrepreneure (vgl. Martin et al. 2013; Mathias et al. 2015), für welches die unternehmerische makroökonomische Prägung einen wichtigen Baustein darstellt. Souitaris et al. (2007) ergänzen, dass es möglich ist, Individuen frühzeitig für das Unternehmertum zu begeistern, da die emotionale Präferenz für das Unternehmertum und eine emotionale Verbindung zu unternehmerischen Möglichkeiten beeinflussbar sind. Wenn also eine Regierung akademische Ausgründungen fördern möchte, so muss sie frühzeitig Einfluss auf die Wahrnehmung der (zukünftigen) Studierenden bzw. der universitären Belegschaft bezüglich der gesellschaftlichen Erwünschtheit und Machbarkeit unternehmerischen Handelns Einfluss nehmen, indem sie aktiv an das Unternehmertum heranführt, damit diese die Selbstständigkeit als echte unternehmerische Chance für ihre Karriereplanung identifizieren (Krueger et al. 2000).

3.7.2 Limitationen und Implikationen für die weitere Forschung

Eine wesentliche Limitation der gesamten Imprinting-Forschung stellt die Tatsache dar, dass vermutlich zahlreiche Wechselwirkungen seitens zahlreicher Quellen des Imprintings existieren, welche nur schwierig zu entwirren sind (vgl. Marquis und Tilcsik 2013). Dies ist auch für die makroökonomische Umwelt als Quelle des Imprintings der Fall, da hier zahlreiche makroökonomische Faktoren interagieren (bspw. die konjunkturelle Lage und die Verfügbarkeit staatlicher Subventionen). Zur Identifikation dieser prägenden Faktoren leistet eine fallstudienbasierte Herangehensweise jedoch den ersten Schritt für ein tiefergreifendes Verständnis. Ferner ist es insbesondere im Bereich der makroökonomischen Prägung schwierig zu beurteilen, ob diese Einflüsse in eine sensitive Lebensphase des Unternehmensgründers gefallen sind. Dies liegt insbesondere darin begründet, dass sensitive Lebensphasen sich typischerweise über eine längere Zeitperiode erstrecken und makroökonomische Faktoren sich typischerweise nur langsam im Zeitverlauf ändern (Milani 2007). Die Herstellung eines eindeutigen Kausalzusammenhangs ist somit herausfordernd.

Im Rahmen dieser Arbeit erfolgte eine Übertragung der makroökonomischen Imprinting-Fachliteratur auf die Prägung akademischer Gründer, wobei (1) die konjunkturelle Lage, (2) die Wahrnehmung zur Verfügbarkeit von Subventionen sowie (3) die gesellschaftliche Legitimation unternehmerischen Handelns als einflussreiche Quellen des Imprintings identifiziert wurden. Die vorliegende Fallstudie betrachtet hierbei die Gründer einer einzelnen akademischen Ausgründung. Eine einzelfallbasierte Fallstudienanalyse ermöglicht tiefergehende Aussagen zu Einflüssen auf die Gründungsentscheidung als dies mittels quantitativer Studien möglich ist, ist jedoch nicht generalisierbar (Yin 2013). Die innerhalb dieser Studie gewonnenen Erkenntnisse können somit nicht als allgemeingültig betrachtet werden, da nur zwei Unternehmensgründer von einem jungen akademischen Spin-off für die Analyse herangezogen wurden. Die zukünftige Imprintingforschung könnte sich somit dem Einfluss makroökonomischer Faktoren mittels eines größeren Stichprobenumfangs nähern, um so die aufgestellten Propositionen quantitativ-empirisch zu testen und um weitere relevante Einflussfaktoren zu identifizieren, welche innerhalb dieser Fallstudie keine Berücksichtigung gefunden haben. Zukünftigen Studien empfiehlt sich zudem die Verwendung eines longitudinalen Studiendesigns, um so den Einfluss makroökonomischer Faktoren auf Unternehmensgründer gezielter untersuchen und mögliche Störgrößen extrahieren zu können (Cook et al. 2002). Eine weitere Limitation des vorliegenden Studiendesigns stellt die Verwendung von Interviews mit den Unternehmensgründern als einzige Informationsquelle dar. Diese Limitation ist umso weitreichender, da die beiden Unternehmensgründer teilweise Aussagen über weit zurückliegende Ereignisse bzw. sensitive Lebensperioden getätigt haben und diese somit vermutlich einem Verzerrungseffekt unterliegen. Eine auf Verhaltensbeobachtung anstelle von auf Selbstauskünften basierende Forschung könnte die gewonnenen Erkenntnisse somit essenziell spezifizieren und erweitern (Rosenthal und Rosnow 1991). Zu guter Letzt empfiehlt es sich, die Gründerprägung mittels makroökonomischer Faktoren nicht nur auf das Gründungsverhalten, sondern zudem auf den Erfolg des gegründeten Unternehmens zu beziehen.

> **Fragen**
>
> 1. Welche Alleinstellungsmerkmale besitzt omics2view.consulting? Inwiefern sind diese geeignet, um einen nachhaltigen Wettbewerbsvorteil aufzubauen?
> 2. Als Ministerpräsident von Schleswig-Holstein planen Sie, die Gründungsintentionen von Akademikern zu erhöhen.
>   a. Identifizieren und diskutieren Sie weitere, d. h. nicht in dieser Fallstudie dargestellte makroökonomische Einflüsse, welche einen prägenden Einfluss auf akademische Unternehmensgründer ausüben können.
>   b. Welche dieser Einflüsse könnten Sie gestalten, wenn Sie die Gründungsintentionen erhöhen wollten? Welche konkreten Maßnahmen schlagen Sie vor?
> 3. Die Landeskulturen der BRD und der DDR wiesen zum Teil erhebliche Unterschiede auf. Diskutieren Sie ausgehend von dieser Aussage, inwiefern die Gründungsintentionen von in den jeweiligen Staaten aufgewachsenen Individuen sich heutzutage voneinander unterscheiden könnten.
> 4. Eine valide und reliable Messung der Prägung von Entrepreneuren durch die (makroökonomische) Umwelt ist mit methodischen Herausforderungen verbunden. Diskutieren Sie Ansatzpunkte für ein Untersuchungsdesign, mit dem die Prägung des erlebten Wetters im Kindesalter auf das spätere individuelle Gründungsverhalten analysiert werden könnte.

Literatur

1000 Genomes Project Consortium (2010). A map of human genome variation from population-scale sequencing. *Nature, 467*(7319), 1061–1073.

Ajzen, I. (1991). The theory of planned behavior. *Organizational Behavior and Human Decision Processes, 50*(2), 179–211.

Ajzen, I. (2001). Nature and operation of attitudes. *Annual Review of Psychology, 52*(1), 27–58.

Audretsch, D. B., Grilo, I., & Thurik, A. R. (Hrsg.). (2007). *Handbook of research on entrepreneurship policy*. Cheltenham: Edward Elgar Publishing.

Autio, E., Pathak, S., & Wennberg, K. (2013). Consequences of cultural practices for entrepreneurial behaviors. *Journal of International Business Studies, 44*(4), 334–362.

Bagozzi, R. P., Baumgartner, J., & Yi, Y. (1989). An investigation into the role of intentions as mediators of the attitude-behavior relationship. *Journal of Economic Psychology, 10*(1), 35–62.

Banalieva, E. R., Karam, C. M., Ralston, D. A., Elenkov, D., Naoumova, I., Dabic, M., Potocan, V., Starkus, A., Danis, W., & Wallace, A. (2017). Communist footprint and subordinate influence behavior in post-communist transition economies. *Journal of World Business, 52*(2), 209–229.

Baum, J. R., Olian, J. D., Erez, M., Schnell, E. R., Smith, K. G., Sims, H. P., Scully, J. S., & Smith, K. A. (1993). Nationality and work role interactions: A cultural contrast of Israeli and US entrepreneurs' versus managers' needs. *Journal of Business Venturing, 8*(6), 499–512.

Behjati, S., & Tarpey, P. S. (2013). What is next generation sequencing? *Archives of Disease in Childhood-Education and Practice, 98*(6), 236–238.

Bercovitz, J., & Feldman, M. (2008). Academic entrepreneurs: Organizational change at the individual level. *Organization Science, 19*(1), 69–89.

Beyer, J. M., & Hannah, D. R. (2002). Building on the past: Enacting established personal identities in a new work setting. *Organization Science, 13*(6), 636–652.

BIS Research. (2017). Next generation sequencing (NGS) market size & forecast by application (oncology, reproductive health), by technology (targeted, WGS, WES), by workflow (data analysis), by end-use (academic & clinical research), and trend analysis, 2014–2025.

Borchardt, A., & Göthlich, S. E. (2009). Erkenntnisgewinnung durch Fallstudien. In *Methodik der empirischen Forschung* (S. 33–48). Wiesbaden: Gabler.

Cardon, M. S., Wincent, J., Singh, J., & Drnovsek, M. (2009). The nature and experience of entrepreneurial passion. *Academy of Management Review, 34*(3), 511–532.

Cassar, G. (2004). The financing of business start-ups. *Journal of Business Venturing, 19*(2), 261–283.

Chamlin, M. B., Grasmick, H. G., Bursik, R. J., & Cochran, J. K. (1992). Time aggregation and time lag in macro-level deterrence research. *Criminology, 30*(3), 377–396.

Child, J., & Markóczy, L. (1993). Host-Country managerial behaviour and learning in Chinese and Hungarian joint ventures. *Journal of Management Studies, 30*(4), 611–631.

Clarysse, B., Wright, M., Lockett, A., Van de Velde, E., & Vohora, A. (2005). Spinning out new ventures: A typology of incubation strategies from european research institutions. *Journal of Business Venturing, 20*(2), 183–216.

Clarysse, B., Tartari, V., & Salter, A. (2011). The impact of entrepreneurial capacity, experience and organizational support on academic entrepreneurship. *Research Policy, 40*(8), 1084–1093.

Conrad, C. A. (2017). *Angewandte Makroökonomie: Eine praxisbezogene Einführung*. Berlin/Heidelberg: Springer.

Cook, T. D., Campbell, D. T., & Shadish, W. (2002). *Experimental and quasi-experimental designs for generalized causal inference*. Boston: Houghton Mifflin.

Cope, J. (2005). Toward a dynamic learning perspective of entrepreneurship. *Entrepreneurship Theory and Practice, 29*(4), 373–397.

DePristo, M. A., Banks, E., Poplin, R., Garimella, K. V., Maguire, J. R., Hartl, C., Philippakis, A. A., des Angel, G., A Rivas, M., Hanna, M., McKenna, A., Fennell, T. J., Kernytsky, A. M., Sivachenko, A. Y., Cibulskis, K., Gabriel, S. B., Altshuler, D., & Daly, M. J. (2011). A framework for variation discovery and genotyping using next-generation DNA sequencing data. *Nature Genetics, 43*(5), 491–498.

Djankov, S., Ganser, T., McLiesh, C., Ramalho, R., & Shleifer, A. (2010). The effect of corporate taxes on investment and entrepreneurship. *American Economic Journal: Macroeconomics, 2*(3), 31–64.

Dubina, I. N., & Ramos, S. J. (2013). Creativity across cultures. In *Encyclopedia of creativity, invention, innovation and entrepreneurship* (S. 360–364). New York: Springer.

Eisenhardt, K. M. (1989). Building theories from case study research. *Academy of Management Review, 14*(4), 532–550.

Ellis, S., Aharonson, B. S., Drori, I., & Shapira, Z. (2017). Imprinting through inheritance: A multi-genealogical study of entrepreneurial proclivity. *Academy of Management Journal, 60*(2), 500–522.

Etzioni, A. (1987). Entrepreneurship, adaptation and legitimation: A macro-behavioral perspective. *Journal of Economic Behavior & Organization, 8*(2), 175–189.

Ferriani, S., Garnsey, E., & Lorenzoni, G. (2012). Continuity and change in a spin-off venture: The process of reimprinting. *Industrial and Corporate Change, 21*(4), 1011–1048.

Field, J. (2005). *Social capital and lifelong learning*. Bristol: Policy Press.

Friedman, J., & Silberman, J. (2003). University technology transfer: Do incentives, management, and location matter? *The Journal of Technology Transfer, 28*(1), 17–30.

Geroski, P. A., Mata, J., & Portugal, P. (2010). Founding conditions and the survival of new firms. *Strategic Management Journal, 31*(5), 510–529.

Goethner, M., Obschonka, M., Silbereisen, R. K., & Cantner, U. (2012). Scientists' transition to academic entrepreneurship: Economic and psychological determinants. *Journal of Economic Psychology, 33*(3), 628–641.

Higgins, M. C. (2005). *Career imprints: Creating leaders across an industry* (Bd. 16). San Francisco: Wiley.
Hofstede, G. (2001). *Culture's consequences: Comparing values, behaviors, institutions and organizations across nations*. Thousand Oaks: Sage.
Immelmann, K. (1975). Ecological significance of imprinting and early learning. *Annual Review of Ecology and Systematics, 6*(1), 15–37.
Inglehart, R., & Baker, W. E. (2000). Modernization, cultural change, and the persistence of traditional values. *American Sociological Review, 65*, 19–51.
Jacob, M., Lundqvist, M., & Hellsmark, H. (2003). Entrepreneurial transformations in the swedish university system: The case of Chalmers University of Technology. *Research Policy, 32*, 1555–1568.
Jain, S., George, G., & Maltarich, M. (2009). Academics or entrepreneurs? Investigating role identity modification of university scientists involved in commercialization activity. *Research Policy, 38*(6), 922–935.
Johnson, V. (2007). What is organizational imprinting? Cultural entrepreneurship in the founding of the Paris Opera. *American Journal of Sociology, 113*(1), 97–127.
Kim, Y., & Gao, F. Y. (2010). An empirical study of human resource management practices in family firms in China. *The International Journal of Human Resource Management, 21*(12), 2095–2119.
Kim, Y., & Gao, F. Y. (2013). Does family involvement increase business performance? Family-longevity goals' moderating role in Chinese family firms. *Journal of Business Research, 66*(2), 265–274.
Kirzner, I. M. (1979). *Perception, opportunity, and profit: Studies in the theory of entrepreneurship*. Chicago: University of Chicago Press.
Kish-Gephart, J. J., & Campbell, J. T. (2015). You don't forget your roots: The influence of CEO social class background on strategic risk taking. *Academy of Management Journal, 58*(6), 1614–1636.
Kriauciunas, A., & Kale, P. (2006). The impact of socialist imprinting and search on resource change: A study of firms in Lithuania. *Strategic Management Journal, 27*(7), 659–679.
Krueger, N. F., Reilly, M. D., & Carsrud, A. L. (2000). Competing models of entrepreneurial intentions. *Journal of Business Venturing, 15*(5), 411–432.
Kulicke, M. (2013). *Chancen und Risiken junger Technologieunternehmen: Ergebnisse des Modellversuchs „Förderung technologieorientierter Unternehmensgründungen"* (Bd. 4). Berlin/Heidelberg: Springer.
Landier, A. (2002). Entrepreneurship and the stigma of failure. Working Paper, University of Chicago Graduate School of Business.
Lorenz, K. (1937). Imprinting. *Auk, 54*(1), 245–273.
Malmendier, U., & Nagel, S. (2011). Depression babies: Do macroeconomic experiences affect risk taking? *The Quarterly Journal of Economics, 126*(1), 373–416.
Malmendier, U., Tate, G., & Yan, J. (2011). Overconfidence and early-life experiences: The effect of managerial traits on corporate financial policies. *The Journal of Finance, 66*(5), 1687–1733.
Marquis, C., & Huang, Z. (2010). Acquisitions as exaptation: The legacy of founding institutions in the US commercial banking industry. *Academy of Management Journal, 53*(6), 1441–1473.
Marquis, C., & Tilcsik, A. (2013). Imprinting: Toward a multilevel theory. *Academy of Management Annals, 7*(1), 195–245.
Martin, B. C., McNally, J. J., & Kay, M. J. (2013). Examining the formation of human capital in entrepreneurship: A meta-analysis of entrepreneurship education outcomes. *Journal of Business Venturing, 28*(2), 211–224.
Mathias, B. D., Williams, D. W., & Smith, A. R. (2015). Entrepreneurial inception: The role of imprinting in entrepreneurial action. *Journal of Business Venturing, 30*(1), 11–28.

McEvily, B., Jaffee, J., & Tortoriello, M. (2012). Not all bridging ties are equal: Network imprinting and firm growth in the nashville legal industry, 1933–1978. *Organization Science, 23*(2), 547–563.

McGrath, R. G., MacMillan, I. C., Yang, E. A. Y., & Tsai, W. (1992). Does culture endure, or is it malleable? Issues for entrepreneurial economic development. *Journal of Business Venturing, 7*(6), 441–458.

Milani, F. (2007). Expectations, learning and macroeconomic persistence. *Journal of Monetary Economics, 54*(7), 2065–2082.

Mitchell, R. K., Smith, B., Seawright, K. W., & Morse, E. A. (2000). Cross-cultural cognitions and the venture creation decision. *Academy of Management Journal, 43*(5), 974–993.

Mueller, S. L., & Thomas, A. S. (2001). Culture and entrepreneurial potential: A nine country study of locus of control and innovativeness. *Journal of Business Venturing, 16*(1), 51–75.

Nicolaou, N., Shane, S., Cherkas, L., & Spector, T. D. (2009). Opportunity recognition and the tendency to be an entrepreneur: A bivariate genetics perspective. *Organizational Behavior and Human Decision Processes, 110*(2), 108–117.

O'Shea, R. P., Allen, T. J., Chevalier, A., & Roche, F. (2005). Entrepreneurial orientation, technology transfer and spinoff performance of US universities. *Research Policy, 34*(7), 994–1009.

Powers, J. B., & McDougall, P. P. (2005). University start-up formation and technology licensing with firms that go public: A resource-based view of academic entrepreneurship. *Journal of Business Venturing, 20*(3), 291–311.

Preston, J. (2003). ‚Enrolling alone?' Lifelong learning and social capital in England. *International Journal of Lifelong Education, 22*(3), 235–248.

Ratner, C. (2006). *Cultural psychology: A perspective on psychological functioning and social reform*. London: Psychology Press.

Rosenthal, R., & Rosnow, R. L. (1991). *Essentials of behavioral research: Methods and data analysis*. New York City: McGraw-Hill Humanities Social.

Schoar, A., & Zuo, L. (2017). Shaped by booms and busts: How the economy impacts CEO careers and management styles. *The Review of Financial Studies, 30*(5), 1425–1456.

Shah, A. K., Mullainathan, S., & Shafir, E. (2012). Some consequences of having too little. *Science, 338*(6107), 682–685.

Shane, S., & Venkataraman, S. (2000). The promise of entrepreneurship as a field of research. *Academy of Management Review, 25*(1), 217–226.

Shapero, A., & Sokol, L. (1982). The social dimensions of entrepreneurship. In C. Kent, D. Sexton & K. H. Vesper (Hrsg.), *The encyclopedia of entrepreneurship* (S. 72–90). Englewood Cliffs: Prentice-Hall.

Shepherd, D. A., McMullen, J. S., & Jennings, P. D. (2007). The formation of opportunity beliefs: Overcoming ignorance and reducing doubt. *Strategic Entrepreneurship Journal, 1*(1–2), 75–95.

Simsek, Z., Fox, B. C., & Heavey, C. (2015). „What's past is prologue" A framework, review, and future directions for organizational research on imprinting. *Journal of Management, 41*(1), 288–317.

Souitaris, V., Zerbinati, S., & Al-Laham, A. (2007). Do entrepreneurship programmes raise entrepreneurial intention of science and engineering students? The effect of learning, inspiration and resources. *Journal of Business Venturing, 22*(4), 566–591.

Stephan, U., & Uhlaner, L. M. (2010). Performance-based vs socially supportive culture: A cross-national study of descriptive norms and entrepreneurship. *Journal of International Business Studies, 41*(8), 1347–1364.

Stephens, N. M., Markus, H. R., & Phillips, L. T. (2014). Social class culture cycles: How three gateway contexts shape selves and fuel inequality. *Annual Review of Psychology, 65*, 611–634.

Stewart, W. H., Jr., & Roth, P. L. (2001). Risk propensity differences between entrepreneurs and managers: A meta-analytic review. *Journal of Applied Psychology, 86*(1), 145–153.

Stinchcombe, A. L. (1965). Social structure and organizations. In J. G. March (Hrsg.), *Handbook of organizations* (S. 142–193). Chicago: Rand McNally.

Stuart, T. E., & Ding, W. W. (2006). When do scientists become entrepreneurs? The social structural antecedents of commercial activity in the academic life sciences. *American Journal of Sociology, 112*(1), 97–144.

Tsang, E. W. (2014). Generalizing from research findings: The merits of case studies. *International Journal of Management Reviews, 16*(4), 369–383.

Weber, M. (1904). Die protestantische Ethik und der Geist des Kapitalismus. *Archiv für Sozialwissenschaft und Sozialpolitik, 20*, 1–54.

Welter, F. (2011). Contextualizing entrepreneurship – Conceptual challenges and ways forward. *Entrepreneurship Theory and Practice, 35*(1), 165–184.

Wilson, L., & Blackwell, A. (2013). Interdisciplinarity and innovation. In E. Carayannis (Hrsg.), *Encyclopedia of creativity, invention, innovation, and entrepreneurship* (S. 1097–1105). New York: Springer.

Yin, R. K. (2013). *Case study research: Design and methods*. Los Angeles: Sage.

Zhang, J., Chiodini, R., Badr, A., & Zhang, G. (2011). The impact of next-generation sequencing on genomics. *Journal of Genetics and Genomics, 38*(3), 95–109.

Zimmerman, M. A., & Zeitz, G. J. (2002). Beyond survival: Achieving new venture growth by building legitimacy. *Academy of Management Review, 27*(3), 414–431.

4 Entrepreneur oder Intrapreneur – Prägende Einflüsse auf die Wahl der unternehmerischen Alternative am Fallbeispiel von ClimbZ

Constantin Niemann

Inhaltsverzeichnis

4.1	Problemstellung, Zielsetzung und Aufbau der Arbeit	104
4.2	Theoretische Grundlagen	105
	4.2.1 Entrepreneur und Intrapreneur – zwei unternehmerische Alternativen	105
	4.2.2 Prägungsansatz als Bezugspunkt	107
	4.2.3 Intentionsbasierter Ansatz des Verhaltens als Bezugspunkt	109
4.3	Prägung und die Wahl der unternehmerischen Alternative	109
	4.3.1 Zusammenhang zwischen Prägungsquellen und der Wahl der unternehmerischen Alternative	110
	4.3.2 Prägung durch die Umwelt	111
	4.3.3 Prägung durch Organisationen	113
	4.3.4 Prägung durch Bezugspersonen	115
4.4	Fallstudienmethodik und Untersuchungsgegenstand	117
	4.4.1 Fallstudienmethodik und Datenerhebung	117
	4.4.2 Beschreibung der Fallstudie	118
	4.4.2.1 Prägungshintergrund des unternehmerischen Individuums	118
	4.4.2.2 Intrapreneurship Alternative: Neue Geschäftseinheit beim Bergsportausrüster	119
	4.4.2.3 Entrepreneurship Alternative: ClimbZ – die Kletter App	120
4.5	Diskussion der Fallstudie vor dem Hintergrund des theoretischen Modells	124
	4.5.1 Zusammenhang zwischen Prägungsquellen und der Wahl der unternehmerischen Alternative	124
	4.5.2 Prägung durch die Umwelt	125
	4.5.3 Prägung durch Organisationen	125
	4.5.4 Prägung durch Bezugspersonen	126

C. Niemann (✉)
Institut für Betriebswirtschaftslehre, Christian-Albrechts-Universität zu Kiel, Kiel, Deutschland
E-Mail: cniemann@bwl.uni-kiel.de

4.6 Zusammenfassung und Ausblick.. 128
    4.6.1 Zusammenfassung der wesentlichen Erkenntnisse.................................. 128
    4.6.2 Implikationen für die Forschung und Limitationen................................. 128
    4.6.3 Implikationen für die Praxis.. 130
Literatur... 131

Zusammenfassung

Der vorliegende Beitrag beschäftigt sich mit einem unternehmerischen Individuum, das vor der Wahl zwischen zwei verschiedenen unternehmerischen Alternativen stand. Der Gründer Jan Hoffmann musste sich entscheiden, ob er das Angebot annimmt, eine neue Geschäftseinheit bei einem mittelständischen Bergsportausrüster zu integrieren (Intrapreneurship) oder ob er seine eigene Geschäftsidee im Rahmen einer unabhängigen Gründung umsetzt (Entrepreneurship). Ziel der Fallstudie ist es, den Einfluss zu beleuchten, den die unterschiedlichen Prägungsquellen (Umwelt, Organisationen und Bezugspersonen) auf ein Individuum mit Blick auf die Wahl der unternehmerischen Alternativen haben können. Die Fallstudie zeigt zwei Dinge: Erstens, dass die relative Intention zwischen Entrepreneurship und Intrapreneurship von der relativen wahrgenommenen Realisierbarkeit bzw. Erwünschtheit beider Alternativen abhängt. Zweitens, dass Prägungsquellen auf diese Intention wirken können, indem sie die wahrgenommene Realisierbarkeit und Erwünschtheit beider unternehmerischer Alternativen getrennt voneinander beeinflussen.

4.1 Problemstellung, Zielsetzung und Aufbau der Arbeit

Für eine Person, die unternehmerisch handeln möchte, steht als intuitive Möglichkeit der Weg in die Selbstständigkeit offen. Dieser Karrierepfad, bei dem ein Individuum alleine oder zusammen mit anderen eine neue Organisation gründet, nennt sich *Independent Entrepreneurship* (Sharma und Chrisman 1999). Individuen können allerdings auch den Weg eines Intrapreneurs (Pinchot 1985) im Rahmen von *Corporate Entrepreneurship* (Sharma und Chrisman 1999) einschlagen, d. h. ihre unternehmerischen Aktivitäten innerhalb bereits existierender Unternehmen entfalten. Beide Formen des unternehmerischen Handelns sind sehr wichtig, da sie für ökonomisches Wachstum sorgen (Douglas und Fitzsimmons 2013). Aus Sicht einer Organisation wird Intrapreneurship immer wichtiger, da sich neben Märkten und Kundenanforderungen auch technologische Möglichkeiten immer schneller ändern (Kuratko 2009). Darum müssen sie bei der Auswahl und Förderung von unternehmerischen Individuen sehr sorgfältig sein, um die besten Mitarbeiter für ihre Unternehmen zu gewinnen und zu halten.

Für Entrepreneure und Intrapreneure lassen sich sowohl Unterschiede als auch Gemeinsamkeiten hinsichtlich der Fähigkeiten und Einstellungen herausstellen (Douglas und Fitzsimmons 2013; Parker 2011; Martiarena 2013). Die Forschung an der Schnittstelle von Entrepreneurship und Intrapreneurship ist allerdings noch sehr jung und durch teilweise mehrdeutige Befunde gekennzeichnet (Tietz und Parker 2012). Parker (2011) bringt hierzu zum Ausdruck, dass es Prädispositionen zu geben scheint, die eine Rolle in der Wahl der unternehmerischen Alternative, Entrepreneurship vs. Intrapreneurship spielen. Der Prägungsansatz (Imprinting) trägt dazu bei, die Entstehung dieser Prädispositionen näher zu beleuchten (Marquis und Tilcsik 2013) und kann somit helfen zu erklären, warum sich ein Individuum für die eine oder andere unternehmerische Alternative entscheidet. Dennoch bleibt die Frage, wie Prägungsquellen im Hinblick auf die Wahl der unternehmerischen Alternative (Intra- oder Entrepreneurship) wirken, weitestgehend unbeantwortet (Mathias et al. 2015). Ziel dieser Arbeit ist es daher, ein konzeptionelles Modell zu Prägungsquellen (Umwelt, Organisation und Bezugspersonen) zu entwickeln und anhand eines Fallbeispiels zu stärken. Die Forschungsfrage lautet somit:

> Wie prägen die Umwelt, Organisationen und Bezugspersonen ein unternehmerisches Individuum im Hinblick auf die Wahl der unternehmerischen Alternativen Entrepreneur vs. Intrapreneur?

Der Beitrag ist wie folgt gegliedert. In Kap. 2 werden theoretische Grundlagen zur Betrachtung des Untersuchungsobjektes geschaffen. Dies geschieht, indem die Begriffe Entrepreneur und Intrapreneur voneinander abgegrenzt werden. Im Rahmen dessen wird auch auf den aktuellen Forschungsstand bezüglich ihrer Gemeinsamkeiten und Unterschiede eingegangen. Danach wird der Begriff der Prägung als theoretischer Bezugspunkt eingeführt und durch intentionsbasierte Ansätze zur Erklärung des unternehmerischen Verhaltens ergänzt. In Kap. 3 folgt die Bildung der Propositionen, d. h. die Herleitung, inwiefern die Prägungsquellen einen Einfluss auf die Wahl der unternehmerischen Alternative haben. Anschließend wird in Kap. 4 die Methodik und der Untersuchungsgegenstand vorgestellt. Dieser besteht aus dem Prägungshintergrund des Gründers Jan Hoffmann und den beiden unternehmerischen Alternativen, denen er sich gegenübersah. In Kap. 5 folgt die Diskussion der Fallstudie mit dem Ziel, die Propositionen zu bekräftigen, bevor abschließend in Kap. 6 die Erkenntnisse zusammengefasst und Implikationen für Forschung und Praxis abgeleitet werden.

4.2 Theoretische Grundlagen

4.2.1 Entrepreneur und Intrapreneur – zwei unternehmerische Alternativen

Im Zusammenhang mit Individuen, die unternehmerisch handeln wollen, beschreiben Sharma und Chrisman (1999) prinzipiell zwei Kontexte in denen sie dies tun können.

Auf der einen Seite gibt es *Independent* Entrepreneurship, im Rahmen dessen eine Gruppe von Individuen oder ein Individuum alleine eine neue Organisation erschafft, ohne dass dies im Rahmen einer bereits bestehenden Organisation geschieht (Sharma und Chrisman 1999). Individuen, die diesen Karrierepfad verfolgen, bezeichnet man gemeinhin als

Entrepreneur. In der Literatur sind die zwei verschiedenen Ansätze von Schumpeter (1934) und Kirzner (1973) zur Definition von Entrepreneuren besonders etabliert. Schumpeter (1934) und der Forschungsstrang, der auf ihm aufbaut, definieren Entrepreneure als Individuen die Ressourcen neu kombinieren, um beispielsweise neue Produkte oder Produktionsmethoden am Markt zu etablieren. Im Gegensatz zu diesem Ansatz steht Kirzner (1973). Er geht davon aus, dass der Bedarf nach Produkten oder Dienstleistungen in Märkten entsteht bzw. sich ändert. Entrepreneure sind wiederum definiert als wachsame Individuen, die diese Marktbedürfnisse erkennen und sie zur Profitgenerierung nutzen.

Der zweite Kontext, den Sharma und Chrisman (1999) beschreiben, bezieht sich auf eine Gruppe von Individuen oder ein Individuum alleine, das innerhalb einer bereits bestehenden Organisation unternehmerisch aktiv wird. In diesem Fall sprechen sie von *Corporate* Entrepreneurship. Bei Corporate Entrepreneurship handelt es sich folglich um eine sich auf Organisationsebene befindende Strategie (Rauch et al. 2009). Individuen, die in diesem zweiten Kontext aktiv werden, nennt Pinchot (1985) Intrapreneure. Auch der Begriff Intrapreneur findet seinen Ursprung in der Entrepreneurship-Literatur (Rathna und Vijaya 2009). Er setzt sich aus *Intracorporate* und *Entrepreneur* zusammen und beschreibt nach Vesper (1984) Organisationsmitglieder, die etwas Neues oder Innovatives unternehmen, ohne dass dies zwingend von ihren Vorgesetzten erwartet bzw. explizit erlaubt wird. Sie setzen sich also über Barrieren innerhalb ihrer Organisation hinweg. Individuen, die dieses Verhalten an den Tag legen, beschreibt Pinchot (1985) daher als „dreamers who do" (Pinchot 1985, IX).

Entrepreneure und Intrapreneure agieren dementsprechend in grundlegend verschiedenen Kontexten. Nichtsdestotrotz gibt es Parallelen zwischen beiden unternehmerischen Alternativen. Sowohl für die unabhängige Gründung (Entrepreneurship), als auch für das Schaffen von etwas Neuem durch Intrapreneure bedarf es eines gewissen Maßes an unternehmerischer Selbstwirksamkeit (Douglas und Fitzsimmons 2013). Darüber hinaus findet Martiarena (2013), dass sich Entrepreneure und Intrapreneure (die finanziell beteiligt sind) auch hinsichtlich ihrer Risikoneigung ähneln und mehr Risiko eingehen, als Beschäftigte, die nicht unternehmerisch handeln.

Trotz dieser Gemeinsamkeiten zwischen Entrepreneuren und Intrapreneuren geht aus empirischen Studien hervor, dass es sich um zwei verschiedene unternehmerische Alternativen handelt. So konnten Douglas und Fitzsimmons (2013) in dem Zusammenhang nachweisen, dass die Intention von Entrepreneurship und Intrapreneurship von Individuen als voneinander strukturell unterschiedliche Karrierealternativen wahrgenommen werden. Tietz und Parker (2012) können zeigen, dass Individuen, die finanzielle Sicherheit und Anerkennung für das Gründungsverhalten als sehr relevant erachten, eher als Intrapreneur aktiv werden. Des weiteren zeigt Parker (2011) in einer Studie von mehr als 1200 unternehmerischen Individuen, dass für Individuen mit ausgeprägtem allgemeinen Humankapital[1]

---

[1] Parker (2011) stützt sich auf die Unterscheidung von allgemeinem und spezifischem Humankapital nach Becker (1964). Hierbei bezieht sich allgemeines Humankapital auf Fähigkeiten, Wissen und Erfahrungen, die organisationsunabhängig verwendet werden können (und bspw. durch Schulen und Hochschulen vermittelt werden). Spezifisches Humankapital dagegen bezieht sich auf Fähigkeiten aus Trainingsprogrammen von Organisationen, die primär für eben die vermittelnde Organisation notwendig sind.

die Alternative des Entrepreneurship attraktiver ist, als die des Intrapreneurship. Allerdings werden beide unternehmerischen Alternativen im Vergleich zu einem Angestelltenverhältnis bevorzugt. Aus seiner Studie geht außerdem hervor, dass die Art der unternehmerischen Chance einen Einfluss auf die Wahl der unternehmerischen Alternative hat. So werden Möglichkeiten aus dem Business-to-Business Bereich und solche, deren Produkte oder Dienstleistungen einzigartige Eigenschaften aufweisen, eher im Rahmen von Intrapreneuership als Entrepreneurship umgesetzt (Parker 2011). Die Studie von Martiarena (2013) zeigt darüber hinaus, dass Entrepreneure im Vergleich zu Intrapreneuren eine höhere Vergütung für ihre Tätigkeit erwarten und eher unternehmerische Chancen wahrnehmen. Außerdem kann Martiarena (2013) zeigen, dass Entrepreneure ihre unternehmerischen Fähigkeiten im Vergleich zu Intrapreneuren als stärker wahrnehmen.

Zusammenfassend kann hier festgehalten werden, dass die Literatur an der Schnittstelle von Entrepreneurship und Intrapreneurship zwar noch in den Anfängen steckt, jedoch bereits erste Gemeinsamkeiten und Unterschiede offenlegt. Mit Blick auf den bisherigen Forschungsstand und als Grundlage für die vorliegenden Studie ist die Untersuchung von Parker (2011) besonders interessant. Er stellt fest, dass es neben direkt erkennbaren auch verdeckte Attribute gibt, die ein Individuum prädisponieren, ohne näher auf diese Attribute einzugehen. Es erscheint daher sehr sinnvoll, den Ursprung solcher Prädispositionen zu beleuchten. Hierfür greift die vorliegende Studie auf den Prägungsansatz zurück und ergänzt diesen um ein intentionsbasiertes Erklärungsmodell.

4.2.2 Prägungsansatz als Bezugspunkt

Der Begriff Prägung (Imprinting) wurde und wird nach wie vor in verschiedenen Kontexten mit unterschiedlichen Bedeutungen verwendet. Ursprünglich kommt er aus den Naturwissenschaften (Marquis und Tilcsik 2013) wo er beispielsweise im Zusammenhang mit Studien, die sich mit der Verhaltensforschung von menschlichen und tierischen Wesen beschäftigen, verwendet wird (Hess 1972). Von diesem Kontext ausgehend, ist der Prägungsansatz auch auf andere Bereiche wie der Organisationstheorie und im Rahmen der Sozialforschung angewendet worden. Im Zusammenhang mit Prägungen und der Organisationslehre wird Stinchcombe (1965) als Vorreiter begriffen. Er untersuchte die Frage, warum Unternehmen (der gleichen Industrie), die in kurzem zeitlichen Abstand ihre Entstehung haben, sich auch Jahrzehnte später noch in ihrer Struktur ähneln (Stinchcombe 1965). Er kommt zu der Erkenntnis, dass dieses Phänomen zumindest teilweise auf die zur Gründungszeit vorherrschenden sozialen Strukturen zurückgeht. So zeichnen sich Unternehmen, die vor 1900 gegründet wurden, im Vergleich zu solchen, die später entstanden sind, beispielsweise durch die Abwesenheit von größeren Personalabteilungen aus (Stinchcombe 1965).

Um für eine Präzisierung des Begriffes der Prägung zu sorgen, haben Marquis und Tilcsik (2013) eine neue Definition entwickelt und die Literatur hierzu geordnet. Hierbei haben sie auf die ursprüngliche bioökologische Form der Prägung abgestellt, diese allerdings ergänzt, sodass Prägung definiert ist als:

"a process whereby, during **a brief period of susceptibility**, a focal entity develops characteristics that **reflect prominent features of the environment**, and these characteristics **continue to persist** despite significant environmental changes in subsequent periods." [Hervorhebungen durch den Verfasser] (Marquis und Tilcsik 2013, S. 199)

Bevor auf die drei hervorgehobenen Kernelemente dieser Definition eingegangen wird, ist es sinnvoll, den bewusst weichen Begriff der „focal entity", also der Einheit, die Prägungen ausgesetzt sein kann, zu spezifizieren. Marquis und Tilcsik (2013) unterscheiden zwischen vier verschiedenen Einheiten, nämlich (1) Organisationskollektiven bzw. Industrien; (2) Organisationen; (3) Organisationseinheiten und (4) Individuen, die jeweils geprägt werden können. Da unternehmerische Individuen im Fokus der Forschungsfrage stehen, beschränkt sich die Arbeit dementsprechend im Folgenden auf die vierte dieser Dimensionen, dem Individuum als geprägte Einheit.

Nachdem der Begriff der „focal entity" nun also entsprechend der Forschungsfrage auf die Individualebene eingegrenzt wurde, können die drei Kernelemente des Prägungsansatzes nach Marquis und Tilcsik (2013) beleuchtet werden:

1. **Sensible Phase**: Eine sensible Phase ist definiert als eine Phase der besonderen Empfänglichkeit für äußere Einflüsse (Marquis und Tilcsik 2013). Solche Phasen treten häufig in Zeiten der frühen Karriereentwicklung auf (Higgins 2005), sind allerdings keinesfalls auf diese beschränkt. Es ist vielmehr so, dass jede Schlüsselentwicklungsstufe, die eine Form von Übergangsphase darstellt, während derer das Individuum seine Rolle ändert (beispielsweise aus dem Studium in die Berufswelt wechselt), eine sensible Phase markiert (Marquis und Tilcsik 2013). Diese breitere Betrachtungsweise inkludiert dementsprechend sowohl Phasen während der Kindheit und Jugend, wie beispielsweise dem Start der Schulzeit oder beginnenden Aktivitäten in Sportvereinen, als auch spätere Ausbildungs- und Studienabschnitte, sowie erste Berufsphasen.
2. **Reflektion der Umwelt**: Der Aspekt der Reflektion der Umwelt bezieht sich auf die Prägungsquellen deren Einflüsse das Individuum absorbiert und in seinem zukünftigen Handeln reflektiert. In der bisher bestehenden Literatur lassen sich hauptsächlich drei verschiedene Prägungsquellen identifizieren, nämlich die Umwelt, Organisationen und Bezugspersonen (Simsek et al. 2015; Marquis und Tilcsik 2013).
3. **Persistenz**: Prägungen weisen eine gewisse Persistenz auf, überdauern also für einen längeren Zeitraum, auch wenn Rahmenbedingungen sich gegebenenfalls ändern. In diesem Zusammenhang zeigen Studien aus verschiedenen Kontexten, dass Individuen wie beispielsweise Manager bei einem Jobwechsel Verhaltensweisen aus einer Organisation mit in die nächste Organisation tragen (Higgins 2005).[2]

---

[2] An dieser Stelle muss angemerkt werden, dass in der Literatur ein Diskurs um das Thema der Persistenz von Prägungen aufkommt (Marquis und Tilcsik 2013), der hinterfragt, ob Prägungen durch Einflüsse in neuen sensitiven Perioden überlagert und verstärkt bzw. abgeschwächt werden. Obwohl dieser Diskurs zurzeit besteht, liegt der Grundgedanke von Prägung darin, dass der Einfluss zumindest für eine gewisse Zeit überdauert, weswegen auch in dieser Arbeit davon ausgegangen wird, dass

4.2.3 Intentionsbasierter Ansatz des Verhaltens als Bezugspunkt

Der zweite theoretische Bezugspunkt, der im Rahmen der Entwicklung des konzeptionellen Modells eine zentrale Rolle spielt, ist ein intentionsbasierter Ansatz des Verhaltens. Krueger et al. (2000) argumentieren, dass intentionsbasierte Modelle das unternehmerische Verhalten von Individuen besser erklären als Modelle, die lediglich situative Rahmenbedingungen erfassen. Zur Erklärung von unternehmerischem Verhalten werden zumeist die Theorie des geplanten Verhaltens (Ajzen 1991) und das Entrepreneurial Event Model (Shapero und Sokol 1982) herangezogen. Der Theorie des geplanten Verhaltens zufolge hängt ein bestimmtes Verhalten stark mit der Intention, dieses Verhalten auszuüben, zusammen. Diese Intention wiederum wird durch drei Faktoren, nämlich der Einstellung bezüglich besagtem Verhalten, der Wahrnehmung von sozialen Normen und der wahrgenommenen Kontrolle (Realisierbarkeit) des Verhaltens beeinflusst (Krueger et al. 2000). Dem Entrepreneurial Event Model folgend hängt das Verhalten ebenso von der Intention ab, dieses Verhalten auszuüben. Die Intention wird wiederum von der wahrgenommenen Realisierbarkeit, der wahrgenommenen Erwünschtheit und der Handlungsneigung beeinflusst. In Anlehnung an die einschlägige Forschung (Fitzsimmons und Douglas 2011; Krueger et al. 2000) fokussiert diese Arbeit zur Bildung der Propositionen die wahrgenommene Realisierbarkeit und wahrgenommene Erwünschtheit, die sich in beiden Theorien wiederfinden. Die wahrgenommene Erwünschtheit beschreibt die persönlich empfundene Attraktivität des unternehmerischen Verhaltens. Die wahrgenommene Realisierbarkeit dagegen ist definiert als das Ausmaß zu dem sich das Individuum dazu im Stande fühlt, unternehmerisch aktiv zu sein (Shapero und Sokol 1982).

4.3 Prägung und die Wahl der unternehmerischen Alternative

Im folgenden Abschnitt werden die Bezugspunkte des Prägungsansatzes und des intentionsbasierten Ansatzes des Verhaltens zusammengeführt, um Propositionen zu bilden, die den Zusammenhang von Prägungsquellen und der Wahl der unternehmerischen Alternative darstellen. Im Kern stellt die Arbeit darauf ab, dass die Wahl der unternehmerischen Alternative von ihrer relativen Intention abhängt. Diese entsteht dadurch, dass Entrepreneurship und Intrapreneurship als unterschiedlich realisierbar bzw. erwünscht wahrgenommen werden kann und somit eine relative wahrgenommene Realisierbarkeit bzw. Erwünschtheit vorhanden ist (P1). Die einzelnen Einflüsse der drei Prägungsquellen, die dieser relativen wahrgenommenen Realisierbarkeit und Erwünschtheit der unternehmerischen Alternativen zugrunde liegen, werden dann in den Propositionen 2a bis 4b hergeleitet (Abb. 4.1).

Prägungsquellen während sensibler Phasen einen anhaltenden Effekt auf das unternehmerische Verhalten von Individuen haben können. Dies erscheint nicht zuletzt wegen Studien wie beispielsweise der von Degeorge und Fayolle (2008) angemessen, da sie zeigen, dass die Intention unternehmerisch aktiv zu werden, zeitlich stabil ist, nachdem sie erzeugt wurde.

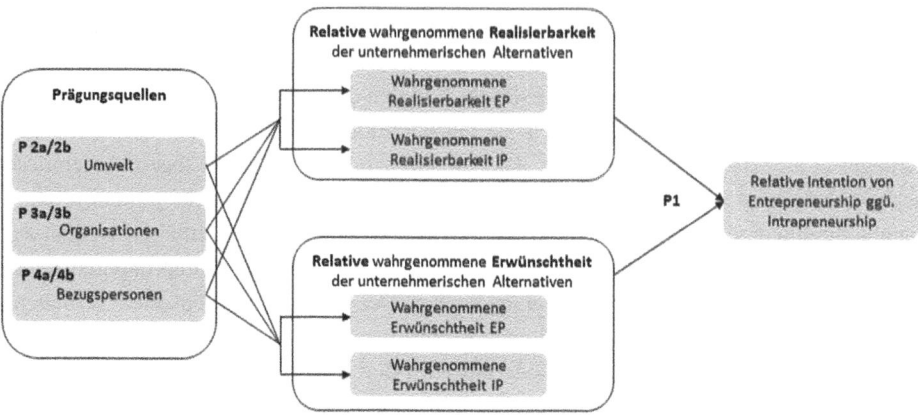

Abb. 4.1 Konzeptionelles Modell (EP: Entrepreneurship; IP: Intrapreneurship; P: Proposition)

4.3.1 Zusammenhang zwischen Prägungsquellen und der Wahl der unternehmerischen Alternative

Wie aus der theoretischen Grundlage hervorgeht, basiert die Intention zu unternehmerischem Verhalten auf dessen wahrgenommener Erwünschtheit bzw. Realisierbarkeit. Der Grundgedanke des an dieser Stelle entwickelten konzeptionellen Modells liegt darin, dass Entrepreneuership und Intrapreneurship verschiedene Karrierealternativen sind, die dementsprechend auch als unterschiedlich erwünscht bzw. realisierbar wahrgenommen werden können. In der Tat zeigen Douglas und Fitzsimmons (2013) in ihrer Arbeit zur Intention von Intrapreneurship und Entrepreneurship, dass beide Alternativen von den Teilnehmern der Studie als verschiedene Karrierealternativen wahrgenommen werden. Sie können diesen Befund damit untermauern, dass die Entrepreneurship Intention mit einer höheren Einkommenserwartung, einem höheren Autonomiestreben und einem verstärkten Anspruch Mehrheitseigner zu sein, in positiver Beziehung steht. Die Intrapreneurship Intention dagegen steigt mit zunehmender Risikoaversion (Douglas und Fitzsimmons 2013). Durch diese Unterschiede wird deutlich, dass die Intention von Entrepreneurship und Intrapreneurship davon abhängen kann, wie wünschenswert ein Individuum die angeführten Attribute empfindet.

Wenn man sich der zweiten Antezedens beider Alternativen widmet, ist anzumerken, dass die Karrierealternativen auch als unterschiedlich realisierbar wahrgenommen werden können. Dies liegt zum einen daran, dass sich das Humankapital unterscheidet, welches für beide Alternativen benötigt wird (Parker 2011). Parker (2011) zeigt beispielsweise, dass allgemeines Humankapital wie kommunikative oder analytische Fähigkeiten im Rahmen des Entrepreneurship stärker benötigt wird, wohingegen spezifisches Humankapital, das sehr stark an die Arbeit für einen bestimmten Arbeitgeber gekoppelt sein kann, eine wichtige Grundlage für Intrapreneurship darstellt. Diese These kann zusätzlich durch einen Befund von Douglas und Fitzsimmons (2013) untermauert werden, da beispielsweise der Effekt von unternehmerischer Selbstwirksamkeit auf die Intention von Entrepreneurship mehr als doppelt so groß ist, wie auf die Intrapreneurship Intention. Zum anderen unterscheidet sich auch der Zugang zu Ressourcen beider Alternativen (Parker 2011), wodurch Geschäftsideen im Rahmen beider Alternativen als unterschiedlich realisierbar erscheinen können.

Da sich beide Alternativen hinsichtlich der wahrgenommenen Realisierbarkeit und Erwünschtheit unterscheiden lassen, wird die folgende erste Proposition gebildet:

> **P1.** Die Intention eines unternehmerischen Individuums als Entrepreneur oder Intrapreneuer aktiv zu werden, beruht auf der relativen wahrgenommenen Realisierbarkeit und Erwünschtheit von einer Alternative gegenüber der anderen.

Sieger und Monsen (2015) fordern, dass die Forschung zur Entwicklung von Intentionsmodellen auf verschiedene (nahe) Alternativen gleichzeitig eingehen sollte, da somit die Güte des Modells erhöht werden könne. Insbesondere in den Situationen, in denen ein Individuum die Wahl zwischen verschiedenen (für ihn attraktiven) Alternativen hat, ist es auch nach Ajzen und Fishbein (1969) zielführend, beide Alternativen in Relation zueinander zu betrachten, um die Genauigkeit des Modells zu erhöhen (1969). Im Folgenden werden daher immer die Erwünschtheit und Realisierbarkeit beider unternehmerischer Alternativen betrachtet. Die Grundlogik des entwickelten konzeptionellen Models besteht darin, dass Prägungsquellen auf die Erwünschtheit bzw. Realisierbarkeit einer unternehmerischen Alternative wirken können ohne zwangsläufig den gleichen Effekt für die Erwünschtheit bzw. Realisierbarkeit der jeweils anderen Alternative zu haben. Um diesen Zusammenhang nachvollziehbar und detailliert darzustellen, werden im Folgenden Propositionen für die einzelnen Prägungsquellen entwickelt.

4.3.2 Prägung durch die Umwelt

Als die erste der drei prägungsrelevanten Quellen, beschreiben Marquis und Tilcsik (2013) Umweltbedingungen. Im Zusammenhang mit dieser Prägungsquelle ist zu erwarten, dass die politische Umgebung ein unternehmerisches Individuum prägen kann. Ein Grund hierfür können die unterschiedlichen bürokratischen Hürden in verschiedenen Ländern (Djankov et al. 2000) sowie auch erhebliche Unterschiede bezüglich der Ausgestaltung des Arbeits-, Steuer- und Insolvenzrechts, sowie der Finanzmarktpolitik sein (Andersson et al. 2014). Die Ausgestaltung, die beispielsweise in Schweden vorliegt und die damit einhergehenden erschwerten Gründungsvoraussetzungen könnte sich negativ auf die wahrgenommene Realisierbarkeit von Entrepreneurship auswirken, wobei laut des Global Entrepreneurship Monitors in Schweden gleichzeitig überproportional viel Intrapreneurship zu beobachten ist (Andersson et al. 2014).[3] Neben diesen politischen Gründen, ist auch ein

---

[3] Intrapreneure konnten im Rahmen der Datenerhebung des Global Entrepreneurship Monitors darüber identifiziert werden, dass Individuen sich in einem Angestelltenverhältnis befanden und aktiv bei der Ideenfindung und bzw. oder bei der Nutzung der unternehmerischen Chance involviert waren Bosma et al. (2014).

Einfluss durch die ökonomische Umwelt zu erwarten. Der Global Entrepreneurship Monitor zeigt, dass sich das Verhältnis von Intrapreneurship- und Entrepreneurship Aktivitäten zu anderen Beschäftigungsformen auf nationaler Ebene unterscheidet (Benyovszki et al. 2013). So sind in Norwegen oder den Niederlanden, die durch ihre gute wirtschaftliche Lage zu den sogenannten innovationsgetriebenen Ökonomien zählen, durchschnittlich bis zu 5 % der Arbeitnehmer als Intrapreneure aktiv sind (Bosma et al. 2014). Im Gegensatz hierzu ist der Anteil an Intrapreneuren in wirtschaftlich schwächeren Ländern wie dem Iran oder Peru im Durchschnitt nur gut halb so groß, es finden sich dort aber prozentual deutlich mehr Entrepreneure (Bosma et al. 2014). Ein Grund dafür kann darin begründet liegen, dass in solchen Ökonomien schlicht die Anzahl an großen Organisationen höher ist und diese Organisationen durch den Zugang zu und die effektive Kontrolle von Ressourcen Intrapreneurship erst möglich machen (Burgelman 1983). Aus diesen Argumenten ergibt sich folgende zweite Proposition:

▶ **P2a.** Die ökonomische und politische Umwelt, in der sich ein Individuum befindet, kann die *wahrgenommene Realisierbarkeit* von Entrepreneurship und Intrapreneurship getrennt voneinander prägen und hat damit einen Einfluss auf die relative wahrgenommene Realisierbarkeit beider Alternativen.

Beim erneuten Blick auf wirtschaftlich starke Ökonomien mit vergleichsweise hohen Löhnen ist zu erwarten, dass die Umwelt auch einen Einfluss auf die relative wahrgenommene Erwünschtheit der unternehmerischen Alternativen hat. Durch die höheren Löhne entstehen Opportunitätskosten, die ein Individuum bei einer unabhängigen Gründung tragen muss (Amit et al. 1995). Entsprechend ist anzunehmen, dass die wahrgenommene Erwünschtheit von Entrepreneurship im Vergleich zu Intrapreneurship mit steigenden Opportunitätskosten (wie dem kurzfristigen Verzicht auf zumindest einen Teil des Gehaltes) sinkt. Amit et al. (1995) zeigen beispielsweise in einer Längsschnittstudie, dass Angestellte, die sich dazu entschieden haben in die Selbstständigkeit zu wechseln, durchschnittlich 12 % weniger verdienen. Dieses Argument wird unterstützt, da Blanchflower und Oswald (1998) zeigen, dass Finanzierungsfragen und die Angst vor ungesichertem Einkommen die größten Bedenken bei Menschen erzeugen, die die Selbstständigkeit erwägen. Neben den Opportunitätskosten gibt es auch Argumente dafür, dass die politische Situation der Umwelt sich auf die relative wahrgenommene Erwünschtheit beider Alternativen auswirkt. Lee et al. (2007) legen nahe, dass es regionale Unterschiede hinsichtlich institutioneller Rahmenbedingungen wie dem Insolvenzrecht gibt, die Entrepreneurship attraktiver oder weniger attraktiv erscheinen lassen können. Cardon et al. (2011) zeigen darüber hinaus empirisch, dass das Scheitern von Gründern in verschiedenen Regionen latent unterschiedlich wahrgenommen wird und führen dieses u. a. ebenso auf unterschiedliche Ausgestaltungen des Insolvenzrechts zurück. Obwohl die Stigmatisierung von Scheitern nicht alleine in der Ausgestaltung solcher Gesetze liegt, sondern beispielsweise auch durch soziale Werte (Landier 2006) beeinflusst wird, können politische Rahmenbedingungen dazu führen, dass die wahrgenommene Erwünschtheit einer unternehmerischen Alternative – in diesem Fall Entrepreneurship – negativ beeinflusst wird, ohne dass der gleiche Effekt hinsichtlich der anderen Alternative – hier Intrapreneurship – entsteht, sodass folgende Proposition abgeleitet werden kann:

> **P2b**. Die ökonomische und politische Umwelt, in der sich ein Individuum befindet, kann die *wahrgenommene Erwünschtheit* von Entrepreneurship und Intrapreneurship getrennt voneinander prägen und hat damit einen Einfluss auf die relative wahrgenommene Erwünschtheit beider Alternativen.

4.3.3 Prägung durch Organisationen

Neben der Umwelt können auch Organisationen einen prägenden Einfluss auf das Verhalten von Individuen haben (Marquis und Tilcsik 2013). Higgins (2005) führt an, dass die Kultur, die in einer Organisation herrscht, maßgeblich zur Bildung von Human- und Sozialkapital sowie dem Wertebild von Organisationsmitgliedern beiträgt und diese dadurch in bleibender Weise prägt. Hornsby et al. (2002) haben gezeigt, dass zur erfolgreichen Realisierung von Intrapreneurship maßgeblich fünf Voraussetzungen gegeben sein müssen, nämlich Managementunterstützung, Freiräume, Belohnungen, Zeit und organisationale Rahmenbedingungen. Unternehmen, in denen diese fünf Antezedenzien schwach ausgeprägt sind, können Beschäftigte in Bezug auf die wahrgenommene Realisierbarkeit von Intrapreneurship also negativ prägen. Darüber hinaus kann Kacperczyk (2012) zeigen, dass in großen Organisationen ein negativer Zusammenhang mit Entrepreneurship existiert, es verlassen also weniger Beschäftigte die Organisation, um selbst zu gründen. Dieser Umstand wird auf die starke Aufgabenspezialisierung und ein strengeres Controlling zurückgeführt, was dazu führt, dass weder die Fähigkeiten, noch die Motivation zu unabhängigem unternehmerischem Handeln entstehen (Kacperczyk 2012). Die Studie zeigt aber auch, dass die zunehmende Größe und das Alter von Organisationen einen positiven Effekt auf Intrapreneurship haben. Dieses wird mit dem *Enabling Effect* begründet, nachdem große Unternehmen überhaupt erst die Ressourcen zur Umsetzung von Intrapreneurship bereitstellen können (Kacperczyk 2012). Es ist also davon auszugehen, dass Organisationen einen unterschiedlichen Effekt hinsichtlich der wahrgenommenen Realisierbarkeit beider unternehmerischer Alternativen haben können.

Neben Arbeitgebern spielen auch Bildungseinrichtungen (z. B. Schulen und Hochschulen) eine Rolle für die Wahrnehmung der Realisierbarkeit unternehmerischer Alternativen. Studierende werden in dieser sensiblen Phase für ihre späteren Rollen innerhalb der Berufswelt sozialisiert (Lee und Battilana 2013). Lee und Battilana (2013) zeigen in dem Zusammenhang, dass Sozialunternehmer mit wirtschaftswissenschaftlicher Ausbildung eher kommerzialisierbare Aspekte in ihren Unternehmen integrieren. Bedenkt man in diesem Zusammenhang, dass das Humankapital von Individuen einen Einfluss darauf hat, ob sie eher als Entrepreneur oder Intrapreneur aktiv werden (Parker 2011), lässt sich vermuten, dass auch das in Bildungseinrichtungen vermittelte Wissen und die Fähigkeiten für die Wahl der unternehmerischen Alternative prägend sein können. Studien konnten zeigen, dass Individuen, die an Entrepreneurship Kursen teilgenommen haben, eine höhere Intention aufweisen selbst als Gründer aktiv zu werden, da die wahrgenommene Realisierbarkeit dieser unternehmerischen Alternative steigt (Degeorge und Fayolle 2008; Martin et al. 2013). Aus den vorgenannten Argumenten lässt sich folgende Proposition ableiten:

▶ **P3a.** Organisationen können die *wahrgenommene Realisierbarkeit* von Entrepreneurship und Intrapreneurship getrennt voneinander prägen und haben damit einen Einfluss auf die relative wahrgenommene Realisierbarkeit beider Alternativen.

Ein prägender positiver Einfluss auf die wahrgenommene Erwünschtheit von Intrapreneurship kann u. a. in der Beteiligung der Beschäftigten am Erfolg des Unternehmens vermutet werden. Monsen et al. (2010) konnte zeigen, dass eine höhere Gewinnbeteiligung von unternehmerischen Mitarbeitern dazu führt, dass sie eher innovative Projekte vorantreiben. Umgekehrt zeigt Subramanian (2005), dass ein geringeres Maß an Gewinnbeteiligung der Mitarbeiter zu mehr unabhängigen Unternehmensgründungen außerhalb der Organisation führt. Ähnlich zeigt Hellmann (2007) auf, dass sich die Besitzverhältnisse am geistigen Eigentum auf die Entscheidung von Beschäftigten, als Intrapreneur oder Entrepreneur aktiv zu werden, auswirken. Eine Prägung der Erwünschtheit beider Alternativen durch Organisationen liegt also nahe.

Obwohl sich empirische Nachweise dafür finden lassen, dass der Verdienstanspruch von Entrepreneuren höher ist, als der von Intrapreneuren (Martiarena 2013) und die beschriebene Ausgestaltung des Anreizsystems von Organisationen dementsprechend einen Einfluss auf die relative Erwünschtheit beider Alternativen von Mitarbeitern haben kann, sind unternehmerische Individuen nicht nur monetär getrieben. Vielmehr ist auch das Streben nach Autonomie eines der grundlegenden Motive für unternehmerische Individuen (Benz und Frey 2008). Der Logik aus den vorher angeführten Beispielen folgend, kann das Maß, in dem eine Organisation einem Mitarbeiter im Rahmen von Intrapreneurship Autonomie ermöglicht (oder eben nicht) auch dazu führen, dass Entrepreneurship gegenüber Intrapreneurship als wünschenswerter wahrgenommen wird. Die angeführten Argumente führen zur nächsten Proposition:

▶ **P3b.** Organisationen können die *wahrgenommene Erwünschtheit* von Entrepreneurship und Intrapreneurship getrennt voneinander prägen und haben damit einen Einfluss auf die relative wahrgenommene Erwünschtheit beider Alternativen.

4.3.4 Prägung durch Bezugspersonen

Als dritte Prägungsquelle messen Marquis und Tilcsik (2013) Bezugspersonen eine Bedeutung im Rahmen der Prägung von Individuen bei. Zwei Gruppen von Bezugspersonen, die sehr prägend sein können, sind Eltern (Lee und Battilana 2013; Keller und Whiston 2008) und Kollegen (Kacperczyk 2013; McEvily et al. 2012).

Individuen mit selbstständigen Eltern können leichter auf deren Netzwerk und die damit verbundenen Ressourcen zurückgreifen, die sie für die eigene Selbstständigkeit benötigen (Kim et al. 2006). Da es für Intrapreneure im Gegensatz hierzu von elementarer Bedeutung ist, *innerhalb* der Organisation in der sie aktiv werden, gut vernetzt zu sein, um ihre Idee in die Organisation zu tragen (Desouza 2011; Starr und MacMillan 1990), ist anzunehmen, dass das Netzwerk selbstständiger Eltern die wahrgenommene Realisierbarkeit von Entrepreneurship stärker prägt, als die von Intrapreneurship. Gleiches gilt für die Anwendbarkeit von Humankapital, welches selbstständige Eltern ihren Kindern vermitteln und welches sie dann besser für eine unabhängige Gründung rüstet. So zeigen Barnir und McLaughlin (2011), dass Entrepreneure, deren Eltern selbstständig sind, eher Pläne wie z. B. Finanzpläne oder Marketingkonzepte aufstellen, als solche, deren Eltern dieses nicht sind. Barnir und McLaughlin (2011) resümieren basierend auf der Theorie des sozialen Lernens, dass Kinder die Verfolgung solcher Ansätze während ihrer Jugend beobachtet haben und somit Humankapital aufbauen konnten, welches sie in der Folge anwenden. Dieses während der Jugend vermittelte Humankapital erhöht dementsprechend die wahrgenommene Realisierbarkeit von Entrepreneurship. Da sich das für Entrepreneurship und Intrapreneurship benötigte Humankapital insofern unterscheidet, als analytische und kommunikative Fähigkeiten sowie Wissen über unternehmerische Chancen – also allgemeines Humankapital (Parker 2011) – für den Einzelnen im Rahmen von Entrepreneurship wichtiger sind als bei Intrapreneurship (Parker 2011), muss hinsichtlich der wahrgenommenen Realisierbarkeit beider Alternative hieraus kein zwangsläufig gleicher Effekt entstehen.

Eine weitere Gruppe wichtiger Bezugspersonen, die Individuen ebenfalls prägen können, sind Kollegen (Azoulay et al. 2017; Kacperczyk 2013; Bercovitz und Feldman 2008; McEvily et al. 2012). Kacperczyk (2013) zeigt, dass Studienkollegen bzw. deren Gründungsverhalten einen Einfluss auf den Weg in die Selbstständigkeit von Hedge-Fonds Managern hat. Sie zeigt insbesondere, dass die Wahrscheinlichkeit der unabhängigen Gründung steigt, wenn Individuen mit mehr (späteren) Gründern an derselben Universität studiert und interagiert hat (Kacperczyk 2013). Kacperczyk (2013) begründet ihren Befund vor allem dadurch, dass Kommilitonen durch ihre Zeit an der Universität eine Beziehung entwickeln, die auch nach Verlassen der Universität zu einem wertvollen Austausch von „novel information" (Kacperczyk 2013, S. 667) führt. Diese Informationen können dann wiederum zur Erkennung von unternehmerischen Chancen genutzt werden (Tang et al. 2012). Entrepreneure erkennen im Vergleich zu Intrapreneuren eher solche

Chancen (Martiarena 2013), weshalb davon ausgegangen werden kann, dass die wahrgenommene Realisierbarkeit beider unternehmerische Alternativen unterschiedlich stark beeinflusst wird. Der Effekt von früheren Kollegen auf die spätere Karriereentwicklung von Individuen in neuen Anstellungen wird auch durch McEvily et al. (2012) bestätigt. Aus diesen Gründen folgt die nächste Proposition:

▶ **P4a**. Bezugspersonen können die *wahrgenommene Realisierbarkeit* von Entrepreneurship und Intrapreneurship getrennt voneinander prägen und haben damit einen Einfluss auf die relative wahrgenommene Realisierbarkeit beider Alternativen.

Eine Möglichkeit zur Erklärung dafür, dass Eltern auch die relative wahrgenommene Erwünschtheit beider Alternativen prägen, liegt darin begründet, dass Kinder selbstständiger Eltern direkt erleben, welche Opfer man für diesen Karrierepfad aufbringen muss (Stavrou und Swiercz 1998; Zellweger et al. 2011). Obwohl sie zweifelsohne auch positive Nebeneffekte der Selbstständigkeit erfahren, kann dieser Karrierepfad als weniger wünschenswert erscheinen, insbesondere wenn Kinder erleben, dass ihre Eltern scheitern (Mungai und Velamuri 2011). In der Tat zeigen Zellweger et al. (2011), dass Individuen, die aus unternehmerischen Haushalten kommen und eine hohe wahrgenommene Realisierbarkeit von Entrepreneurship aufweisen, diese Option nicht zwangsläufig auch als wünschenswert einstufen. Berücksichtigt man in diesem Zusammenhang, dass Eltern ihre Kinder nachweislich hinsichtlich von Autonomiestreben (Zellweger et al. 2011) und Risikotoleranz (Barnir und McLaughlin 2011) prägen und diese Eigenschaften auch Teil der Identität von Intrapreneuren sind (Martiarena 2013; Tietz und Parker 2012), erscheint es logisch, dass die relative wahrgenommene Erwünschtheit von Intrapreneurship gegenüber Entrepreneurship in solchen Fällen positiv durch die Eltern geprägt wird.

Die Wahrnehmung der Erwünschtheit eines bestimmten Verhaltens hängt auch davon ab, wie ein Individuum die Reaktion der Umwelt auf dieses Verhalten einschätzt (Krueger et al. 2000). Azoulay et al. (2017) zeigen, dass sich das Patentierverhalten (als Form der Kommerzialisierung von Forschungsergebnissen) von Post-Doc Forschern ihren Betreuern anpasst, obgleich sie nachweislich nicht durch Selbstselektion mit Bezug auf dieses unternehmerische Verhalten zusammenfinden. Dieser Prozess, den sie als „partly deliberate matching process" (Azoulay et al. 2017, S. 15) beschreiben, deutet darauf hin, dass die wahrgenommene Erwünschtheit unternehmerischen Verhaltens eines Post-Doc Forschers durch seine Kollegen (insbesondere seine Mentoren) geprägt wird. Diese These unterstützend zeigen Bercovitz und Feldman (2008), dass Forscher aus transferstarken Fachbereichen selbst auch aktiver im Technologietransfer sind. Sie begründen dies damit, dass der verstärkte Technologietransfer eines Bereiches dazu führt, dass ein ansonsten als irrelevant oder sogar unangebracht empfundenes Verhalten der Kommerzialisierung als wünschenswert vorgelebt und somit von neuen Mitgliedern des Bereiches als solches verstanden wird (Bercovitz und Feldman 2008). Da das geistige Eigentum an solchen patentierbaren Forschungsergebnissen in den aller meisten Fällen bei der Universität verbleibt (Thursby et al. 2001), ist ein höherer Effekt der Kollegen als Prägungsquelle auf die wahrgenommene Erwünschtheit von Intrapreneurship als auf Entrepreneurship anzunehmen. Zusammenfassend führt die dargelegte Argumentation diese Arbeit zur folgenden abschließenden Proposition:

▶ **P4b**. Bezugspersonen können die *wahrgenommene Erwünschtheit* von Entrepreneurship und Intrapreneurship getrennt voneinander prägen und haben damit einen Einfluss auf die relative wahrgenommene Erwünschtheit beider Alternativen.

4.4 Fallstudienmethodik und Untersuchungsgegenstand

4.4.1 Fallstudienmethodik und Datenerhebung

Im Rahmen dieser Arbeit wird eine qualitative Datenerhebung durch eine Fallstudie verwendet. Fallstudien können sowohl zur Bildung als auch zur Überprüfung entwickelter Propositionen genutzt werden (Eisenhardt 1989). Da an dieser Stelle bereits ein konzeptionelles Modell entwickelt worden ist, dienen die qualitativen Daten, die mittels dieser Methode erhoben werden dazu, das Modell zu validieren. Einer der Vorteile von Fallstudien zur Validierung von Zusammenhängen eines konzeptionellen Modells ist, dass ein sehr „holistischer" (Yin 2013, S. 45) Ansatz verfolgt werden kann. Dadurch, dass die Forschung hinsichtlich der Wahl der unternehmerischen Alternative noch sehr jung und das Phänomen im Zusammenhang mit Prägungsquellen bisher nach bestem Wissen des Autors nicht untersucht worden ist, scheint dieser Ansatz als besonders geeignet, um einen Grundstein für weitere Forschung legen zu können. Es gibt im Rahmen von qualitativen Studien die Möglichkeit, eine Einzelfallstudie oder vergleichende Fallstudien durchzuführen. Sofern das Phänomen, welches untersucht wird, ein sehr individuelles bzw. seltenes ist, bietet sich insbesondere eine Einzelfallstudie an (Yin 2013). Prägungen eines Individuums sind nach Auffassung dieser Arbeit ein solcher Fall. Ein wichtiger Schritt zur Überprüfung von Theorien mit Hilfe von Fallstudien ist die Fallstudienauswahl (Eisenhardt 1989). Da das Modell darauf abstellt, dass eine Wahlmöglichkeit zwischen unternehmerischen Alternativen besteht, werden diese in der vorliegenden Einzelfallstudie detailliert vorgestellt. Zum Zwecke der Triangulation (Yin 2013) wurden mehrere unterschiedliche Erhebungsmethoden genutzt. Zum einen wurden semistrukturierte Interviews geführt, die sich über mehrere Stunden Material erstrecken. Zum anderen wurde ein Fragebogen entwickelt, der von der fokalen Person der Fallstudie selbstständig ausgefüllt wurde. Darüber hinaus wurden weitere Sekundärdaten (u. a. Lebenslauf) herangezogen.

4.4.2 Beschreibung der Fallstudie

4.4.2.1 Prägungshintergrund des unternehmerischen Individuums

Die Einzelfallstudie, anhand derer die entwickelten Propositionen getestet werden sollen, fokussiert Jan Hoffmann und seinen Prägungshintergrund. Bevor in den nächsten Abschnitten seine beiden unternehmerischen Alternativen vorgestellt werden, wird an dieser Stelle ein Überblick über seinen beruflichen, sowie persönlichen Hintergrund verschafft.

Jan Hoffmann ist 1990 in Bonn geboren. Schon früh war er Situationen ausgesetzt, in denen er selbst unternehmerisch aktiv werden musste, da Angebote in seiner Umwelt fehlten. So gründetet er gemeinsam mit drei Mitstreitern 2006 einen Pfadfinderverein (DPSG Stamm Sankt Franziskus) und ließ zusammen mit Jugendfreunden 2007 einen Jugendverein (KLJB Hersel-Widdig) erneut aufleben. Seine Schulzeit, während derer er auch Gitarrenunterricht gab, beschreibt Jan Hoffmann als gute Zeit. Das Abitur markiert laut seinen Angaben sogar eines seiner größten Hochs. Auch die Zeit in Houston und Alexandria (USA), in der er an einem Schüleraustausch teilnahm, hat ihn in seiner Entwicklung weitergebracht.

Nachdem Jan Hoffmann 2009 das Abitur mit sehr gutem Erfolg bestanden hat, zog es ihn nach Freiburg. Hier begann er ein Lehramtsstudium für die Fächer Mathematik, Biologie und Geografie. Er musste allerdings nach ca. einem Jahr feststellen, dass dieses Studium und der dazugehörige Karrierepfad ihn nicht glücklich machten und er zweifelte daran, ob er das Studium fortführen sollte. Sowohl ein guter Freund, der bereits als Jurist in einer Kanzlei angestellt war und sich dort erfolgreich in die Organisation einbrachte, als auch seine damalige Freundin bestärkten ihn darin, sein Studium abzubrechen.

Nachdem Jan Hoffmann sich dazu durchgerungen hatte, dieses zu tun, startete er mit dem Fach International Business an der Universität in Maastricht. Er selbst beschreibt diese Situation so, dass sie ihm ein gewisses Maß an Mut abverlangte, da er sich nicht leicht damit tat, das Studium abzubrechen. Während seines neuen Bachelorstudiums ist Jan Hoffmann in 2013 für ein halbes Jahr in Neuseeland an der Waikato Universität gewesen, um ein Auslandssemester zu absolvieren. Im Gespräch mit Jan Hoffmann wurde deutlich, dass diese vielen Ortswechsel ein hohes Maß an Flexibilitätsempfinden bei ihm auslösten. Neben dem Studium ging Jan Hoffmann verschiedenen Aktivitäten nach und wurde Mitglied verschiedener Organisationen. So ist er beispielsweise in Stiftungen wie der Studienstiftung des deutschen Volkes oder e-Fellows aufgenommen worden und hat sich hier aktiv eingebracht. Darüber hinaus hat er privaten Nachhilfeunterricht und Gitarrenunterricht gegeben und war stellvertretender Leiter einer großen Studentenorganisation für alpinen Bergsport, dessen Vorstand er ebenso zeitweise angehörte. Ende 2013 musste Jan Hoffmann eine schwere Zeit durchleben, da ein ihm sehr nahestehender enger Verwandter gesundheitliche Probleme bekam, die im Zusammenhang mit seinem Berufsleben standen.

Im Sommer 2014 startete Jan Hoffmann in eine Berufsfindungsphase während derer er sich bewusst verschiedene Organisationen anschauen wollte, um den Grundstein für seine weitere Karriere legen zu können. Die erste Station während dieser Zeit war ein großes Unternehmen aus dem Lebensmitteleinzelhandel (ca. 100.000 Mitarbeiter). Jan Hoffmann arbeitete im Bereich des Produkt- und Handelsmanagements und beschrieb die Zeit zwar als interessant, aber auch als nicht erfüllend, da er sich nicht entfalten konnte, sondern ein sehr kleines Rad in einem sehr großen System war. Die zweite Station, die direkt folgte und ihn weiter darin bestärkte, seinem Unternehmergeist nachzukommen, war ein Bergsportausrüster aus Süddeutschland. Diese mittelständische Unternehmung (ca. 150 Mitarbeiter) ist eine innovative Firma, die ihr Angebot sukzessive ausgebaut hat. Der Ursprung lag in der Entwicklung von Bergsportausrüstung und insbesondere Seilen, an die natürlich höchste Sicherheitsanforderung gestellt wurden, wobei nach und nach auch Produkte für andere Segmente hergestellt wurden (z. B. Seile für Automobilverdecke und Klettergärten). Er beschreibt die Arbeit dort als sehr reizvoll, da er durch die Nähe zu den Geschäftsführern des Unternehmens seiner Idee, unternehmerisch agieren zu können, schon sehr viel näher war, als in der vorherigen Anstellung. Nun stand er an diesem Punkt in seinem Lebenslauf, vor der sehr konkreten Wahl zwischen zwei unternehmerischen Alternativen, die in den folgenden Abschnitten charakterisiert werden.

4.4.2.2 Intrapreneurship Alternative: Neue Geschäftseinheit beim Bergsportausrüster

Zu der Zeit in der Jan Hoffmann eine Anstellung bei dem Bergsportausrüster hatte und in der er vor der Entscheidung stand seine weitere Karriere zu planen, hat sich ihm eine Möglichkeit aufgetan, eine verantwortungsvolle Rolle zu übernehmen, die ihn im Sinne eines Intrapreneurs hätte aktiv werden lassen. Dieser Bergsportausrüster, dessen Kerngeschäft eigentlich – wie erwähnt – im Bereich der Ausrüstung von Klettersportlern oder anderen Segmenten mit Seilen und anderem Sicherheitszubehör war, wollte sein Portfolio erweitern. Im Zuge dieses Wachstums wurde ein kleines agiles Bekleidungsunternehmen gekauft, welches vorrangig Hosen aber auch andere Textilien für den Klettersport herstellt und vertreibt. Jan Hoffmann beschreibt die Marke der gekauften Firma als sehr jung und modern, sodass er sich sehr gut mit ihr identifizieren konnte. Die Tätigkeit, die Jan Hoffmann im Zuge der Übernahme angeboten worden ist, hätte sich damit beschäftigt, die Marke in das Portfolio des Bergsportausrüsters zu integrieren und als Teil der Muttergesellschaft am Markt zu entwickeln. An dieser Tätigkeit reizte ihn, dass er für die neue Marke verantwortlich gewesen wäre und viele Entscheidungen hätte treffen können. Trotzdem war ihm bewusst, dass er seine Aufgabe nur erfolgreich hätte wahrnehmen können, wenn die Prozesse innerhalb dieser neuen Geschäftseinheit mit denen der Muttergesellschaft abgestimmt sind. Außerdem formulierte Jan Hoffmann während des Interviews, dass ihm auch bewusst war, dass die Kulturen beider Unternehmen zwar ähnlich aber dennoch mit Unterschieden versehen waren. Während Jan Hoffmann den Teil der neuen Geschäftseinheit als sehr innovativ und unternehmerisch beschreibt, brachte er auch zum Ausdruck, dass der Bergsportausrüster trotz der kontinuierlichen Weiterentwicklungen seines Portfolios eher traditionell eingestellt war. Darüber hinaus bestand für Jan Hoffmann nicht die Möglichkeit, an der neuen Geschäftseinheit durch Anteile beteiligt zu werden. Letztendlich kam es dazu, dass sich Jan Hoffmann für seine zweite unternehmerische Alternative entschied und wie im Folgenden beschrieben wird, sein eigenes Unternehmen gründete.

4.4.2.3 Entrepreneurship Alternative: ClimbZ – die Kletter App
Erkennen der unternehmerischen Chance
Jan Hoffmann ist seit seiner Jugend ein begeisterter Kletterer. Dieser Sport faszinierte ihn so sehr, dass er bei dem erwähnten Bergsportausrüster arbeitete, um Beruf und Karriere zu verbinden. Darüber hinaus nutzte er seine Fähigkeiten seit 2012 dafür, in einer Organisation in seinem Studienort Kletterunterricht zu geben. Während dieser Tätigkeit war Jan Hoffmann immer wieder mit den gleichen Problemen seiner Schüler konfrontiert, welche aus zwei Komponenten bestanden. Im Indoor-Kletter-Bereich, das heißt an den Wänden einer Kletterhalle, gibt es sogenannte Routen. Diese Routen, die aus bunten Griffen bestehen, werden regelmäßig verändert. Es konnte also sein, dass Routen, die in der einen Trainingsstunde noch vorhanden sind, eine Woche später nicht mehr kletterbar waren. Jan Hoffmann beschreibt, dass er selbst und viele seiner Kletterschüler dies als frustrierend empfunden haben. Der zweite Teil des Problems, mit dem er selbst als Kletterbegeisterter konfrontiert war, ist das Bewertungssystem dieser Routen, da es sehr subjektiv ist. Der Betreiber der Kletterhalle gibt den Schwierigkeitsgrad auf einer siebenstufigen Skala an, nachdem einer seiner Mitarbeiter die Route geklettert ist und seine Einschätzung mitgeteilt hat. Dadurch, dass diese Einschätzung sehr subjektiv ist, kam es vor, dass Jan Hoffmann und seine Schüler an einem Tag eine mit sechs bewertete Route leicht meistern konnten, eine andere Route der Schwierigkeit fünf aber unter Umständen nicht und der Leistungsfortschritt so schwieriger nachvollziehbar wurde. Zusätzlich zu diesen beiden Problemen, die Jan Hoffmann durch seine Leidenschaft zum Klettersport erkannte, ist er auf Technologien aufmerksam geworden, die aus seiner Sicht in anderen Märkten gut funktionieren. Ein solches Beispiel ist Runtastic. Dabei handelt es sich um eine App, die es ermöglicht, die eigenen Laufstrecken zu speichern, auszuwerten und mit Freunden in sozialen Netzwerken zu teilen. Jan Hoffmann erkannte also, dass es Technologien aus anderen Märkten für ein Problem aus seinem Sport gab. Daher begann er während seiner Zeit bei dem Bergsportausrüster aktiv damit, sich ein Konzept zu überlegen und ein Team zusammenzustellen, um die unternehmerische Chance zu ergreifen.

Der Gründungsprozess und das Team von ClimbZ
Jan Hoffmann beschreibt den Gründungsprozess als „'ne Achterbahnfahrt". Während seiner Beschäftigung bei dem Bergsportausrüster und als Kletterlehrer im Frühling 2015 hatte Jan Hoffmann den zuvor beschriebenen Bedarf erkannt. Basierend auf der Erkennung dieser unternehmerischen Chance hat Jan Hoffmann zuerst alleine ein Konzept entwickelt, das aus der Idee bestand, das Problem mittels einer App zu lösen, die Kletterer und Kletterhallen miteinander verbindet. Nachdem diese erste Idee mit Stift und Papier entwickelt war, fing er an sie auf Schwachstellen und Umsetzbarkeit zu testen, indem er sie im Familien- und Freundeskreis vorstellte und sich der Kritik seiner Mitmenschen stellte. Im Verlauf dieser Gespräche kam er mit einem befreundeten Business Angel (Florian) in Kontakt, den Jan Hoffmann von seiner Idee begeistern konnte. Florian hat Wirtschaftsingenieurwesen studiert und ist selbst begeisterter Klettersportler. Er brachte nicht nur das erste Investment mit, sondern auch Kontakte und damit ein großes, wertvolles

Netzwerk. Da Florian bereit war in die Idee, die mittlerweile unter dem Namen ClimbZ bekannt ist, zu investieren, wurde es in den Augen von beiden Zeit, an einer konkreten (technischen) Umsetzung der Lösung zu arbeiten.

Hierfür fehlten dem bis dahin zweiköpfigen Team noch zwei weitere Fähigkeiten, die sie in Form von zusätzlichen Gründern zuerst suchen und von dem möglichen Gelingen des Projektes überzeugen mussten. Auf der einen Seite fehlte beiden das technische Knowhow zur Programmierung der App. Daher war es ein Glücksgriff, dass sie Matthias – einen Freund von Jan Hoffmann aus Kindertagen – dazu motivieren konnten, Teil der Unternehmung zu werden. Matthias, der fortan der Chief Technology Officer von ClimbZ war, hat Informatik studiert, ist auch kletterbegeistert und verfügt über die notwendigen Programmierfähigkeiten, die zur Entwicklung der App notwendig sind. Da Florian darüber hinaus aus vorheriger Erfahrung darauf bestanden hat, rechtlichen Beistand im Team zu haben, ist außerdem ein vierter Gründer hinzugekommen. Diese Rolle nimmt Michael ein, der promovierter Jurist ist und auch über eigene Programmierkenntnisse verfügt, die ihn zu einer optimalen Ergänzung machen. Auch Michael ist ein Freund von Jan Hoffmann aus Kindertagen.

Nachdem Jan Hoffmann nun also ein schlagkräftiges Team zusammengestellt hatte, begann im September die Entwicklung der ersten technischen Umsetzung seiner App. Zur gleichen Zeit endete Jan Hoffmann's Anstellung bei dem Bergsportausrüster und er begann sein Masterstudium mit einem Schwerpunkt auf Entrepreneurship, was ihm den Raum und ein Netzwerk zur Klärung vieler wirtschaftlich relevanter Fragen gab. Dazu gehörten ein einheitlicher Markenauftritt, sowie ein Name für sein Unternehmen. Aber auch Fragen der Finanzierung, Rechtsform und der Wachstumschancen seines Unternehmens konnten angegangen werden. Es ist anzumerken, dass alle vier Gründer von ClimbZ zu jener Zeit noch anderen Beschäftigungen nachgingen. Jan Hoffmann studierte und auch alle Mitgründer gingen parallel noch anderen Beschäftigungen nach. Zu dieser Zeit standen ClimbZ noch keine Räumlichkeiten zur Verfügung, die sie ohnehin wenig genutzt hätten, da die Gründer in verschiedenen Städten lebten, wie beispielsweise Maastricht und München. Die Frage der Kommunikation ist eine, die die vier so stark beschäftigt hat, dass Jan Hoffmann sogar seine Masterarbeit zum Thema Kommunikation von Gründerteams mit geografischer Distanz geschrieben hat.

In etwa zeitgleich zum Start der Entwicklung der ersten Version der App, im Januar 2016, haben die vier ihrer Unternehmung einen rechtlichen Rahmen gegeben und eine Gesellschaft mit beschränkter Haftung (GmbH) gegründet. Jan Hoffmann beschreibt diesen Punkt als einen sehr wichtigen Meilenstein, der zwar auch schwierige betriebswirtschaftliche Fragen aufwarf, wie der Wahl der Rechtsform oder der Klärung der Eigentumsverhältnisse, dafür aber auch einen Motivationsschub und zusätzliche Ernsthaftigkeit mit sich brachte.

Mit dem Team, einer ersten Version der App und dem notwendigen rechtlichen Rahmen im Rücken startete ClimbZ in der Folge damit, die Benutzerfreundlichkeit zu testen. Im Laufe dieses iterativen Prozesses konnten die vier immer mehr Kletterhallen für sich gewinnen und die technische Lösung dabei fortwährend verbessern. Gleichzeitig begann das

Team, sich über eine mögliche Preisstruktur und das Bezahlungsmodell Gedanken zu machen, um für die Kommerzialisierung der Idee gewappnet zu sein. Im September 2016, nachdem eine verbesserte Version der App basierend auf dem Feedback der Pilotkunden vorlag, startete dann die Akquise, bei der die ersten zahlenden Kunden geworben werden konnten, sodass ClimbZ im Dezember 2016 in sechs Hallen verfügbar war.

Jan Hoffmann sah diesen Meilenstein als riesigen Erfolg bzw. Beweis dafür, dass das Konzept aufgeht, sodass das Team zu der Zeit über eine zusätzliche Finanzierungsrunde nachgedacht hat, die das Wachstum noch weiter beschleunigen sollte. Dennoch standen die Gründer um Jan Hoffmann kurz vor einer ihrer größten Krisen. Diese sollte im Februar 2017 starten und endete in einem kompletten Neustart der App. Das bisher geleistete Wachstum war Fluch und Segen zugleich. Segen deshalb, da ClimbZ so beweisen konnte, dass das Konzept funktioniert. Fluch aus dem Grund, dass die App im Februar in erhebliche technische Schwierigkeiten geriet, da Probleme mit der Softwaregrundlage entstanden, auf der ClimbZ programmiert wurde. In der Folge versuchten die vier, insbesondere Matthias und Michael, die App zu optimieren, bevor sie dann aber erkennen mussten, dass ein kompletter Neustart durch eine andere Softwaregrundlage benötigt wurde. Die Konsequenz hieraus war offensichtlich. Viele der bereits gewonnenen Kunden mussten vertröstet werden, da ClimbZ die alte Version zur Neuprogrammierung abschalten musste. Jan Hoffmann beschreibt diese Zeit als eine der schwersten Stunden in der noch jungen Geschichte des Unternehmens.

Im Frühling und Sommer 2017 arbeiteten die vier an einer robusteren Version der App, um für das weiterhin angestrebte Wachstum gerüstet zu sein. An dieser Stelle ist anzumerken, dass die Köpfe hinter ClimbZ nun erneut sehr unternehmerisch agierten und aus der Not eine Tugend machten. So nutzen sie den Neustart der App, indem sie die gesamte Benutzeroberfläche überarbeiteten. Hierfür haben sie auch auf ihr Netzwerk zurückgegriffen und eine informelle Partnerschaft mit einem anderen Start-up aufgenommen, welches vor ähnlichen Fragen stand. Auf diese Zusammenarbeit und die anderen Bestandteile des Geschäftsmodells von ClimbZ wird im nächsten Abschnitt eingegangen.

Dieser Rückschlag hat das Team allerdings nicht im Geringsten davon abgehalten, ihren weiteren Expansionsplan vorzubereiten. Stattdessen arbeiteten sie gleichzeitig daran, ihre geplante Finanzierungsrunde vorzubereiten und gingen auf Investorensuche, um weiteres Kapital für Entwicklungs- und Marketingkosten zu akquirieren. Im September 2017 fand ClimbZ dann zurück in die Erfolgsspur und konnte die Finanzierungsrunde mit zwei zusätzlichen Partnern und einer siebenstelligen Bewertung abschließen. Etwa zur gleichen Zeit zu der auch die Interviews für diese Fallstudie stattgefunden haben, im Oktober 2017, war alles für den weiteren Wachstumskurs vorbereitet. So wurde die App neu an den Markt gebracht und weitere Kunden wurden ins Visier genommen.

Das Geschäftsmodell von ClimbZ

Bevor näher auf die Logik des Geschäftsmodells von ClimbZ eingegangen wird, ist festzustellen, dass es sich hierbei natürlich nur um eine Momentaufnahme handeln kann. Insbesondere während der Gründung ist ein Unternehmen darauf angewiesen, immer wieder

Aspekte des Geschäftsmodells anzupassen, um das eigene Produkt nach und nach am Markt und in seiner Zielgruppe zu positionieren (Reuver et al. 2009). Um das Geschäftsmodel darzustellen, das zur Zeit der durchgeführten Interviews aktuell ist, stellt die Arbeit auf das Business Model Canvas ab (Osterwalder und Pigneur 2010).

ClimbZ versteht sich selbst als Technologieunternehmen, welches Softwarelösungen entwickelt und vertreibt, die verschiedene Nutzenversprechen für verschiedene Zielgruppen bereithält. Im Interview beschreibt Jan Hoffmann für das aktuelle Geschäftsmodell allerdings ein Kundensegment als zentral. Hierbei handelt es sich um Kletterhallen, in denen Freizeitkletterer und professionelle Kletterer an präparierten Wänden trainieren können. Das Nutzenversprechen, welches ClimbZ für diese Zielgruppe kreiert hat, ist die Bereitstellung eines effizienten Controlling- und Managementwerkzeuges im Routenbau, welches gleichzeitig als Marketingwerkzeug dient. Das Unternehmen von Jan Hoffmann hat eine App entwickelt, die es den Kletterhallen ermöglicht, ihre Routen innerhalb dieser App abzubilden. Kletterer können dann, sofern die Routen von der Kletterhalle gespeichert wurden und sie sich ein Profil auf der App erstellt haben, einen QR-Code scannen und somit die Route als erfolgreich abgeschlossen markieren. Dadurch erhöhen die Kletterhallen die Transparenz ihrer aktuellen Routen, d. h. sie haben die Möglichkeit, den Erfolg (Kletterhäufigkeit) ihrer Routen zu messen, wobei sie gleichzeitig den Kletterern eine Plattform bieten, auf der alle aktuellen Routen sichtbar sind und ein durchschnittlicher Wert der Schwierigkeit (generiert durch Nutzerfeedback) angezeigt wird. Somit kann ClimbZ die von Jan Hoffmann identifizierten Probleme, die zur Erkennung der unternehmerischen Chance führten, lösen. Darüber hinaus erzeugt die App über die Plattform und einer Art der „Gamification" zusätzliches Interesse bei Kletterern in teilnehmende Hallen zu kommen, was wiederum den Umsatz der Kletterhallen erhöht. Die Hauptaktivitäten, die ClimbZ in diesem Zusammenhang ausführt, sind natürlich zum einen die (Fort-)entwicklung der App und ein sehr aktives Marketing und Vertrieb, um das Produkt an die Kunden zu bringen. Dementsprechend sind die wichtigsten Vermögensgegenstände aus der Sicht von ClimbZ, die App und die dazugehörigen Nutzer, sowie das Gründungsteam bestehend aus einem Entwickler und dem dazugehörigen betriebswirtschaftlichen Know-How. Folglich sind die Personal- und Marketingausgaben die Hauptkostentreiber. In diesem Fall insbesondere die Personalkosten, da ClimbZ in seiner noch jungen Phase sehr stark auf einen direkten Vertrieb (über Messen und durch das aktive Aufsuchen von Kletterhallen) setzt. Um das Produkt effektiv und effizient an den Markt zu bringen, ist ClimbZ zwei Partnerschaften eingegangen. Auf der einen Seite hat ClimbZ einen Provisionsvertrag mit einem Vertreiber von Klettergriffen, also den bunten Kunststoffhalterungen, die es den Kletterern ermöglicht, die Wände aufzusteigen. Ziel dieser Kooperation ist es, den Vertrieb von ClimbZ weiter auszubauen. Auf der anderen Seite besteht eine lose Partnerschaft auf informeller Basis, zum Austausch von Informationen mit einem Anbieter einer ähnlichen App, der sein Produkt für den Lauf- und Fahrradsportbereich anbietet. Hierbei werden Best Practices bezüglich der Entwicklung ausgetauscht, um nicht über die gleichen Stolperfallen zu stürzen. ClimbZ biete seine App nicht aus altruistischen Gründen an, sondern verfolgt eine Gewinnabsicht. Das Umsatzmodell sieht bislang vor, dass die Kletterhallen eine gewisse Anzahl an Vollpreiseintritten pro Monat zahlen. Hierüber stellt ClimbZ sicher, dass das Angebot für große und kleine Hallen attraktiv ist. Darüber hinaus gibt es einen Preisnachlass, sofern die Hallen sich längerfristig an ClimbZ binden, was Jan Hoffmann als Teil der Kundenbeziehung versteht, die aber ohnehin durch eine sehr persönliche und aktive Betreuung gewährleistet ist.

4.5 Diskussion der Fallstudie vor dem Hintergrund des theoretischen Modells

4.5.1 Zusammenhang zwischen Prägungsquellen und der Wahl der unternehmerischen Alternative

Die erste Proposition besagt, dass die Wahl der unternehmerischen Alternative auf der relativen Erwünschtheit bzw. Realisierbarkeit beider Karrierepfade beruht. Eine der Fragen, die Jan Hoffmann in den Interviews beantworten sollte, bezog sich auf die Beschreibung der beiden unternehmerischen Alternativen, die ihm zur Zeit seiner Anstellung bei dem Bergsportausrüster offenstanden. Mit Bezug auf diese Alternativen betonte er mehrmals, dass für ihn beide in Frage kamen und er sich intensiv mit ihnen beschäftigt hat. Dennoch wurde klar, dass aus seiner Sicht mit beiden Alternativen verschiedene Vor- bzw. Nachteile verbunden waren. So beschrieb er hinsichtlich der Intrapreneurship-Alternative, dass sie aus seiner Sicht nicht genauso erfüllend gewesen wäre, da er nicht die gleichen Freiheiten gehabt hätte und auch nicht durch Anteile am Erfolg der Geschäftseinheit beteiligt worden wäre. Auch hinsichtlich des Risikos machte er Unterschiede aus, da er zum Ausdruck brachte, dass er sich die Frage gestellt hat, ob er den Mut aufbringen würde, sich dazu zu entscheiden, unabhängig zu gründen. Jan Hoffmann verband also mit beiden Alternativen unterschiedliche Aspekte und entschied sich dafür, unabhängig zu gründen, weil er diese Alternative als wünschenswerter empfand.

Im Blick auf die wahrgenommene Realisierbarkeit kann festgehalten werden, dass seines Erachtens nach beide Möglichkeiten für ihn auch realisierbar erschienen. Jan Hoffmann betonte allerdings, dass ihm bewusst war, dass er sich erst durch seine betriebswirtschaftliche Ausbildung in der Lage sah, für beide Alternativen gerüstet zu sein. Darüber hinaus wurde im Interview deutlich, dass Jan Hoffmann die Fähigkeiten, die man für Entrepreneurship bzw. Intrapreneurship benötigt, als unterschiedlich empfindet. So war ihm beispielsweise klar, dass innerhalb bestehender Unternehmen ein gewisses Maß an Verständnis für Prozesse und Strukturen von Nöten ist, wohingegen bei der Gründung eines eigenen Unternehmens das Zusammenstellen eines schlagkräftigen Teams die Kernaufgabe ist. Hinsichtlich Jans Wahrnehmung der Realisierbarkeit von Intrapreneurship beschrieb er den Wechsel vom Lebensmittelgroßhandel zum mittelständischen Bergsportausrüster als prägend, da er im engen Korsett des großen Konzerns keine Möglichkeit gesehen hätte, in seinem Sinne unternehmerisch aktiv zu werden. Jan Hoffmann beschreibt also sowohl für die Erwünschtheit, als auch die Realisierbarkeit von Entrepreneurship und

Intrapreneurship immer wieder Abwägungsprozesse, die die erste Proposition unterstützen. Seine Entscheidung ist dementsprechend vor allem auf die relativ höhere wahrgenommene Erwünschtheit von Entrepreneurship zurückzuführen, sodass Proposition 1 bekräftigt werden kann.

4.5.2 Prägung durch die Umwelt

Bezüglich der prägenden Einflüsse der ökonomischen und politischen Umwelt ging aus den Daten zwar nur wenig, aber dafür Entscheidendes hervor. Im Interview beschrieb Jan Hoffmann die Schwierigkeiten, die es aus seiner Sicht mit sich bringt, wenn man in Deutschland eine GmbH gründen möchte. Die bürokratischen Hürden, die er in diesem Zusammenhang erwähnte, hatten einen negativen Einfluss darauf, für wie realisierbar er das Entrepreneurship-Vorhaben eingeschätzt hat. Sie konnten letztendlich zwar nicht den entscheidenden Ausschlag geben, haben allerdings die wahrgenommene Realisierbarkeit von Entrepreneurship negativ beeinflusst (P2a). Auch jetzt, nachdem er sein erstes Unternehmen gegründet hat, hat sich nach eigener Aussage an dieser Wahrnehmung nichts geändert. Man muss in diesem Kontext anerkennen, dass Jan Hoffmann während seiner frühen Entwicklungsphasen an sehr unterschiedlichen Orten war und sich an allen diesen Orten eingliedern konnte, sodass es möglich ist, dass der Effekt der Prägung an dieser Stelle dadurch weniger stark war, dass er keine unbedingte Abhängigkeit seines Vorhabens von den herrschenden Rahmenbedingungen sah. Die Vielzahl an Umwelten, in denen Jan Hoffmann aufgewachsen ist, haben daher vermeintlich den prägenden Einfluss. Darüber hinaus scheint es auch plausibel, dass die fehlenden Jugendorganisationen, zur Gegenwart seiner Kindheit und die daraus resultierende Gründung einer eigenen Jugendorganisation sich positiv mit Hinblick auf die wahrgenommene Realisierbarkeit von Entrepreneurship auswirkte, sodass Proposition 2a unterstützt werden kann.

Mit Bezug auf die Prägung, die Jan Hoffmann durch seine Umwelt mit Hinblick auf die wahrgenommene Erwünschtheit von Intrapreneurship und Entrepreneurship erfahren hat, ist an dieser Stelle keine Bekräftigung der Proposition 2b möglich. Er empfand keine Gründe, die er der Umwelt zuschreiben könnte, die die eine oder andere Alternative (stärker) beeinflusst hätte.

4.5.3 Prägung durch Organisationen

In diesem Abschnitt ist es basierend auf den erhobenen Daten und der zur Propositionsbildung hergeleiteten Argumente insbesondere sinnvoll, sich Jans sensibler Phase während seiner Studienzeit bzw. des Startes in sein Berufsleben zu widmen.

Da Jan Hoffmann beschrieben hat, dass der Übergang von der beruflichen Station beim Lebensmittelhersteller zum mittelständischen Bergsportausrüster eine solche sensible Phase war und er erst auf diesen Wechsel hin feststellte, dass es für ihn möglich ist, sich innerhalb eines bestehenden Unternehmens zu entfalten, wird deutlich, dass Organisationen einen prägenden Einfluss darauf haben können, als wie realisierbar unternehmerische Alternativen wahrgenommen werden. Jan Hoffmann beschreibt, dass er zu der Zeit als er in dem Großunternehmen angestellt war, nicht an eine unabhängige Gründung gedacht hat und sich das auch nicht änderte, kurz nachdem er beim Mittelständler anfing. Da sich allerdings sehr schnell zeigte, dass er dort unternehmerischer agieren konnte, kann davon ausgegangen werden, dass der Effekt, den die Kultur dieser Organisation im Hinblick auf die wahrgenommene Realisierbarkeit von Intrapreneurship hatte, größer war. Darüber hinaus stellt natürlich auch die Gründungszeit selbst eine sensible Phase dar, die in Betracht gezogen werden sollte, obwohl es im konzeptionellen Modell um die Frage geht warum sich ein Individuum für die eine oder andere unternehmerische Alternative entscheidet. Das liegt daran, dass die Entscheidung zu gründen im Rahmen eines fortdauernden Prozesses stattfindet, welcher eine sensible Phase darstellt, in der das Vorhaben auch zu jederzeit abgebrochen werden könnte. Zur Zeit der konkreten Auseinandersetzung mit der Frage, ob Jan Hoffmann gründen soll, startete er sein Masterstudium an Universität Maastricht. Auch dieses beschreibt er als prägend im Hinblick auf seine Wahrnehmung, wie realisierbar er Entrepreneurship empfand, ohne dass dies bei ihm denselben Effekt in Bezug auf Intrapreneurship hatte, da Fähigkeiten vermittelt wurden, die ihn auf sein Gründungsvorhaben vorbereiteten. Somit kann auch Proposition 3a mit Hinblick auf den getrennten Einfluss von Organisationen auf die wahrgenommene Realisierbarkeit beider Alternativen unterstützt werden.

In Bezug auf Proposition 3b ist die Zeit an der Universität in Freiburg anzuführen. Das Lehramtsstudium, das Jan Hoffmann zunächst aufnahm, hat ihn nicht glücklich gemacht. Er sagte, dass die Wahl dieses Studiums aus seiner Sicht eine gegen unternehmerisches Handeln war. Nach etwa einem Jahr merkte er, dass ihm die Möglichkeit unternehmerisch zu handeln und die damit verbundene Chance, sich entfalten zu können, fehlten. Darüber hinaus ist auch der Bergsportausrüster wie erwähnt sehr prägend in Bezug auf seinen Wunsch gewesen, eine aktive unternehmerische Rolle im Rahmen des Intrapreneurship zu übernehmen. Den Übergang aus den starren Strukturen des Lebensmittelhändlers in diese mittelständische Organisation empfand er als befreiend und die damit verbundenen Möglichkeiten als sehr wünschenswert. Dennoch hat er einen noch stärkeren Einfluss bezüglich der wahrgenommenen Erwünschtheit von Entrepreneurship erfahren, da er die Möglichkeit, an einem Unternehmen beteiligt zu sein, und die damit verbundenen Gestaltungsmöglichkeiten, die ihm sehr wichtig geworden sind, im Rahmen der Intrapreneurship-Alternative nicht empfunden hat. Diese Erkenntnisse zeigen, dass auch Proposition 3b bekräftigt werden kann.

4.5.4 Prägung durch Bezugspersonen

Während der Interviews ist Jan Hoffmann immer wieder auf verschiedene Bezugspersonen eingegangen, die ihn laut seiner Aussage darin bestärkt haben, die Möglichkeit einer eigenen Gründung als realisierbar einzuschätzen. Dazu zählen allen voran seine Eltern, obgleich diese nicht selbständig sind. Besonders interessant ist in diesem Zusammenhang, dass Jan Hoffmann mit Bezug auf die Wahrnehmung wie realisierbar Entrepreneurship für ihn ist, durch seine Eltern während früher Phasen latent negativ geprägt wurde. Das Thema der Selbstständigkeit kam aus Jans Sicht zu diesen frühen Phasen eigentlich nicht in Frage, da er die berufliche Laufbahn anders vorgelebt bekommen hatte. Während der konkreten Entstehung der Idee für sein Start-up bestärkten seine Eltern ihn allerdings und Jan Hoffmann empfand dieses als sehr maßgeblich dafür, sich schlussendlich dafür zu entscheiden, ein eigenes Unternehmen anzustreben.

Auch andere Personen, die während sensibler Phasen enge Gesprächspartner waren, beschreibt Jan Hoffmann als „Katalysatoren" für die Entscheidung, sich stärker in Richtung des unternehmerischen Handelns zu orientieren. So hatte ihn beispielsweise ein enger Freund, der damals Jurist war, darin bestärkt, sein Lehramtsstudium wirklich abzubrechen und den Schritt in Richtung des Studiums der Betriebswirtschaftslehre zu wagen. Zu der Zeit hatte Jan Hoffmann allerdings nicht das Gefühl, er könne eine eigene Unternehmung erfolgreich aufbauen. Der Freund als Bezugsperson diente trotzdem als prägender Einfluss, da Jan Hoffmann sah, wie Mitmenschen, mit denen er sich vergleichen konnte, es schafften, innerhalb bestehender Organisationen voranzukommen, was als prägender Einfluss hinsichtlich der Intrapreneurship-Alternative gewertet werden kann. Die abschließenden Bezugspersonen, die sehr konkret verdeutlichen, dass diese Individuen mit Hinblick auf die wahrgenommene Realisierbarkeit der verschiedenen unternehmerischen Alternativen getrennt voneinander prägen können, sind diejenigen, die zusammen mit Jan Hoffmann das Projekt der Gründung umgesetzt haben. Da seine drei Mitgründer zum Ausdruck gebracht haben, wie sehr sie an die Idee von Jan Hoffmann und seine unternehmerischen Fähigkeiten glauben, beschreibt er sie an vielen Stellen der Interviews als prägende Wegbereiter, die ihm einen besonders positiven Schub hinsichtlich der wahrgenommen Realisierbarkeit von Entrepreneurship gegeben haben. Aus diesen Beispielen wird ersichtlich, dass auch P4a bekräftigt werden kann.

Eine Person, die maßgeblichen Einfluss darauf hatte, dass Jan Hoffmann unternehmerisches Handeln insgesamt als wünschenswert betrachtete, ohne dass er davon ausging, dass die berufliche Selbstständigkeit der Karrierepfad seine Wahl werden würde, war seine damalige Freundin. Sie studierte Betriebswirtschaftslehre und hatte in der Zeit, in der Jan Hoffmann sich die Frage stellte, ob das begonnene Lehramtsstudium das Richtige für ihn sei, damit zu tun, dass er sich diese Frage stellte. Er beschreibt, dass sie sehr optimistisch mit der Unsicherheit der späteren Berufswahl umgegangen ist, die auf einen Studenten der Betriebswirtschaftslehre im Vergleich zu Lehramtsstudenten zukommt. Sie war daher einer der Faktoren, die Jan Hoffmann während dieser sensiblen Phase prägte, und ihn darin bestärkt hat einen unternehmerischen Weg einzuschlagen. Auch nachdem die Beziehung dann im Laufe seines Studiums endete, blieb Jans Bestreben einen unternehmerischen Weg zu gehen bestehen.

Abschließend ist auch ein weiterer enger Verwandter mit Blick auf die Entscheidung das unternehmerische Handeln nicht innerhalb einer bestehenden Organisation, sondern durch eine unabhängige Gründung zu verwirklichen, sehr wichtig gewesen. Dieser enge

Verwandte bekam berufsbedingt gesundheitliche Probleme, die Jan Hoffmann in seinem Verlangen danach, Entscheidungen weitestgehend unabhängig von anderen treffen zu können, bestärkt haben. Durch diese Probleme und die damit verbundene Zeit, die eine sensible Phase in Jans Leben darstellt, empfand Jan Hoffmann die Vorteile, die mit der Selbstständigkeit verbunden sind als noch wünschenswerter und Proposition 4b kann dementsprechend bekräftigt werden.

4.6 Zusammenfassung und Ausblick

4.6.1 Zusammenfassung der wesentlichen Erkenntnisse

Das Ziel dieser Studie war es herauszufinden, wie Prägungsquellen, bestehend aus der Umwelt und Organisationen in denen sich ein Individuum befindet, sowie den Bezugspersonen mit denen es interagiert, mit der Wahl der unternehmerischen Alternative zusammenhängen. Hierzu wurde zuerst der Rahmen der Untersuchung gesteckt, indem beide unternehmerische Alternativen (Entrepreneur und Intrapreneur) voneinander abgegrenzt wurden. Darüber hinaus hat die Entwicklung des theoretischen Rahmens gezeigt, dass beide Alternativen als strukturell unterschiedlich wahrgenommen werden. Auf Grundlage dieser Erkenntnis, dass die Intentionen beider Alternativen sich unterscheiden, ist mit Hinblick auf den Zusammenhang von Prägungsquellen und der Intention, die eine oder andere unternehmerische Alternative zu verfolgen, eine Proposition herausgearbeitet worden, die im Kern folgendes besagt: die Wahl der unternehmerischen Alternative hängt von der relativen Realisierbarkeit bzw. Erwünschtheit von Entrepreneurship und Intrapreneurship ab. Die Fallstudie hat gezeigt, dass diese grundlegende Proposition bekräftigt werden kann. Darüber hinaus wurden für die drei Prägungsquellen Umwelt, Organisationen und Bezugspersonen getrennte Einflüsse auf die wahrgenommene Realisierbarkeit respektive Erwünschtheit beider unternehmerischer Alternativen aufgezeigt. Hierbei konnten fünf der sechs Propositionen bekräftigt werden, wohingegen die vorliegenden Primärdaten es nicht zuließen, eine Prägung der relativen wahrgenommenen Erwünschtheit durch die Umwelt festzustellen.

4.6.2 Implikationen für die Forschung und Limitationen

Diese Arbeit trägt insbesondere zur bestehenden Forschung an der Schnittstelle zwischen verschiedenen unternehmerischen Alternativen, nämlich Intrapreneurship und Entrepreneurship bei. Durch die Integration des Prägungsansatzes und des intentionsbasierten Ansatzes des unternehmerischen Verhaltens leistet die Arbeit einen Beitrag hinsichtlich der Frage aus welchen Gründen Individuen sich für eine bestimmte unternehmerische Alternative entscheiden. Es hat sich gezeigt, dass alle untersuchten Prägungsquellen (zumindest teilweise wie im Falle der Umwelt) einen Einfluss auf die Antezedenzien der relativen

Intention beider unternehmerischer Alternativen haben können. Hierdurch wird deutlich, dass der Prägungshintergrund eines Individuums eine maßgebliche Rolle spielt und Aufschluss darüber geben kann, in welcher Form es unternehmerisch aktiv wird.

Aufbauend auf diesem Beitrag zur Forschung wäre es von Bedeutung, zu verstehen, welche Prägungsquelle den stärksten Einfluss hat. Nach Jans Einschätzung haben ihn schlussendlich seine Bezugspersonen durch einen gleichzeitigen Einfluss auf die wahrgenommene Erwünschtheit, sowie die wahrgenommene Realisierbarkeit geprägt als die Entscheidung anstand. Diese Erkenntnis reicht allerdings noch nicht aus, um einen holistischen Überblick über die relativen Stärken aller drei Prägungsquellen zu erhalten, sodass zukünftige Studien dieses (ggf. auch empirisch quantitativ) aufgreifen sollten. Darüber hinaus ist auch das Thema der Persistenz im Zusammenhang mit der wahrgenommenen Realisierbarkeit und Erwünschtheit von Entrepreneurship und Intrapreneurship ein vielversprechendes Thema für zukünftige Forschung. Zur Herleitung des prägenden Einflusses der Umwelt auf die wahrgenommene Realisierbarkeit wird beispielsweise auf bürokratische Hürden und gesetzliche Gegebenheiten abgestellt. Eine mögliche Richtung für zukünftige Forschung ist daher die Frage, ob die Prägung von Individuen, die aus einer Volkswirtschaft mit hohen Hürden für Entrepreneurship kommen, auch beim Wechsel in eine andere Volkswirtschaft mit gründungsfreundlicherer Ausgestaltung anhält. Im Rahmen dessen könnten Studien weiter zum Diskurs der Persistenz von Prägung beitragen (Marquis und Tilcsik 2013).

Natürlich muss Forschung immer im Lichte seiner Limitationen betrachtet werden. Im Rahmen dieser Arbeit sind insbesondere zwei Aspekte zu nennen, die bei der Interpretation der Ergebnisse berücksichtigt werden müssen. Zum einen ist es der Umstand, dass zur Bekräftigung des Modells eine Einzelfallstudie herangezogen wurde. Obwohl durch Triangulation (Yin 2013) während der Datenerhebung einer Verzerrung der Ergebnisse entgegen gewirkt wurde, bleibt nicht auszuschließen, dass eine Generalisierbarkeit der Ergebnisse noch zu überprüfen ist. Dies wird insbesondere am Beispiel der unbestätigt gebliebenen Proposition 2b deutlich, da es gute Argumente dafür gibt, wie die Umwelt auf die relative wahrgenommene Erwünschtheit beider Alternativen wirkt und es nicht auszuschließen ist, dass sie ein Individuum prägen können, obwohl Jan Hoffmann das für sich nicht bestätigen konnte. Die zweite Limitation der Studie ist die sogenannte Erinnerungsverzerrung (Recall Bias). Dadurch, dass es in den Interviews in der Regel um Einflüsse von Prägungsquellen ging, die teilweise bis in die Kindheit zurückreichten, besteht die Möglichkeit, dass Prägungen retrospektiv verzerrt wiedergegeben wurden bzw. sogar vergessen wurden. Hinsichtlich vergessener prägender Einflüsse ist anzumerken, dass durch die Triangulation beispielsweise mit Hilfe des Lebenslaufes die Wahrscheinlichkeit, dass sensible Phasen unberücksichtigt blieben, stark verringert wurde. Auch aus diesen Limitationen lassen sich Implikationen für vielversprechende zukünftige Forschungsansätze entwickeln. Auf der einen Seite kann die Prägungsforschung davon profitieren diese Studie mit einer größeren Fallzahl zu replizieren, um die Ergebnisse zusätzlich zu validieren. Auf der anderen Seite wäre es auch sinnvoll eine Längsschnittstudie durchzuführen, die es ermöglichen würde Teilnehmer während der sensiblen Phasen zu befragen, um mögliche Einflüsse durch Prägungsquellen verzerrungsfrei aufnehmen und analysieren zu können.

4.6.3 Implikationen für die Praxis

Zusätzlich zu den forschungsrelevanten Implikationen, lassen sich aus den Haupterkenntnissen der Studie auch Schlüsse für die Praxis ziehen. Da festzuhalten ist, dass sowohl die wahrgenommene Realisierbarkeit als auch die wahrgenommene Erwünschtheit von Entrepreneurship und Intrapreneurship von Individuen unterscheidbar sind, kann die Matrix aus Abb. 4.2 erstellt werden.

Sie zeigt, dass es zwei intuitive Ausprägungskombinationen gibt, in der entweder jeweils die relative Erwünschtheit und Realisierbarkeit von Entrepreneurship oder aber die von Intrapreneurship überwiegen. Für diese Fälle schlägt diese Arbeit in Anlehnung an Fitzsimmons und Douglas (2011, S. 438) die Begriffe „Natural Entrepreneur" und „Natural Intrapreneur" vor, da es wahrscheinlich ist, dass sie eine klare Intentionspräferenz aufweisen. Interessant dagegen sind die anderen beiden Quadranten der Matrix, da die Realisierbarkeit und Erwünschtheit der bevorzugten Alternative auseinanderfallen. Der Fall, in dem ein Individuum es bevorzugen würde, komplett selbstständig zu gründen, allerdings eher eine Chance sieht, innerhalb einer bestehenden Organisation aktiv zu werden, könnte als „Unsettled Intrapreneur" beschrieben werden, da ein solches Individuum unter Umständen nur so lange in der Organisation verbleibt, bis die relative wahrgenommen Realisierbarkeit von Entrepreneurship ausreichend gestiegen ist. Dieser Fall wird in ähnlicher Form, allerdings nicht im Zusammenhang mit Intrapreneurship bereits von Douglas und Shepherd (2000) erkannt. Zu guter Letzt bleibt noch der „Forced Entrepreneur", der zwar gerne im Unternehmen aktiv werden würde, aber eher die Chance sieht, sich unabhängig selbstständig zu machen, um seinem Drang nach unternehmerischem Handeln nachzukommen. Aus dieser Typisierung ergibt sich für Unternehmen, dass sie

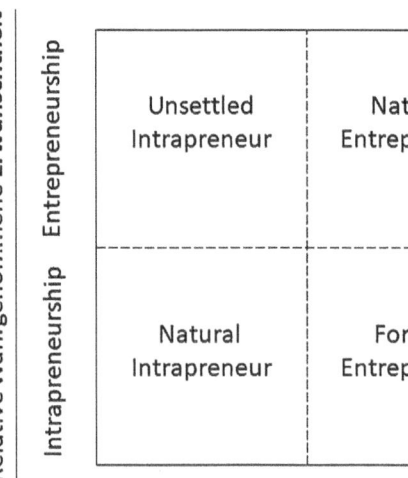

Abb. 4.2 Typisierung verschieden geprägter unternehmerischer Individuen

bei der Auswahl und Förderung von unternehmerischen Individuen vorsichtig sein sollten, da fraglich ist, inwieweit man „Unsettled Intrapreneure" dazu motivieren kann, zum „Natural Intrapreneur" zu werden (Douglas und Fitzsimmons 2013, S. 116; Parker 2011, S. 31). Da sich gezeigt hat, dass verschiedene Prägungsquellen einen Einfluss auf die Einordnung in diese Kategorien haben können, scheint es für Arbeitgeber ratsam zu sein, den Hintergrund von Bewerbern oder bereits angestellter unternehmerischer Individuen daraufhin zu überprüfen.

> **Fragen**
> 1. Beschreiben Sie die verschiedenen Prägungsquellen, die einen Einfluss auf die Wahl der unternehmerischen Alternative haben können. Wie können sie die relative Intention beider Alternativen beeinflussen?
> 2. Diskutieren Sie den Zusammenhang von Autonomiestreben und Risikotoleranz mit Entrepreneurship bzw. Intrapreneurship auf Grundlage der Arbeiten von Tietz und Parker (2012), Douglas und Fitzsimmons (2013) und Martiarena (2013). Welche Gemeinsamkeiten und Unterschiede lassen sich erkennen?
> 3. Übertragen Sie das konzeptionelle Modell auf Ihre eigene Person und Situation.
>   a. Sehen Sie sich eher als Intrapreneur oder Entrepreneur? Begründen Sie Ihre Antwort.
>   b. Bewerten Sie Ihre relative wahrgenommene Realisierbarkeit und Erwünschtheit der beiden unternehmerischen Alternativen.
>   c. Können Sie Prägungsquellen und resultierende Einflüsse aus sensiblen Phasen identifizieren, die einen Einfluss auf Ihre unternehmerische Intention haben?
> 4. Der zentrale Kanal, den ClimbZ für die Interaktion mit seinen Kunden (Kletterer) nutzen wird, ist die eigene App. Welche verschiedenen Alternativen hat ClimbZ, um mit Hilfe dieses Kanals Umsatz- und Profitquellen bei verschiedenen Kundengruppen zu erschließen?

Literatur

Ajzen, I. (1991). The theory of planned behavior. *Organizational Behavior and Human Decision Processes, 50*(2), 179–211.

Ajzen, I., & Fishbein, M. (1969). The prediction of behavioral intentions in a choice situation. *Journal of Experimental Social Psychology, 5*(4), 400–416.

Amit, R., Muller, E., & Cockburn, I. (1995). Opportunity costs and entrepreneurial activity. *Journal of Business Venturing, 10*(2), 95–106.

Andersson, S., Beekhuis, J., Massand, R., McHugh, P., & Shin, Y. (2014). *Bounded entrepreneurship and intrapreneurial performance in Sweden*. Reading: Academic Conferences International Limited.

Azoulay, P., Liu, C. C., & Stuart, T. E. (2017). Social influence given (partially) deliberate matching: Career imprints in the creation of academic entrepreneurs. *American Journal of Sociology, 122*(4), 1223–1271.

Barnir, A., & McLaughlin, E. (2011). Parental self-employment, start-up activities and funding: Exploring intergenerational effects. *Journal of Developmental Entrepreneurship, 16*(03), 371–392.

Becker, G. S. (1964). *Human capital: A theoretical and empirical analysis, with special reference to education*. New York: Columbia University Press.

Benyovszki, A., Nagy, Á., & Petru, T. P. (2013). Is there a difference between intrapreneurs and early-stage entrepreneurs in Romania? *Theoretical and Applied Economics, 20*(6), 53–60.

Benz, M., & Frey, B. S. (2008). The value of doing what you like: Evidence from the self-employed in 23 countries. *Journal of Economic Behavior & Organization, 68*(3–4), 445–455.

Bercovitz, J., & Feldman, M. (2008). Academic entrepreneurs: Organizational change at the individual level. *Organization Science, 19*(1), 69–89.

Blanchflower, D., & Oswald, A. (1998). What makes an entrepreneur? *Journal of Labor Economics, 16*(1), 26–60.

Bosma, N., Stam, E., & Wennekers, S. (2014). Intrapreneurship vs. entrepreneurship in high and low income countries. In R. Blackburn, F. Delmar & A. Fayolle (Hrsg.), *Entrepreneurship, people and organisations: Frontiers in European entrepreneurship research* (S. 94–115). Cheltenham: Edward Elgar Publishing.

Burgelman, R. A. (1983). A process model of internal corporate venturing in the diversified major firm. *Administrative Science Quarterly, 28*(2), 223–244.

Cardon, M. S., Stevens, C. E., & Potter, D. R. (2011). Misfortunes or mistakes? *Journal of Business Venturing, 26*(1), 79–92.

Degeorge, J. M., & Fayolle, A. (2008). Is entrepreneurial intention stable through time?: First insights from a sample of French students. *International Journal of Entrepreneurship and Small Business, 5*(1), 7–27.

Desouza, K. C. (2011). *Intrapreneurship: Managing ideas within your organization*. Toronto: University of Toronto Press.

Djankov, S., La Porta, R., Lopez de Silanes, F., & Shleifer, A. (2000). *The regulation of entry*. Cambridge, MA: National Bureau of Economic Research.

Douglas, E., & Fitzsimmons, J. (2013). Intrapreneurial intentions versus entrepreneurial intentions: Distinct constructs with different antecedents. *Small Business Economics, 41*(1), 115–132.

Douglas, E. J., & Shepherd, D. A. (2000). Entrepreneurship as a utility maximizing response. *Journal of Business Venturing, 15*(3), 231–251.

Eisenhardt, K. M. (1989). Building theories from case study research. *Academy of Management Review, 14*(4), 532–550.

Fitzsimmons, J. R., & Douglas, E. J. (2011). Interaction between feasibility and desirability in the formation of entrepreneurial intentions. *Journal of Business Venturing, 26*(4), 431–440.

Hellmann, T. (2007). When do employees become entrepreneurs? *Management Science, 53*(6), 919–933.

Hess, E. H. (1972). The natural history of imprinting. *Annals of the New York Academy of Sciences, 193*(1 Patterns of I), 124–136.

Higgins, M. C. (2005). *Career imprints: Creating leaders across an industry*. San Francisco: Wiley.

Hornsby, J. S., Kuratko, D. F., & Zahra, S. A. (2002). Middle managers' perception of the internal environment for corporate entrepreneurship: Assessing a measurement scale. *Journal of Business Venturing, 17*(3), 253–273.

Kacperczyk, A. J. (2012). Opportunity structures in established firms: Entrepreneurship versus intrapreneurship in mutual funds. *Administrative Science Quarterly, 57*(3), 484–521.

Kacperczyk, A. J. (2013). Social influence and entrepreneurship: The effect of university peers on entrepreneurial entry. *Organization Science, 24*(3), 664–683.

Keller, B. K., & Whiston, S. C. (2008). The role of parental influences on young adolescents' career development. *Journal of Career Assessment, 16*(2), 198–217.

Kim, P. H., Aldrich, H. E., & Keister, L. A. (2006). Access (not) denied: The impact of financial, human, and cultural capital on entrepreneurial entry in the United States. *Small Business Economics, 27*(1), 5–22.

Kirzner, I. M. (1973). *Competition and entrepreneurship*. Chicago: The University of Chicago Press.

Krueger, N. F., Reilly, M. D., & Carsrud, A. L. (2000). Competing models of entrepreneurial intentions. *Journal of Business Venturing, 15*(5), 411–432.

Kuratko, D. F. (2009). The entrepreneurial imperative of the 21st century. *Business Horizons, 52*(5), 421–428.

Landier, A. (2006). *Entrepreneurship and the stigma of failure*. Working paper. New York.

Lee, M., & Battilana, J. (2013). *How the zebra got its stripes: Imprinting of individuals and hybrid social ventures*. Working paper, (14–005). Boston: Harvard Business School.

Lee, S.-H., Peng, M. W., & Barney, J. B. (2007). Bankruptcy law and entrepreneurship development: A real options perspective. *Academy of Management Review, 32*(1), 257–272.

Marquis, C., & Tilcsik, A. (2013). Imprinting: Toward a multilevel theory. *Academy of Management Annals, 7*(1), 195–245.

Martiarena, A. (2013). What's so entrepreneurial about intrapreneurs? *Small Business Economics, 40*(1), 27–39.

Martin, B. C., McNally, J. J., & Kay, M. J. (2013). Examining the formation of human capital in entrepreneurship: A meta-analysis of entrepreneurship education outcomes. *Journal of Business Venturing, 28*(2), 211–224.

Mathias, B. D., Williams, D. W., & Smith, A. R. (2015). Entrepreneurial inception: The role of imprinting in entrepreneurial action. *Journal of Business Venturing, 30*(1), 11–28.

McEvily, B., Jaffee, J., & Tortoriello, M. (2012). Not all bridging ties are equal: Network imprinting and firm growth in the Nashville legal industry, 1933–1978. *Organization Science, 23*(2), 547–563.

Monsen, E., Patzelt, H., & Saxton, T. (2010). Beyond simple utility: Incentive design and trade-offs for corporate employee-entrepreneurs. *Entrepreneurship: Theory & Practice, 34*(1), 105–130.

Mungai, E., & Velamuri, S. R. (2011). Parental entrepreneurial role model influence on male offspring: Is it always positive and when does it occur? *Entrepreneurship: Theory & Practice, 35*(2), 337–357.

Osterwalder, A., & Pigneur, Y. (2010). *Business model generation: A handbook for visionaries, game changers, and challengers*. Hoboken: Wiley.

Parker, S. C. (2011). Intrapreneurship or entrepreneurship? *Journal of Business Venturing, 26*(1), 19–34.

Pinchot, G. (1985). *Intrapreneuring: Why you don't have to leave the corporation to become an entrepreneur*. New York: Harper & Row.

Rathna, K. G., & Vijaya, T. G. (2009). Competencies of entrepreneurs and intrapreneurs: A comparative study. *South Asian Journal of Management, 16*(2), 28–46.

Rauch, A., Wiklund, J., Lumpkin, G. T., & Frese, M. (2009). Entrepreneurial orientation and business performance: An assessment of past research and suggestions for the future. *Entrepreneurship: Theory & Practice, 33*(3), 761–787.

de Reuver, M., Bouwman, H., & MacInnes, I. (2009). Business models dynamics for start-ups and innovating e-businesses. *International Journal of Electronic Business, 7*(3), 269–286.

Schumpeter, J. A. (1934). *The Schumpeter: Theory economic development*. Cambridge, MA: Harvard University Press.

Shapero, A., & Sokol, L. (1982). The social dimensions of entrepreneurship. In C. A. Kent, D. L. Sexton & K. H. Vesper (Hrsg.), *Encyclopedia of entrepreneurship* (S. 72–90). Englewood Cliffs: Prentice-Hall.

Sharma, P., & Chrisman, J. J. (1999). Toward a reconciliation of the definitional issues in the field of corporate entrepreneurship. *Entrepreneurship: Theory & Practice, 23*(3), 11–27.

Sieger, P., & Monsen, E. (2015). Founder, academic, or employee?: A nuanced study of career choice intentions. *Journal of Small Business Management, 53*(6), 30–57.

Simsek, Z., Fox, B. C., & Heavey, C. (2015). „What's past is prologue" a framework, review, and future directions for organizational research on imprinting. *Journal of Management, 41*(1), 288–317.

Starr, J. A., & MacMillan, I. C. (1990). Resource cooptation via social contracting: Resource acquisition strategies for new ventures. *Strategic Management Journal, 11*(Special Issue: Corporate Entrepreneurship), 79–92.

Stavrou, E. T., & Swiercz, P. M. (1998). Securing the future of the family enterprise: A model of offspring intentions to join the business. *Entrepreneurship: Theory & Practice, 23*(2), 19–39.

Stinchcombe, A. L. (1965). Social structure and organizations. In J. G. March (Hrsg.), *Handbook of organizations* (S. 142–193). Chicago: Rand McNally.

Subramanian, N. (2005). The economics of intrapreneurial innovation. *Journal of Economic Behavior & Organization, 58*(4), 487–510.

Tang, J., Kacmar, K. M., & Busenitz, L. (2012). Entrepreneurial alertness in the pursuit of new opportunities. *Journal of Business Venturing, 27*(1), 77–94.

Thursby, J. G., Jensen, R., & Thursby, M. C. (2001). Objectives, characteristics and outcomes of university licensing: A survey of major US universities. *The Journal of Technology Transfer, 26*(1–2), 59–72.

Tietz, M. A., & Parker, S. C. (2012). How do intrapreneurs and entrepreneurs differ in their motivation to start a new venture? *Frontiers of Entrepreneurship Research, 32*(4), 1–15.

Vesper, K. H. (1984). *Three faces of corporate entrepreneurship: A pilot study*. Seattle: University of Washington. Graduate School of Business.

Yin, R. K. (2013). *Case study research: Design and methods*. Beverly Hills: Sage.

Zellweger, T., Sieger, P., & Halter, F. (2011). Should I stay or should I go? Career choice intentions of students with family business background. *Journal of Business Venturing, 26*(5), 521–536.

Prägung akademischer Gründer durch persönliche Beziehungen am Beispiel von FunSurf

Christian Marx und Mareike Peters

Inhaltsverzeichnis

5.1	Einleitung, Problemstellung und Zielsetzung	136
	5.1.1 Aufbau der Arbeit	137
5.2	Theoretische Grundlagen	137
	5.2.1 Akademische Gründer und Spin-Offs	137
	5.2.2 Konzept der Prägung	138
	5.2.3 Persönliche Beziehungen	139
5.3	Prägende Individuen	141
	5.3.1 Familiäres Umfeld	141
	5.3.2 Außerfamiliäres Umfeld	144
5.4	Fallstudie	147
	5.4.1 Fallstudienmethodik und Datenerhebung	147
	5.4.2 Charakteristika der Technologie	148
	5.4.3 Beschreibung des akademischen Spin-Offs FunSurf	148
	5.4.4 Vorstellung des Gründers und Ideengebers	149
5.5	Befunde der Fallstudie	150
	5.5.1 Ad P1: Familiäres Umfeld	150
	5.5.2 Ad P2: Autoritativer Erziehungsstil	151
	5.5.3 Ad P3: Außerfamiliäres Umfeld	152
	5.5.4 Ad P4: Network Imprinting	153
5.6	Zusammenfassung	154
Literatur		155

C. Marx (✉) · M. Peters
Institut für Betriebswirtschaftslehre, Christian-Albrechts-Universität zu Kiel, Kiel, Deutschland
E-Mail: christianmx@gmx.net; m.peters@bwl.uni-kiel.de

© Springer Fachmedien Wiesbaden GmbH, ein Teil von Springer Nature 2019
P. Dickel et al. (Hrsg.), *Fallstudien zu akademischen Ausgründungen*,
https://doi.org/10.1007/978-3-658-25700-2_5

Zusammenfassung

Mit der Smartwatch von FunSurf sollen Kitesurfer zukünftig ihre Performance in Echtzeit erfassen und sich im Rahmen von globalen und lokalen Bestenlisten mit anderen vergleichen können. Träger dieser Geschäftsidee ist ein junger Akademiker (Gründer A), der sich noch während seines Studiums zur Gründung entschloss. Die vorliegende Fallstudie untersucht explorativ, welche Faktoren die Unternehmensgründung beeinflusst haben. Hierzu werden prägende Einflüsse von persönlichen Beziehungen des akademischen Gründers A analysiert, die auf seine Gründungsentscheidung eingewirkt haben. Neben dem familiären und außerfamiliären Umfeld werden unterschiedliche Erziehungsstile beleuchtet und darüber hinaus die Einflüsse des persönlichen Netzwerks analysiert.

5.1 Einleitung, Problemstellung und Zielsetzung

„Was hält dich auf? Mach es einfach, wenn du daran glaubst! Limitiere dich nicht selber." – Vater d. Gründers A.

Anhand dieser Aussage wird deutlich, dass der Vater des Gründers seinen Sohn bei dem Gründungsvorhaben unterstützt hat. Inwieweit persönliche Beziehungen einen Menschen im Hinblick auf die Gründungsentscheidung prägen können, rückt zunehmend in den Fokus wissenschaftlicher Studien (Brüderl und Preisendörfer 1998). Das begründete Interesse an dieser Fragestellung stammt zum einen aus der volkswirtschaftlichen Relevanz von Unternehmensgründungen (Van Stel et al. 2005), zum anderen aus dem erheblichen Einfluss des sozialen Umfelds auf individuelle Verhaltensweisen (Mathias et al. 2015).

Es ist bekannt, dass Individuen während ihres Lebens von verschiedenen Faktoren, Individuen oder Bedingungen geprägt werden. In der englischsprachigen Literatur wird diese Prägung als Imprint bezeichnet (Marquis und Tilcsik 2013). Allgemein können Individuen (u. a. Kacperczyk 2009; Tilcsik 2012; Azoulay et al. 2017), Organisationen (u. a. Johnson 2007; Marquis und Huang 2010), Netzwerke (McEvily et al. 2012) oder Industrien (Stinchcombe 1965) geprägt werden. Trotz der intensiven Beschäftigung der Wissenschaft mit prägenden Faktoren konnte bisher nicht hinreichend beantwortet werden, warum jemand Unternehmer wird und welche Impulse Gründer im Hinblick auf die Gründungsentscheidung geprägt haben. Ein besonderes Augenmerk liegt dabei auf akademischen Gründern, weil sie an der Schnittstelle zwischen Lehre, Forschung und Wirtschaft agieren und einen Beitrag zum Wissenstransfer vom Hochschulsystem in die Wirtschaft leisten (Grave et al. 2014).

Der Großteil der Literatur behandelt prägende Faktoren auf der Makroebene, d. h. Industrien und Organisationen (u. a. Stinchcombe 1965; Johnson 2007), während der aktuelle Forschungsstand darauf hindeutet, dass bislang noch relativ wenig über prägende Faktoren und Bedingungen auf der Mikroebene, d. h. in Bezug auf die Prägung von Individuen, bekannt ist. Es konnte gezeigt werden, dass Unterstützung aus dem persönlichen

Umfeld ein Faktor für den Erfolg einer Unternehmensgründung sein kann (Brüderl und Preisendörfer 1998). Die Literatur zeigt ferner, dass Erfahrungen eine kritische Rolle bei der Unternehmensgründung von Individuen einnimmt (u. a. Shane und Venkataraman 2000; Westhead et al. 2005). Diese üben einen wichtigen Einfluss auf Individuen aus, da sie die Entscheidungsfindung nachhaltig beeinflussen (z. B. im Berufsumfeld, vgl. Politis 2005).

Die vorliegende Arbeit analysiert Prägungen auf der Mikroebene akademischer Gründer und Einflussfaktoren auf die Gründungsentscheidung. Dabei liegt der Fokus auf persönlichen Beziehungen. Konkret wird der Frage nachgegangen, inwieweit diese die Gründungsentscheidung in unterschiedlichen Lebenssituationen beeinflusst haben. Die literaturgeleitet identifizierten prägenden Faktoren werden mithilfe einer Einzelfallstudie untersucht.

5.1.1 Aufbau der Arbeit

Vor diesem Hintergrund gliedert sich die vorliegende Fallstudie in sechs Kapitel. Anknüpfend an die Einleitung werden im Folgenden elementare theoretische Grundlagen erörtert und in Beziehung zueinander gesetzt. Hierauf aufbauend werden prägende Individuen analysiert und in diesem Zusammenhang vier Propositionen literaturbasiert hergeleitet, die im Anschluss anhand einer Einzelfallstudie analysiert und diskutiert werden. Anschließend werden die Ergebnisse zusammengefasst.

5.2 Theoretische Grundlagen

In diesem Kapitel werden akademische Gründer beschrieben, das Konzept der Prägung vorgestellt und auf die Bedeutung von Beziehungen in diesem Kontext eingegangen.

5.2.1 Akademische Gründer und Spin-Offs

Ausgründungen aus Universitäten und Forschungseinrichtungen (engl. Academic Spin-Offs) werden als wirtschaftlich selbstständige Unternehmen definiert, deren akademische Gründer (Hochschulabsolventen oder Wissenschaftler) unmittelbar vor Gründung in einer Forschungseinrichtung gearbeitet haben beziehungsweise mindestens einen Teil ihrer Kerntechnologie aus dieser Forschungseinrichtung vermarkten (Smilor et al. 1990). Von akademischen Spin-Offs erwartet die Wirtschafts- und Innovationspolitik durch den Technologietransfer von der Wissenschaft in die Wirtschaft einen bedeutenden Beitrag zum technologischen und ökonomischen Fortschritt einer Volkswirtschaft (Hemer et al. 2006a). Innerhalb Deutschlands wird das Potenzial für akademische Spin-Offs aufgrund der ausgeprägten Forschungslandschaft als groß eingeschätzt (Hemer et al. 2007). Es konnte jedoch festgestellt werden, dass dieses Potenzial nicht hinreichend ausgeschöpft wird und akademische Spin-Offs kaum merkliche volkswirtschaftliche Effekte aufweisen (Hemer et al. 2006b; Egeln et al. 2002). Durch die praktische Umsetzung wissenschaftlicher Erkenntnisse sind akademische Gründer in besonderem Maße geeignet, Lösungen für drängende gesellschaftliche Probleme bereitzustellen und zum Wachstum zukunftsträchtiger Wirtschaftszweige beizutragen (Egeln et al. 2002; Hemer et al. 2006b).

5.2.2 Konzept der Prägung

Der erste Forscher, der das Konzept der Prägung in einen wirtschaftlichen Zusammenhang stellte, war Arthur L. Stinchcombe (1965), obwohl er den Begriff der Prägung nicht explizit verwendete. Die daraus hervorgegangene Organizational Imprinting Theory[1] geht davon aus, dass ein Zusammenhang zwischen der Sozialstruktur einer Gesellschaft und den Strukturen von Organisationen besteht. Organisationen erwerben zum Gründungszeitpunkt strukturierende Charakteristika, die über den gesamten Lebenszyklus weitestgehend unverändert bleiben (Stinchcombe 1965). Strukturelle Gegebenheiten zum Zeitpunkt der Gründung eines Unternehmens, die wiederum als Resultat der Umweltbedingungen gesehen werden können, üben demnach einen dauerhaften Effekt auf die Entwicklung des Unternehmens aus.

Das Konzept der Prägung wurde seitdem anhand zahlreicher Studien verfeinert und weiterentwickelt. Die vorhandene Literatur liefert dabei abhängig vom Untersuchungsgegenstand unterschiedliche Definitionen. Während Stinchcombes (1965) Prägungen im industriellen Kontext fokussiert hat, wurden in den darauffolgenden Studien überwiegend Organisationen untersucht. In den letzten Jahren konnte gezeigt werden, dass das Konzept der Prägung auch auf der Meso- bzw. auf Mikroebene Erklärungsgehalt liefern kann (Marquis und Tilcsik 2013). In dieser Arbeit liegt der Fokus auf der Mikroebene, d. h. die Betrachtung des individuellen menschlichen Verhaltens sowie der direkten Beziehungen und Kontakte der Menschen zueinander stehen im Vordergrund. Unabhängig davon, ob externe oder interne Faktoren die frühen Entscheidungen geprägt haben, können diese auf nachfolgende Entscheidungen ausstrahlen.

In der Literatur wird unter dem Konzept der Prägung ein mehrstufiger Prozess verstanden. Darauf aufbauend folgt diese Arbeit dem definitorischen Ansatz von Marquis und Tilcsik (2013), bei dem der Prozess der Prägung drei wesentliche Merkmale aufweist:

1. In einer temporären, sensitiven Übergangsphase weist die „fokale Entität"[2] aufgrund vorherrschender Unsicherheit eine hohe Empfänglichkeit für externe Einflüsse auf. In dieser Phase werden vorhandene Wahrnehmungs- und Denkmodelle hinterfragt und derart ersetzt, dass eine Übereinstimmung mit der neuen Umwelt hergestellt wird (Kongruenz).

---

[1] Ins Deutsche lässt sich der Begriff des „Organizational Imprinting" am besten als „organisationale Prägung" übersetzen.
[2] In Rahmen dieser Arbeit handelt es sich bei der fokalen Entität um den akademischen Gründer.

2. In der anschließenden Phase findet die Reflexion der Umwelteinflüsse, die während der empfänglichen Übergangsphase erlebt wurden, statt. Es verankern sich bei der „fokalen Entität" vor allem die Charakteristika, die die auftretende Unsicherheit in der ersten Übergangsphase minimiert haben. Jene sind zum Beispiel neue Verhaltensweisen, Normen und kognitive Modelle.
3. Anschließend bestehen diese geprägten Charakteristika trotz Umweltveränderungen fort (Persistenz).

Dabei gilt es zu beachten, dass Individuen mehrere sensitive Phasen mit hoher Unsicherheit in ihrem Leben erfahren können. Währenddessen sind sie besonders empfänglich für externe Einflüsse, da sie versuchen sich sowohl der Umwelt anzupassen als auch die vorherrschenden Unsicherheiten zu reduzieren. Dieser Prozess wird auch als „cognitive unfreezing" bezeichnet, da bestehende kognitive Strukturen kurzzeitig an Flexibilität und Formbarkeit gewinnen. Das Individuum nimmt infolge dessen Charakteristika an, die besser mit der aktuellen Umgebung übereinstimmen (Marquis und Tilcsik 2013).

Dieser Umstand deckt zugleich einen wesentlichen Unterschied zwischen der Prägung von Organisationen und Individuen auf. Es bestehen auf beiden Ebenen temporäre, sensitive Übergangsphasen, die mit Lernprozessen einhergehen und über die Zeit trotz Umweltveränderungen persistieren. Die prägende Phase bei Organisationen begrenzt sich jedoch größtenteils auf die Gründungsphase (Stinchcombe 1965; Milanov and Fernhaber 2009), während Individuen mehrere prägende Phasen erfahren können, z. B. während der Schulzeit, der Ausbildung, beim Berufseinstieg oder in Zeiten signifikanter Umweltveränderungen (Simsek et al. 2015). Ein weiterer Unterschied besteht darin, dass prägende Effekte bei Organisationen zwar nicht fixiert, jedoch schwer veränderbar sind, wohingegen Lernprozesse bei Individuen eher fluide und dynamisch sind (Mathias et al. 2015).

5.2.3 Persönliche Beziehungen

Die besondere Bedeutung von persönlichen Beziehungen wird in der von Mark Granovetter (1973) entwickelten Netzwerktheorie deutlich. Diese basiert auf der Annahme, dass Individuen in soziale Strukturen eingebettet sind und in sozialen Netzwerken agieren (Granovetter 1973). Demnach sind Menschen zum einen durch starke (Strong Ties) und zum anderen durch schwache Beziehungen (Weak Ties) miteinander verbunden. Die Stärke von Beziehungen wird nach Granovetter (1973) von vier Faktoren bestimmt: Dauer der Beziehung, Grad der emotionalen Intensität, Intimität zwischen den Individuen und der Reziprozität bzw. Gegenseitigkeit der Beziehungen.

In dieser Arbeit werden personenzentrierte bzw. soziale Netzwerke analysiert, die vor dem Hintergrund einer Unternehmensgründung auch als Entrepreneurial Networks oder Personal Networks bezeichnet werden. Dabei liegt der Fokus auf dem Geflecht von sozialen Kontakten, in die der akademische Gründer eingebunden ist (vgl. Granovetter 1985; McEvily et al. 2012).

Unter Betrachtung des lerntheoretischen Ansatzes bilden Beziehungen und Netzwerke primäre Mechanismen zur Wissenserhaltung und -weitergabe (Argote et al. 2003). In einem sozialen Netzwerk sind die privaten Kontakte aus dem Bereich der Familie sowie des Freundes- und Bekanntenkreises integriert (Mitchell 1969). Interaktionen mit anderen Individuen ermöglichen es, von der Erfahrung, Expertise und dem Verständnis der Netzwerkkontakte zu profitieren (McEvily et al. 2012). Entwickelt und verändert sich ein Netzwerk, so kann das vorhandene Wissen mit anderen (neuen) Akteuren rekombiniert und weiter verteilt werden (Tolstoy 2009). Seit einigen Jahren besteht in der Forschung größtenteils Einigkeit darüber, dass das soziale Netzwerk eines Gründers maßgeblich die Unternehmensgründung beeinflusst (Jenssen 2001).

Des Weiteren stellen Netzwerke einen zentralen Aspekt des Konzeptes des sozialen Kapitals dar (Coleman 1988). Die Definitionen von Sozialkapital sind vielfältig und es existieren eine Reihe von unterschiedlichen Formen von Sozialkapital. Diese Arbeit folgt der in der wissenschaftlichen Literatur oft zitierten Definition von Nahapiet und Ghoshal (1998).[3] Demnach ist Sozialkapital in Netzwerken eingebettetes Kollektiveigentum und das Beziehungsnetzwerk eines Akteurs wird für diesen zu einer wichtigen Ressource, welche sich aus der Beschaffenheit des Netzwerks und den Eigenschaften der Beziehungen zusammensetzt (Nahapiet und Ghoshal 1998). Sozialkapital entsteht somit durch unterschiedliche Akteure, die Ressourcen in eine Beziehung einbringen (Fliaster 2007), weswegen eine gezielte Herstellung und Steuerung als schwierig zu erachten ist (Grillitsch et al. 2017). Somit bildet sich ein Netzwerk mit einer bestimmten Struktur aus, in der ein Akteur eine gewisse Position einnimmt und darüber hinaus durch die Netzwerkstruktur und -verbindungen beeinflusst wird. Die Höhe des vorhandenen Sozialkapitals ist jeweils davon abhängig, über wie viele Knotenpunkte sich das Beziehungsnetz erstreckt, wie viele Beziehungen also tatsächlich mobilisiert werden können. Es beschreibt folglich das Potenzial an Chancen und Gelegenheiten, die ein Akteur oder eine Organisation durch die Beziehungen zu anderen realisieren kann (Burt 1997). Ausgebildetes Sozialkapital deutet auf effiziente Netzwerkstrukturen hin, die eine Entdeckung von Geschäftsmöglichkeiten begünstigen (Shane 2003).

Nach Granovetter (1985) setzen soziale Netzwerke soziale Interaktionen voraus. Je näher sich die Individuen innerhalb der sozialen Struktur sind, desto größer ist die Wahrscheinlichkeit, dass sie sich direkt vernetzen. Dabei interagieren Individuen am häufigsten mit Personen, deren Werte, Ziele, Interessen und Zugehörigkeiten sie teilen. Im Zuge solcher Interaktionen kann soziale Nähe in Form von dauerhaften, auf Vertrauen und gemeinsamen Einstellungen und Normen basierenden Beziehungen entstehen. Boschma (2005) grenzt dabei ein, dass Individuen nicht zwangsläufig kulturelle oder ethische Werte teilen müssen, um soziale Nähe aufzubauen. Allein ihre indirekte Verbindung über gemeinsame Netzwerkkontakte erhöht bereits die soziale Interaktionswahrscheinlichkeit zwischen Individuen (Azoulay et al. 2017).

---

[3] Nahapiet und Ghoshal (1998, S. 243) haben folgende Definition aufgestellt: „Social capital [is] the sum of the actual and potential resources embedded within, available through, and derived from the network of relationships possessed by an individual or social unit".

5.3 Prägende Individuen

Der Gründer ist per se in sein individuelles soziales Netzwerk (Egonetzwerk) eingebettet, das aus Akteuren mit persönlichen, gewachsenen Beziehungen besteht. Gründer akademischer Spin-Offs besitzen oft umfangreiche technische Kenntnisse, können jedoch tendenziell wenig industrielle Erfahrung und kaufmännische Qualifikationen vorweisen (Egeln et al. 2002; Hemer et al. 2006b). Aus diesem Grund sind Gründer auf verschiedene soziale Akteure angewiesen, die im Gründungsvorhaben unterstützend wirken. In dieser Arbeit wird zwischen dem familiären Umfeld und dem außerfamiliären Umfeld differenziert, da angenommen wird, dass sich die Art des prägenden Einflusses zwischen beiden Gruppen unterscheidet (Lee und Battilana 2013; Mathias et al. 2015). Tab. 5.1 gibt einen Überblick über die Zuordnung der Akteure.

5.3.1 Familiäres Umfeld

Der Mensch ist im Laufe seiner physischen, psychischen und sozialen Entwicklung vielfältigen Einflüssen ausgesetzt. Der Familie kommt dabei eine ganz besondere Bedeutung zu. Es zählen der Ehe- bzw. Lebenspartner, die Eltern, die Geschwister und sonstige Verwandten zum familiären Umfeld, wie Tab. 5.1 verdeutlicht. Der Kern der Literatur bezieht sich dabei auf den Einfluss der Eltern (Keller und Whiston 2008; Lee und Battilana 2013; Mathias et al. 2015; Jaskiewicz et al. 2015). Meistens sind die Eltern die dominierenden Akteure im Kindesalter und während der Jugend, da sie für die Erziehung verantwortlich sind und sowohl direkt als auch indirekt einen prägenden Einfluss auf die Kinder ausüben. Während der Kindheit kommt es zu großen Veränderungen und Belastungen wie der Selbstverwirklichung, Karriereplanung und Wertesystementwicklung (Hartung et al. 2005). Es konnte festgestellt werden, dass besonders Jugendliche empfänglich für externe Einflüsse sind (Marquis und Tilcsik 2013).

Darüber hinaus haben Eltern einen hohen Einfluss auf den Entscheidungsfindungsprozess ihrer Kinder, da sie als wichtige Vertrauenspersonen agieren (Mathias et al. 2015). Besonders die emotionale Unterstützung der Eltern hat Auswirkungen auf die Karriere der Kinder. Keller und Whiston (2008) konnten aufzeigen, dass Eltern bei jungen Heranwachsenden eher mit Unterstützung und dem Zeigen von Interesse als mit direkten

Tab. 5.1 Überblick über die sozialen Akteure (eigene Darstellung)

Familiäre Akteure	Ehe-/Lebenspartner
	Eltern
	Geschwister
	Sonstige Verwandte
Außerfamiliäre Akteure	Freunde
	Bekannte
	Arbeitskollegen

Ratschlägen helfen. Entwisle und Hayduk (1988) fanden heraus, dass ein frühes Einwirken der Eltern während der Grundschulzeit einen langfristigen Effekt auf die Leistung der Kinder haben kann. Die Familie und insbesondere die Eltern agieren im sozialen Leben der Kinder als wichtige Referenzgruppe. Die Kinder eignen sich Normen, Kompetenzen und Verhaltensmuster an, die die Eltern im täglichen Umgang mit den Kindern vorleben und reflektieren darüber hinaus ihr eigenes Verhalten (Mathias et al. 2015). Wenn sich kognitive Schemata und Glaubensstrukturen gebildet haben, werden neue Informationen in die bestehenden Strukturen assimiliert (Kacperczyk 2009). Es wird daher die folgende Proposition aufgestellt:

▶ **Proposition 1:** Das familiäre Umfeld beeinflusst die Gründungswahrscheinlichkeit positiv, wenn das Individuum emotionale Unterstützung über die Karriereentscheidungen erfahren hat.

In Familienunternehmen ist der prägende Einfluss auf die Kinder besonders wirksam, da diese bereits früh in die Strukturen des Unternehmens eingeführt werden. In diesem Zusammenhang führen Jaskiewicz et al. (2015) in ihrer Studie den Begriff des unternehmerischen Erbes (engl. Entrepreneurial Legacy) ein, bei dem nachfolgende Generationen von den vorherigen Generationen geprägt werden. Es wurden drei wesentliche Faktoren identifiziert, durch die das unternehmerische Erbe beeinflusst wird: Familiengröße, Familienzusammenhalt und das Mitwirken der Kinder im Familienunternehmen (Jaskiewicz et al. 2015). Diese sind in Abb. 5.1 dargestellt.

Nach dem Circumplexmodell von Olson et al. (1979) gibt es zwei wesentliche Dimensionen einer Familie: Anpassungsfähigkeit der Familie sowie der Familienzusammenhalt (Kohäsion). Vor dem Hintergrund der familiären Prägung wird vor allem auf den familiären Zusammenhalt fokussiert, da dieser sowohl die emotionale Verbundenheit der einzelnen Familienmitglieder als auch ihre Interaktion untereinander umfasst (Koumoundourou et al. 2011). Es konnte gezeigt werden, dass kohäsive Familien mit einem unternehmerischen Erbe einen prägenden Einfluss auf die nächste Generation haben und diese motivieren können, ebenfalls unternehmerisch tätig zu werden (Jaskiewicz et al. 2015). Zusätzlich zum Zusammenhalt beeinflusst die Größe der Familie die Prägung, wie Jaskiewicz et al.

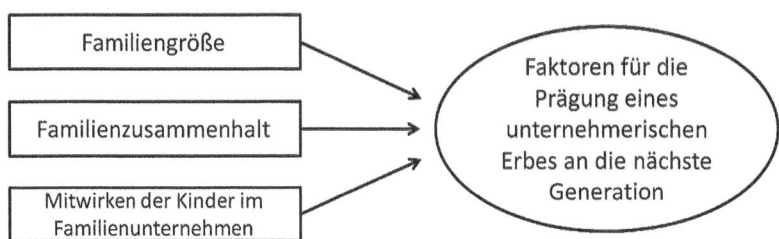

Abb. 5.1 Faktoren für die Prägung eines unternehmerischen Erbes (in Anlehnung an Jaskiewicz et al. 2015)

(2015) in ihrer Studie herausfanden. Innerhalb großer Familien sind die Kinder tendenziell stärker als in kleinen Familien involviert; dadurch lernen sie von anderen Familienmitgliedern (Jaskiewicz et al. 2015).

Neben dem Zusammenhalt, der Größe und dem Mitwirken in der Familie beeinflusst auch der Erziehungsstil die Entwicklung der Kinder. Nach Baumrind (1971) können drei verschiedene Erziehungsstile differenziert werden: permissiv, autoritär und autoritativ. Bei einem permissiven Erziehungsstil akzeptieren die Eltern das Verhalten des Kindes, schränken seine Handlungsspielräume und Autonomie nur geringfügig ein, vermeiden die Ausübung von Kontrolle und sind nachgiebig. Dieser Erziehungsstil wurde nach weiteren Untersuchungen in zwei Bereiche unterteilt: nachsichtige oder nachlässige Eltern (Lamborn et al. 1991). Im Kontrast dazu ist ein autoritärer Erziehungsstil dadurch gekennzeichnet, dass Eltern von ihrem Kind primär Gehorsam fordern und es festgelegte Verhaltensstandards gibt, die befolgt werden müssen. Die bevorzugten Erziehungsmittel sind das Wertschätzen von Gehorsam und die Bestrafung von Ungehorsam. Elemente beider genannten Stile vereint der autoritative Erziehungsstil, bei dem die Eltern die Autonomie und den eigenen Willen des Kindes schätzen und gleichzeitig Gehorsam fordern (Koumoundourou et al. 2011). Festzuhalten ist, dass die verschiedenen Erziehungsstile unterschiedliche Auswirkungen auf die Entwicklung der Kinder haben können, was deren Fähigkeiten und Charakteristika beeinflusst und folglich auf die Karriereentscheidung einwirken kann.

Bereits Marshall (1930) ist davon ausgegangen, dass erfolgreiche Entrepreneure[4] „generelle Fähigkeiten" besitzen, die vom familiären Hintergrund, dem Bildungsgrad und angeborenen Fähigkeiten abhängen können (Van Praag und Cramer 2001). Welche Faktoren die Gründungsintention beeinflussen, wird vielfältig in der Literatur diskutiert (u. a. Zapkau et al. 2015; Shirokova et al. 2016; Lee et al. 2011; Scherer et al. 1989, Boyd und Vozikis 1994). Es konnte gezeigt werden, dass Charakteristika wie die Risikoeinstellung (Van Praag und Cramer 2001), Selbstbeherrschung (Van Gelderen et al. 2015), Selbstwirksamkeit[5] (Schlägel und König 2014) und vier der „fünf großen Persönlichkeitsdimensionen" (Norman 1963; Barrick und Mount 1991), nämlich emotionale Stabilität, Extraversion, Offenheit für Erfahrungen und Gewissenhaftigkeit (Zhao et al. 2005), die Gründungsintention beeinflussen.

Bezugnehmend auf die Erziehungsstile wird davon ausgegangen, dass besonders der autoritative Stil für eine Unternehmensgründung förderlich ist (Jiang et al. 2017). Nach Studien von Steinberg et al. (1994) wiesen Kinder, die im Vergleich zu anderen autoritativ erzogen wurden, höhere psychosoziale und akademische Kompetenzen auf. Darüber hinaus sind sie besser angepasst, zuversichtlich in Bezug auf ihre Fähigkeiten (Selbstwirksamkeit) und kompetent in diversen Leistungsbereichen (Lamborn et al. 1991). Im Vergleich dazu

---

[4] Marshall (1930) verwendet die Bezeichnung „Undertaker".
[5] Unter Selbstwirksamkeit wird nach Bandura (1997) die Überzeugung eines Menschen von seinen Fähigkeiten verstanden. Sie beinhaltet den Glauben an die eigenen Fähigkeiten und die Einschätzung, was mit diesen Fähigkeiten möglich ist (Schlägel und König 2014, S. 300). Das Individuum geht somit davon aus, selbst etwas bewirken und selbstständig Situationen bewältigen zu können.

sind Jugendliche, bei denen die Eltern einen autoritären Erziehungsstil anwenden, gehorsam und konform und darüber hinaus besitzen sie ein relativ schwaches Selbstvertrauen (Lamborn et al. 1991). Die wahrgenommene Selbstwirksamkeit stellt sowohl für die Karrierewünsche (Bandura et al. 2001) als auch für spätere Karriereentwicklung (Turner und Lapan 2005) von Kindern einen entscheidenden Faktor dar. Die Eltern haben somit durch den Erziehungsstil einen direkten Einfluss auf die empfundene Selbstwirksamkeit, was sich prägend auf die Gründungsabsichten auswirken kann. Demnach folgt Proposition 2:

▶ **Proposition 2:** Ein autoritativer Erziehungsstil der Eltern fördert die Gründungsabsichten des Kindes, da dessen Selbstwirksamkeit gefördert wird.

5.3.2 Außerfamiliäres Umfeld

Neben dem Einfluss des familiären Umfelds wird auch der Einfluss von außerfamiliären bzw. privaten Akteuren untersucht. Dazu gehören Freunde, Bekannte und Arbeitskollegen, wie in Abb. 5.1 dargestellt ist. Der Großteil der Literatur analysiert den Einfluss durch das Arbeitsumfeld der Individuen (Gompers et al. 2005; Nanda und Sørensen 2010; McEvily et al. 2012; Stuart und Ding 2006). Untersuchungen von Burton et al. (2002) zufolge waren ca. 90 Prozent der Gründer vor ihrer ersten Start-Up Gründung in einem etablierten Unternehmen tätig. Das Arbeitsumfeld kann über den Austausch mit Freunden, Bekannten oder Arbeitskollegen einen prägenden Einfluss auf die Gründer haben. Eine etablierte Theorie in diesem Kontext ist die soziale Identitätstheorie, laut derer sich Individuen wahrscheinlicher mit einer Gruppe in ihrem sozialen Umfeld identifizieren, die die gleichen Einstellungen und Werte teilen (Abrams und Hogg 1988; Obschonka et al. 2012). Wie bereits am Anfang des dritten Kapitels erwähnt, weisen Hochschulabsolventen häufig geringe Arbeitserfahrung auf (Egeln et al. 2002; Hemer et al. 2006b). Zu Beginn ihrer Karriere sind sie besonders empfänglich für Ratschläge und Tipps von Arbeitskollegen mit mehr Erfahrung und tendieren dazu, sich Charakteristiken anzueignen, die ihre zukünftige Karriere beeinflussen (Ozgen und Baron 2007). Des Weiteren konnten Nanda und Sørensen (2010) in ihrer Studie aufzeigen, dass die Rate von Unternehmensgründern höher ist, wenn im Arbeitsumfeld viele Arbeitskollegen unternehmerische Erfahrungen gesammelt haben. Demnach werden eine Arbeitskultur und ein Arbeitsklima geschaffen, welche sich auf die Ausgründungsbereitschaft auswirken können. Darüber hinaus können die erfahrenen Arbeitskollegen den potenziellen Gründer unterstützen (Politis 2005).

Im Rahmen dieser Fallstudie wird das Ausmaß der Einflussnahme durch Arbeitskollegen untersucht. Vor allem die Rolle des Arbeitskollegen als Mentor wird in der Literatur behandelt, weil seine Einflussnahme über mehrere Lebensphasen vielfältig ist (Chao 1997). Individuen können die Glaubensstrukturen und Normen von Arbeitskollegen (Higgins 2004) adaptieren und diese Kollegen als Vorbilder und Mentoren ansehen (Nanda und

Sørensen 2010). Der Einfluss wird vor allem in der unsicheren Phase der Unternehmensgründung erwartet (Ozgen und Baron 2007). Ein Mentor ist neben dem Coaching, der Beratung und der Informationsbeschaffung aufgrund seiner Expertise und Erfahrung in der Lage, dem Gründer konstruktives Feedback zu seinem Gründungsvorhaben zu geben. Darüber hinaus nimmt er eine Netzwerkfunktion ein, indem er wichtige Kontakte für den Gründer knüpft (z. B. zu potenziellen Kunden oder Lieferanten). Die vielfältigen Aufgaben eines Mentors sind in Abb. 5.2 verdeutlicht.

Ein Mentor kann folglich den akademischen Gründer sowohl bei unternehmerischen Entscheidungen als auch beim Entdecken von unternehmerischen Chancen unterstützen. Insgesamt ergibt sich die dritte zu überprüfende Annahme:

▶ **Proposition 3:** Vertraute Personen aus dem außerfamiliären Umfeld des akademischen Gründers, die einen unternehmerischen Hintergrund aufweisen, eignen sich als Mentoren und prägen die unternehmerische Handlungskompetenz.

Abb. 5.2 Aufgaben eines Mentors (eigene Darstellung)

Neben der Betrachtung des familiären und außerfamiliären Umfelds kann die Analyse von Netzwerken Aufschluss über prägende Faktoren geben. Bekannt ist, dass ein ausgeprägtes Netzwerk positive Auswirkungen auf die Performance eines Start-Ups haben kann (Milanov und Fernhaber 2009; Soda et al. 2004; Baum et al. 2000). Bislang wurde noch wenig darüber erforscht, was ein ausgeprägtes Netzwerk für einen prägenden Einfluss auf das Individuum ausübt (Kim und Longest 2014). McEvily et al. (2012) haben beispielsweise Einflüsse von Netzwerkstrukturen auf Individuen untersucht. Außerdem sind sie der Frage nachgegangen, ob die Vorteile eines Netzwerkes über die Zeit fortbestehen und ob diese eine Prägung hinterlassen. In diesem Zusammenhang wurden die Verbindungen (Ties) innerhalb eines Netzwerkes analysiert.

Ein wesentliches Element von Netzwerken sind die sogenannten Bridging Ties, die Individuen aus unterschiedlichen sozialen Sphären verbinden. Dadurch werden vorher getrennte Cluster innerhalb eines Netzwerkes überbrückt, sodass zuvor isolierte Personenkreise verknüpft werden (Granovetter 1973). McEvily et al. (2012) argumentieren in ihrer Studie, dass nicht alle Bridging Ties gleich und folglich nicht immer prägend sind. Ausschlaggebend ist, wann und mit wem diese Verbindungen geformt werden. Die prägenden Bridging Ties werden zeitlich begrenzt während einer sensitiven Phase ausgebildet. Diese Art von Verbindung wird als geprägte Verbindung bezeichnet (engl. Imprinted Tie). Um die Entstehung einer geprägten Verbindung besser zu erläutern, wird folgend ein Beispiel genannt, welches in Abb. 5.3 verdeutlicht wird. Person *a* war zu Beginn der Karriere (in einer sensitiven Phase) bei Unternehmen 1 tätig und hat dort mit dem erfahrenen Arbeitskollegen *e* und zwei weniger erfahrenen Kollegen *w* zusammengearbeitet. Nachdem Person *a* ein paar Jahre später von Unternehmen 1 zu Unternehmen 2 gewechselt ist, entstand zwischen Person *a* und dem erfahrenen Arbeitskollegen *e* eine Bridging Tie, die einen

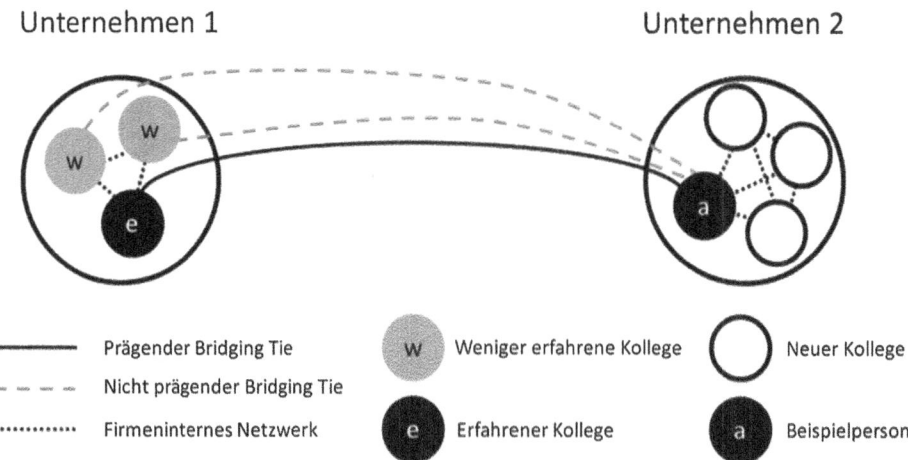

Abb. 5.3 Entstehung prägender Bridging Ties in beruflichen Netzwerken (angelehnt an McEvily et al. 2012)

prägenden Einfluss auf Person *a* hat (Imprinted Tie). Baut Person *a* nun neue Beziehungen in Unternehmen 2 auf, werden diese durch die Imprinted Tie mit dem Arbeitskollegen *e* beeinflusst, da Person *a* wesentliche Charakteristika des Kollegen *e* erlernt und adaptiert hat. Die Bridging Ties mit den zwei weniger erfahrenen Arbeitskollegen *w* haben hingegen keinen prägenden Einfluss auf Person *a*. Folglich ergibt sich die letzte Proposition:

▶ **Proposition 4:** Ein ausgereiftes Netzwerk, das mehrere Bridging Ties zu verschiedenen Akteuren aus unterschiedlichen sozialen Sphären aufweist, prägt den Gründer, da er von den Erfahrungen, der Expertise und dem Verständnis seiner Netzwerkkontakte lernt.

5.4 Fallstudie

Um prägende Einflüsse auf akademische Gründer zu untersuchen, wurde eine Einzelfallstudie durchgeführt. Diese ist ein geeignetes Mittel zur Herleitung von Theorien oder zur Beschreibung von komplexen und dynamischen Sachverhalten (Eisenhardt 1989). Die qualitativen Forschungsergebnisse der vorliegenden Arbeit dienen der Überprüfung der theoriegeleiteten Propositionen über die Prägung akademischer Gründer durch persönliche Beziehungen. Darüber hinaus leistet die vorliegende Einzelfallstudie einen Beitrag zur Untersuchung akademischer Spin-Offs.

5.4.1 Fallstudienmethodik und Datenerhebung

Die der Fallstudie zugrunde liegenden Primär- und Sekundärdaten wurden in einem persönlichen, eineinhalbstündigen semi-strukturierten Interview mit einem akademischen Unternehmensgründer (Gründer A) erfasst. Beim Interview lag der Fokus auf der Beantwortung eines teilstandardisierten Fragebogens. Zusätzlich wurden eigene, themenrelevante Fragen ergänzt, die zum Teil offen gestellt wurden (Yin 2003). Diese Fragen resultierten aus der im Vorfeld intensiven Einarbeitung in die Thematik. Neue Sachverhalte, die erst innerhalb des Interviews erschlossen wurden, sind ebenfalls Bestandteil dieser Arbeit. Darüber hinaus konnten aufkommende Fragen in einem weiteren Gespräch mit dem Gründer beantwortet werden und die daraus gewonnen Informationen in diese Arbeit integriert werden.[6] Der Projektname des Unternehmens lautet FunSurf.

---

[6] An dieser Stelle ist darauf hinzuweisen, dass sich das Unternehmen noch in der Gründungsphase befindet. Das Interview wurde mit dem Ideengeber und Initiator des Projektes, Gründer A, geführt. Aus Gründen der Vereinfachung wird dennoch bereits von einem Gründer gesprochen.

5.4.2 Charakteristika der Technologie

Das hier vorgestellte Gründungsvorhaben möchte eine Smartwatch für Kitesurfer entwickeln, mit der ihre Performance in Echtzeit erfasst und im Rahmen von globalen und lokalen Bestenlisten mit anderen verglichen werden kann. Die Produktidee ist während eines Kitesurf-Ausfluges entstanden, als Gründer A mit Freunden darüber diskutierte hat, wer am höchsten und am weitesten gesprungen sei. Das Problem war, dass es keine geeigneten Messinstrumente gab, die die Höhe bzw. Weite des Sprunges objektiv messen konnten. Darüber hinaus ist die Eigenbewertung durch den Surfer subjektiv und kaum vergleichbar. Gründer A wollte genau an diesem Punkt ansetzen und ein Messinstrument entwickeln, das dem Surfer objektive Messdaten bereitstellt, die anschließend mit Freunden verglichen werden können. Laut eigener Aussage ist die Idee aus den Diskussionen mit Freunden am Strand „durch eine glückliche Fügung" entstanden.

Die Gründer wollen Kitesurfen in ein Augmented-Reality-Spiel verwandeln und dadurch Kiter weltweit vereinen. Ihre Vision ist es, Kitesurfen durch spielerische Elemente zum einen interessanter zu gestalten und zum anderen Verbesserungs- und Optimierungspotenziale aufzudecken, sodass Kitesurfer ihre Technik verbessern können. Die potenziellen Kunden von FunSurf wollen ans Limit gehen und ihre Komfortzone verlassen. Sie verlangen nach einer ganzheitlichen Lösung für einen Kitesurfing-Performance-Tracker, der es ihnen ermöglicht, eigene Resultate und Leistungen einzusehen, mit anderen zu teilen und zu vergleichen.

Das Nutzenversprechen des Gründerteams ist die Bereitstellung einer vielseitigen Smartwatch für Kitesurfer. Es handelt es sich dabei um einen Kitesurfing-Performance-Tracker, der Sprunghöhe, Sprungweite, Aufenthaltsdauer in der Luft, Geschwindigkeit, Zeit und Distanz aufzeichnet und in Echtzeit visualisiert. Gamifizierte Elemente wie beispielsweise globale und lokale Bestenlisten, eine interaktive Weltkarte mit ausgewählten Kitesurf-Orten sowie die Erreichung von Punktzahlen geben dem Nutzer den Anreiz, sich selbst zu reflektieren und seine Leistung mit anderen zu vergleichen. Darüber hinaus können Wettkämpfe mit Freunden durchgeführt werden.

5.4.3 Beschreibung des akademischen Spin-Offs FunSurf

Gründer A konnte durch die Teilnahme an einem Universitätskurs seinen Businessplan erarbeiten und Mitglieder für sein Team suchen, die Interesse an der Gestaltung und Umsetzung seiner Idee hatten. Nach kurzer Zeit fand Gründer A drei Kommilitonen, die denselben Kurs besuchten und sich dem Projekt anschließen wollten. Neben Gründer A, der sich selbst als Initiator des Unternehmens und als Ideengeber beschreibt, besteht das Team aus einer Austauschschülerin, die ebenfalls Kitesurfing als Hobby angibt. Aufgrund ihres Maschinenbaustudiums hat sie einen technischen Hintergrund, sodass sie laut Gründer A perfekt ins Team passte. Als zweites wurde eine Kommilitonin mit dem Studienschwerpunkt

Marketing und Communication in das Team aufgenommen. Komplettiert wird das Team von einem Kommilitonin mit dem Studienschwerpunkt Innovation, der ebenfalls in seiner Freizeit kitesurft. Somit können alle vier Mitglieder einen akademischen Hintergrund vorweisen. Allerdings war die Teamzusammenstellung zu dem befragten Zeitpunkt noch nicht endgültig, da weitere Personen interessiert waren in das Gründungsprojekt einzusteigen. Darüber hinaus ist die Zukunft der Teammitglieder noch ungewiss und ein Standortwechsel kann nicht ausgeschlossen werden. Das Gründerteam, das somit zum Zeitpunkt der Befragung aus vier Studierenden mit unterschiedlichen Kernkompetenzen bestand, konnte einen ausgearbeiteten Businessplan vorweisen. Gründer A deutete in dem Gespräch an, dass eine stetige Interaktion zwischen den Teammitgliedern stattfinde und jeder seine Meinungen und Ideen frei äußern könne.

5.4.4 Vorstellung des Gründers und Ideengebers

Im Folgenden wird sich auf den Gründer beschränkt, weil er sich selbst als „treibende Kraft" in dem Projekt sieht, da er der Ideengeber und Initiator war und ein klares Ziel vor Augen hat. Gründer A war zum Zeitpunkt der Befragung 25 Jahre alt. Nachdem er den Abschluss Bachelor of Science (Engineering) erlangt hatte, begann er ein Masterstudium in Dänemark. Des Weiteren konnte er bereits Arbeitserfahrung als Werkstudent in einem Elektrotechnikunternehmen sammeln. In seiner Freizeit schwimmt er oder geht kitesurfen, was einen wesentlichen Einfluss auf die Produktidee hatte. Die Kombination aus der Leidenschaft zum Kitesurfen als privatem Hintergrund und seiner akademischen Laufbahn stellt für Gründer A die perfekte Voraussetzung dar, selbst unternehmerisch tätig zu werden.

Er betont, dass seine intrinsische Motivation eine treibende Kraft des Gründungsvorhabens darstellt. Schon im Bachelorstudium hatte er das Ziel, sich selbstständig zu machen. Doch zu dem Zeitpunkt fehlte ihm eine „zündende Idee" und darüber hinaus war er durch sein duales Studium zeitlich stark eingeschränkt. Ein entscheidender Faktor, der ihn bei seiner Gründungsabsicht positiv beeinflusste hat, war das gegenwärtige Studienangebot an der Universität. Dort hatte er im Rahmen des Masterstudiums die Möglichkeit, sich einen Großteil der Zeit auf sein Projekt zu konzentrieren. Aus diesem Grund ging Gründer A nach seinem Bachelorabschluss bewusst ins Ausland und nahm das Studium an einer dänischen Universität auf, da ihm dort laut eigener Aussage die Möglichkeit gegeben würde, das Studium mit dem Gründungsprojekt zu verbinden. Dies war beispielsweise im Rahmen konkreter Module möglich. Darüber hinaus gäbe es spezielle Trainee-Programme für Studierende, die konkrete Gründungsabsichten haben, wodurch gute Voraussetzungen für angehende Entrepreneure vorlägen. Außerdem würde eine „sehr gründungsfördernde Atmosphäre auf dem Campus" herrschen, die Gründer A sehr schätzt. Laut ihm ist das Verhältnis zwischen den Professoren und den Studenten im Vergleich zu deutschen Universitäten enger und vertrauter. Dieser Aspekt ermöglicht eine bessere individuelle Betreuung der Studierenden durch die Professoren.

5.5 Befunde der Fallstudie

Im Folgenden werden die in Kap. 3 formulierten Propositionen anhand der Einzelfallstudie mit dem angehenden akademischen Gründer A überprüft.

5.5.1 Ad P1: Familiäres Umfeld

▶ **P1:** Das familiäre Umfeld beeinflusst die Gründungswahrscheinlichkeit positiv, wenn das Individuum emotionale Unterstützung über die Karriereentscheidungen erfahren hat.

Laut Aussage des Gründers hat das familiäre Umfeld ihn in seinem Gründungsvorhaben wesentlich beeinflusst. Zu seinen wichtigsten Bezugspersonen gehören sein Vater, seine Mutter und seine langjährige Freundin, die er als familiäres Umfeld beschreibt. Insgesamt pflegt Gründer A als Einzelkind ein sehr enges und vertrautes Verhältnis zu seinen Eltern. Vor allem die Verbindung zu seinem Vater kann als prägender Einfluss auf sein Gründungsvorhaben betrachtet werden. Schon im frühen Kindesalter, sowohl während der Grundschulzeit als auch zu Beginn der Gymnasialzeit, nahm sich der Gründer die Worte und Ratschläge seiner Eltern zu Herzen und versuchte, den Lebensstil seiner Eltern zu reflektieren und zu adaptieren. Der Gründer erinnerte sich an ein Zitat seines Vaters, welches ihn hinsichtlich seiner späteren Karriereentscheidung wesentlich geprägt hat:

> „Es gibt nur dich und deine Aufgabe. Man muss alles andere ausblenden und nur fokussiert auf seine Aufgabe sein, um seine Ziele zu erreichen." – Vater des Gründers

Der Vater war nie selbst unternehmerisch tätig. Er kann, ebenso wie sein Sohn, durch seine Ausbildung und seinen Beruf als Meister der Fernmeldeelektronik technisches Fachwissen vorweisen. Diese Fähigkeit ermöglicht es dem Gründer, sich mit seinem Vater über themenspezifische und technische Angelegenheiten sowie Probleme bezüglich seines Gründungsprojektes auszutauschen. Darüber hinaus gibt sein Vater wertvolle Tipps und hält ihn an, sein eigenes Verhalten stets zu reflektieren. Für ihn sind diese Gespräche auf einer besonderen Ebene, da es sich um ein enges Vater-Sohn-Verhältnis handelt und er den Meinungen seines Vaters eine hohe Bedeutung zukommen lässt. Somit ist neben der emotionalen Unterstützung des Vaters auch die fachkundige Unterstützung hervorzuheben. Ein weiteres prägendes Zitat von seinem Vater lautet:

> „Was hält dich auf? Mach es einfach, wenn du daran glaubst! Limitiere dich nicht selber." – Vater des Gründers

Auch dieses Zitat hebt die emotionale Unterstützung des familiären Umfelds (hier vom Vater ausgehend) hervor, da der Gründer in seiner Absicht zu gründen bestärkt wird.

Gründer A gibt außerdem an, dass die Unterstützung seitens der Eltern wesentliche Auswirkungen auf sein Gründungsvorhaben hat. Insbesondere die Austauschmöglichkeit im engsten Familienumfeld schätzt der Gründer sehr.

Neben der emotionalen Unterstützung ist auch die finanzielle Unterstützung von Bedeutung, ohne die ein Studium in Dänemark nicht möglich gewesen wäre. Nach eigener Einschätzung nimmt er ein Verhältnis von 30 % finanzieller und 70 % emotionaler Unterstützung an. Allgemein betont er, dass er auf jegliche Unterstützung durch seine Eltern und durch seine Freundin zurückgreifen kann, ohne die er mit seinem Gründungsvorhaben niemals so weit gekommen wäre. Obwohl seine Freundin fachlich aus einem anderen Gebiet kommt, hilft sie ihm mit ihrer differenzierten und abstrakten Sichtweise auf sein Vorhaben. Außerdem unterstützt sie ihn dabei, sich auf das Wesentliche zu konzentrieren sowie Probleme und Herausforderungen zu bewältigen. Insgesamt wurde durch den Gründer bestätigt, dass für sein Gründungsvorhaben primär die emotionale Unterstützung durch das familiäre Umfeld (Eltern und Freundin) von hoher Bedeutung ist und diese einen prägenden Einfluss auf seine Gründungsintention hat. Proposition 1 kann somit bekräftigt werden.

5.5.2 Ad P2: Autoritativer Erziehungsstil

▶ P2: Ein autoritativer Erziehungsstil der Eltern fördert die Gründungsabsichten des Kindes, da dessen Selbstwirksamkeit gefördert wird.

Der Gründer ist als Einzelkind bei seinen Eltern aufgewachsen, zu denen er ein sehr enges und kommunikatives Verhältnis pflegt. In dem Interview sollte Gründer A den von den Eltern erfahrenen Erziehungsstil charakterisieren. Laut eigener Aussage habe er im Kindesalter häufig die Grenzen ausgetestet und versucht, diese zu überschreiten um herauszufinden, wo seine persönlichen Grenzen lagen. Seine Eltern haben ihm klare Grenzen gezogen, innerhalb derer er sich frei entfalten konnte. Bei Verstößen musste der Gründer mit entsprechenden, verhältnismäßigen Konsequenzen rechnen.

Nach eigener Einschätzung von Gründer A haben seine Eltern einen autoritativen Erziehungsstil ausgeübt (vgl. Abschn. 5.3.1). Autoritative Eltern setzen ihren Kindern klare Normen und Grenzen und achten streng auf deren Einhaltung. Gleichzeitig gestehen sie ihren Kindern innerhalb dieser Grenzen beträchtliche Autonomie zu, sind aufmerksam, reagieren auf die Sorgen und Bedürfnisse ihrer Kinder, deren Perspektive sie respektieren und berücksichtigen (Koumoundourou et al. 2011). Im Vergleich zu den anderen Erziehungsstilen entwickeln die autoritativ erzogenen Kinder das geringste Problemverhalten und verfügen über ein gesundes Selbstwertgefühl (Lamborn et al. 1991). Somit liegt nahe, dass ein autoritativer Erziehungsstil positiv auf die Persönlichkeit des Kindes einwirkt, da die Selbstwirksamkeit gestärkt wird und in diesem Fall die Gründungsabsichten des Kindes positiv geprägt wurden. Auf Grundlage des oben untersuchten Gründungsvorhabens ist Proposition 2 somit zu bekräftigen.

5.5.3 Ad P3: Außerfamiliäres Umfeld

▶ P3: Vertraute Personen aus dem außerfamiliären Umfeld des akademischen Gründers, die einen unternehmerischen Hintergrund aufweisen, eignen sich als Mentoren und prägen die unternehmerische Handlungskompetenz.

Neben dem familiären Umfeld gibt es auch Individuen außerhalb der Familie, die einen prägenden Einfluss auf akademische Gründer haben können. Das außerfamiliäre Umfeld besteht dabei aus Individuen aus dem Freundes- bzw. Bekanntenkreis und dem Arbeitsumfeld (vgl. Abb. 5.1). Als wichtige Bezugspersonen nennt Gründer A einen guten Freund, zwei Professoren seiner Uni und einen ehemaligen Arbeitskollegen. Den guten Freund kennt er bereits seit Kindheitstagen. Mit ihm hat der Gründer 2014 gemeinsam den Bachelorabschluss erreicht. Eine weitere Gemeinsamkeit ist die Tatsache, dass der Freund sich momentan ebenfalls kurz vor einer Unternehmensgründung befindet. Laut Aussage des Gründers können die beiden sich deswegen regelmäßig über ihre Projekte austauschen und gegenseitig voneinander profitieren. Eine Prägung erfolgte insofern, dass der Freund schon in jüngeren Jahren eine feste Gründungsabsicht hatte, wodurch sich der Gründer an seinem Freund orientieren konnte und dadurch hilfreiche Ratschläge vom ihm erhielt. Außerdem konnten sie im Studium gemeinsam Kurse besuchen, um gezielt Wissen und Erfahrung im Entrepreneurship-Bereich zu erlangen.

Weitere prägende Individuen im außerfamiliären Umfeld sind zwei Professoren der Universität in Dänemark. Das Verhältnis zwischen den Professoren und den Studierenden ist an der Universität laut Aussage des Gründers wesentlich enger als an vielen deutschen Universitäten. Zusätzlich sind die Teilnehmerzahlen der Kurse kleiner, sodass es zu einem häufigeren Austausch zwischen den Studierenden und den Professoren kommt. Deswegen konnte sich der Gründer mit zwei Professoren sozial vernetzen, die für ihn die Rolle von Mentoren übernahmen. Sie unterstützen den Gründer vor allem durch die theoretische Fundierung in der Thematik, können ihm theoretisches gründungsrelevantes Wissen vermitteln, und haben dadurch insbesondere auf den konzeptionellen Rahmen des Gründungsvorhabens Einfluss genommen. Laut eigener Aussage trafen alle sechs Dimensionen des Mentoring-Verhaltens auf die Professoren zu (vgl.Abb. 5.3). Insbesondere das Coaching und die Netzwerkarbeit wurden vom Gründer herausgestellt. Die Professoren können ein ausgeprägtes Netzwerk aus theoretischen und praktischen Experten aufweisen, von dem der Gründer laut eigener Aussage profitiert hat. Darüber hinaus haben sie „immer eine offene Tür" für ihn und es gibt regelmäßige, persönliche Treffen, aus denen er einerseits wertvolle Informationen gewinnen kann und andererseits konstruktives Feedback bekommt.

Als vierter prägender Akteur im außerfamiliären Umfeld konnte ein ehemaliger Arbeitskollege des Gründers identifiziert werden, mit dem er im Rahmen des dualen Studiums zusammengearbeitet und der u. a. seine Bachelorarbeit betreut hat. Bevor sein Arbeitskollege in das Unternehmen kam, war er selbstständig. Durch diesen Umstand war es dem Gründer bereits während der Ausbildungsphase möglich, in direkten Kontakt zu einem Gründer zu stehen. Laut Aussage von Gründer A war „das unternehmerische Handeln und Denken" des Arbeitskollegen für ihn persönlich sehr inspirierend.

Gründer A wurde durch positives Feedback von Professoren und Kommilitonen, ebenso wie durch Gespräche über seine Idee, in seinem Gründungsvorhaben bestärkt. Zusammenfassend lässt sich festhalten, dass das außerfamiliäre Umfeld für den Gründer einen prägenden Einfluss in Bezug auf sein Gründungsvorhaben ausgeübt hat, indem es den Gründer in seinen unternehmerischen Handlungskompetenzen bestärkt und ihn für unternehmerische Entscheidungen und das Entdecken unternehmerischer Chancen sensibilisiert hat. Die vorliegenden Befunde bekräftigen somit die dritte Proposition.

5.5.4 Ad P4: Network Imprinting

▶ P4: Ein ausgereiftes Netzwerk, das mehrere Bridging Ties zu verschiedenen Akteuren aus unterschiedlichen sozialen Sphären aufweist, prägt den Gründer, da er von den Erfahrungen, der Expertise und dem Verständnis der seiner Netzwerkkontakte lernt.

Wie bereits in Abschn. 5.2.3 erläutert, sind persönliche Netzwerke für einen akademischen Gründer in hohem Maße förderlich, wenn es um die Umsetzung und den Erfolg des Gründungsvorhabens geht. Der Gründer pflegt laut eigener Aussage ein ausgeprägtes Netzwerk, was an den Akteuren im außerfamiliären Umfeld verdeutlicht wurde. Somit kann er durch seine Netzwerkfähigkeit sowohl auf akademisches Fachwissen (Professoren) als auch auf Industrie- und Gründungsexpertise (ehemaliger Arbeitskollege, guter Freund und Professoren) zurückgreifen. Darüber hinaus ist Gründer A in den bekannten sozialen Netzwerken vertreten. Dort versucht er, gezielt neue Kontakte mit Industrie- und Gründungserfahrungen zu finden, mit denen er sich über sein Gründungsvorhaben austauschen kann. Für ihn ist das „Netzwerken" ein wichtiges Erfolgskriterium für den späteren Gründungserfolg. Zusätzlich hat der Gründer durch seine langjährige Kitesurf-Erfahrung einen großen Bekanntenkreis im Zielmarkt, wodurch er diesen gut kennt und von anderen Kitesurfern direktes Feedback erhalten kann.

Es kann keine Aussage darüber getroffen werden, inwieweit andere Kitesurfer einen prägenden Einfluss auf den Gründer ausgeübt haben. Es lässt sich jedoch festhalten, dass sowohl die Beziehungen zu den Professoren als auch zu seinem ehemaligen Arbeitskollegen als Bridging Ties angesehen werden können, die jeweils während sensibler Phasen entstanden sind. Folglich hat eine Prägung beim Gründer durch diese Beziehungen stattgefunden. In diesem Fallbeispiel kann demnach von Imprinted Ties gesprochen werden.

Für eine adäquate Analyse der vierten Proposition ist ein tieferes Verständnis über die verschiedenen Beziehungen notwendig. Durch das Interview ist nur eine einseitige Betrachtung der Beziehung möglich. Dennoch kann die vierte Proposition durch die vorliegenden Befunde zumindest teilweise bestätigt werden.

5.6 Zusammenfassung

Die vorliegende Arbeit geht der Frage nach, inwiefern persönliche Beziehungen akademische Gründer in Bezug auf ihr Gründungsvorhaben prägen. Akademische Gründer werden während verschiedener Lebensphasen von unterschiedlichen Akteuren geprägt. Grundlegend kann zwischen dem familiären Umfeld und dem außerfamiliären Umfeld differenziert werden. Menschen sind per se in soziale Netzwerke eingebettet und werden dadurch sowohl direkt als auch indirekt durch andere Akteure beeinflusst.

Die Befunde der vorliegenden Einzelfallstudie haben gezeigt, dass das familiäre Umfeld primär auf der emotionalen Ebene einen prägenden Einfluss auf den Gründer ausübt. Die emotionale Unterstützung erfolgt in diesem Beispiel von den Eltern und der Lebenspartnerin, die dem Gründer in jeder Situation zur Seite stehen und ihn in seinem Gründungsvorhaben unterstützen. Insbesondere der Einfluss des Vaters kann als prägend gedeutet werden. Schon im Kindesalter hat der Gründer die Worte und Ratschläge des Vaters reflektiert sowie adaptiert und wurde dadurch in seiner Gründungsabsicht nachhaltig beeinflusst.

Ferner legen die Ergebnisse der Fallstudie nahe, dass der Erziehungsstil der Eltern einen wesentlichen Einfluss auf die Selbstständigkeit und Entscheidungsfähigkeit des Kindes ausgeübt hat. Es wurde ersichtlich, dass der autoritative Erziehungsstil eine positive Prägung in Bezug auf die Gründungsabsichten des Kindes ausüben kann, da die Selbstwirksamkeit des Kindes bei diesem Erziehungsstil gefördert wird.

Als weiteren prägenden Einfluss wurde das außerfamiliäre Umfeld des akademischen Gründers identifiziert. Aus diesem Umfeld kommen häufig Mentoren, die die akademischen Gründer vor und während der Gründungsphase unterstützen und so einen prägenden Einfluss auf den Gründer in Bezug auf die unternehmerische Handlungskompetenz ausüben. Diese Fallstudie hat außerdem die Relevanz von sozialen Netzwerken mit unterschiedlichen Akteuren unterstrichen. Für angehende akademische Gründer empfiehlt es sich daher, ihre Netzwerke frühzeitig auf- und auszubauen, um so von der Expertise und Erfahrung Dritter zu profitieren.

Abschließend muss darauf hingewiesen werden, dass diese Fallstudie lediglich einen akademischen Gründer analysiert hat und deshalb eine geringe Generalisierbarkeit aufweist. Darüber hinaus kann eine mögliche Verzerrung der Ergebnisse vorliegen (Yin 2003), da es sich bei den Befunden um persönliche Beziehungen handelt, die bei jedem Individuum unterschiedlich ausgeprägt sind. Aus diesem Grund sollte im Rahmen multipler Fallstudien und empirischer Erhebungen die konstatierten Sachverhalte intensiver analysiert werden. Viele weitere Einflüsse, die von übergeordneten Ebenen ausgehen können, wurden in die vorliegende Analyse aus Gründen der Komplexität und Erfassbarkeit nicht einbezogen.

Aus dieser Einzelfallstudie resultieren einige weiterführende Fragen in Bezug auf die Prägung akademischer Gründer. Insbesondere gilt es künftig zu ergründen, ob und inwieweit prägende Einflüsse durch persönliche Beziehungen gezielt gesteuert oder kontrolliert werden können. Des Weiteren könnte an Universitäten getestet werden, ob ein

Mentorenprogramm die akademische Spin-Off-Rate erhöht. Außerdem sollte in Rahmen von Langzeitstudien untersucht werden, wann das familiäre bzw. außerfamiliäre Umfeld besonders prägend sein kann und welche Faktoren unter welchen Umständen besonders einflussreich sind. Darüber hinaus könnten Experimente aufschlussreiche Informationen in Bezug auf Prägungen durch Erziehungsstile liefern. Mithilfe dieser Ansätze kann zukünftige Forschung in diesem Bereich zu einer besseren Konzeption akademischer Gründungsförderung beitragen.

> **Fragen**
> 1. Was sind starke (strong), schwache (weak), überbrückende (bridging) und prägende (imprinting) Verbindungen (Ties) in einem Netzwerk?
> 2. Welche Aufgaben kann ein Mentor haben und welche Vorteile ergeben sich daraus? Vergleichen Sie die beschriebenen Aufgaben der beiden Professoren mit der Abb. 5.2.
> 3. Hat die Studienortwahl in Dänemark wesentlich zur Entstehung der Gründungsabsicht beigetragen? Falls ja, erläutern Sie die Faktoren und diskutieren sie, ob es ohne den Studienstandort zum Gründungsprojekt gekommen wäre.
> 4. Arbeiten Sie die wesentlichen Einflüsse, die Gründer in seiner Gründungsabsicht bestärkt haben, heraus und bewerten sie deren Relevanz.
> 5. Beurteilen Sie den Nutzen, den die Smartwatch FunSurf für potenzielle Kunden hat.

Literatur

Abrams, D., & Hogg, M. H. (1988). *Social identifications: A social psychology of intergroup relations and group processes*. London: Routledge.

Argote, A., McEvily, B., & Reagans, R. (2003). Managing knowledge in organizations: An integrative framework and review of emerging themes. *Management Science, 49*(4), 571–582.

Azoulay, P., Liu, C., & Stuart, T. (2017). Social nfluence given (partially) deliberate matching: Career imprints in the creation of academic entrepreneurs. *American Journal of Sociology, 122*(4), 1223–1271.

Bandura, A. (1997). *Self-efficacy: The exercise of control*. New York: W.H. Freeman.

Bandura, A., Barbaranelli, C., Caprara, G. V., & Pastorelli, C. (2001). Self-efficacy beliefs as shapers of children's aspirations and career trajectories. *Child Development, 72*(1), 187–206.

Barrick, M. R., & Mount, M. K. (1991). The big five personality dimensions and job performance: A meta-analysis. *Personnel Psychology, 44*(1), 1–26.

Baum, J. A. C., Calabrese, T., & Silverman, B. S. (2000). Don't go it alone: Alliance network composition and startups' performance in Canadian biotechnology. *Strategic Management Journal, 21*, 267–294.

Baumrind, D. (1971). Current patterns of parental authority. *Developmental Psychology Monograph, 4*(1:2), 1–103.

Boschma, R. (2005). Proximity and innovation: A critical assessment. *Regional Studies, 39*(1), 61–74.

Boyd, N. G., & Vozikis, G. S. (1994). The influence of self-efficacy on the development of entrepreneurial intentions and actions. *Entrepreneurship: Theory and Practice, 18*(4), 63–77.

Brüderl, J., & Preisendörfer, P. (1998). Network support and the success of newly founded businesses. *Small Business Economics, 10*(3), 213–225.

Burt, R. S. (1997). A note on social capital and network content. *Social Networks, 19*(4), 355–373.

Burton, D. M., Sørensen, J. B., & Beckman, C. M. (2002). Coming from good stock: Career histories and new venture formation. *Research in the Sociology of Organizations, 19*, 229–262.

Chao, T. (1997). Mentoring phases and outcomes. *Journal of Vocational Behavior, 51*, 15–28.

Coleman, J. S. (1988). Social capital in the creation of human capital. *American Journal of Sociology, 94*, 95–120.

Egeln, J., Gottschalk, S., Rammer, C., & Spielkamp, A. (2002). Spinoff-Gründungen aus der öffentlichen Forschung in Deutschland. *ZEW-Dokumentation,* Dokumentation No. 03-02.

Eisenhardt, K. M. (1989). Building theories from case study research. *Academy of Management Review, 14*(4), 532–550.

Entwisle, D. R., & Hayduk, L. A. (1988). Lasting effects of elementary school. *Sociology of Education, 61*(3), 147–159.

Fliaster, A. (2007). *Innovationen in Netzwerken: Wie Humankapital und Sozialkapital zu kreativen Ideen führen*. Augsburg: Rainer Hampp.

Gompers, P., Lerner, J., & Scharfstein, D. S. (2005). Entrepreneurial spawning: Public corporations and the genesis of new ventures, 1986 to 1999. *Journal of Finance, 60*(2), 577–614.

Granovetter, M. (1973). The strength of weak ties. *American Journal of Sociology, 78*(6), 1360–1380.

Granovetter, M. (1985). Economic action and social structure: The problem of embeddedness. *American Journal of Sociology, 91*(3), 481–510.

Grave, B., Hetze, P., & Kanig, A. (2014). *Gründungsradar 2013. Wie Hochschulen Unternehmensgründungen fördern*. Essen: Stifterverband für die Deutsche Wirtschaft.

Grillitsch, W., Brandl, P., & Schuller, S. (2017). *Gegenwart und Zukunft des Sozialmanagements und der Sozialwirtschaft*. Wiesbaden: Springer.

Hartung, P. J., Porfeli, E. J., & Vondracek, F. W. (2005). Child vocational development: A review and reconsideration. *Journal of Vocational Behavior, 66*, 385–419.

Hemer, J., Berteit, H., Walter, G., & Göthner, M. (2006a). *Erfolgsfaktoren für Unternehmensgründungen aus der Wissenschaft*. Studien zum deutschen Innovationssystem, Nr. 05-2006. Stuttgart: Fraunhofer IRB.

Hemer, J., Schleinkofer, M., & Göthner, M. (2006b). *Akademische Spin-offs in Ost-und Westdeutschland und ihre Erfolgsbedingungen*. Büro für Technikfolgen-Abschätzung beim Deutschen Bundestag, Arbeitsbericht 109.

Hemer, J., Schleinkofer, M., & Göthner, M. (2007). *Akademische Spin-offs: Erfolgsbedingungen für Ausgründungen aus Forschungseinrichtungen*. Büro für Technikfolgen-Abschätzung beim Deutschen Bundestag 22. edition sigma.

Higgins, M. (2004). Career imprinting and leadership development: Theory and practice. In S. Chowdhury (Hrsg.), *Next generation business handbook* (S. 91–105). Hoboken: Wiley.

Jaskiewicz, P., Combs, J., & Rau, S. (2015). Entrepreneurial legacy: Toward a theory of how some family firms nurture transgenerational entrepreneurship. *Journal of Business Venturing, 30*(1), 29–49.

Jenssen, J. I. (2001). Social networks, resources and entrepreneurship. *The International Journal of Entrepreneurship and Innovation, 2*(2), 103–109.

Jiang, D. S., Hayward, S. D., & Morris, M. L. (2017). Raising entrepreneurs: Can parenting style amplify entrepreneurial intentions and behaviours? *International Journal of Management and Enterprise Development, 16*(1–2), 13–33.

Johnson, V. (2007). What is organizational imprinting? Cultural entrepreneurship in the founding of the Paris Opera. *American Journal of Sociology, 113*(1), 97–127.

Kacperczyk, A. J. (2009). *Inside or outside: The social mechanisms of entrepreneurship choices. Evidence from the mutual fund industry*. Dissertation, University of Michigan.

Keller, B. K., & Whiston, S. C. (2008). The role of parental influences on young adolescents' career development. *Journal of Career Assessment, 16*(2), 198–217.

Kim, P. H., & Longest, K. C. (2014). You can't leave your work behind: Employment experience and founding collaborations. *Journal of Business Venturing, 29*(6), 785–806.

Koumoundourou, G., Tsaousis, I., & Kounenou, K. (2011). Parental influences on Greek adolescents' career decision-making difficulties: The mediating role of core self-evaluations. *Journal of Career Assessment, 19*(2), 165–182.

Lamborn, S. D., Mounts, N. S., Steinberg, L., & Dornbusch, S. M. (1991). Patterns of competence and adjustment among adolescents from authoritative, authoritarian, indulgent, and neglectful families. *Child Development, 62*(5), 1049–1065.

Lee, M., & Battilana, J. (2013). *How the zebra got its stripes: Imprinting of individuals and hybrid social ventures*. Working paper, (14–005). Boston: Harvard Business School.

Lee, L., Wong, P. K., Foo, M. D., & Leung, A. (2011). Entrepreneurial intentions: The influence of organizational and individual factors. *Journal of Business Venturing, 26*(1), 124–136.

Marquis, C., & Huang, Z. (2010). Acquisitions as exaptation: The legacy of founding institutions in the US commercial banking industry. *Academy of Management Journal, 53*(6), 1441–1473.

Marquis, C., & Tilcsik, A. (2013). Imprinting: Toward a multilevel theory. *Academy of Management Annals, 7*(1), 193–243.

Marshall, A. (1930). *Principles of economics*. London: Macmillan.

Mathias, B. D., Williams, D., & Smith, A. (2015). Entrepreneurial inception: The role of imprinting in entrepreneurial action. *Journal of Business Venturing, 30*, 11–28.

McEvily, B., Jaffee, J., & Tortoriello, M. (2012). Not all bridging ties are equal: Network imprinting and firm growth in the Nashville Legal Industry, 1933–1978. *Organization Science, 23*(2), 547–563.

Milanov, H., & Fernhaber, S. A. (2009). The impact of early imprinting on the evolution of new venture networks. *Journal of Business Venturing, 24*, 46–61.

Mitchell, J. C. (1969). *Social networks in urban situations: Analyses of personal relationships in Central African towns*. Manchester: Manchester University Press.

Nahapiet, J., & Ghoshal, S. (1998). Social capital, intellectual capital, and the organizational advantage. *The Academy of Management Review, 23*(2), 242–266.

Nanda, R., & Sørensen, J. (2010). Workplace peers and entrepreneurship. *Management Science, 56*(7), 1116–1126.

Norman, W. T. (1963). Toward an adequate taxonomy of personality attributes: Replicated factor structure in peer nomination personality ratings. *The Journal of Abnormal and Social Psychology, 66*(6), 574–583.

Obschonka, M., Goethner, M., Silbereisen, R. K., & Cantner, U. (2012). Social identity and the transition to entrepreneurship: The role of group identification with workplace peers. *Journal of Vocational Behavior, 80*(1), 137–147.

Olson, D. H., Sprenkle, D. H., & Russell, C. S. (1979). Circumplex model of marital and family systems: I. Cohesion and adaptability dimensions, family types, and clinical applications. *Family Process, 18*(1), 3–28.

Ozgen, E., & Baron, R. A. (2007). Social sources of information in opportunity recognition: Effects of mentors, industry networks, and professional forums. *Journal of Business Venturing, 22*, 174–192.

Politis, D. (2005). The process of entrepreneurial learning: A conceptual framework. *Entrepreneurship: Theory and Practice, 29*, 399–424.

Scherer, R. F., Adams, J. S., Carley, S. S., & Wiebe, F. A. (1989). Role model performance effects on development of entrepreneurial career preference. *Entrepreneurship: Theory and Practice, 13*(3), 53–72.

Schlägel, C., & König, M. (2014). Determinants of entrepreneurial intent: A meta–analytic test and integration of competing models. *Entrepreneurship: Theory and Practice, 38*(2), 291–332.

Shane, S. (2003). *A general theory of entrepreneurship: The individual-opportunity nexus.* Cheltenham: Edward Elgar Publishing.
Shane, S., & Venkataraman, S. (2000). The promise of entrepreneurship as a field of research. *Academy of Management Review, 25*(1), 217–226.
Shirokova, G., Osiyevskyy, O., & Bogatyreva, K. (2016). Exploring the intention-behavior link in student entrepreneurship: Moderating effects of individual and environmental characteristics. *European Management Journal, 34*(4), 386–399.
Simsek, Z., Fox, B. C., & Heavey, C. (2015). „What's past is prologue": A framework, review, and future directions for organizational research on imprinting. *Journal of Management, 41*(1), 288–317.
Smilor, R. W., Gibson, D. V., & Dietrich, G. B. (1990). University spin-out companies: Technology start-ups from UT-Austin. *Journal of Business Venturing, 5*(1), 63–76.
Soda, G., Usai, A., & Zaheer, A. (2004). Network memory: The influence of past and current networks on performance. *Academy of Management Journal, 47*(6), 893–906.
Steinberg, L., Lamborn, S. D., Darling, N., Mounts, N. S., & Dornbusch, S. M. (1994). Over-time changes in adjustment and competence among adolescents from authoritative, authoritarian, indulgent, and neglectful families. *Child Development, 65*(3), 754–770.
Stinchcombe, A. L. (1965). Social structure and organizations. In J. G. March (Hrsg.), *Handbook of organizations* (S. 142–193). Chicago: Rand McNally.
Stuart, T., & Ding, W. (2006). When do scientists become entrepreneurs? The social structural antecedents of commercial activity in the academic life sciences. *American Journal of Sociology, 112*(1), 97–144.
Tilcsik, A. (2012). *Remembrance of things past: Individual imprinting in organizations.* Dissertation, Harvard University.
Tolstoy, D. (2009). Knowledge combination and knowledge creation in a foreign-market network. *Journal of Small Business Management, 47*(2), 202–220.
Turner, S. L., & Lapan, R. T. (2005). Evaluation of an intervention to increase non-traditional career interests and career-related self-efficacy among middle school adolescents. *Journal of Vocational Behavior, 66*, 516–531.
Van Gelderen, M., Kautonen, T., & Fink, M. (2015). From entrepreneurial intentions to actions: Self-control and action-related doubt, fear, and aversion. *Journal of Business Venturing, 30*(5), 655–673.
Van Praag, C. M., & Cramer, J. S. (2001). The roots of entrepreneurship and labour demand: Individual ability and low risk aversion. *Economica, 68*(269), 45–62.
Van Stel, A., Carree, M., & Thurik, R. (2005). The effect of entrepreneurial activity on national economic growth. *Small Business Economics, 24*(3), 311–321.
Westhead, P., Ucbasaran, D., & Wright, M. (2005). Decisions, actions, and performance: Do novice, serial, and portfolio entrepreneurs differ? *Journal of Small Business Management, 43*(4), 393–417.
Yin, R. K. (2003). *Case study research: Design and methods.* Beverly Hills: Sage Publications.
Zapkau, F. B., Schwens, C., Steinmetz, H., & Kabst, R. (2015). Disentangling the effect of prior entrepreneurial exposure on entrepreneurial intention. *Journal of Business Research, 68*(3), 639–653.
Zhao, H., Seibert, S. E., & Hills, G. E. (2005). The mediating role of self-efficacy in the development of entrepreneurial intentions. *Journal of Applied Psychology, 90*(6), 1265–1272.

Teil II
Prägungen sozialunternehmerischer Gründer

Der Einfluss von Prägung auf die soziale Gründungsentscheidung und die strategische Ausgestaltung eines Sozialunternehmens am Beispiel von kulturgrenzenlos

Katharina Knapp

Inhaltsverzeichnis

6.1	Einleitung	162
6.2	Theoretische Fundierung	164
	6.2.1 Sozialunternehmertum	164
	6.2.2 Soziale Wirkungsmessung	165
	6.2.3 Prägungstheorie	167
6.3	Ableitung der Propositionen	169
	6.3.1 Prägung hinsichtlich der sozialen Gründungsentscheidung	170
	6.3.2 Prägung hinsichtlich der kommerziellen Ausrichtung	172
	6.3.3 Prägung hinsichtlich der sozialen Wirkungsmessung	175
6.4	Fallstudienmethodik und Untersuchungsgegenstand	177
	6.4.1 Fallstudienmethodik und Datenerhebung	177
	6.4.2 Untersuchungsgegenstand – kulturgrenzenlos e.V.	178
	6.4.2.1 Die gesellschaftliche Herausforderung und Lösung	178
	6.4.2.2 Der Gründungsprozess und das Team	179
	6.4.2.3 Soziale Wirkungsmessung	180
6.5	Diskussion der Fallstudie vor dem Hintergrund des theoretischen Modells	181
	6.5.1 Biografie der Gründerin Lisa Sommer	181
	6.5.2 Prägung hinsichtlich der sozialen Gründungsentscheidung	181
	6.5.3 Prägung hinsichtlich der kommerziellen Ausrichtung	184
	6.5.4 Prägung hinsichtlich der sozialen Wirkungsmessung	186

Namen und Orte wurden zum Schutz der Personen geändert.

K. Knapp (✉)
Institut für Betriebswirtschaftslehre, Christian-Albrechts-Universität zu Kiel, Kiel, Deutschland
E-Mail: kknapp@bwl.uni-kiel.de

© Springer Fachmedien Wiesbaden GmbH, ein Teil von Springer Nature 2019
P. Dickel et al. (Hrsg.), *Fallstudien zu akademischen Ausgründungen*,
https://doi.org/10.1007/978-3-658-25700-2_6

6.6 Schlussfolgerungen und Ausblick 187
    6.6.1 Zusammenfassung der wichtigsten Ergebnisse 187
    6.6.2 Implikationen für die Forschung und Limitationen 188
    6.6.3 Implikationen für die Praxis 190
Literatur 191

Zusammenfassung

Sozialunternehmer lösen mit unternehmerischen Ansätzen gesellschaftliche Herausforderungen und tragen so zu einer nachhaltigen Entwicklung bei. Im Gegensatz zu klassischen Unternehmen spielt eine gewinnorientierte Ausrichtung für Sozialunternehmen meist eine untergeordnete Rolle. Außerdem können sie ihren Erfolg nicht ausschließlich anhand finanzieller Indikatoren messen, sondern müssen zusätzlich ihren Einfluss auf die Gesellschaft erfassen. Die Existenz von Sozialunternehmern und die Wirkung, die von ihnen ausgeht, sind gesamtgesellschaftlich erwünscht. Dennoch bleiben die Ursprünge von sozialunternehmerischer Aktivität und der strategischen Ausgestaltung von Sozialunternehmen unzureichend geklärt. Diese werden in der vorliegenden Studie mit Hilfe der Prägungstheorie näher untersucht und in einem konzeptionellen Modell zusammengefasst. Anhand des Sozialunternehmens kulturgrenzlos werden die vorgeschlagenen Zusammenhänge empirisch überprüft, sodass Implikationen für Forschung und Praxis abgeleitet werden können.

6.1   Einleitung

Nachhaltige Entwicklung ist eines der wichtigsten Themen unserer Zeit (Patzelt und Shepherd 2011). Diese entspricht einer Entwicklung, die den Bedürfnissen der Gegenwart gerecht wird, ohne die Fähigkeit zukünftiger Generationen zu beeinträchtigen, ihre eigenen Bedürfnisse zu befriedigen (WCED 1987). Mit Hilfe von 17 Zielen wollen die Vereinten Nationen eine nachhaltige Entwicklung auf ökonomischer, sozialer sowie ökologischer Ebene sichern (UN 2015). Eine Vielzahl namhafter Wissenschaftler behaupten, dass unternehmerisches Handeln einen entscheidenden Beitrag zu einer nachhaltigen Entwicklung und dem Erreichen dieser Ziele leisten kann (z. B. Brugmann und Prahalad 2007; Hall et al. 2010; Wheeler et al. 2005). Sogenannte Sozialunternehmer bedienen sich unternehmerischer Ansätze, um gesellschaftliche Probleme zu lösen (Dees und Anderson 2003). Sozialunternehmen unterscheiden sich von klassischen Unternehmen in erster Linie dadurch, dass nicht die Schaffung von Shareholder Value sondern die Erreichung einer sozialen Mission das oberste Ziel ist (Dacin et al. 2010).

Die Voranstellung der sozialen Mission hat zwei wichtige Implikationen auf die strategische Ausgestaltung des Unternehmens. Erstens verfolgen Sozialunternehmer keine rein kommerzielle Strategie, sondern befinden sich auf einem Hybridspektrum zwischen philanthropischer und kommerzieller Ausrichtung (Ebrahim et al. 2014). Die Integration dieser verschiedenen institutionellen Logiken ist teilweise schwer zu vereinbaren (Lee und Battilana 2013). Trotzdem hat es für den Sozialunternehmer Vorteile neben der sozialen Ausrichtung auch kommerzielle Elemente in das Sozialunternehmen zu integrieren, z. B. reduziert dies die Abhängigkeit von Spenden und staatlichen Subventionen (Dees 1998), sodass auch eine ökonomische Nachhaltigkeit erreicht werden kann (Clifford und Dixon 2006; Yunus et al. 2010). Im besten Fall können Sozialunternehmen durch die Integration kommerzieller Logik ökonomischen Wert für die Gesellschafter schaffen und zu einer florierenden Wirtschaft beitragen (Emerson 2003; Hart 2005). Die zweite Implikation der Priorisierung der sozialen Mission betrifft die Erfolgsmessung des Sozialunternehmens. Diese kann nicht rein mit ökonomischen Indikatoren durchgeführt werden, sondern muss vorrangig die gesellschaftliche Wirkung des Sozialunternehmens abbilden (Dees 2003). Hierbei ist die Anwendung einer aussagekräftigen Wirkungsmessung aus gesellschaftlicher Perspektive wünschenswert, da nur auf Grundlage einer holistischen Leistungsmessung strategisches Management durchgeführt und somit eine Verbesserung des Leistungsangebots erreicht werden kann (Barraket und Yousefpour 2013).

Wissenschaftlich noch nicht ausreichend geklärt sind die Antezedenzien von Sozialunternehmertum – weder in Bezug auf die Gründungsentscheidung selbst (Hoogendoorn 2016), noch hinsichtlich der Integration kommerzieller Logik (Chandra und Shang 2017; Lee und Battilana 2013) und sozialer Wirkungsmessung (Maas und Grieco 2017). Diese Fragen werden in der vorliegenden Studie aufgegriffen. Dabei wird auf die Theorie der Prägung zurückgegriffen, der zufolge das Umfeld eines Individuums während kritischer Lebensphasen einen persistenten Effekt auf das Individuum hat und dessen zukünftiges Verhalten beeinflusst (Marquis und Tilcsik 2013). Die Prägungstheorie wurde bereits mehrfach in der klassischen Entrepreneurship-Literatur als Erklärungsansatz für unternehmerisches Verhalten angewendet (z. B. Azoulay et al. 2017; Higgins 2005) und wird auch in der Social Entrepreneurship-Forschung als vielversprechendes Konzept angesehen (Lee und Battilana 2013). Trotzdem fand die Prägungstheorie noch verhältnismäßig wenig Anwendung in Bezug auf Sozialunternehmen, insbesondere hinsichtlich der Entscheidung ein Sozialunternehmen zu gründen sowie dessen strategische Ausgestaltung (siehe hierzu Abschn. 6.2.3). Strategische Ausgestaltung bezieht sich vor allem auf die kommerzielle Ausrichtung sowie die soziale Wirkungsmessung. In dieser Studie werden mittels eines Fallstudiendesigns nach Yin (2003) die folgenden Forschungsfragen untersucht:

▸ **Forschungsfrage 1:** Inwieweit spielt individuelle Prägung durch Individuen und Institutionen eine Rolle für die soziale Gründungsentscheidung?
▸ **Forschungsfrage 2:** Inwieweit spielt individuelle Prägung durch Individuen und Institutionen eine Rolle für die strategische Ausgestaltung des Sozialunternehmens?

Durch die Untersuchung dieser Fragen leistet die vorliegende Analyse mehrere wertvolle Forschungsbeiträge. Erstens zeigt die vorliegende Studie, dass Sozialunternehmer sowohl von anderen Individuen als auch von Institutionen geprägt werden. Dies lässt erkennen, dass der Ansatz von Marquis und Tilcsik (2013), Prägung als ein Mehrebenenmodell zu verstehen, auch für die Erforschung von Sozialunternehmertum Gültigkeit hat. Bisherige Anwendungen der Prägungstheorie in diesem Forschungsbereich fokussieren meist einzelne Ebenen (u. a. Lee und Battilana 2013) und tragen somit zur Fragmentierung der Forschung bei (Marquis und Tilcsik 2013). Die vorliegende Studie bezieht Erkenntnisse auf unterschiedlichen Ebenen ein und ermöglicht so eine ganzheitlichere Betrachtung der Prägung von Sozialunternehmern. Zweitens bereichert die vorliegende Studie die Prägungsliteratur. Bestehende Studien zur Prägung von Individuen fokussieren zumeist den Effekt von Prägungen im Erwachsenenalter (u. a. Azoulay et al. 2017; Lee und Battilana 2013). Diese Studie erweitert den Zeitraum des Prägungsempfangs auf die Kindheit und Jugend und kann zeigen, dass bereits in diesen frühen Lebensphasen der Grundstein für späteres sozialunternehmerisches Verhalten gelegt wird. Drittens leistet diese Fallstudie einen Beitrag zu einer stärkeren Theorieverankerung in der Social Entrepreneurship-Forschung. In dem Großteil der bisher veröffentlichen Studien im Social Entrepreneurship wird keine bestehende Theorie angewandt, was zu Ambivalenz und Subjektivität in den Forschungsergebnissen führt (Lehner und Kansikas 2013). Durch den Einsatz der Prägungstheorie kann ein konzeptionelles Modell abgeleitet werden. Zusätzlich können wertvolle Erkenntnisse für die Politik und Praxis gewonnen werden, auf dessen Grundlage die nachhaltige Entwicklung von Sozialunternehmen gestaltet und gefördert werden kann (Parkinson und Howorth 2008).

6.2 Theoretische Fundierung

6.2.1 Sozialunternehmertum

Sozialunternehmertum (Social Entrepreneurship) ist ein verhältnismäßig junges Forschungsfeld, dessen Ursprung auf eine Schrift von Young aus dem Jahr 1983 zurückgeht und seit den 1990er-Jahren verstärkt in der Forschung aufgegriffen wurde (Bacq und Janssen 2011; Young 2013). Auch heute befindet sich die Social Entrepreneurship-Forschung noch in ihren Anfängen, weder eine einheitliche Definition noch ein konzeptioneller Rahmen wurden bisher gefunden (Choi und Majumdar 2014; Hockerts und Wüstenhagen 2010). In ihrer systematischen Literaturanalyse haben Dacin et al. (2010) jedoch herausgefunden, dass in den meisten Definitionen von Social Entrepreneurship die Mission und soziale Wirkung der Organisation im Vordergrund stehen. Demnach schaffen Sozialunternehmer gesellschaftlichen Mehrwert und erreichen sozialen Wandel, indem sie Lösungen für soziale Probleme generieren (Dacin et al. 2010; Mair und Marti 2006; Weerawardena und Mort 2006). Choi und Majumdar (2014) gehen sogar so weit zu sagen, dass das Schaffen von sozialer Wirkung nicht nur Teil der Definition von Sozialunternehmertum ist, sondern unabdingbare Voraussetzung für die Klassifizierung als Sozialunternehmen.

Neben der Fokussierung auf eine soziale Mission, muss der Sozialunternehmer eine starke unternehmerische Ausrichtung verfolgen (Peredo und McLean 2006), welche von verschiedenen Autoren allerdings unterschiedlich definiert wird. Einige Autoren verweisen hier strikt auf eine kommerzielle Ausrichtung der Organisation (z. B. Alter 2007; Dees 1998; Pache und Santos 2013). Muhammad Yunus, der Gründer des Mikrofinanz-Kreditinstituts Grameen Bank, ist ein Vertreter dieser Auffassung und definiert, dass Sozialunternehmer vorranging die Aufgabe haben der Gesellschaft zu dienen, aber dabei finanziell selbsttragend sein und die Investitionen der Besitzer zurückzahlen können müssen (Yunus et al. 2010). Dieser Argumentation folgend können Sozialunternehmen als Hybridorganisationen eingestuft werden, also als Organisationen, die konkurrierende institutionelle Logiken verfolgen (Battilana und Lee 2014; Ebrahim et al. 2014). Sie kombinieren Elemente von Wohltätigkeitsorganisationen, welche sich in der sozialen Mission des Sozialunternehmens wiederspiegeln, als auch von gewerblich ausgerichteten Unternehmen (Pache und Santos 2013), ohne eindeutig einem der beiden Bereiche vollständig zugeordnet werden zu können (Hockerts 2006). Alter (2007) unterteilt diese Hybridorganisationen entlang eines Spektrums zwischen klassischen Non-Profit und klassischen For-Profit Organisationen. Von Non-Profit-Organisationen mit einkommensgenerierenden Maßnahmen über Sozialunternehmen führt diese hin zu sozial verantwortungsvollen Unternehmen und Konzernen, die soziale Unternehmensverantwortung praktizieren. Während auch in Alters (2007) Definition der finanzielle Aspekt den entscheidenden Unterschied zwischen Wohltätigkeitsorganisation und Sozialunternehmer darstellt, setzen andere Autoren einen davon abweichenden Fokus.

Eine unternehmerische Ausrichtung kann auch ohne Einsatz kommerzieller Logik vorliegen, nämlich wenn unternehmerische Qualitäten und Fähigkeiten angewendet werden (Drayton 2002). Sozialunternehmer erkennen und verfolgen Chancen, nutzen Innovationen und handhaben knappe Ressourcen kreativ, um gesellschaftlichen Wert zu schaffen (Peredo und McLean 2006). Sie setzen neue, das System verändernde Ideen um und wenden dabei Kreativität und hohe ethische Standards an (Drayton 2002; Bornstein 2007). Demnach unterscheidet sich ein Sozialunternehmen von einer klassischen Wohlfahrtsorganisation bezüglich seiner Strategie, Struktur, Normen und Werte, womit es eine radikale Innovation des sozialen Sektors darstellt (Dart 2004). Sozialunternehmen können sowohl innerhalb von als auch zwischen Sozial-, Wirtschafts- und Regierungssektor auftreten (Austin et al. 2006) und entweder eine For-Profit oder eine Non-Profit Rechtsform aufweisen (Anderson und Dees 2006; Pache und Santos 2013). In diesem Beitrag wird auf diese zweite, umfassendere Auslegung des Begriffes zurückgegriffen, wobei die verschieden stark ausgeprägte kommerzielle Ausrichtung anerkannt und in Abschn. 6.3.2 vor dem Hintergrund der dargelegten Forschungsfrage erneut thematisiert wird.

6.2.2 Soziale Wirkungsmessung

Wie im vorangegangenen Abschn. 6.2.1 beschrieben, ist die Schaffung eines gesellschaftlichen Mehrwerts das vorrangige Ziel eines Sozialunternehmers. Daraus folgt, dass der Erfolg eines Sozialunternehmens nicht rein mit klassisch ökonomischen Indikatoren gemessen werden kann, sondern die soziale Wirkung betrachtet werden muss (Dees 2003; Skoll 2006). Auch hier hat die Wissenschaft noch keine einheitliche Definition hervorgebracht, zudem werden in der meist englischsprachigen Literatur verschiedene Termini für das gleiche Konzept verwendet (Hadad und Gauca 2014; Maas und Liket 2011). Mit der sogenannten Impact Value Chain[1] (deutsch: Wirkungs-Wertschöpfungskette, siehe Abb. 6.1) versuchen Clark et al. (2004) ein einheitliches Vokabular zu etablieren. Dabei unterscheiden sie u. a. zwischen Inputs, Activities, Outputs, Outcomes und Impact (Clark et al. 2004). Den Input stellen dabei die Ressourcen dar, die benötigt werden, um das Unternehmen zu betreiben (Clark et al. 2004). Mithilfe dieser Ressourcen kann das Sozialunternehmen Aktivitäten durchführen, um Leistungen (Output) zu erbringen (Clark et al. 2004). Die unmittelbare Wirkung dieser Leistungen auf die Zielgruppe, ihre Verhaltens-, Wissens- oder Statusänderungen, werden als Outcome bezeichnet (Clark et al. 2004). Wird von dem Outcome die Veränderung abgezogen, die ohnehin auch ohne die Einwirkung des Sozialunternehmens realisiert geworden wäre, dann wird über Impact gesprochen (Clark et al. 2004). Diesem Schema folgend wird soziale Wirkung hier definiert als die Auswirkungen auf Individuen oder die Gesamtgesellschaft, welche durch geplante Interventionen einer Organisation herbeigeführt werden ohne Berücksichtigung jener persönlichen oder gesellschaftlichen Änderungen, die ohnehin geschehen wären (siehe auch Emerson et al. 2000).

Neben der genauen Begriffsklärung stellt sich die Frage, wie Sozialunternehmer ihre Wirkung messen. Dabei kann grundsätzlich zwischen qualitativer und quantitativer Messung unterschieden werden (Emerson 2003; Grieco et al. 2015; Nicholls 2009). Qualitative Messansätze legen den Fokus auf die Prozesse, mit denen gesellschaftlicher Mehrwert geschaffen wird (Nicholls 2009), während quantitative Messansätze versuchen, die erzielte Wirkung greifbarer zu machen, um diese für Entscheidungsprozesse, Kontrollen und Vergleiche besser nutzen zu können (Maas und Liket 2011). Die inhärente Komplexität sowie das stetig steigende Interesse an dem Thema in Wissenschaft und Praxis führen

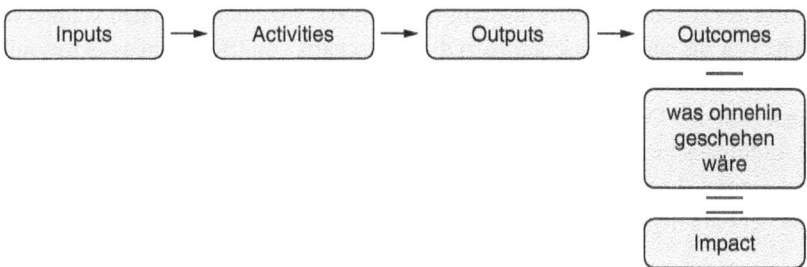

Abb. 6.1 Impact Value Chain, angelehnt an Clark et al. (2004)

---

[1] Die Impact Value Chain wurde von verschiedenen Akteuren aufgegriffen, im deutschsprachigen Raum hat die Bertelsmann Stiftung einen Leitfaden erstellt, indem sie die iooi-Methode (Input, Output, Outcome, Impact) als Instrument für die Strategieausrichtung von gesellschaftlichem Unternehmensengagement betitelt (Bertelsmann Stiftung 2010).

dazu, dass seit den 1990er-Jahren eine Vielzahl von formalisierten Methoden und Ansätzen zur Wirkungsmessung entwickelt wurden (Grieco et al. 2015; Maas und Liket 2011). Dazu zählen sowohl Methoden mit qualitativer und quantitativer Datengrundlage als auch Mischformen, wobei die qualitativen Ansätze überwiegen (Grieco et al. 2015).

Zu den wohl bekanntesten quantitativen Messinstrumenten zählt der Social Return on Investment (SROI), bei dem äquivalent zum klassischen Return on Investment-Ansatz die erzielte Wirkung monetisiert und in Bezug zu den eingesetzten Mitteln gestellt wird (Gibbon und Dey 2011). Häufig wird auch eine angepasste Form der Balanced Scorecard verwendet, bei der der Fokus nicht auf finanzielle Aspekte sondern verstärkt auf sogenannte soft factors, wie zum Beispiel Wissensgenerierung und Stakeholder-Orientierung, gelegt wird (Bull 2007; Moss et al. 2008). Im deutschsprachigen Raum ist außerdem der Social Reporting Standard, ein in Deutschland entwickelter Leitfaden zur qualitativen, wirkungsorientierten Berichterstattung, stark verbreitet (Achleitner et al. 2011). Auch wenn die heute existierende Fülle an Messmethoden kritisiert werden kann, spiegelt sie auch die Vielfalt der beteiligten Akteure mit ihren unterschiedlichen Anforderungen und Bedürfnissen an die Wirkungsmessung wieder (Emerson 2003; Grieco et al. 2015; Nicholls 2007). Um die Wahl der am besten geeigneten Messmethode für den Social Entrepreneur zu vereinfachen, haben verschiedene Autoren Kategorisierungen der Ansätze vorgenommen, z. B. bezüglich der Zeitspanne der Messung oder der Perspektive (Grieco et al. 2015; Maas und Liket 2011).

Ob ein Sozialunternehmer seine soziale Wirkung misst, ist ebenso wie der Einsatz kommerzieller Logik und der grundsätzlichen Entscheidung, Sozialunternehmer zu werden, bisher noch nicht hinreichend geklärt (siehe hierzu Abschn. 6.1). Während in der Entrepreneurship-Forschung zumeist auf die Theorie des geplanten Verhaltens (u. a. Krueger und Carsrud 1993; Mair und Noboa 2006) oder den Ansatz der Persönlichkeitseigenschaften (u. a. Nga und Shamuganathan 2010; Forster und Grichnik 2013) zurückgegriffen wird, soll in dieser Studie die noch weniger populäre Prägungstheorie eingesetzt werden.

6.2.3 Prägungstheorie

Die Theorie der Prägung (Imprinting) stammt ursprünglich aus der Verhaltensforschung von Tieren und reicht in das 19. Jahrhundert zurück (Marquis und Tilcsik 2013). Anhand von Experimenten an Vögeln stellte der englische Biologe Spalding (1954, S. 7) fest, dass sich frühe Erfahrungen in das Wesen der Tiere „einstanzen" (stamp) und deren späteres Verhalten beeinflussen. In den 1930ern hat der deutsche Forscher Lorenz (1937) diese Beobachtungen aufgegriffen und führte den Begriff der Prägung ein. Die Theorie wurde von weiteren Wissenschaftlern angewendet und konnte das Verhalten unterschiedlicher Tierarten in Bezug auf verschiedene Fragestellungen erklären (Immelmann 1975). Stinchcombe (1965) wandte das Konzept erstmalig auf die Organisationsforschung an und nutzte die Theorie z. B. um industriespezifische Beschäftigungsstrukturen mit dem Entstehungszeitpunkt der entsprechenden Industrie zu erklären. Während Stinchcombes Forschung

Imprinting auf Industrieebene betrachtet, findet die Theorie der Prägung heute vermehrt auch auf der individuellen Ebene Anwendung (z. B. Kish-Gephart und Campbell 2015; McEvily et al. 2012).

Diese verschiedenen Anwendungsmöglichkeiten der Prägungstheorie werden in Marquis und Tilcsiks (2013) Literaturüberblick genauer untersucht. Die Autoren stellen fest, dass unterschiedliche Disziplinen dem Begriff unterschiedliche Bedeutungen zuweisen, welche sie zu folgender Definition zusammenfassen (Marquis und Tilcsik 2013, S. 199):

> *„a process whereby, during a brief period of susceptibility, a focal entity develops characteristics that reflect prominent features of the environment, and these characteristics continue to persist despite significant environmental changes in subsequent periods"*

Während in dieser Definition die fokale Einheit (*focal entity*) auf verschiedene Ebenen anwendbar ist, werden in dieser Studie lediglich Individuen betrachtet. Die Definition zeigt, dass Prägung drei wesentliche Merkmale aufweist. Erstens findet der Prozess nur während sensibler Lebensphasen (*brief period of susceptibility*) statt, in denen das Individuum besonders empfänglich für die Umgebungsbedingungen ist (Marquis und Tilcsik 2013). Während einige Autoren sensible Lebensphasen auf spezielle Zeitpunkte festlegen, wie zum Beispiel Gründungszeitpunkt oder berufliche Übergänge (Higgins 2005; Schicke 2014), argumentieren Carroll und Hannan (2004), dass eine sensible Lebensphase an jedem wichtigen Entwicklungsstadium auftreten kann. Marquis und Tilcsik (2013) teilen diese Einschätzung und konzeptualisieren sensible Lebensphasen als Perioden des Übergangs, die unter verschiedenen Umständen auftreten können. Das zweite wichtige Merkmal von Prägung sind die Umgebungsbedingungen (*features of the environment*), welche besonders in sensiblen Lebensphasen Einfluss auf das Individuum nehmen (Marquis und Tilcsik 2013). Hintergrund ist die Erkenntnis, dass Individuen in Perioden des Übergangs verstärkt Stress und Sorge ausgesetzt sind und sich deshalb vermehrt an ihrer Umwelt orientieren, um Hinweise zu erhalten, welches Verhalten in der neuen Situation erwünscht ist (Higgins 2005). Das dritte Element der Definition ist die Persistenz der Prägung (*persist*). Demnach bleiben die Effekte der Prägung erhalten, auch wenn sich die Umgebung des Individuums signifikant ändert, wie zum Beispiel beim Übergang von Ausbildung zu Beruf (Azoulay et al. 2017; Marquis und Tilcsik 2013).

Bei einer Umgebungsänderung hin zu einer Unternehmensgründung ist dieser Effekt gemäß Hahn et al. (2017) jedoch nicht immer garantiert. Einerseits spiele die Anzahl der Gründungsmitglieder mit gleicher Prägung für die Persistenz dieser im neuen Umfeld eine Rolle und andererseits können die Charakteristika der gegründeten Organisation den Effekt der Prägung verstärken oder abschwächen. Konkret haben die Autoren mittels Prägungstheorie gezeigt, dass die Leistung von innovativen Unternehmensgründungen höher ist, wenn das Gründungsteam aus Wissenschaftlern besteht (Hahn et al. 2017). Dabei argumentieren sie, dass Wissenschaftler in ihrer Ausbildung und Arbeit dahingehend geprägt wurden, dass sie eine Vielfalt an Informationsquellen wertschätzen und kontinuierlich nach neuen Informationen und Wissen suchen (Hahn et al. 2017). Diese Prägung bringen sie, wie von Marquis und Tilcsik (2013) beschrieben, auch in ihre neue Rolle als Unternehmensgründer ein und haben eine besondere Neigung zur Verfolgung offener Innovationen (Hahn et al. 2017). Der beschriebene Effekt zeigt sich jedoch nur in Gründungsteams mit mehreren Wissenschaftlern (Hahn et al. 2017). Außerdem wird der Effekt der Prägung positiv von der Durchführung strategischer Planung und negativ von der Verfolgung nicht kommerzieller Ziele mit der Unternehmensgründung moderiert (Hahn et al. 2017).

Eine weitere Anwendung der Prägungstheorie in Bezug auf die Entrepreneurship-Forschung stellt Higgins (2005) Aufsatz dar, in dem eine Prägung zur Gründungsneigung durch das amerikanische Pharma- und Medizintechnikunternehmen Baxter festgestellt wird. Azoulay et al. (2017) untersuchen, inwieweit Mentoren Akademiker dazu prägen, eine unternehmerische Karriere zu verfolgen und Jaskiewicz et al. (2015) erforschen, ob unternehmerisches Denken in langjährigen Familienunternehmen zwischen den Generationen weitergegeben wird. Während Imprinting in der klassischen Entrepreneurship-Forschung bereits als Erklärungsansatz genutzt wird (siehe auch Mathias et al. 2015), wird die Theorie bisher wenig auf Sozialunternehmer angewendet. Eine Ausnahme ist der Beitrag von Lee und Battilana (2013), in dem untersucht wird, inwieweit die Prägung der Gründer die kommerzielle Ausrichtung einer Hybridorganisation beeinflusst. Dabei konnten drei Quellen der Prägung identifiziert werden, nämlich die Arbeitserfahrung der Gründer, die Arbeitserfahrung der Eltern der Gründer sowie die Ausbildung der Gründer (Lee und Battilana 2013). Ein weiterer relevanter Artikel ist von Battilana et al. (2015), in dem beschrieben wird, dass eine soziale Prägung der Gründer die soziale Leistung einer Hybridorganisation verbessert, die ökonomische Leistung jedoch verschlechtert. Außerdem haben Siqueira et al. (2018) Prägungstheorie angewendet, um Unterschiede in der Kapitalstruktur zwischen sozialen und kommerziellen Unternehmen zu erklären, Dufays und Huybrechts (2016) gehen ausgehend von der Prägungstheorie auf die Rolle der Heterogenität von sozialen Gründerteams ein.

6.3 Ableitung der Propositionen

In diesem Kapitel werden auf Grundlage der theoretischen Fundierung Propositionen hinsichtlich der sozialen Gründungsentscheidung, sowie der kommerziellen Ausrichtung und der sozialen Wirkungsmessung hergeleitet. Angelehnt an Marquis und Tilcsik (2013) werden als Prägungsquellen zum einen Individuen und zum anderen Institutionen untersucht. Marquis und Tilcsik (2013) beschreiben, dass das fokale Individuum durch die unterschiedlichen Verhaltensweisen, Einstellungen und Wissen anderer Individuen geprägt wird und dass die institutionellen Bedingungen (z. B. Unternehmenskultur) die Normen, Herangehensweisen und Kenntnisse des fokalen Individuums persistent beeinflussen. Die im Folgenden abgeleiteten Propositionen sind im konzeptionellen Modell Abb. 6.2 dargestellt.

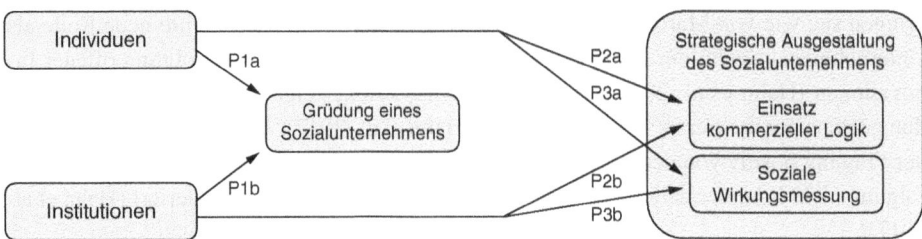

Abb. 6.2 Konzeptionelles Modell

6.3.1 Prägung hinsichtlich der sozialen Gründungsentscheidung

Wie in Abschn. 6.2.1 beschrieben, streben Sozialunternehmer die Schaffung von gesellschaftlichem Mehrwert und sozialem Wandel an. Der Wunsch, soziale Probleme zu lösen und in der Gesellschaft etwas zu bewegen, ist Hauptmotiv für eine soziale Unternehmensgründung (Shaw und Carter 2007). Sozialunternehmer haben besondere Ansichten, Werte und Kompetenzen, welche von ihrem Hintergrund und Lebenslauf beeinflusst werden (Barendsen und Gardner 2004; Chandra und Shang 2017). Bei der Sensibilisierung für die Not anderer, teils unterdrückter oder benachteiligter Gesellschaftsgruppen spielen soziale Interaktionen und Erfahrungen eine wichtige Rolle (Chandra und Shang 2017). Der persönliche Kontakt mit benachteiligten Gruppen, wie armen, unterprivilegierten oder unterdrückten Menschen, führt zu der Entwicklung von Empathie und Altruismus. Der Wunsch, die Not zu lindern, wird gestärkt und die sozialunternehmerische Gründungsabsicht erhöht (Hockerts 2017).

Es konnte außerdem gezeigt werden, dass das Verhalten der Eltern einen „prägenden Einfluss" auf die Karriereentscheidung ihrer Kinder hat, insbesondere auch auf die Gründungsentscheidung (Keller und Whiston 2008; Opaschowski 2003 S. 330). Lee und Battilana (2013) zeigen, dass Eltern eine Quelle für Prägung darstellen, da sie erster Bezugspunkt für das Individuum sind. Dies gilt besonders in der Kindheit, da in dieser Zeit die Familie „das zentrale und prägende soziale Umfeld darstellt" (Bonfadelli et al. 2008, S. 57). Yitshaki und Kropp (2016) sowie Shumate et al. (2014) erklären, dass Kinder ein soziales Bewusstsein durch das gesellschaftliche Engagement ihrer Eltern erlangen. Über die Bildung eines Sozialbewusstseins hinaus gehend, hat das soziale Engagement von Eltern einen positiven Effekt auf das soziale Engagement ihrer Kinder (Janoski und Wilson 1995) und auch deren soziale Gründungsentscheidung (Shumate et al. 2014). Mustillo et al. (2004) bestätigen das Kopieren des elterlichen Engagements durch die Kinder und begründet diesen Effekt mit der Vorbildfunktion der Eltern für die Kinder. Dieser starke Einfluss der Eltern verliert mit steigendem Alter des Individuums an Bedeutung und andere soziale Bezugsgruppen werden wichtiger (Bonfadelli et al. 2008).

Zusätzlich zu den Eltern spielen Vorbilder eine bedeutsame Rolle für den durch das Individuum eingeschlagenen Lebensweg (London und Morfopoulos 2009; Opaschowski 2003). Dabei können Vorbilder aus dem direkten familiären oder freundschaftlichen

Umfeld des Individuums oder aus der Gemeinde kommen sowie auch Personen des öffentlichen Lebens darstellen (London und Morfopoulos 2009). Altruistische Werte werden weitergegeben und sozialunternehmerische Tätigkeit gefördert (Chandra und Shang 2017). Barendsen und Gardner (2004) zeigen, dass viele soziale Gründer Eltern oder Vorbilder mit gesellschaftlichem Engagement haben und durch sie vor der Gründung mit sozialen Problemen in Kontakt gekommen sind.

Eine Prägung hinsichtlich der sozialen Gründungsentscheidung durch andere Individuen scheint auf Grundlage der angeführten Studien wahrscheinlich. Damit von einer Persistenz der Prägung ausgegangen werden kann, muss der Prozess in einer sensiblen Lebensphase stattfinden. Wie in Abschn. 6.2.3 argumentiert, sind diese nicht auf einen speziellen Zeitpunkt festgelegt, sondern können in jedem wichtigen Entwicklungsstadium auftreten. Es ist sehr wahrscheinlich, dass sich das fokale Individuum zu diesen Zeitpunkten mit anderen Individuen umgibt, besonders Eltern und Vorbilder stellen einen wichtigen Teil des sozialen Umfeldes dar (Bonfadelli et al. 2008; London und Morfopoulos 2009). Es kann somit von einer Persistenz der Prägung ausgegangen werden, sodass die folgende Proposition vorgeschlagen wird.

▶ **Proposition 1a:** Individuen (benachteiligte Gruppen, Eltern, Vorbilder) haben einen persistenten Einfluss auf die Entscheidung einer Person, ein Sozialunternehmen zu gründen.

Neben einer Prägung durch andere Individuen, schlagen Marquis und Tilcsik (2013) auch eine Prägung durch Institutionen vor. Diesbezüglich konnten dos Santos et al. (2011) einen Zusammenhang zwischen der Art des Hochschulabschlusses und der sozialen Gründungsneigung zeigen. In ihrer Studie stellten sie fest, dass ein Abschluss in Humanwissenschaften zu einer Erhöhung der sozialen Gründungsneigung führt (dos Santos et al. 2011). Prabhu (1999) beschreibt einen ähnlichen Zusammenhang für Individuen mit einem Abschluss in sozialer Arbeit und begründet diesen mit den in der Universität gewonnen Erkenntnissen in den Bereichen gesellschaftlicher Wandel und soziale Entwicklung.

Vorangehende Forschung zeigt außerdem, dass sich Individuen vor der sozialen Gründungsentscheidung oft persönlich sozial engagiert haben, wie z. B. in Obdachlosenunterkünften oder bei internationalen Hilfsorganisationen (Barendsen und Gardner 2004). Freiwilligentätigkeit führt zu der Stärkung altruistischer Motive und fördert außerdem kollektivistische Werte, zwei Eigenschaften, die als Antezedens für sozialunternehmerisches Handeln identifiziert wurden (Chandra und Shang 2017). Zudem berichten Sozialunternehmer, dass vorangegangene Arbeitserfahrung in Sozialunternehmen sowohl Auslöser als auch Orientierungshilfe bei ihrer eigenen sozialen Gründung seien (Prabhu 1999). Shaw und Carter (2007) zeigen, dass ein Drittel der 80 befragten sozialen Gründer zuvor in einem Sozialunternehmen als Angestellter tätig war.

Die präsentierte Literatur zeigt, dass Institutionen das Wertesystem des Individuums beeinflussen und den Wunsch, benachteiligten Gruppen zu helfen, stärkt, d. h. Umgebungsbedingungen im Sinne der Prägungstheorie nehmen Einfluss auf das Individuum.

Wie zuvor beschrieben setzt die Prägungstheorie voraus, dass der Prozess in einer sensiblen Lebensphase stattfindet, welche immer in Perioden des Übergangs auftreten (siehe auch Abschn. 6.2.3). Der Beginn einer Tätigkeit in einem Sozialunternehmen oder als Volontär bei einer sozialen Einrichtung kann als solche angesehen werden, ebenso die Ausbildungszeit mit relevantem Schwerpunkt. Der persönliche Kontakt mit sozialen Problemen hat das Potenzial verstärkt Stress und Sorge auszulösen, sodass auch hier von der Anwendbarkeit der Prägungstheorie ausgegangen werden kann. Aus diesen Gründen wird die folgende Proposition zur Prüfung vorgeschlagen.

▶ **Proposition 1b:** Institutionen (Universitäten, Sozialunternehmen, soziale Einrichtungen) haben einen persistenten Einfluss auf die Entscheidung einer Person, ein Sozialunternehmen zu gründen.

6.3.2 Prägung hinsichtlich der kommerziellen Ausrichtung

Wie in Abschn. 6.2.1 beschrieben können Sozialunternehmen verschieden stark ausgeprägte kommerzielle Ausrichtungen aufweisen und sich dabei auf einem Spektrum von rein philanthropisch bis zu rein kommerziell bewegen (Dees 1998). Während rein philanthropische Sozialunternehmen vollständig von externer Unterstützung, zum Beispiel durch gemeinnützige Stiftungen, öffentliche Mittel oder private Spenden, abhängig sind, versuchen andere soziale Gründer durch die Entwicklung und den Verkauf von Produkten oder Dienstleistungen Einnahmen zu generieren (Battilana et al. 2012; Chell 2007; Tracey und Jarvis 2007). Die geschaffenen Einkommensquellen reduzieren die Abhängigkeit, sodass das Sozialunternehmen bestenfalls finanziell selbsttragend ist (Austin et al. 2006; Battilana et al. 2012). Welchen Grad der Kommerzialisierung ein Sozialunternehmer wählt, soll in diesem Abschnitt mit Hilfe der Prägungstheorie erklärt werden.

Wie bereits in Abschn. 6.3.1 beschrieben, haben andere Individuen einen prägenden Einfluss auf den sozialen Gründer. Die Hauptsozialisierung eines Individuums erfolgt durch die Eltern; ein Kind internalisiert die Welt, wie sie von seinen Eltern wahrgenommen wird (Berger und Luckmann 1991). Das Verständnis von Arbeit und Beschäftigung eines Individuums ist somit durch das Arbeitsverhältnis der Eltern beeinflusst (Dickinson und Emler 1992), Kinder haben auch in Bezug auf den Beruf ein ähnliches Wertesystem wie ihre Eltern (Kohn et al. 1986). Sørensen (2007) konnte zeigen, dass Kinder selbstständiger Eltern nicht nur mit höherer Wahrscheinlichkeit selbst gründen, sondern auch vergleichsweise häufig in der gleichen Industrie gründen wie ihre Eltern. Der Autor schließt auf Grundlage seiner Analysen aus, dass durch die Eltern vererbte Netzwerke in der betreffenden Industrie der Grund für die Entscheidung der Kinder sind, sondern erklärt dieses Phänomen mit einer starken Form der Vorbildfunktion durch die Eltern (Sørensen 2007). Diese Beobachtungen geben Grund zur Annahme, dass Eltern auch bei der Wahl der kommerziellen Ausrichtung durch den sozialen Gründer eine Rolle spielen. Eltern, die zum Beispiel Arbeitserfahrung in einem kommerziellen Unternehmen oder selbst ein kommerzielles Unternehmen gegründet haben, sind durch diese Tätigkeit geprägt und folglich mit kommerzieller Logik sozialisert. Aufgrund der ausgeprägten Vorbildfunktion der Eltern ist es wahrscheinlich, dass sie ihre Einstellungen und Werte diesbezüglich an die Kinder weitergeben. Damit die Prägung durch die Eltern persistent ist, muss der Prozess in einer sensiblen Lebensphase stattfinden. Wie bereits in Abschn. 6.3.1 dargestellt wurde, existieren sensible Phasen an jedem wichtigen Entwicklungsstadium. Da die Eltern wie beschrieben einen wichtigen Teil des sozialen Umfeldes eines Kindes darstellen (Bonfadelli et al. 2008; London und Morfopoulos 2009), werden sie es auch in sensible Lebensphasen begleiten. Es kann somit von einer Persistenz der Prägung ausgegangen werden und folgender Zusammenhang zur Prüfung vorgeschlagen.

▶ **Proposition 2a:** Individuen (Eltern, Vorbilder) haben einen persistenten Einfluss auf die Entscheidung von Sozialunternehmern, inwiefern kommerzielle Logik in dem Sozialunternehmen integriert wird.

Bezüglich einer Prägung durch Institutionen können Lee und Battilana (2013) nachweisen, dass es einen positiven Zusammenhang zwischen der Dauer der Arbeitserfahrung in kommerziellen Unternehmen des Gründers und der kommerziellen Ausrichtung des gegründeten Sozialunternehmens gibt. Die zugrunde liegende Logik stammt aus der Psychologie, in der die Sozialisation am Arbeitsplatz untersucht wird. Studien zeigen, dass sich neue Mitarbeiter an ihr neues Arbeitsumfeld anpassen, vorherrschende Werte und Verhaltensweisen adaptieren, und daraus Vorteile für ihre Zeit in der Organisation ziehen können (zum Beispiel Bauer et al. 2007; Saks und Gruman 2018). Diese Anpassung findet in unterschiedlichen Bereichen statt, Chao et al. (1994) identifizieren Kompetenz und Leistung, Firmenpolitik, Firmensprache, Kollegen, Firmenziele und -werte sowie Firmengeschichte.

Der Wechsel zu einem neuen Arbeitsplatz kann als Periode des Übergangs und damit als eine sensible Lebensphase im Sinne der Prägungstheorie interpretiert werden (Marquis und Tilcsik 2013; Schicke 2014). Demnach hat die Sozialisierung durch den Arbeitsplatz nicht nur während der Beschäftigung in der entsprechenden Organisation Bestand, sondern bleibt auch dann erhalten, wenn sich die Umgebung des Individuums signifikant ändert. Daraus kann abgeleitet werden, dass ein Individuum mit Arbeitserfahrung in einer kommerziell ausgerichteten Organisation, diese Logik auch bei der Gründung eines Sozialunternehmens verfolgt. Loughlin und Barling (2001) können zeigen, dass bereits Nebenjobs in den Jugendjahren das spätere Verhalten der Personen prägen, sodass die vorgestellte Argumentation auch auf junge Absolventen ohne formale Arbeitserfahrung angewendet werden kann.

Neben einer Prägung durch den Arbeitsplatz stellt auch eine formale betriebswirtschaftliche Ausbildung der Gründer gemäß Lee und Battilana (2013) eine Prägungsquelle für eine kommerzielle Ausrichtung dar. Die Zeit der Ausbildung und besonders der Übergang von einer Bildungsstation in die nächste kann im Sinne der Definition von Marquis und Tilcsik (2013) als sensible Lebensphase gewertet werden (siehe auch Evans et al. 2009). Die Sozialisierung während der Ausbildung nimmt zufolge der Prägungstheorie dementsprechend auch nach Verlassen der jeweiligen Ausbildungsstätte Einfluss auf das Verhalten des Individuums. In der Analyse wird ein Fokus auf Hochschulausbildung gelegt, da besonders in dieser Zeit Werte und Identitäten gebildet werden (Jones und Abes 2004).

Betriebswirtschaftliche Studiengänge haben in der Regel das Ziel, die Studierenden auf eine Tätigkeit in einem kommerziellen Unternehmen vorzubereiten, sodass Fächer wie Management, Marketing oder Finanzierung im Mittelpunkt stehen (Sadiq Sohail und Shaikh 2004; Wright et al. 1994). Während des Studiums werden einerseits betriebswirtschaftliches Wissen und unternehmerische Fertigkeiten in den verschiedenen Bereichen vermittelt (Andrews und Higson 2008). Andererseits beinhaltet die betriebswirtschaftliche Ausbildung eine ideologische Komponente (Trank und Rynes 2003). In der Berufsgruppe verbreitete Werte und Normen werden den Interessen des Individuums übergeordnet und bewusst in den Studienplan an Hochschulen integriert (Trank und Rynes 2003). Zudem basieren die meisten an Universitäten unterrichteten Verhaltensmodellierungen auf der Prämisse, dass Individuen eigennützig handeln und die Akkumulation von finanziellem Reichtum ihr oberstes Ziel ist (MacLellan und Dobson 1997). Diese Modelle werden von den Lehrenden zwar als wertfrei beschrieben, die zugrunde liegenden Annahmen dulden und fördern jedoch gewinnorientiertes Verhalten der Studierenden der Wirtschaftswissenschaften (MacLellan und Dobson 1997). Es konnte nachgewiesen werden, dass sich die Werte und Ansichten von Studierenden während des Studiums verändern (Lämsä et al. 2008). Befragungen unter Wirtschaftsstudierenden zur Hauptverantwortung eines Unternehmens zeigen, dass sie nach dem Studium häufiger die Maximierung des Shareholder Values und seltener die Erreichung beruflicher Chancengleichheit nennen als vor dem Studium (Lämsä et al. 2008). Dementsprechend kann davon ausgegangen werden, dass formale betriebswirtschaftliche Bildungsinstitutionen ein extrinsisches Wertesysteme vermitteln und Studierende dahingehend sozialisieren (siehe auch Grey 2002; MacLellan und Dobson 1997). Eine umfassende Fallstudie einer Wirtschaftshochschule zeigt außerdem, dass eine zentrale Anforderung an die Studierenden das Erlernen einer gemeinsamen Sprache und Ausdrucksweise ist und dass finanzielle Aspekte in allen Kursen im Vordergrund stehen, selbst wenn diese eine ganzheitliche Betrachtungsweise propagieren (Schleef 2006). Den Studierenden werden also bestimmte Denkweisen und Handlungsmuster vermittelt, welche als auf jede Fragestellung anwendbar dargestellt werden.

Diesen Ausführungen folgend, kann argumentiert werden, dass Individuen durch Institutionen hinsichtlich der Verankerung kommerzieller Logik in der Organisation geprägt werden. Institutionen beeinflussen die Handlungs- und Denkweisen der Individuen, welche die in Institutionen vorherrschenden Werte und Verhaltensweisen adaptieren. Absolventen betriebswirtschaftlich ausgerichteter Universitäten folgen einem extrinsischen Wertesystem, sodass die Kommerzialisierung des Sozialunternehmens als positiv wahrgenommen wird. Zudem sind sie es aus dem Studium gewohnt, finanziellen Aspekten besondere Aufmerksamkeit zukommen zu lassen und einen Fokus auf die Gewinnorientierung zu legen. Deshalb ist folgender Sachverhalt anzunehmen.

▶ **Proposition 2b:** Institutionen (kommerzielle Unternehmen, Universitäten) haben einen persistenten Einfluss auf die Entscheidung von Sozialunternehmern, inwiefern kommerzielle Logik in dem Sozialunternehmen integriert wird.

6.3.3 Prägung hinsichtlich der sozialen Wirkungsmessung

Die Theorie der Prägung wurde bisher nicht auf die Ausgestaltung von sozialer Wirkungsmessung in Sozialunternehmen angewendet, trotzdem erlauben die Spezifika der Wirkungsmessung eine Ableitung geeigneter Propositionen. Mithilfe qualitativer Interviews zeigen Arvidson und Lyon (2014), dass Mitarbeiter von Organisationen des sozialen Sektors zunächst Unbehagen zum Ausdruck bringen, wenn ihre Organisation Wirkungsmessung neu einführt. Manager der betreffenden Organisationen beschreiben die Umsetzung der Messung innerhalb des Betriebes als sehr mühsam, weil es keine Unterstützung durch die Mitarbeiter gebe (Arvidson und Lyon 2014). Die Beschäftigten seien es nicht gewohnt, anhand von Erfolgskennzahlen kontrolliert zu werden (Arvidson und Lyon 2014). Dabei sei die organisationale Kultur die Hauptherausforderung (Arvidson und Lyon 2014). Erst nach einigen Jahren, wenn der Sinn der Wirkungsmessung verstanden worden ist und die Mitarbeiter Zeit hatten, sich daran zu gewöhnen, ließe der Wiederstand nach (Arvidson und Lyon 2014). Die Einstellung der Mitarbeiter und die Kultur innerhalb der Organisation spielen demnach eine entscheidende Rolle bei dem Erfolg der Umsetzung eines sozialen Wirkungsmessungssystems.

Die Organisationskultur in jungen Unternehmen wird maßgeblich durch die Vision und Philosophie der Gründer bestimmt (Harris und Ogbonna 1999). Zudem sind sie für die Konzipierung der Wirkungsmessung verantwortlich (Grieco et al. 2015). Die obigen Ausführungen lassen darauf schließen, dass Individuen, für die eine Verwendung von Erfolgskennzahlen ungewohnt ist oder deren Wertesystem eine Indikatoren-basierte Kontrolle nicht unterstützt, sozialer Wirkungsmessung mit Unbehagen entgegenstehen. Die Umsetzungsbereitschaft einer Erfolgsmessung könnte vor diesen Hintergründen schwächer ausgeprägt sein.

Bei der Frage, wie das Wertesystem eines Gründers gebildet wird, kann die Theorie der Prägung ebenfalls herangezogen werden. Ähnlich zur Prägung bezüglich der Kommerzialisierung des Sozialunternehmens kommt den Eltern hier eine besondere Rolle zuteil, da sie ihre Kinder sozialisieren und oft eine starke Vorbildfunktion einnehmen (Berger und Luckmann 1991; Mustillo et al. 2004). Ähnlich wie das in Abschn. 6.3.2 beschriebene Verständnis von Arbeit durch ein Individuum (Dickinson und Emler 1992; Kohn et al. 1986), kann von einer Beeinflussung des Verständnisses von Erfolgsmessung durch die Eltern ausgegangen werden. Dafür sprechen auch die Ergebnisse von Shim et al. (2010), dass Kinder das Verständnis und Verhalten von Eltern in Bezug auf Finanzen übernehmen und beispielsweise das regelmäßige Führen eines Haushaltsbuches oder das Setzen von monetären Langzeitzielen von ihren Eltern adaptieren (Shim et al. 2010). Auch vor dem Hintergrund von Arvidson und Lyons (2014) Ergebnissen kann angenommen werden, dass Eltern, die einer Indikatoren-basierten Erfolgsmessung positiv gegenüberstehen, diese Einstellung auch an ihre Kinder weitergeben. Es erscheint wahrscheinlich, dass das Wertesystem der Eltern diesbezüglich im beruflichen Kontext gebildet wird. Von einer Persistenz dieser Prägung kann ausgegangen werden, da, wie bereits in Abschn. 6.3.2 dargestellt, Eltern ihre Kinder während sensibler Lebensphasen begleiten. Deshalb wird folgender Zusammenhang zur Prüfung vorgeschlagen.

▶ **Proposition 3a:** Individuen (Eltern, Vorbilder) haben einen persistenten Einfluss auf die Entscheidung von Sozialunternehmern, inwiefern soziale Wirkungsmessung in dem Sozialunternehmen durchgeführt wird.

Bezüglich der sozialen Wirkungsmessung in Sozialunternehmen ist außerdem entscheidend, dass Managementprozesse – mit der dazugehörigen Leistungsmessung – in der Privatwirtschaft entstanden und entwickelt wurden und lange keinen Einsatz in gemeinnützigen Unternehmen fanden (Drucker 1989; Speckbacher 2003). Wie bereits deutlich wurde, trifft dies heute nicht mehr zu, eine steigende Zahl von Organisationen des sozialen Sektors misst ihre Leistung, d. h. ihre Wirkung auf Gesellschaft und Umwelt (Maas und Liket 2011). Auch wenn sich die Situation und Struktur von Sozialunternehmen stark von der in kommerziellen Unternehmen unterscheidet, basieren viele soziale Messsysteme auf Konzepten der Leistungsmessung und -indikatoren von kommerziellen Unternehmen (Nicholls 2006; Speckbacher 2003). Wie in Abschn. 6.2.2 dargestellt, geht beispielsweise der Social Return on Investment auf den klassischen Return on Investment zurück und die Social Balanced Scorecard ist aus der Balanced Scorecard abgeleitet. Insbesondere die Quantifizierung von Erfolg ist ein typischer Ansatz in kommerziellen Unternehmen (Austin et al. 2006).

Die obigen Ausführungen lassen schlussfolgern, dass die Einstellung von Gründern gegenüber sozialer Wirkungsmessung nicht nur mit dem Wertesystem der Gründer zusammenhängt, sondern dass auch eine betriebswirtschaftliche Denkweise zu einer positiveren Bewertung von Messung führen sollte. Wie in Abschn. 6.3.2 bereits beschrieben wird im Rahmen von betriebswirtschaftlichen Studiengängen nicht nur Wissen vermittelt sondern auch die Werte und Normen der Studierenden verändern sich im Laufe der Hochschulausbildung. Ein Fokus der Ausbildung liegt in dem Fach Management, in dem nicht primär die Vermittlung bestimmter Fähigkeiten und Fertigkeiten angestrebt wird, sondern die Entwicklung einer Persönlichkeit, dessen Wertesystem besonders für Managementaufgaben geeignet ist (Grey 2002). Als ein zentraler Bestandteil eines Managementprozesses wird den Individuen demnach eine positive Einstellung zur Leistungsmessung vermittelt (Speckbacher 2003). Wie beschrieben, sind insbesondere die quantitative Messung und der Einsatz formalisierter Messsysteme klassische Bestandteile des betrieblichen Managements. Im vorangegangenen Kapitel wurde bereits dargestellt, dass das Studium als eine sensible Lebensphase interpretiert werden kann, somit kann von der Persistenz der beschriebenen Umwelteinflüsse ausgegangen werden. Die folgende Proposition wird zur Prüfung vorgeschlagen.

▶ **Proposition 3b:** Institutionen (Universitäten) haben einen persistenten Einfluss auf die Entscheidung von Sozialunternehmern, inwiefern soziale Wirkungsmessung in dem Sozialunternehmen durchgeführt wird.

6.4 Fallstudienmethodik und Untersuchungsgegenstand

6.4.1 Fallstudienmethodik und Datenerhebung

Das hergeleitete Forschungsmodell wird mit Hilfe der Fallstudienmethodik überprüft, welche in der Entrepreneurship-Forschung zu Prägungen bereits mehrfach verwendet wurde (siehe beispielsweise Battilana et al. 2015; Jaskiewicz et al. 2015). Gemäß Yin (1981) sind Fallstudien insbesondere geeignet, wenn ein zeitgenössisches Phänomen in seinem realen Kontext untersucht werden soll und wenn die Grenzen zwischen Phänomen und Kontext nicht eindeutig erkennbar sind. Fallstudien können bei verschiedenen Fragestellungen eingesetzt werden und können einen Sachverhalt beschreiben, existierende Theorien testen oder neue Theorien generieren (Eisenhardt 1989). In der vorliegenden Arbeit wird das aus der Theorie abgeleitete konzeptionelle Modell getestet, indem eine Einzelfallstudie durchgeführt wird. Yin (2003) beschreibt fünf Fälle, in denen eine Einzelfallstudie besonders zweckmäßig ist: Critical case, extreme or unique case, representative or typical case, revelatory case oder longitudinal case. Ziel dieser Arbeit ist die Untersuchung eines repräsentativen oder typischen Falls, da diese gut geeignet sind, um Kausalbeziehungen zu testen und eine bestehende Theorie zu überprüfen (Seawright und Gerring 2008). Die Identifizierung dieser beispielhaften Fälle ist in der Regel erst nach Durchführung der Fallstudie möglich, da sich erst bei genauer Untersuchung zeigt, ob der gewählte Untersuchungsgegenstand tatsächlich typisch für die Grundgesamtheit ist (Flyvbjerg 2006). In der Analyse hat sich herausgestellt, dass kulturgrenzenlos für deutsche Sozialunternehmen repräsentativ ist. Beispielsweise arbeitet kulturgrenzenlos im Bereich „gesellschaftliche Inklusion", einem der vier größten Themenfelder deutscher Sozialunternehmen (Spiess-Knafl et al. 2013). Außerdem ist die hohe Anzahl Freiwilliger und die geringe Mitarbeiteranzahl typisch für junge Sozialunternehmen mit geringen Einnahmen (Spiess-Knafl et al. 2013).

Die Datengrundlage dieser Fallstudie wurde mittels mehrerer Datenerhebungsmethodiken geschaffen (Triangulation), wodurch ein stärkerer Nachweis des Konstruktes und der Hypothesen erreicht werden kann (Eisenhardt 1989). Primärdaten wurden im Rahmen von zwei halbstündigen, semi-strukturierten Interviews im Mai 2018 mit der Gründerin Lisa Sommer gesammelt, sowie mittels eines schriftlich beantworteten Fragebogens. Um die erhobenen Daten zu überprüfen und erweitern, wurden zusätzlich Sekundärdaten in die Analyse miteinbezogen. Konkret gingen Informationen von der Website des Sozialunternehmens (o. V. 2018a) und einer Crowdfunding-Plattform (o. V. 2018b) in die Beschreibung des Untersuchungsgegenstandes ein. Yins (1981) Vorschlag folgend werden die Ergebnisse der Fallstudie anhand des konzeptionellen Modells strukturiert, es wird auf eine erzählerische Schilderung der erhobenen Daten verzichtet.

6.4.2 Untersuchungsgegenstand – kulturgrenzenlos e.V.

6.4.2.1 Die gesellschaftliche Herausforderung und Lösung

Seit 2013 erfährt Deutschland einen deutlichen Anstieg der jährlichen Asylantragszahlen, welcher seinen Höhepunkt im Jahr 2016 mit knapp 750.000 Anträgen erreichte (BAMF 2018). Bei erfolgreichem Asylantrag erhält ein Flüchtling eine Aufenthaltserlaubnis, welche ihm Zugang zu Wohnung, Krankenversicherung und finanziellen Leistungen gewährt sowie die Teilnahme an den gesetzlichen Integrationsmaßnahmen Sprach- und Orientierungskurs ermöglicht (Aumüller und Bretl 2008). Die soziale Integration der Flüchtlinge wird jedoch nicht zentral vom Bund geregelt und ist oft stark von der individuellen Situation des Schutzbedürftigen abhängig (Aumüller und Bretl 2008). Gleichzeitig findet seit spätestens Mitte 2015 in der deutschen Gesellschaft ein Erstarken von Fremdenfeindlichkeit und –hass gegenüber Migranten, Flüchtlingen und Asylsuchenden statt (Lantermann 2018).

Das Kieler Sozialunternehmen kulturgrenzenlos e.V. setzt mit seinem Dienstleistungsangebot an diesen sozialen Problemstellungen an, indem es auf Grundlage von Alter und Interessen Tandempartnerschaften zwischen Geflüchteten und Studierenden vermittelt. Eine gemeinsame Freizeitgestaltung und kultureller Austausch der Tandempartner fördern einerseits die Inklusion der Flüchtlinge in die Gesellschaft. Freundschaftliche Beziehungen zu Kieler Studierenden legen den Grundstein für dauerhafte Verbindungen zu dem neuen Wohnort, vereinfachen das Lernen der neuen Sprache und helfen den Geflüchteten, sich in der fremden Umgebung wohl zu fühlen. Andererseits bietet der persönliche Kontakt zu Flüchtlingen Kieler Studierenden die Gelegenheit, andere Kulturen kennen zu lernen. Missverständnisse und Vorurteile werden durch persönliche Begegnungen und Freundschaften abgebaut, sodass kulturgrenzenlos zu einer weltoffenen Gesellschaft beiträgt.

Das Angebot von kulturgrenzenlos umfasst zunächst die Herstellung eines Erstkontaktes zwischen Flüchtling und Studierendem im gleichen Alter und mit ähnlichen Interessen auf Grundlage eines Fragebogens. Nach einem ersten, durch einen Angehörigen von kulturgrenzenlos begleiteten Treffen empfiehlt kulturgrenzenlos den Teilnehmern ca. zwei Stunden die Woche in die Tandempartnerschaft zu investieren. Weitere Treffen zwischen den Tandempartnern werden durch den Tandemausweis vereinfacht, mit dem die Partner vergünstigte Konditionen bei einer Vielzahl von Cafés, Freizeit- und Kultureinrichtungen in Kiel erhalten. Außerdem organisiert kulturgrenzenlos regelmäßig stattfindende Treffen, wie das monatliche „Get together", bei denen mehrere Tandempartner und Interessierte am Projekt sich untereinander austauschen können. Mehrmals jährlich bietet kulturgrenzenlos zudem auch größere Veranstaltungen, wie ein Konzert oder Festival an, um den Bekanntheitsgrad des Projekts zu steigern und andere Bevölkerungsgruppen für die Thematik zu sensibilisieren.

Die Angebote von kulturgrenzenlos sind für die Teilnehmer grundsätzlich kostenlos. Bei Veranstaltungen gibt es oft Spendenempfehlungen, um die direkten Kosten des Angebots zu decken. Zur Finanzierung der laufenden Kosten wie Büroraum, Personal und Eintritte zu Events im Rahmen der regelmäßig organisierten Treffen für alle Tandempartner (z. B. Schlittschuhbahn) greift kulturgrenzenlos auf Spenden, öffentliche Fördergelder, verschiedene Gründerwettbewerbe und Ausschreibungen sowie Crowdfunding zurück. Die beiden sozialversicherungspflichtigen Stellen im Verein werden beispielsweise von dem Schleswig-Holsteinischen Ministerium für Soziales, Gesundheit, Wissenschaft und Gleichstellung finanziert. Den mit einem Geflüchteten besetzten Minijob finanziert das Bundesministerium für Familie, Frauen, Senioren und Jugend im Rahmen ihres Patenschaftprogramms „Menschen stärken Menschen" (o. V. 2018c).

6.4.2.2 Der Gründungsprozess und das Team

Die Idee des Tandemprojektes entwickelte sich im Laufe des Kurses „Changemakers and Social Entrepreneurs" im Wintersemester 2014/2015 an der Christian-Albrechts-Universität zu Kiel. Die späteren Gründerinnen Lisa und Mareike besuchten diesen im Rahmen ihres Masterstudiums „Sustainability, Society and the Environment". In dem Kurs wurden die Studierenden aufgefordert, eine gesellschaftliche Herausforderung zu identifizieren und diese mittels einer selbst entwickelten, sozialunternehmerischen Idee zu lösen. Mareike und Lisa entschieden sich für das Problem der sozialen Isolation von Geflüchteten in Kiel. Bei der Analyse bereits bestehender Lösungsansätze lernten sie die Pädagogik-Studentin Paula kennen, die sich ebenfalls für die Thematik interessierte.

Anfang 2015 haben sich die Gründerinnen mit der Idee des Tandemprojektes bei dem Yooweedoo-Ideenwettbewerb (o. V. 2018d) beworben und haben eine sechsmonatige Förderung für das Projekt erhalten. Zeitgleich haben die drei Gründerinnen die Lehramtsstudentin Linda kennengelernt, die bereits Erfahrungen aus einem ähnlichen Projekt und ein großes Netzwerk in Kiel mitgebracht hat. Gemeinsam hat das vierköpfige Team im Sommersemester 2015 mit der Umsetzung des Projektes angefangen und auf einer Kick-off Veranstaltung an der Universität beworben. Auch aufgrund des derzeitigen hohen Flüchtlingszustroms stieß das Tandemprojekt schnell auf großes Interesse. In der nachfolgenden Zeit ist das Team stetig gewachsen und bezog einen Schreibtisch in einem Co-Working-Space in der Kieler Innenstadt. Im März 2016 wurde der Verein kulturgrenzenlos e.V. offiziell gegründet. Seit 2017 beschäftigt kulturgrenzenlos zwei sozialversicherungspflichtige Beschäftigte sowie einen Minijobber, das gesamte Organisationsteam einschließlich Ehrenamtlicher besteht zurzeit aus ca. 35 Personen. Im Mai 2018 konnte kulturgrenzenlos eine Finanzierung von 18.675 € im Rahmen einer Crowdfunding Kampagne erreichen und sich so für den Deutschen Integrationspreis 2018 qualifizieren.

6.4.2.3 Soziale Wirkungsmessung

Die vier Gründerinnen verfolgen mit kulturgrenzenlos zwei Ziele: die Integration von Flüchtlingen und die Schaffung einer weltoffeneren Gesellschaft. Um den Stand der Zielerreichung zu bestimmen, führen sie eine soziale Wirkungsmessung durch. Die Motivation hierfür liegt zum einen im eigenen Interesse begründet, die Gründerinnen sind an dem Erfolg ihres Projekts interessiert und möchten auf den regelmäßig stattfindenden, internen Visionstreffen informierte Entscheidungen treffen können. Zum anderen ist eine jährliche Berichterstattung eine Auflage von den beiden Hauptförderern des Projekts. In einem Verwendungsnachweis müssen die Mitarbeiter von kulturgrenzenlos den Erfolg und die Auswirkungen der Maßnahme beschreiben.

Bei der Messung der sozialen Wirkung wird bei kulturgrenzenlos kein formalisiertes Messinstrument, wie beispielsweise der SROI, eingesetzt. Stattdessen werden selbstdefinierte Indikatoren erhoben, welche sowohl quantitativer als auch qualitativer Natur sind. Zu den quantitativen Kennzahlen gehören die Gesamtanzahl der vermittelten Tandems, der Anteil der noch aktiven Tandempartnerschaften und die Anzahl der entstandenen Freundschaften. Qualitative Indikatoren sind zum Beispiel die subjektiven Einschätzungen der Teilnehmer, was gut und was schlecht in ihrer Tandempartnerschaft läuft und inwieweit kulturgrenzenlos eine Hilfe für die Geflüchteten war, in Kiel anzukommen und sich in die Gesellschaft zu integrieren.

Zur Erhebung dieser Daten schickt kulturgrenzenlos ungefähr alle drei Monate eine E-Mail mit Fragen an alle Tandempartner. So wird zum Beispiel die Anzahl aktiver Tandempartnerschaften festgestellt. Außerdem werden Interviews mit einzelnen Tandempartnern geführt, durch die ein tieferes Verständnis der erreichten Wirkung erzielt werden kann. Im Rahmen der Aktion „Tandem des Monats" wird regelmäßig ein Tandem auf der Internetpräsenz von kulturgrenzenlos vorgestellt und ein Auszug des geführten Interviews veröffentlicht. Zudem wurde einmalig eine Masterarbeit zum Thema Förderung interkultureller Kompetenz durch Tandempartnerschaften mittels einer Längsschnittstudie durchgeführt, in dessen Rahmen die Wirkung auf die Zielgruppe der Kieler Studierenden gemessen wurde.[2]

---

[2] Eine Kurzfassung der Masterarbeit wurde in „Talente – Zeitschrift für Bildung und Berufsorientierung" unter dem Titel „Interkulturelles Lernen im Tandem – Eine Mixed-Methods-Studie zur Entwicklung interkultureller Kompetenzen im Tandemprojekt „kulturgrenzenlos e.V."" veröffentlicht (Tomann et al. (2017)).

6.5 Diskussion der Fallstudie vor dem Hintergrund des theoretischen Modells

6.5.1 Biografie der Gründerin Lisa Sommer

Die Mitgründerin Lisa ist in einem Dorf im Kreis Rhein-Sieg in Nordrhein-Westfalen aufgewachsen. Ihr Vater ist in der Universitätsmedizin Bonn angestellt, ihre Mutter ist als ausgebildete Zahnarzthelferin in der Jugendzahnpflege aktiv. Beide Elternteile engagieren sich in lokal ansässigen Vereinen, der Vater bekleidet seit 2010 das Amt des Bürgermeisters der Gemeinde. Nach dem Besuch eines lokalen Kindergartens und der Grundschule hat Lisa in der Stadt Königswinter ihr Abitur abgeschlossen. Während ihrer Kindheit und Jugend ist Lisa mit Begeisterung dem Reitsport nachgegangen und hat neben der Schule auf dem Reiterhof ihrer Reitlehrerin Frau Martens gearbeitet. Außerdem hat Lisa eine Nebentätigkeit in der Verwaltung der Transfusionszentrale der Universitätsmedizin in Bonn ausgeführt.

Nach dem Abitur hat Lisa zur Orientierung ein Jahr Work und Travel gemacht, im Rahmen dessen sie durch die USA und Kanada gereist ist und u. a. als Au-Pair gearbeitet hat. 2010 ist sie nach Leipzig gezogen und hat ein Bachelor-Studium der Ökonomik und Geografie begonnen. Bis zu ihrem Abschluss im Jahre 2014 hat Lisa drei Praktika in den Bereichen Entwicklungszusammenarbeit und Nachhaltigkeit absolviert. Außerdem hat sie sich bei verschiedenen Organisationen sozial engagiert, u. a. hat sie mit ihrer damaligen Mitbewohnerin Anna in einer Flüchtlingsunterkunft Nachhilfeunterricht gegeben. Für das Masterstudium in „Sustainability, Society and the Environment" ist Lisa 2014 nach Kiel gezogen. Lisa fokussierte in ihrem Studium die sozialen Aspekte der Nachhaltigkeit und hat, wie in Abschn. 6.4.2.2 beschrieben, im Rahmen einer Lehrveranstaltung kulturgrenzenlos mitgegründet. Außerdem hat Lisa während des Masterstudiums verschiedene Nebentätigkeiten an der Christian-Albrechts-Universität zu Kiel ausgeführt.

6.5.2 Prägung hinsichtlich der sozialen Gründungsentscheidung

▶ **Proposition 1a:** Andere Individuen (benachteiligte Gruppen, Eltern, Vorbilder) haben einen persistenten Einfluss auf die Entscheidung, ein Sozialunternehmen zu gründen.

Bezüglich einer Prägung hinsichtlich der sozialen Gründungsentscheidung durch andere Individuen zeigt der Lebenslauf der befragten Gründerin Lisa, dass sie mehrfach Kontakt zu benachteiligten Gruppen hatte. Zu einem solchen kam es im Rahmen eines Praktikums bei einer Organisation für Frauenrechte in Kolumbien, bei dem Lisa persönliche Zusammentreffen mit benachteiligten Frauen hatte. Ein weiterer direkter Kontakt zu einer benachteiligten Gruppe entstand Anfang 2014 in Leipzig aufgrund des Umstandes, dass sich ihre damalige Wohnung in der Nähe einer Flüchtlingsunterkunft befand. Auf Initiative von

Lisas damaliger Mitbewohnerin Anna, meldeten sich die beiden bei einem in der Unterkunft beschäftigten Sozialarbeiter. Dieser motivierte die beiden Frauen über einen Zeitraum von fünf Monaten zwei Mal wöchentlich Nachhilfeunterricht für geflüchtete Kinder zu geben. Nach eigener Aussage hat sie dadurch „dann ganz plötzlich einfach eine ganz andere Welt oder Lebenswelt kennengelernt", was sie emotional sehr bewegt und auch ihren weiteren Lebensweg „sehr beeinflusst" hat.

Außerdem wird während der geführten Interviews deutlich, dass soziales Engagement bereits in Lisas Kindheit eine Rolle in ihrer Familie gespielt hat. Beide Elternteile haben sich bei lokalen Vereinen in Lisas Heimatdorf engagiert und in diesem Rahmen beispielsweise Familienfeste für andere Anwohner ausgerichtet. Insbesondere Lisas Vater war als Mitglied der freien Wählergruppe und dem lokalen Förderverein stark in der Gemeinde aktiv. Seit 2010 hat er neben seiner Vollzeittätigkeit außerdem das Amt des Gemeindebürgermeisters inne. Lisas Mutter hat außerdem direkten Kontakt zu einer gesellschaftlichen Herausforderung im Rahmen ihrer beruflichen Tätigkeit. Als in der Jugendzahnpflege tätige Zahnarzthelferin ist sie für die Aufklärung von Kindergartenkindern bezüglich gesunder Ernährung und korrekter Zahnpflege zuständig.

Auf die Frage, ob es neben ihren Eltern andere Vorbilder in Lisas Leben gibt, nennt die Gründerin ihre Reitlehrerin Frau Martens, die sie „ziemlich stark beeinflusst" hat. Vor ihrem Tod 2014 hat Frau Martens in selbstständiger Tätigkeit einen Reiterhof bewirtschaftet, auf dem Lisa sowohl Reitstunden genommen als auch neben der Schule gearbeitet hat. Lisa erinnert sich, dass für Frau Martens das Wohl ihrer Tiere immer sehr wichtig war. Ein weiteres Vorbild für Lisa ist ihre ehemalige Mitbewohnerin Anna. Anna hat sich immer vielfältig sozial engagiert, wie zum Beispiel in einem Altenheim. Außerdem hat Anna Lisa dazu überzeugt, sich in der Flüchtlingsunterkunft in Leipzig zu engagieren und war auch nach ihrem Umzug aus Leipzig nach Berlin weiterhin im Bereich Flucht sozial aktiv.

Ob die in diesem Abschnitt beschriebenen anderen Individuen einen persistenten Einfluss im Sinne der Prägungstheorie auf die Gründerin ausgeübt haben, hängt von ihrem Auftreten innerhalb einer sensiblen Lebensphase ab. Aufgrund der Definition als Perioden des Übergangs kann, wie in Abschn. 6.3.1 beschrieben, diese Voraussetzung als gegeben angesehen werden. Der Kontakt zu benachteiligten Gruppen fand hauptsächlich in offensichtlichen Perioden des Überganges statt, wie dem Beginn eines neuen Praktikums oder einer freiwilligen Tätigkeit. Ihre Eltern und Vorbilder haben Lisa über einen langen Zeitraum begleitet, sodass auch sie Perioden des Übergangs in Lisas Leben miterlebt und sie in diesen Phasen geprägt haben. Auf dieser Grundlage wird von der Persistenz der Prägung ausgegangen.

Es erscheint wahrscheinlich, dass diese Prägung bei der Gründung von kulturgrenzenlos im Rahmen von Lisas Masterstudiums eine Rolle gespielt hat. Lisa beschreibt diesen Abschnitt in ihrem Leben als herausfordernd. Zum einen wurden ihr im Studium eine Fülle von nationalen und internationalen Problemen in der Nachhaltigkeit aufgezeigt, zu denen sie keinen Ausweg sah und Schwierigkeiten hatte, eine persönliche Distanz aufzubauen.

Zum anderen war es sehr herausfordernd, in eine neue Stadt zu ziehen und „wieder bei null" anzufangen, nachdem sie sich in Leipzig ein großes Netzwerk an Freunden und Bekannten aufgebaut hatte. In dieser Zeit waren ihre vorherigen Erfahrungen mit benachteiligten Gruppen, aber auch die Werte und Ansichten ihrer Eltern und Vorbilder von Bedeutung und haben zu der Gründung von kulturgrenzenlos beigetragen. Somit kann Proposition 1a bestätigt werden.

▶ **Proposition 1b:** Institutionen (Universitäten, Sozialunternehmen, soziale Einrichtungen) haben einen persistenten Einfluss auf die Entscheidung, ein Sozialunternehmen zu gründen.

Bezüglich einer Prägung hinsichtlich der sozialen Gründungsentscheidung durch Institutionen kann im Falle von Lisa davon ausgegangen werden, dass ihr Studium und damit die besuchten Universitäten einen Einfluss auf die Gründerin hatten. Lisa berichtet, sowohl während ihres Bachelorstudiums der Geografie und Ökonomik an der Universität Leipzig, vor allem aber in ihrem Masterstudiengang „Sustainability, Society and the Environment" an der Christian-Albrechts-Universität zu Kiel im Rahmen ihres Curriculums immer wieder indirekt mit gesellschaftlichen Herausforderungen in Kontakt gekommen zu sein. Auf diese Weise konnte sie Erkenntnisse in den Bereichen gesellschaftlicher Wandel und soziale Entwicklung erlangen, welche gemäß Prabhu (1999) die soziale Gründungsneigung positiv beeinflussen.

Zudem war Lisa während ihres Studiums in verschiedenen sozialen Einrichtungen tätig. Die Gründerin hat ein Praktikum beim Bremer Entwicklungspolitischen Netzwerk und beim Wuppertal Institut für Klima, Umwelt und Energie absolviert. Beide Praktika hatten einen Schwerpunkt in der Bildungsarbeit, einmal praktischer Natur zum Thema fairer Handel und einmal forschungsorientiert im Bereich nachhaltige Entwicklung. Zudem stellt die bereits beschriebene Arbeit in der Flüchtlingsunterkunft ebenfalls ein soziales Engagement der Gründerin dar. Darüber hinaus hat sich Lisa über den Weltladen Leipzig im Bereich Bildungsarbeit engagiert, indem sie an Schulen Bildungseinheiten zu dem Thema fairer Handel gehalten hat. Außerdem engagierte sich Lisa bei der Studenteninitiative Wirtschaft und Umwelt e.V. Sozialunternehmerische Erfahrungen konnte Lisa vor ihrer Gründung nur indirekt über Lehrveranstaltungen an der Christian-Albrechts-Universität zu Kiel sammeln. Die Mastervorlesung Social Entrepreneurship hat sie zunächst als Studentin besucht und dann das zugehörige Tutorium im Rahmen ihrer Anstellung als wissenschaftliche Hilfskraft an der Juniorprofessur für Entrepreneurship mit begleitet. Wenn dies auch keine eigene Arbeitserfahrung in einem Sozialunternehmen darstellt, kann trotzdem davon ausgegangen werden, dass der über die Vorlesung entstandene Kontakt mit Sozialunternehmertum einen Einfluss auf die Gründungsentscheidung genommen hat. Dies erscheint besonders vor dem Hintergrund wahrscheinlich, dass die Vorlesung durch eine praxisnahe Übung begleitet wird und reale Sozialunternehmer im Rahmen des Curriculums ihre Gründungen vorstellen.

Auch in Bezug auf die Prägung durch Institutionen muss überprüft werden, ob diese während einer sensiblen Lebensphase einen Einfluss auf die Gründerin genommen haben, damit dieser als persistent angesehen werden kann. Wie in Abschn. 6.3.1 dargestellt, kann der Beginn einer Tätigkeit als Volontär oder Praktikant bei einer sozialen Einrichtung als eine Periode des Überganges angesehen werden, ebenso die Ausbildungszeit. Bei der Gründung von kulturgrenzenlos haben die oben beschriebenen prägenden Erfahrungen dahingehend eine Rolle gespielt, dass Lisa sich in der schwierigen Phase des Beginns ihres Masterstudiums auf bekanntes Wissen und Erfahrungen aus sozialen Einrichtungen stützen konnte. Deshalb kann auch Proposition 1b bestätigt werden.

6.5.3 Prägung hinsichtlich der kommerziellen Ausrichtung

Wie bereits in Abschn. 6.4.2.1 beschrieben, generiert kulturgrenzenlos kein eigenes Einkommen, außer über die Spendenempfehlungen bei Veranstaltungen. Es wird also kaum kommerzielle Logik im Sinne von beispielsweise Yunus et al. (2010) und Dees (1998) verfolgt.

▶ **Proposition 2a:** Andere Individuen (Eltern, Vorbilder) haben einen persistenten Einfluss auf die Entscheidung, inwiefern kommerzielle Logik in dem Sozialunternehmen integriert wird.

Wie in Abschn. 6.3.2 beschrieben, wird das Verständnis von Arbeit und das Wertesystem im Beruf von den Eltern geprägt. Lisas Vater hat nach der Schulzeit eine Ausbildung zum Industriekaufmann in einem Autohaus gemacht. Nach Lisas Angaben ist er jedoch seit über 30 Jahren, also schon bevor Lisa geboren wurde, in der Universitätsmedizin Bonn angestellt. Die Mutter von Lisa hat Zahnarzthelferin gelernt und anschließend mehrere Jahre in diesem Beruf in einer Zahnarztpraxis gearbeitet. Seit vielen Jahren ist sie allerdings bei der Landesarbeitsgemeinschaft Jugendzahnpflege Nordrhein-Westfalen e.V. beschäftigt und im Bereich der Gruppenprophylaxe aktiv. Sie informiert Kindergartenkinder über gesunde Ernährung und bringt ihnen spielerisch korrekte Zahnpflege näher. Nach Lisas Aussagen kommt ihre Arbeit heute stärker einer pädagogischen Tätigkeit gleich.

Beide Elternteile der Gründerin haben in einer kommerziell ausgerichteten Organisation eine Ausbildung absolviert. Während Lisas Mutter als Zahnarzthelferin sehr wenig mit kommerzieller Logik in Berührung kam, ist die Ausbildung zum Industriekaufmann ein klassischer kommerzieller Ausbildungsberuf. Allerdings hat Lisas Vater die Tätigkeit in dem Autohaus bereits vor Lisas Geburt niedergelegt und bei der lokalen Universitätsklinik eine Stelle begonnen. Ebenso wie die Tätigkeit in einem gemeinnützigen Verein zur Jugendzahnpflege, hat diese Stelle nur eine schwache kommerzielle Ausrichtung. Dementsprechend sind Lisas Eltern selbst nur schwach mit kommerzieller Logik sozialisiert. Eine Erziehung Lisas zu einer kommerziellen Unternehmerin erscheint vor diesem Hintergrund unwahrscheinlich, was sich auch in der niedrigen Kommerzialisierung von kulturgrenzenlos wiederspiegelt. Die Proposition 2a kann demnach bestätigt werden.

▶ **Proposition 2b**: Institutionen (kommerzielle Unternehmen, Universitäten) haben einen persistenten Einfluss auf die Entscheidung, inwiefern kommerzielle Logik in dem Sozialunternehmen integriert wird.

Bezüglich einer Prägung durch die Universität ist festzuhalten, dass die Gründerin nach der Schule ein Bachelorstudium in Ökonomik und Geografie aufgenommen hat. Im Master hat sie „Sustainability, Society and the Environment" studiert. Im Rahmen des Bachelorstudiums hat Lisa mehrere volkswirtschaftliche Kurse besucht, wie beispielsweise „Makroökonomie" und „Außenwirtschaft". Außerdem umfasste das Studium der Ökonomik die beiden betriebswirtschaftlichen Veranstaltungen „Einführung in die Betriebswirtschaftslehre" und „Betriebliches Rechnungswesen". Im Master hat Lisa zwei Kurse zum Thema soziales Unternehmertum besucht, die Vorlesung „Social Entrepreneurship" und das Seminar „Changemakers and Social Entrepreneurs".

Es zeigt sich, dass Lisa kein klassisches Studium der Betriebswirtschaftslehre absolviert hat. Ihr Ökonomikstudium im Bachelor hatte allerdings betriebswirtschaftliche Anteile, wenn auch weniger umfangreich. In der Mastervorlesung „Social Entrepreneurship" kam Lisa mit betriebswirtschaftlichen Theorien in Berührung, allerdings direkt auf soziales Unternehmertum abgestimmt und angewendet. Insgesamt ist Lisa vor der Gründung mit einigen wenigen betriebswirtschaftlichen Theorien in Berührung gekommen, sodass eine Prägung zu kommerzieller Logik partiell stattgefunden hat.

Zudem hat die Gründerin Lisa während Schule und Studium mehrere Nebenbeschäftigungen ausgeübt, Vollzeitpraktika absolviert und in einem Orientierungsjahr zwischen Abitur und Studium ein Jahr reisen und arbeiten verbunden. Während der Schulzeit hat Lisa zum einen in der Verwaltung der Transfusionszentrale der Universitätsmedizin in Bonn und zum anderen auf dem Reiterhof von Frau Martens gearbeitet, wo sie Reitstunden für Kindergruppen angeleitet hat. In dem angesprochenen Orientierungsjahr hat Lisa erneut auf dem Reiterhof gearbeitet und war im Rahmen ihrer Reise durch die USA und Kanada als Au-Pair tätig. Während des Bachelorstudiums hat Lisa drei Vollzeitpraktika gemacht, bei einer Organisation für Frauenrechte in Kolumbien, bei dem Bremer Entwicklungspolitischen Netzwerk und im Wuppertal Institut für Klima, Umwelt und Energie. Im Master war die Gründerin als wissenschaftliche Hilfskraft am geografischen Institut der Universität Kiel beschäftigt und hat bei einem Forschungsantrag zum Thema Urban Commons im Bereich Wohnen mitgewirkt. Außerdem war sie wissenschaftliche Hilfskraft bei PerLe, einem Projekt für erfolgreiches Lehren und Lernen an der Universität Kiel.

Die obige Aufzählung und Beschreibung der beruflichen Tätigkeiten von Lisa vor der Gründung zeigen, dass sie bis auf ihrer Beschäftigung auf dem Reiterhof zu keinem Zeitpunkt in einem kommerziell ausgerichteten Unternehmen tätig war. Während ihrer Anstellung bei Frau Martens hat die Gründerin Kindergruppen betreut, sodass sie auch in diesem Rahmen wenig Berührungspunkte mit kommerzieller Logik hatte. Eine Sozialisierung hin zu einer kommerziellen Logik hat demnach nicht stattgefunden. In dem Sozialunternehmen kulturgrenzenlos wird von einer solchen Logik kein Gebrauch gemacht, sodass dies Proposition 2b bestätigt. Die nur verhältnismäßig schwache Verankerung betriebswirtschaftlicher Inhalte im Studium lässt eine Vermittlung einer kommerziellen Ideologie und eine Veränderung von Lisas Wertesystem unwahrscheinlich erscheinen, sodass die Proposition 2b auch insgesamt als bestätigt angesehen werden kann.

6.5.4 Prägung hinsichtlich der sozialen Wirkungsmessung

▶ **Proposition 3a:** Andere Individuen (Eltern, Vorbilder) haben einen persistenten Einfluss auf die Entscheidung, inwiefern soziale Wirkungsmessung in dem Sozialunternehmen durchgeführt wird.

Wie bereits deutlich wurde, ist Lisas Vater Leiter der ambulanten Abrechnung Humanmedizin in der Universitätsmedizin Bonn und ihre Mutter in einem gemeinnützigen Verein als Beraterin für Zahnpflege von Kindern tätig. Beide Elternteile haben somit den Großteil ihres beruflichen Lebens nicht in klassischen, kommerziell ausgerichteten Unternehmen verbracht. Trotzdem ist eine (quantitative) Erfolgsmessung in beiden Tätigkeitsfeldern von Bedeutung. Die ambulante Abrechnung Patientenverwaltung kommt in großen Teilen einer kaufmännischen Tätigkeit gleich, zu der u. a. Kostensicherung, Leistungsabrechnung, Kassenführung und das Erstellen von Statistiken gehören. Als Leiter der Abteilung kommt Lisas Vater in besonderem Maße mit Leistungsindikatoren in Berührung und ist somit an deren Nutzung gewöhnt. Als Mitarbeiterin in einem gemeinnützigen Verein ist Lisas Mutter, auch aufgrund gesetzlicher Anforderungen (§21 SGB V), zur Dokumentation ihrer Tätigkeit verpflichtet. Dabei muss sie Indikatoren, wie die Anzahl der durch den Prophylaxe-Impuls erreichten Kinder oder Eltern, aufnehmen und berichten. Also kann auch hier eine hohe Umsetzungsbereitschaft gegenüber und Vertrautheit mit Leistungsindikatoren festgestellt werden. Es ist wahrscheinlich, dass Lisa durch ihre Eltern in diesem Sinne sozialisiert worden ist. Lisa steht einer Messung der sozialen Wirkung durch kulturgrenzenlos offen gegenüber. Auch sie bringt kein Unbehagen oder Wiederstand bezüglich (quantitativen) Indikatoren zum Ausdruck. Dies spiegelt sich ebenfalls in der Durchführung der Wirkungsmessung durch das gegründete Sozialunternehmen wieder, sodass Proposition 3a als bestätigt angesehen werden kann.

▶ **Proposition 3b:** Institutionen (Universitäten) haben einen persistenten Einfluss auf die Entscheidung, inwiefern soziale Wirkungsmessung in dem Sozialunternehmen durchgeführt wird.

Wie bereits im vorangehenden Kapitel beschrieben, hat Lisa in ihrem Curriculum einige wenige Fächer mit betriebswirtschaftlicher Ausrichtung belegt. Auch wenn keine der

Veranstaltungen explizit auf Management ausgerichtet war, wurde im Fach „Betriebliches Rechnungswesen" die Erfassung und Beurteilung quantitativer Messgrößen behandelt. Im Rahmen der Veranstaltung wurde deutlich, wie anhand von geeigneten Indikatoren Unternehmensvorgänge geplant, gesteuert und kontrolliert werden können. Zudem wurde im Fach „Social Entrepreneurship" in einer Einheit soziale Wirkungsmessung behandelt, in der nicht nur auf die Vorteile der Wirkungsmessung für Sozialunternehmen eingegangen wurde, sondern auch auf verschiedene formalisierte Messsysteme. In Lisas späterer Rolle als Tutorin für das Fach konnte sie ihr Wissen diesbezüglich noch vertiefen. Es ist wahrscheinlich, dass insbesondere die Lehrtätigkeit ihre Einstellung gegenüber Indikatorenbasierter Erfolgsmessung beeinflusst hat. Im Kurs „Changemakers and Social Entrepreneurs", in dessen Rahmen kulturgrenzenlos gegründet wurde, gab es theoretische Einführungen in die Formulierung von Projektzielen, Meilensteinen und Wirkungsmessungsindikatoren. Das Erlernte mussten die Teilnehmer direkt auf ihr Projekt anwenden und praktisch umsetzen.

Insgesamt hat Lisa also während ihres Studiums zwar nur wenige betriebswirtschaftliche Veranstaltungen besucht, sie ist aber durchaus mit (quantitativer) Messung von unternehmerischem Erfolg und insbesondere mit sozialer Wirkungsmessung in Berührung gekommen. Der Einfluss dieser Prägung kann als persistent angenommen werden, da die Aufnahme eines Studiums, die erstmalige Durchführung eines Tutoriums und die Gründungsphase eines Sozialunternehmens als Perioden des Übergangs interpretiert werden können. Wie Proposition 3b postuliert, geht dies mit dem Einsatz von sozialer Wirkungsmessung bei kulturgrenzenlos einher, sodass diese Proposition mindestens teilweise unterstützt werden kann.

6.6 Schlussfolgerungen und Ausblick

6.6.1 Zusammenfassung der wichtigsten Ergebnisse

Im Rahmen der vorliegenden Studie sollten die wissenschaftlich noch nicht ausreichend geklärten Antezedenzien der Gründungsentscheidung und der Ausgestaltung von Sozialunternehmen erforscht werden. Nach der Schaffung theoretischer Grundlagen wurde mit Hilfe der Prägungstheorie zunächst konzeptionell untersucht, ob die Biografie von Individuen einen Einfluss auf die soziale Gründungsentscheidung, den Kommerzialisierungsgrad und die Durchführung sozialer Wirkungsmessung hat. Die in diesem Zusammenhang aufgestellten Propositionen wurden daraufhin anhand einer Gründerin des Sozialunternehmens kulturgrenzenlos überprüft.

Dabei zeigte sich, dass, wie von Marquis und Tilcsik (2013) vorgeschlagen, andere Individuen und Institutionen eine Quelle für Prägung sein können. In dieser Fallstudie konnten die beiden Propositionen zur sozialen Gründungsentscheidung bestätigt werden. Andere Individuen (benachteiligte Gruppen, Eltern, Vorbilder) und Institutionen (Universitäten, soziale Einrichtungen) haben einen Einfluss auf die soziale Gründungsneigung.

Hinsichtlich der Integration kommerzieller Logik in das Sozialunternehmen zeigte die Untersuchung, dass andere Individuen (Eltern, Vorbilder) und Institutionen (kommerzielle Unternehmen, Universitäten) ebenfalls auf den Grad der kommerziellen Ausrichtung innerhalb des Sozialunternehmens einwirken. In Bezug auf die soziale Wirkungsmessung bestätigte sich, dass andere Individuen (Eltern, Vorbilder) das fokale Individuum persistent beeinflussen. Die Proposition, dass Institutionen (Universitäten) eine Prägungsquelle darstellen, konnte teilweise bestätigt werden.

6.6.2 Implikationen für die Forschung und Limitationen

Frühere Forschungsarbeiten untersuchen hauptsächlich mittels des Persönlichkeitseigenschaftsansatzes (Nga und Shamuganathan 2010) und der Theorie des geplanten Verhaltens (Forster und Grichnik 2013; Mair und Noboa 2006) die Entstehung von sozialem Gründungsverhalten. Die empirischen Befunde dieser Studie zeigen, dass Prägungstheorie ebenfalls ein fruchtbarer Ansatz für die Klärung der Antezedenzien von Sozialunternehmertum ist. Dies bestätigt Erkenntnisse aus der klassischen Entrepreneurship-Forschung, dass unternehmerisches Handeln eines Individuums u. a. durch die Familie, Ausbildung und Arbeitserfahrung geprägt ist (Mathias et al. 2015) und überträgt diese auf den Bereich Social Entreprenurship. Hinsichtlich der strategischen Ausgestaltung eines Sozialunternehmens wurden die Antezedenzien des Grades der kommerziellen Ausrichtung eines Sozialunternehmens bisher weitgehend nicht untersucht (Lee und Battilana 2013). Soziale Wirkungsmessung wird zumeist mittels Faktoren auf organisationaler Ebene (Maas und Grieco 2017) oder sektorenspezifischen Umständen, wie beispielsweise Finanzierungsbedingungen (Ebrahim und Rangan 2014; Ógáin et al. 2012), erklärt. Nur wenige Forscher haben die Theorie der Prägung auf die strategische Ausgestaltung eines Sozialunternehmens angewendet. Eine Ausnahme bilden Lee und Battilana (2013), die die Arbeitserfahrung der Gründer, die Arbeitserfahrung der Eltern der Gründer sowie die Ausbildung der Gründer als Prägungsquellen bezüglich der strategischen Ausgestaltung für den Sozialunternehmer identifizieren. Die vorliegende Studie erweitert dieses Wissen, indem sie weitere Prägungsquellen identifiziert und diese anhand des Mehrebenenmodells von Marquis und Tilcsik (2013) organisiert. Zusammenfassend zeigen die Ergebnisse dieser Studie, dass Prägungstheorie als Erklärungsansatz in der Social Entrepreneurship-Forschung genutzt werden kann und sollte.

Trotz dieses relevanten Forschungsbeitrages weist auch diese Studie Limitationen auf, welchen in Folgestudien Rechnung getragen werden muss. Die Einzelfallstudie ist, wie in Abschn. 6.4.1 beschrieben, für die untersuchte Fragestellung ein geeignetes Instrument, trotzdem birgt dieses Forschungsdesign auch Risiken. Als problematisch anzusehen ist besonders die verhältnismäßig geringe Generalisierbarkeit der Ergebnisse (Yin 2003). Die Überprüfung des konzeptionellen Modells anhand eines Einzelfalles birgt das Risiko, dass die Erkenntnisse nicht auf andere Fälle übertragbar sind, vor allem auf Grund abweichender

Rahmenbedingungen. Zukünftige Forschungsvorhaben sollten die Analysen dieser Studie unter veränderten Umweltbedingungen replizieren, um die Ergebnisse dieser Forschung abzusichern (Yin 2003). Ist ein ausreichend tiefes Verständnis der Zusammenhänge in ihrem Gesamtkontext erreicht, könnte ein quantitatives Forschungsdesign die Repräsentativität und Objektivität der Ergebnisse erhöhen.

Außerdem ist anzumerken, dass das Mehrebenenmodell von Marquis und Tilcsik (2013) in dieser Studie nicht in seiner Gesamtheit angewendet worden ist. Wie in Abschn. 6.2.3 beschrieben, werden im Rahmen der präsentierten Fragestellung lediglich Individuen als fokale Identität betrachtet. Gemäß Marquis und Tilcsik (2013) können jedoch auch Organisationsabteilungen, ganze Organisationen oder Organisationszusammenschlüsse die fokale Einheit im Sinne der Prägungstheorie darstellen. Als Prägungsquellen wurden von Marquis und Tilcsik (2013) Individuen, Institutionen sowie wirtschaftliche und technologische Rahmenbedingungen identifiziert. Die Rahmenbedingungen wurden in dieser Studie nicht thematisiert, nicht zuletzt aufgrund des Einzelfallstudiendesigns. Zukünftige Forschungsansätze sollten diese Limitation aufgreifen und eine ganzheitliche Anwendung des Mehrebenenmodells anstreben.

Eine weitere Schwäche der vorliegenden Studie liegt in der Fokussierung auf eine Gründerin aus einem vierköpfigen Team. Dadurch werden zum einen kollektive Dynamiken zwischen den Teammitgliedern vernachlässigt, welche gemäß Dufays und Huybrechts (2016) einen Einfluss auf die Bildung hybrider Organisationen haben. Zum anderen ist fraglich, ob die interviewte Gründerin, die auf ihre Prägung zurückgehenden Vorstellungen innerhalb des Teams durchsetzen kann oder aber die strategische Ausgestaltung von kulturgrenzlos auf den Vorstellungen der anderen Gründerinnen basiert, deren Prägungen unbekannt bleiben (siehe auch Lee und Battilana 2013). Als besonders kritisch ist in diesem Zusammenhang auch das Ergebnis von Hahn et al. (2017) zu betrachten, dass die Anzahl der Gründungsmitglieder mit gleicher Prägung für die Persistenz der Prägung relevant ist. Folgestudien sollten deshalb stärker auf die Zusammensetzung und die Dynamiken innerhalb des Gründerteams eingehen.

Neben den bereits im Rahmen dieser Limitationen vorgeschlagenen Ansatzpunkten für zukünftige Forschung ergeben sich auch aus den Befunden der Studie Implikationen für die Forschung. Es wurde festgestellt, dass ein betriebswirtschaftliches Studium zumindest teilweise einen positiven Einfluss auf den Kommerzialisierungsgrad und die Ausgestaltung der sozialen Wirkungsmessung hat. Wissenschaftler sollten untersuchen, welche konkreten Aspekte des Studiums von Bedeutung sind und ob die Dauer des Studiums relevant ist. Dies würde eine Integration von betriebswirtschaftlichen Inhalten in fachfremde Studiengänge begründen, welche besonders vor dem Hintergrund sinnvoll erscheint, dass unter Absolventen der Humanwissenschaften oder sozialen Arbeit eine erhöhte soziale Gründungsneigung nachgewiesen werden konnte (dos Santos et al. 2011; Prabhu 1999). Auch die Quantifizierung einer kritischen Menge an Erfahrungen in sozialen Institutionen erscheint in Hinblick auf die vorgeschlagenen politischen Implikationen hilfreich (vgl. Lee und Battilana 2013).

6.6.3 Implikationen für die Praxis

Wie in Abschn. 6.6.1 zusammengefasst wurde, zeigen die Befunde der Fallstudie, dass Prägung eine relevante Rolle für die soziale Gründungsentscheidung und die strategische Ausgestaltung des Sozialunternehmens spielt. Dies bietet einen wichtigen Ansatzpunkt für die Politik zur Förderung der Praxis und damit einer nachhaltigen Entwicklung. Die Studie bietet neue Erkenntnisse für die Gestaltung von Lehrplänen in Bildungseinrichtungen. Zum einen kann die Relevanz von Erfahrungen in sozialen Einrichtungen für die soziale Gründungsentscheidung aufgegriffen werden, zum anderen die Erkenntnis, dass Arbeitserfahrung in kommerziellen Unternehmen einen positiven Einfluss auf die Kommerzialisierung von Sozialunternehmen hat. Es wäre beispielsweise vorstellbar, Schüler im Rahmen des Lehrplans verschiedenen institutionellen Umgebungen auszusetzen, möglicherweise durch zwei Pflichtpraktika, eines in einer gemeinnützigen Organisation und eines in einem kommerziellen Unternehmen.

Außerdem wurde gezeigt, dass eine betriebswirtschaftliche Hochschulausbildung zumindest teilweise einen positiven Einfluss auf den Kommerzialisierungsgrad und Wirkungsmessungspraktiken hat. Vor dem Hintergrund, dass besonders ein Abschluss in Humanwissenschaften oder sozialer Arbeit zu einer erhöhten Gründungsneigung führt (dos Santos et al. 2011; Prabhu 1999), sollten besonders in diesen Studiengängen betriebswirtschaftliche Inhalte integriert werden. Dies bestätigt die Schlussfolgerung von Teixeira und Forte (2009), dass Politikmaßnahmen zur Unterstützung unternehmerischer Tätigkeiten Studierende aus betriebswirtschaftlichen und nicht-betriebswirtschaftlichen Studiengänge fokussieren sollten. Unternehmerische Bildung sollte nicht ausschließlich in wirtschaftswissenschaftlichen Fakultäten stattfinden (Teixeira und Forte 2009).

Des Weiteren können Fördereinrichtungen für Sozialunternehmer von den Ergebnissen dieser Studie profitieren. Unterberg et al. (2015) weisen darauf hin, dass sich viele Sozialunternehmen in Deutschland verhältnismäßig lange in der Konsolidierungsphase befinden und sich durch Spenden und Stiftungsförderungen finanzieren anstelle auf die beständigeren Finanzierungsquellen Markteinkommen und Investorengelder zurückzugreifen. Die vorliegende Studie hat gezeigt, dass die Biografie der Gründer einen erheblichen Einfluss auf die Entscheidung zur Durchführung kommerzieller Aktivitäten im Sozialunternehmen hat. Fördereinrichtungen sollten demnach die Lebensläufe der Gründer genau analysieren, um bei der Gestaltung ihres Beratungsangebots die individuellen Prägungen der Sozialunternehmer zu berücksichtigen. Sie könnten beispielsweise bei einigen Individuen einen größeren Fokus auf die Vorstellung von Kommerzialisierungsstrategien legen.

Fragen
1. Stellen Sie sich vor, Sie seien Gründungsberater für Sozialunternehmen. kulturgrenzenlos beauftragt Sie, ein Wirkungsmessungssystem für das Tandemprojekt aufzustellen.
    a. Ordnen Sie die in Abschn. 6.4.2.3 beschriebenen, von kulturgrenzenlos erhobenen Indikatoren zur Wirkungsmessung in die Impact Value Chain von Clark et al. (2004) ein.

b. Vervollständigen Sie die unter Aufgabe 1.a erstellte Impact Value Chain mit sinnvollen Indikatoren. Treffen Sie gegebenenfalls begründete Annahmen.
c. Welches formalisierte Messsystem würden Sie auf Grundlage der Kategorisierung von Maas und Liket (2011) bzw. Grieco et al. (2015) für kulturgrenzenlos empfehlen? Begründen Sie Ihre Antwort.
2. kulturgrenzenlos integriert zurzeit nur sehr schwach kommerzielle Logik. Welche Maßnahmen zur Einkommensgenerierung sind vorstellbar ohne die soziale Wirkung des Vereins zu gefährden?
3. Die Existenz von Sozialunternehmen mit kommerzieller Ausrichtung und aussagekräftigem Wirkungsmesssystem ist gesamtgesellschaftlich wünschenswert. Welche konkreten politischen Maßnahmen und Interventionen würden Sie auf Grundlage der Ergebnisse dieser Fallstudie durchführen, um den gesellschaftlichen Nutzen zu maximieren?
4. Diskutieren Sie, ob die Propositionen 1a–3b auch auf nicht-akademische Gründer zutreffen und diskutieren Sie potenzielle Unterschiede.

Literatur

Achleitner, A.-K., Heinecke, A., Noble, A., Schöning, M., & Spiess-Knafl, W. (2011). Unlocking the mystery. An introduction to social investment. *Innovations: Technology, Governance, Globalization, 6*(3), 145–154.

Alter, K. (2007). Social enterprise typology. *Virtue Ventures LLC, 12*, 1–124.

Anderson, B. B., & Dees, J. G. (2006). Rhetoric, reality, and research: Building a solid foundation for the practice of social entrepreneurship. In A. Nicholls (Hrsg.), *Social entrepreneurship. New models of sustainable social change* (S. 144–168). Oxford: Oxford University Press.

Andrews, J., & Higson, H. (2008). Graduate employability, ‚soft skills' versus ‚hard' business knowledge. A European study. *Higher Education in Europe, 33*(4), 411–422.

Arvidson, M., & Lyon, F. (2014). Social impact measurement and non-profit organisations. Compliance, resistance, and promotion. *VOLUNTAS: International Journal of Voluntary and Nonprofit Organizations, 25*(4), 869–886.

Aumüller, J., & Bretl, C. (2008). *Die kommunale Integration von Flüchtlingen in Deutschland* (Berliner Institut für Vergleichende Sozialforschung, Hrsg), Berlin.

Austin, J., Stevenson, H., & Wei-Skillern, J. (2006). Social and commercial entrepreneurship. Same, different, or both? *Entrepreneurship Theory and Practice, 30*(1), 1–22.

Azoulay, P., Liu, C. C., & Stuart, T. E. (2017). Social influence given (partially) deliberate matching. Career imprints in the creation of academic entrepreneurs. *American Journal of Sociology, 122*(4), 1223–1271.

Bacq, S., & Janssen, F. (2011). The multiple faces of social entrepreneurship. A review of definitional issues based on geographical and thematic criteria. *Entrepreneurship and Regional Development, 23*(5–6), 373–403.

BAMF. (2018). Aktuelle Zahlen zu Asyl. Ausgabe Juni 2018 (Bundesamt für Migration und Flüchtlinge). http://www.bamf.de/SharedDocs/Anlagen/DE/Downloads/Infothek/Statistik/Asyl/aktuelle-zahlen-zu-asyl-juni-2018.pdf?__blob=publicationFile. Zugegriffen am 25.06.2018.

Barendsen, L., & Gardner, H. (2004). Is the social entrepreneur a new type of leader? *Leader to Leader, 2004*(34), 43–50.

Barraket, J., & Yousefpour, N. (2013). Evaluation and social impact measurement amongst small to medium social enterprises. Process, purpose and value. *Australian Journal of Public Administration, 72*(4), 447–458.

Battilana, J., & Lee, M. (2014). Advancing research on hybrid organizing – Insights from the study of social enterprises. *The Academy of Management Annals, 8*(1), 397–441.

Battilana, J., Lee, M., Walker, J., & Dorsey, C. (2012). In search of the hybrid ideal. *Stanford Social Innovation Review, 10*(3), 50–55.

Battilana, J., Sengul, M., Pache, A.-C., & Model, J. (2015). Harnessing productive tensions in hybrid organizations. The case of work integration social enterprises. *Academy of Management Journal, 58*(6), 1658–1685.

Bauer, T. N., Bodner, T., Erdogan, B., Truxillo, D. M., & Tucker, J. S. (2007). Newcomer adjustment during organizational socialization. A meta-analytic review of antecedents, outcomes, and methods. *Journal of Applied Psychology, 92*(3), 707–721.

Berger, P. L., & Luckmann, T. (1991). *The social construction of reality. A treatise in the sociology of knowledge*. London: Penguin Books.

Bertelsmann Stiftung. (Hrsg.). (2010). *Corporate Citizenship planen und messen mit der iooi-Methode. Ein Leitfaden für das gesellschaftliche Engagement von Unternehmen* (1. Aufl). Gütersloh: Bertelsmann Stiftung.

Bonfadelli, H., Bucher, P., Hanetseder, C., Hermann, T., Ideli, M., & Moser, H. (2008). *Jugend, Medien und Migration. Empirische Ergebnisse und Perspektiven*. Wiesbaden: Springer.

Bornstein, D. (2007). *How to change the world. Social entrepreneurs and the power of new ideas*. Oxford: Oxford University Press.

Brugmann, J., & Prahalad, C. K. (2007). Cocreating business's new social compact. *Harvard Business Review, 85*(2), 80–90.

Bull, M. (2007). „Balance". The development of a social enterprise business performance analysis tool. *Social Enterprise Journal, 3*(1), 49–66.

Carroll, G. R., & Hannan, M. T. (2004). *The demography of corporations and industries*. Princeton: Princeton University Press.

Chandra, Y., & Shang, L. (2017). Unpacking the biographical antecedents of the emergence of social enterprises. A narrative perspective. *VOLUNTAS: International Journal of Voluntary and Nonprofit Organizations, 28*(6), 2498–2529.

Chao, G. T., O'Leary-Kelly, A. M., Wolf, S., Klein, H. J., & Gardner, P. D. (1994). Organizational socialization: Its content and consequences. *Journal of Applied Psychology, 79*(5), 730–743.

Chell, E. (2007). Social enterprise and entrepreneurship. Towards a convergent theory of the entrepreneurial process. *International Small Business Journal, 25*(1), 5–26.

Choi, N., & Majumdar, S. (2014). Social entrepreneurship as an essentially contested concept. Opening a new avenue for systematic future research. *Journal of Business Venturing, 29*(3), 363–376.

Clark, C., Rosenzweig, W., Long, D., & Olsen, S. (2004). Double bottom line project report. Assessing social impact in double bottom line ventures, The Rockefeller Foundation. https://centers.fuqua.duke.edu/case/wp-content/uploads/sites/7/2015/02/Report_Clark_DoubleBottomLine-ProjectReport_2004.pdf. Zugegriffen am 17.02.2018.

Clifford, A., & Dixon, S. E. A. (2006). Green-works: A model for combining social and ecological entrepreneurship. In J. Mair, J. Robinson & K. Hockerts (Hrsg.), *Social entrepreneurship* (S. 214–234). Basingstoke: Palgrave Macmillan.

Dacin, P. A., Dacin, M. T., & Matear, M. (2010). Social entrepreneurship. Why we don't need a new theory and how we move forward from here. *The Academy of Management Perspectives, 24*(3), 37–57.

Dart, R. (2004). The legitimacy of social enterprise. *Nonprofit Management & Leadership, 14*(4), 411–424.

Dees, J. G. (1998). Enterprising nonprofits. *Harvard Business Review, 76*, 54–69.
Dees, J. G. (2003). Social entrepreneurship is about innovation and impact, not income (Social edge). https://centers.fuqua.duke.edu/case/wp-content/uploads/sites/7/2015/02/Article_Dees_SEisAboutInnovationandImpactNotIncome_2003.pdf. Zugegriffen am 17. 08.2018.
Dees, J. G., & Anderson, B. B. (2003). For-profit social ventures. In M. L. Kourilsky, W. B. Walstad & A. E. Osborne (Hrsg.), *Social entrepreneurship*. Dublin: Senate Hall Academic Publishing.
Dickinson, J., & Emler, N. (1992). Developing conceptions of work. In J. F. Hartley & G. M. Stephenson (Hrsg.), *Employment relations: The psychology of influence and control at work* (S. 19–44). Cambridge, MA: Blackwell.
Drayton, W. (2002). The citizen sector. Becoming as entrepreneurial and competitive as business. *California Management Review, 44*(3), 120–132.
Drucker, P. F. (1989). What business can learn from nonprofits. *Harvard Business Review, 67*(4), 88–93.
Dufays, F., & Huybrechts, B. (2016). Where do hybrids come from? Entrepreneurial team heterogeneity as an avenue for the emergence of hybrid organizations. *International Small Business Journal, 34*(6), 777–796.
Ebrahim, A., & Rangan, V. K. (2014). What impact? A framework for measuring the scale and scope of social performance. *California Management Review, 56*(3), 118–141.
Ebrahim, A., Battilana, J., & Mair, J. (2014). The governance of social enterprises. Mission drift and accountability challenges in hybrid organizations. *Research in Organizational Behavior, 34*, 81–100.
Eisenhardt, K. M. (1989). Building theories from case study research. *Academy of Management Review, 14*(4), 532–550.
Emerson, J. (2003). The blended value proposition. Integrating social and financial returns. *California Management Review, 45*(4), 35–51.
Emerson, J., Wachowicz, J., & Chun, S. (2000). Social return on investment. Exploring aspects of value creation in the nonprofit sector. In REDF (Hrsg.), *REDF box set 2: Social purpose enterprises and venture philanthropy in the New Millennium* (S. 130–173). San Francisco: Roberts Foundation.
Evans, N. J., Forney, D. S., Guido, F. M., Patton, L. D., & Renn, K. A. (2009). *Student development in college. Theory, research, and practice*. Hoboken: Wiley.
Flyvbjerg, B. (2006). Five misunderstandings about case-study research. *Qualitative Inquiry, 12*(2), 219–245.
Forster, F., & Grichnik, D. (2013). Social entrepreneurial intention formation of corporate volunteers. *Journal of Social Entrepreneurship, 4*(2), 153–181.
Gibbon, J., & Dey, C. (2011). Developments in social impact measurement in the third sector. Scaling up or dumbing down? *Social and Environmental Accountability Journal, 31*(1), 63–72.
Grey, C. (2002). What are business schools for? On silence and voice in management education. *Journal of Management Education, 26*(5), 496–511.
Grieco, C., Michelini, L., & Iasevoli, G. (2015). Measuring value creation in social enterprises. A cluster analysis of social impact assessment models. *Nonprofit and Voluntary Sector Quarterly, 44*(6), 1173–1193.
Hadad, S., & Gauca, O. D. (2014). Social impact measurement in social entrepreneurial organizations. *Management & Marketing, 9*(2), 119–136.
Hahn, D., Minola, T., & Eddleston, K. A. (2017). How do scientists contribute to the performance of innovative start-ups? An imprinting perspective on open innovation. *Journal of Management Studies*, 1–34. (Special Issue: Theories from the Lab: How Research in Science Commercialization Can Contribute to Management Studies).
Hall, J. K., Daneke, G. A., & Lenox, M. J. (2010). Sustainable development and entrepreneurship. Past contributions and future directions. *Journal of Business Venturing, 25*(5), 439–448.

Harris, L. C., & Ogbonna, E. (1999). The strategic legacy of company founders. *Long Range Planning, 32*(3), 333–343.

Hart, S. L. (2005). *Capitalism at the crossroads. The unlimited business opportunities in solving the world's most difficult problems.* Upper Saddle River: Wharton School Publishing.

Higgins, M. C. (2005). *Career imprints. Creating leaders across an industry.* San Francisco: Wiley.

Hockerts, K. (2006). Entrepreneurial opportunity in social purpose business ventures. In J. Mair, J. Robinson & K. Hockerts (Hrsg.), *Social entrepreneurship*. Basingstoke: Palgrave Macmillan.

Hockerts, K. (2017). Determinants of social entrepreneurial intentions. *Entrepreneurship Theory and Practice, 41*(1), 105–130.

Hockerts, K., & Wüstenhagen, R. (2010). Greening Goliaths versus emerging Davids – Theorizing about the role of incumbents and new entrants in sustainable entrepreneurship. *Journal of Business Venturing, 25*(5), 481–492.

Hoogendoorn, B. (2016). The prevalence and determinants of social entrepreneurship at the macro level. *Journal of Small Business Management, 54*, 278–296.

Immelmann, K. (1975). Ecological significance of imprinting and early learning. *Annual Review of Ecology and Systematics, 6*(1), 15–37.

Janoski, T., & Wilson, J. (1995). Pathways to voluntarism. Family socialization and status transmission models. *Social Forces, 74*(1), 271–292.

Jaskiewicz, P., Combs, J. G., & Rau, S. B. (2015). Entrepreneurial legacy. Toward a theory of how some family firms nurture transgenerational entrepreneurship. *Journal of Business Venturing, 30*(1), 29–49.

Jones, S. R., & Abes, E. S. (2004). Enduring influences of service-learning on college students' identity development. *Journal of College Student Development, 45*(2), 149–166.

Keller, B. K., & Whiston, S. C. (2008). The role of parental influences on young adolescents' career development. *Journal of Career Assessment, 16*(2), 198–217.

Kish-Gephart, J. J., & Campbell, J. T. (2015). You don't forget your roots. The influence of CEO social class background on strategic risk taking. *Academy of Management Journal, 58*(6), 1614–1636.

Kohn, M. L., Slomczynski, K. M., & Schoenbach, C. (1986). Social stratification and the transmission of values in the family. A cross-national assessment. *Sociological Forum, 1*(1), 73–102.

Krueger, N. F., & Carsrud, A. L. (1993). Entrepreneurial intentions. Applying the theory of planned behaviour. *Entrepreneurship and Regional Development, 5*(4), 315–330.

Lämsä, A.-M., Vehkaperä, M., Puttonen, T., & Pesonen, H.-L. (2008). Effect of business education on women and men students' attitudes on corporate responsibility in society. *Journal of Business Ethics, 82*(1), 45–58.

Lantermann, E.-D. (2018). Bollwerk Zivilgesellschaft? Der Drang zum Extremen und Fanatismus in diesen unsicheren Zeiten. *Organisationsberatung, Supervision, Coaching, 25*(2), 239–248.

Lee, M., & Battilana, J. (2013). *How the zebra got its stripes. Imprinting of individuals and hybrid social ventures.* Harvard Business School Organizational Behavior: Unit Working Paper (14-005).

Lehner, O. M., & Kansikas, J. (2013). Pre-paradigmatic status of social entrepreneurship research. A systematic literature review. *Journal of Social Entrepreneurship, 4*(2), 198–219.

London, M., & Morfopoulos, R. G. (2009). *Social entrepreneurship: How to start successful corporate social responsibility and community-based initiatives for advocacy and change.* London: Routledge.

Lorenz, K. (1937). On the formation of the concept of instinct. *Natural Science, 25*(19), 289–300.

Loughlin, C., & Barling, J. (2001). Young workers' work values, attitudes, and behaviours. *Journal of Occupational and Organizational Psychology, 74*(4), 543–558.

Maas, K., & Grieco, C. (2017). Distinguishing game changers from boastful charlatans. Which social enterprises measure their impact? *Journal of Social Entrepreneurship, 8*(1), 110–128.

Maas, K., & Liket, K. (2011). Social impact measurement. Classification of methods. In R. L. Burritt, S. Schaltegger, M. Bennett, T. Pohjola & M. Csutora (Hrsg.), *Environmental management accounting and supply chain management* (S. 171–202). The Netherlands: Springer.

MacLellan, C., & Dobson, J. (1997). Women, Ethics, and MBAs. *Journal of Business Ethics, 16*(11), 1201–1209.

Mair, J., & Marti, I. (2006). Social entrepreneurship research. A source of explanation, prediction, and delight. *Journal of World Business, 41*(1), 36–44.

Mair, J., & Noboa, E. (2006). Social entrepreneurship: How intentions to create a social venture get formed. In J. Mair, J. Robinson & K. Hockerts (Hrsg.), *Social entrepreneurship*. Basingstoke: Palgrave Macmillan.

Marquis, C., & Tilcsik, A. (2013). Imprinting. Toward a multilevel theory. *Academy of Management Annals, 7*(1), 195–245.

Mathias, B. D., Williams, D. W., & Smith, A. R. (2015). Entrepreneurial inception. The role of imprinting in entrepreneurial action. *Journal of Business Venturing, 30*(1), 11–28.

McEvily, B., Jaffee, J., & Tortoriello, M. (2012). Not all bridging ties are equal. Network imprinting and firm growth in the Nashville legal industry, 1933–1978. *Organization Science, 23*(2), 547–563.

Moss, T. W., Lumpkin, G. T., & Short, J. (2008). The dependent variables of social entrepreneurship research. *Frontiers of Entrepreneurship Research, 28*(21), 709–720.

Mustillo, S., Wilson, J., & Lynch, S. M. (2004). Legacy volunteering. A test of two theories of intergenerational transmission. *Journal of Marriage and Family, 66*(2), 530–541.

Nga, J. K. H., & Shamuganathan, G. (2010). The influence of personality traits and demographic factors on social entrepreneurship start up intentions. *Journal of Business Ethics, 95*(2), 259–282.

Nicholls, A. (2006). Introduction. In A. Nicholls (Hrsg.), *Social entrepreneurship. New models of sustainable social change* (S. 1–37). Oxford: Oxford University Press.

Nicholls, J. (2007). *Why measuring and communicating social value can help social enterprise become more competitive*. London: Cabinet Office, Office of the Third Sector.

Nicholls, A. (2009). ‚We do good things, don't we?': ‚Blended Value Accounting' in social entrepreneurship. *Accounting, Organizations and Society, 34*(6–7), 755–769.

o. V. (2018a). kulturgrenzenlos e.V. Kulturgrenzenlos e.V., & Alte Mu Impuls-Werk e.V. http://kulturgrenzenlos.de/. Zugegriffen am 15.08.2018.

o. V. (2018b). kulturgrenzenlos – Integration durch Freundschaft. Startnext Crowdfunding GmbH. https://www.startnext.com/kulturgrenzenlos. Zugegriffen am 15.08.2018.

o. V. (2018c). Menschen stärken Menschen, Bundesministerium für Familie, Senioren, Frauen und Jugend. BMFSFJ. https://www.bmfsfj.de/bmfsfj/themen/engagement-und-gesellschaft/fluechtlingspolitik-und-integration/menschen-staerken-menschen. Zugegriffen am 15.08.2018.

o. V. (2018d). IDEENWETTBEWERB. School of Sustainability der Christian-Albrechts-Universität zu Kiel. http://www.yooweedoo.org/ideenwettbewerb. Zugegriffen am 15.08.2018.

Ógáin, E. N., Lumley, T., & Pritchard, D. (2012). *Making an impact: Impact measurement among charities and social enterprises in the UK*. London: New Philanthropy Capital.

Opaschowski, H. W. (2003). Gründungsneigung und gründungsbezogene Einflussfaktoren in Deutschland. In C. Steinle & K. Schumann (Hrsg.), *Gründung von Technologieunternehmen: Merkmale – Erfolge – empirische Ergebnisse* (S. 323–336). Wiesbaden: Gabler.

Pache, A.-C., & Santos, F. (2013). Inside the hybrid organization. Selective coupling as a response to competing institutional logics. *Academy of Management Journal, 56*(4), 972–1001.

Parkinson, C., & Howorth, C. (2008). The language of social entrepreneurs. *Entrepreneurship and Regional Development, 20*(3), 285–309.

Patzelt, H., & Shepherd, D. A. (2011). Recognizing opportunities for sustainable development. *Entrepreneurship Theory and Practice, 35*(4), 631–652.

Peredo, A. M., & McLean, M. (2006). Social entrepreneurship. A critical review of the concept. *Journal of World Business, 41*(1), 56–65.

Prabhu, G. N. (1999). Social entrepreneurial leadership. *Career Development International, 4*(3), 140–145.

Sadiq Sohail, M., & Shaikh, N. M. (2004). Quest for excellence in business education. A study of student impressions of service quality. *International Journal of Educational Management, 18*(1), 58–65.

Saks, A. M., & Gruman, J. A. (2018). Socialization resources theory and newcomers' work engagement. A new pathway to newcomer socialization. *Career Development International, 23*(1), 12–32.

dos Santos, D. G., Mendonça, J., & Amaral, M. (2011). Social vs. for profit entrepreneurship-quantitative analysis of demography and human capital. In International Council for Small Business (ICSB) (Hrsg.), *ICSB world conference proceedings* (S. 1–25).

Schicke, H. (2014). Beruflicher Übergang im Kontext reflexiv individualisierter Beruflichkeit. In H. von Felden, O. Schäffter & H. Schicke (Hrsg.), *Denken in Übergängen: Weiterbildung in transitorischen Lebenslagen* (S. 85–109). Wiesbaden: Springer.

Schleef, D. J. (2006). *Managing elites: Professional socialization in law and business schools*. Lanham: Rowman & Littlefield.

Seawright, J., & Gerring, J. (2008). Case selection techniques in case study research. A menu of qualitative and quantitative options. *Political Research Quarterly, 61*(2), 294–308.

Shaw, E., & Carter, S. (2007). Social entrepreneurship. Theoretical antecedents and empirical analysis of entrepreneurial processes and outcomes. *Journal of Small Business and Enterprise Development, 14*(3), 418–434.

Shim, S., Barber, B. L., Card, N. A., Xiao, J. J., & Serido, J. (2010). Financial socialization of first-year college students. The roles of parents, work, and education. *Journal of Youth and Adolescence, 39*(12), 1457–1470.

Shumate, M., Atouba, Y., Cooper, K. R., & Pilny, A. (2014). Two paths diverged. Examining the antecedents to social entrepreneurship. *Management Communication Quarterly, 28*(3), 404–421.

Siqueira, A. C. O., Guenster, N., Vanacker, T., & Crucke, S. (2018). A longitudinal comparison of capital structure between young for-profit social and commercial enterprises. *Journal of Business Venturing, 33*(2), 225–240.

Skoll, J. (2006). Preface. In A. Nicholls (Hrsg.), *Social entrepreneurship. New models of sustainable social change* (S. v–vi). Oxford: Oxford University Press.

Sørensen, J. B. (2007). Closure and exposure. Mechanisms in the intergenerational transmission of self-employment. In M. Ruef & M. Lounsbury (Hrsg.), *The sociology of entrepreneurship* (S. 83–124). Amsterdam: Emerald Group Publishing Limited.

Spalding, D. A. (1954). Instinct. With original observations on young animals. *The British Journal of Animal Behaviour, 2*(1), 2–11. Original: Spalding, D. A. (1873). Instinct. With original observations on young animals. *Macmillan's Magazine, 27*, 282–293.

Speckbacher, G. (2003). The economics of performance management in nonprofit organizations. *Nonprofit Management & Leadership, 13*(3), 267–281.

Spiess-Knafl, W., Schües, R., Richter, S., Scheuerle, T., & Schmitz, B. (2013). Eine Vermessung der Landschaft deutscher Sozialunternehmen. In S. A. Jansen, R. Heinze & M. Beckmann (Hrsg.), *Sozialunternehmen in Deutschland. Analysen, Trends und Handlungsempfehlungen* (S. 21–34). Wiesbaden: Springer.

Stinchcombe, A. L. (1965). Social structure and organizations. In J. G. March (Hrsg.), *Handbook of organizations* (S. 142–193). Chicago: Rand McNally.

Teixeira, A. A.C., & Forte, R. P. (2009). *Unbounding entrepreneurial intents of university students: A multidisciplinary perspective*. FEP Working Papers 322, Universidade do Porto, Faculdade de Economia do Porto.

Tomann, J., Fütterer, T., & Brouër, B. (2017). Interkulturelles Lernen im Tandem – Eine Mixed-Methods-Studie zur Entwicklung interkultureller Kompetenzen im Tandemprojekt „kulturgrenzenlos e.V.". *Talente – Zeitschrift für Bildung und Berufsorientierung, 29*(14), 44–63.

Tracey, P., & Jarvis, O. (2007). Toward a theory of social venture franchising. *Entrepreneurship Theory and Practice, 31*(5), 667–685.

Trank, C. Q., & Rynes, S. L. (2003). Who moved our cheese? Reclaiming professionalism in business education. *Academy of Management Learning & Education, 2*(2), 189–205.

UN.(Hrsg.). (2015). Resolution adopted by the General Assembly on 25 September 2015. A/RES/70/1. http://www.un.org/ga/search/view_doc.asp?symbol=A/RES/70/1&Lang=E. Zugegriffen am 03.08.2018.

Unterberg, M., Richter, D., Jahnke, T., Spiess-Knafl, W., Sänger, R., & Förster, N. (2015). Herausforderungen bei der Gründung und Skalierung von Sozialunternehmen. Welche Rahmenbedingungen benötigen Social Entrepreneurs? In evers & jung, iq consult, ism & Zeppelin Universität (Hrsg.), *Endbericht für das Bundesministerium für Wirtschaft und Energie (BMWi)*.

WCED. (1987). *Report of the world commission on environment and development: Our common future*. Oxford: Oxford University Press.

Weerawardena, J., & Mort, G. S. (2006). Investigating social entrepreneurship. A multidimensional model. *Journal of World Business, 41*(1), 21–35.

Wheeler, D., McKague, K., Thomson, J., Davies, R., Medalye, J., & Prada, M. (2005). Creating sustainable local enterprise networks. *MIT Sloan Management Review, 47*(1), 33–40.

Wright, L. K., Bitner, M. J., & Zeithaml, V. A. (1994). Paradigm shifts in business education. Using active learning to deliver services marketing content. *Journal of Marketing Education, 16*(3), 5–19.

Yin, R. K. (1981). The case study crisis. Some answers. *Administrative Science Quarterly, 26*(1), 58–65.

Yin, R. K. (2003). *Case study research: Design and methods* (Applied social research methods series, Bd. 5). Thousand Oaks: Sage.

Yitshaki, R., & Kropp, F. (2016). Motivations and opportunity recognition of social entrepreneurs. *Journal of Small Business Management, 54*(2), 546–565.

Young, D. R. (2013). *If not for profit, for what?* (1983 Print Edition). Lexington: Lexington Books.

Yunus, M., Moingeon, B., & Lehmann-Ortega, L. (2010). Building social business models. Lessons from the Grameen experience. *Long Range Planning, 43*(2–3), 308–325.

My Boo Bambusfahrräder – Unikate aus Ghana und Kiel

7

Rahel Graeber

Inhaltsverzeichnis

7.1	Einleitung	200
7.2	Vorstellung des Start-Ups	201
	7.2.1 Unternehmenskonzept und Gründungsteam	201
	7.2.2 Produktion der Bambusfahrräder	202
	7.2.3 Der Gründungsprozess und Kooperationen	203
7.3	Prägung der Gründer	206
	7.3.1 Vorstellung des Gründers Maximilian Schay	206
	7.3.2 Vorstellung des Gründers Jonas Stolzke	207
Literatur		208

Zusammenfassung

Umweltfreundliche Fahrräder aus Bambus gehören zu den neuen Trends in der Zweiradbranche. Das Start-up my Boo aus Kiel vertreibt seit 2014 hochwertige Fahrräder, deren Rahmen in Zusammenarbeit mit einer in Ghana ansässigen Hilfsorganisation aus dem schnell nachwachsenden Rohstoff Bambus hergestellt werden. Diesen ökologischen Nutzen kombiniert die my Boo GmbH mit sozialem Engagement, denn die Rahmenherstellung schafft Arbeitsplätze in Ghana und Teile der Erlöse finanzieren Schul-

---

Sofern nicht anderweitig gekennzeichnet, stammen die Informationen in dieser Fallstudie aus Interviews mit den Gründern Jonas Stolzke und Maximilian Schay in Q2/2016 (Bartels 2016), sowie Q2/2018 durch die Autorin dieser Fallstudie.

R. Graeber (✉)
Institut für Betriebswirtschaftslehre, Christian-Albrechts-Universität zu Kiel, Kiel, Deutschland
E-Mail: rgraeber@bwl.uni-kiel.de

© Springer Fachmedien Wiesbaden GmbH, ein Teil von Springer Nature 2019
P. Dickel et al. (Hrsg.), *Fallstudien zu akademischen Ausgründungen*,
https://doi.org/10.1007/978-3-658-25700-2_7

stipendien für Schülerinnen und Schüler vor Ort. Die Fallstudie zeigt das Konzept und die Entstehungsgeschichte von my Boo auf, insbesondere werden hierbei die prägenden Faktoren thematisiert die zu der Gründung von my Boo geführt haben.

7.1 Einleitung

Es ist unumstritten, dass Fahrradfahren eine der gesellschaftlich wünschenswertesten Fortbewegungsmöglichkeiten ist. So konstatiert das Umweltbundesamt (o. V. 2016) Fahrradfahren sei förderungswürdig, denn es ist nicht nur umweltfreundlich und klimaschonend, sondern auch schnell, gesund, günstig und angesagt. Die Frage, wie Fahrräder produziert werden stellen sich dabei die wenigsten Fahrradfahrer. Diesem Aspekt haben sich Jonas Stolzke und Maximilian Schay von dem Start-up my Boo angenommen. Sie entdeckten, dass das Material und die Produktion wesentliche Elemente sind, um einen nachhaltigen gesellschaftlichen Beitrag durch Fahrradfahren leisten zu können, der über die emissionslose Fortbewegung hinausgeht.

Klassischerweise werden Fahrradrahmen aus Aluminium, Eisen, Titan und deren Legierungen hergestellt. Seit einiger Zeit kommt auch Kohlefaser zum Einsatz (Penava et al. 2016). Diese Materialien zeichnen sich durch einen hohen Energieaufwand bei Abbau oder Produktion und ein begrenztes Vorkommen aus (McCamy 2015). Zudem kann die Nutzung dieser Materialien mit schädlichen Effekten für Mensch und Natur verbunden sein, wie z. B. einem hohen Wasserverbrauch und der Belastung des Grundwassers mit Chemikalien (o. V. 2018a). Weiterhin wird der Großteil der genannten Rohstoffe in Entwicklungsländern mit niedrigem Lohnniveau und schwachen Arbeitsschutzvorgaben gewonnen. Dadurch entstehen Gesundheitsrisiken, ebenso kommt es häufig zu Unfällen (Hermanus 2007; Barabasz et al. 2002). Bambus hingegen stellt eine nachhaltige Alternative als Produktionsrohstoff für Fahrradrahmen dar. Dieses Gras wächst schnell, bis ca. 30 cm pro Tag, ist anspruchslos und in den meisten Regionen der Welt heimisch (Vogtländer et al. 2010).

Das erste Patent auf ein Fahrrad mit Bambusrahmen wurde bereits 1898 von Franz Grundner und Otto Lemisch angemeldet (GB189802861 (A)). Nachdem diese Fertigungsmöglichkeit fast in Vergessenheit geraten war, hat sich das Kieler Start-up my Boo zum Ziel gesetzt, Bambusfahrräder als ernsthafte Alternative zu konventionellen Fahrrädern zu etablieren. Dabei wollen sie zeigen, dass ein nachwachsender Rohstoff, soziales Engagement in Ghana, ein innovatives Produkt und gleichzeitig wirtschaftlicher Erfolg widerspruchslos kombiniert werden können. Neben den sozialen und ökologischen Aspekten bieten die Bambusfahrradhersteller ihren Kunden ein Produkt, welches ihre Individualität herausstellt, da jedes Fahrrad persönlich zusammengestellt werden kann und Bambusfahrräder in Europa selten im Straßenbild zu finden sind.

7.2 Vorstellung des Start-Ups

7.2.1 Unternehmenskonzept und Gründungsteam

Die my Boo GmbH kauft die Bambusfahrradrahmen vom Yonso Project ein, die in Ghana produziert, dann in Deutschland zu einem fertigen Fahrrad zusammengebaut und in Europa vertrieben werden. Das Ziel der Gründer ist der Aufbau eines profitablen Unternehmens, welches durch innovative und nachhaltige Produkte überzeugt, gleichzeitig aber mit dem Yonso Project in Ghana die Menschen in der dortigen Ashanti Region auf vielfältige Weise unterstützt und stärkt. Dabei kombiniert my Boo alle drei Komponenten der Nachhaltigkeit (Tremmel 2003). Erstens *soziales* Engagement in möglichst allen Schritten der Produktion. Zum einen in Ghana, wo inzwischen 35 feste Arbeitsplätze mit fairen Löhnen, Sozialversicherungen und guten Arbeitsbedingungen entstanden sind. Zum anderen in Deutschland, da das Start-Up bei der Produktion von Zubehörartikeln mit Institutionen für Menschen mit Behinderungen in Schleswig-Holstein zusammen arbeitet. Zweitens entsteht *ökologischer* Nutzen durch die Verwendung von Bambus, eines schnell nachwachsenden und ansonsten in Ghana ungenutzten Rohstoffes. Drittens erreicht my Boo auch *wirtschaftliche* Nachhaltigkeit durch die Schaffung von Mehrwerten für den Kunden und den Einsatz finanzieller Mittel, um langfristig als Unternehmen bestehen und das Yonso Project in Ghana unterstützen zu können.

Das Sortiment der my Boo GmbH erstreckt sich von City-/Trekkingrädern in Damen- und Herrenausfertigung über Urban- und Rennradmodelle bis hin zu E-Bikes. Alle Modelle sind in verschiedenen Rahmengrößen erhältlich und durch verschiedene Maßnahmen individuell zusammenstellbar. Je nach Ausstattung des Bambusrades bewegen sich die Preise zwischen 1500 € und 2500 €, wobei die Premiumversionen sowie das E-Bike für knapp 4000 € aus dieser Spanne herausfallen. Zusätzlich zu ihren Bambusfahrrädern bietet die my Boo GmbH Zubehörartikel für Fahrräder, wie beispielsweise Bambusschutzbleche, handgefertigte Hanfschlösser oder Fahrradwandhalterungen aus Holz, an (o. V. 2018b).

All diese Produkte können in dem eigenen Flagship Store in Kiel erworben werden. Doch der Kieler Bambusfahrradhersteller nutzt mehrere Vertriebswege und so werden die Bambusfahrräder auch über etablierte Fahrradhändler verkauft. Außerdem können sich die Kunden ihr Wunschfahrrad online konfigurieren und erwerben. Das Produkt ist für viele Kunden erklärungsbedürftig, denn sie sorgen sich unter anderem um die Haltbarkeit der alternativen Rahmen. Diese Skepsis dem neuen Rohstoff gegenüber ist aber unbegründet, da die Rahmen vor dem Verkauf sorgfältig geprüft werden und bis heute noch kein verkaufter Bambusrahmen kaputt gegangen ist. Um möglichen Zweifeln zu begegnen, gibt es das Angebot, ein Bambusfahrrad unverbindlich Probe zu fahren. Für diese Probefahrten stehen den Fahrradhändlern bis zu drei Vorführräder zur Verfügung. Die my Boo Bambusfahrräder können bei über 100 Händlern in Deutschland, Österreich, Schweiz, Dänemark, Schweden, Italien, Luxemburg, und den Niederlanden gefunden werden. Die Fahrradhändler beraten zusätzlich individuell über entsprechendes Zubehör.

Darüber hinaus können die Bambusfahrräder auf vielen Messen und Veranstaltungen begutachtet und getestet werden. Dies ist der wichtigste Kanal für die Gründer, um die Bekanntheit ihres Produktes zu erhöhen. Wenn sie auf Fahrradmessen ausstellen, erreichen sie das Publikum mit einer besonderen Affinität zu Fahrrädern, während sie auf Veranstaltungen wie der Kieler Woche oder dem Hamburger Hafengeburtstag auch die breite Masse für ihre Fahrräder und ihr Projekt begeistern können. Zusätzlich dazu wenden sie viel Zeit für Presse- und Öffentlichkeitsarbeit auf, wodurch sie inzwischen in mehreren Fernsehbeiträgen erschienen sind und in vielen überregionalen und regionalen Zeitungen vorgestellt wurden.

Das Ziel der Gründer ist es, durch den Verkauf ihrer Produkte einen gesellschaftlichen Mehrwert schaffen zu können. Daher wurde anfangs regelmäßig Geld an das Yonso Project gespendet und mit jedem verkauften Bambusfahrrad ein Schulstipendium finanziert. So konnten bereits 300 Schulstipendien angeboten und zahlreiche Bibliotheken ausgestattet werden. Allerdings muss die Höhe der Stipendien auf das Alter und die Bedürfnisse der entsprechenden Schülerinnen und Schüler angepasst werden. Deshalb hat my Boo einen eigens aufgesetzten Fonds eingerichtet, in den die Gewinne der GmbH fließen und aus dem regelmäßig Geldmittel ausgeschüttet werden. Dadurch wird ihre Unterstützung flexibler und kann genau dort eingesetzt werden, wo Hilfe notwendig ist (o. V. 2018c).

Zum deutschen Team von my Boo gehören inzwischen 19 Mitarbeiter. Gegründet wurde die GmbH von Maximilian Schay und Jonas Stolzke, die ebenfalls die Geschäftsführer der my Boo GmbH sind. Maximilian ist hauptverantwortlich für den Vertrieb und den Kontakt zu den Einzelhändlern in ganz Europa, während Jonas das Marketing übernimmt. Außerdem ist er in die technische Weiterentwicklung der Bambusfahrräder integriert. Kurz nach der Gründung, im Jahr 2013, stieg Felix Habke ins Team ein, um im Vertrieb und der Pressearbeit zu unterstützen. Insbesondere übernimmt er Aufgaben, bei denen es um die Repräsentation des Start-Ups auf Messen und Veranstaltungen geht. Des Weiteren gehören zur my Boo GmbH noch zwei klassische Fahrradläden in Brunsbüttel und Kiel, die als Starthilfe für das junge Unternehmen im Kerngeschäft genutzt werden.

Seit der Gründung hat die my Boo GmbH circa 1000 Bambusfahrräder verkauft. Davon setzten die Kieler etwa 300 Stück im Jahr 2017 mit einem Nettoumsatz von ungefähr 1,2 Millionen Euro ab.

7.2.2 Produktion der Bambusfahrräder

Das wichtigste Material für die my Boo Fahrräder ist Bambus, welcher zu den am schnellsten nachwachsenden Pflanzen der Welt gehört (Isagi et al. 1993). Die von my Boo verwendete Bambusart wächst bis zu 30 cm pro Tag und absorbiert während ihres Wachstums mehr CO_2 als andere Baumarten. Aufgrund der günstigen klimatischen Bedingungen in Ghana muss der verwendete Bambus mit keinerlei künstlichen Mitteln wie Pestiziden behandelt werden. Das Besondere an Bambusrohren ist, dass sie durch ihre typischen, robusten Außenwände äußerst stabil sind und deswegen eine sehr hohe Zugfestigkeit und Belastbarkeit besitzen. Durch das Kammersystem im Inneren der Bambusstangen, sind diese gleichzeitig leicht und flexibel, sodass sie Erschütterungen abdämpfen können (o. V. 2018d). Dadurch steigert ein Fahrradrahmen aus Bambus den Fahrkomfort.

Der Bambus für die Rahmen wird in Yonso, Ghana, geschlagen, wo er nach dem Schlagen für mehrere Monate zum Trocknen gelagert wird bevor die Produktion der Rahmen beginnen kann. Durch diesen Trocknungsprozess werden die Bambusstangen fest und widerstandsfähig. Die schönsten Bambusstangen werden ausgewählt, behandelt, zugeschnitten und mit Hilfe von Harz, Metall und Hanfseilen zu einem Fahrradrahmen zusammengebaut. Anschließend werden die Rahmen lackiert. Der Produktionsprozess nimmt etwa 80 Arbeitsstunden in Anspruch, denn jeder Rahmen wird einzeln in Handarbeit gefertigt. Während der Produktion gibt es ständige Qualitätskontrollen und vor dem Export nach Deutschland erfolgt eine sorgfältige Endabnahme. Durch das Engagement der my Boo GmbH ist in Yonso inzwischen die größte Werkstatt für Bambusrahmen in Afrika entstanden.

Die Montage findet schließlich in Deutschland statt, denn um die Fahrräder zusammen zu bauen betreibt die my Boo GmbH eine hauseigene Fahrradwerkstatt. Für die Komponenten werden qualitativ hochwertige Teile von großen Herstellern wie zum Beispiel Schwalbe oder Shimano verwendet.

7.2.3 Der Gründungsprozess und Kooperationen

Die Gründer der heutigen my Boo GmbH, Maximilian Schay und Jonas Stolzke, lernten sich während der Wohnungssuche zu Beginn ihres BWL-Studiums an der Christian-Albrechts-Universität Kiel kennen. Die beiden waren sich direkt sympathisch und entdeckten ihr gemeinsames Interesse an Gründungsvorhaben. Die Idee für my Boo entstand im Sommer 2012, als ein Freund den Gründern von Bambusfahrrädern aus Ghana berichtete. Dieser Freund absolvierte zu diesem Zeitpunkt ein Freiwilliges Soziales Jahr in Ghana und fotografierte in Kumasi, der zweitgrößten Stadt Ghanas, ein Fahrrad mit einem Rahmen aus Bambus. Die Gründer waren sofort angetan von diesen Fahrrädern und fingen an nach etablierten Anbietern von Bambusfahrrädern und allgemeinen Trends auf dem Fahrradmarkt zu recherchieren. Mit Hilfe dieser Marktrecherche wollten sie herausfinden, ob ein solches Produkt überhaupt nachgefragt wird und wirtschaftlich rentabel sein kann. Obwohl es schon erste Hersteller gab, war das Produkt in Europa kaum verbreitet und die Gründer beschlossen, dass sie das ändern wollen. Im Rahmen ihrer Recherchen kontaktierten sie weltweit Experten aus der Bambusfahrradbranche, beispielsweise sprachen sie mit einem Professor der Columbia Universität in New York, der sich im „Bamboo Bike Project" in Ghana engagiert hatte. Außerdem kamen sie mit einem Schweizer in Kontakt, der in Shanghai Bambusfahrräder baute. In diesen Gesprächen wurde ihnen ihr heutiger Projektpartner, das Yonso Project, empfohlen. Durch ihre ausgiebige Marktanalyse lernten die Gründer die Bambusfahrradszene weltweit kennen und konnten sich einen Überblick darüber verschaffen, welche Produzenten in diesem Feld aktiv sind, wer sich engagiert und wie groß die Konkurrenz in Deutschland und Europa ist.

Am 1. Dezember 2012 gründeten Maximilian Schay und Jonas Stolzke dann die my Boo GbR. Der Name my Boo ist zum einen aus der Endsilbe des englischen Wortes für Bambus hergeleitet und zum anderen von einer amerikanischen Redewendung inspiriert, nach der „my Boo" im deutschen „mein Liebling" bedeutet. Dementsprechend wollen die Gründer für ihre Kunden nicht irgendein Standardfahrrad bauen, sondern ein individuelles Fahrrad für jeden Kunden kreieren, einen echten Liebling. Bevor es soweit war, musste aber zunächst das Produkt Bambusfahrrad entwickelt und die entsprechende Produktion aufgebaut werden. Hierbei waren die Ausstattung einer Werkstatt in Ghana mit allen nötigen Vorrichtungen und Werkzeugen zum Bau des Fahrradrahmens, sowie der Aufbau eines strategischen Partnernetzwerkes von großer Bedeutung.

Im April 2013 reisten die Gründer das erste Mal nach Ghana, um ihren heutigen Kooperationspartner, das Yonso Project, zu besuchen. Dieses wurde 2005 von Kwabena Danso mit dem Ziel gegründet, den Menschen in der Region fair bezahlte Arbeitsplätze zu bieten und Schulstipendien, Schulrenovierungen, Büchereien und Mikrokredite für junge Frauen zu finanzieren. Kwabena Danso hatte selbst eine schwierige Kindheit und Probleme den eigenen Schulbesuch zu finanzieren. Trotz aller Hindernisse beendete er die Schule und studierte Psychologie an der Universität in Kumasi. Um sein Wissen an seine Heimatregion weitergeben zu können, gründete er das Yonso Project. Kwabena möchte damit den Kreislauf von Arbeitslosigkeit und Armut in seinem Heimatdorf durchbrechen und allen Kindern der Region eine vernünftige Schulbildung ermöglichen. Das Yonso Project hat bereits Erfahrung im Umgang mit dem Rohstoff Bambus und erste Fertigkeiten im Bau von Bambusfahrradrahmen sammeln können. Im Jahr 2009 wurde in Zusammenarbeit mit einem kalifornischen Professor eine Produktionsstätte gegründet, in der Bambusfahrradrahmen in Handarbeit und geringer Stückzahl gefertigt und anschließend in die USA exportiert wurden. Finanziert wurde das Projekt über Spendengelder. Nachdem sie den Initiator und sein Projekt kennenlernen durften stand für Maximilian und Jonas fest, dass sie mit dem Yonso Project als Partner Bambusfahrräder bauen und vertreiben möchten. Allerdings entsprach die Qualität der Fahrräder noch nicht den europäischen Standards, weswegen sie zusammen mit Ingenieuren und Fahrradexperten einen systematischen und detaillierten Produktionsprozess entwickelten, der eine praktikable Herstellung und gleichbleibend hohe Qualität gewährleisten konnte.

Mit ihrem Konzept konnten die Gründer dann auch mehrere Gründerpreise gewinnen. So zum Beispiel im Frühjahr 2013, als sie Preisträger des yooweedoo Ideenwettbewerbs wurden. Yooweedoo bietet Hilfestellung für Kieler Studierende bei der Umsetzung von ökologisch und sozial nachhaltigen Gründungen. Dafür lehrt das Programm, wie gesellschaftliche Herausforderungen mit unternehmerischen Ansätzen gelöst werden können. Außerdem wird jährlich ein Ideenwettbewerb veranstaltet, durch den innovative Projekte gefördert und mit Startkapital unterstützt werden. Der gewonnene Ideenwettbewerb war zum einen mit einer finanziellen und zum anderen mit einer immateriellen Unterstützung des Gründungsprojektes verbunden (o. V. 2018e). Mit

Hilfe dieses Preisgeldes konnte my Boo das Yonso Project finanziell dabei unterstützen ein neues, größeres Werkstattgebäude für die Rahmenfertigung zu bauen und 10 Mitarbeiter auszubilden. Die ersten fertigen Rahmen wurden nach Deutschland exportiert und von dem Rendsburger Unternehmen Finisher Sport, einem Partner von my Boo, zu einem Bambusfahrrad zusammengebaut.

Vor der Marktreife wurde von einer externen Stelle in Deutschland die Qualität und Sicherheit geprüft und die Fahrräder wurden für den Verkauf zugelassen. Gleichzeitig arbeiteten die Gründer in Deutschland an dem offiziellen Verkaufsstart. Hierbei erfuhren sie durch opencampus.sh wichtige Unterstützung. Es handelt sich dabei um einen unabhängigen, regionalen Bildungscluster, der durch Lehrangebote und einen Co-Working Space die Start-ups aus der Region Kiel unterstützt und vernetzt (o. V. 2018f). Durch die Hilfe von opencampus.sh konnten die angehenden Bambusfahrradhersteller offene Fragen zu Unternehmensgründungen klären und ihr erstes eigenes Büro in deren Co-Working Space einrichten.

Von hier aus planten sie verschiedene Fahrradmodelle, wählten Zulieferer aus und legten Vertriebswege fest. Am 01.12.2013 wurde aus der GbR die my Boo GmbH gegründet und im April 2014 wurde der offizielle Verkaufsstart der ersten Bambusfahrräder gefeiert. Später im selben Jahr, nämlich am 01. Dezember 2014 eröffnete die my Boo GmbH ihre erste eigene Fahrradwerkstatt. Im Zuge dessen hat my Boo auch die eigene Endfertigung gestartet und die Zusammenarbeit mit Finisher Sport beendet.

In Ghana konnte zur gleichen Zeit ein neues Produktionsgebäude eröffnet werden, in dem bis zu 15 Mitarbeiter Bambusrahmen bauen können und darüber hinaus drei Büros für die operativen Tätigkeiten des Yonso Projects zur Verfügung stehen.

Der nächste Schritt folgte am 9. Februar 2015, als der my Boo Flagship Store Kiel, der erste Bambusfahrradladen Deutschlands, eröffnet wurde. Im Jahr 2017 hat das Gründungsteam einen weiteren wichtigen Meilenstein in Angriff genommen, indem sie begannen, gemeinsam mit ihrem Partner in Ghana, die Yonso Project Model School aufzubauen. Dort soll Kindern in ländlichen Gegenden und ärmlichen Verhältnissen der Zugang zu Bildung ermöglicht werden. Für Kwabena Danso und die Gründer von my Boo bedeutet Bildung nicht nur Fachwissen zu vermitteln, sondern auch kritisches Denken, selbstständiges Arbeiten und Entscheidungsfreiheit zu fördern. Ihre Vision ist es, durch Bildung langfristige und nachhaltige Verbesserungen für Ghana erreichen zu können. Der Bau dieser Schule wird von my Boo mit finanziert und weiterhin werden Schulstipendien durch die Bambusrahmenproduktion ermöglicht (o. V. 2018c).

Neben dem Yonso Project arbeitet my Boo mittlerweile auch mit UNICEF Ghana zusammen und unterstützte in diesem Rahmen das „Bike to School Program". Dabei wurden 150 Bambusfahrräder an Kinder aus ländlichen Regionen in Ghana verteilt, wodurch deren Schulweg erheblich erleichtert wurde, denn auf dem Land haben Kinder oft Probleme die Schule zu erreichen. Der leichtere Schulweg schafft durch einen verbesserten Zugang zu Bildung neue Zukunftsperspektiven für diese Kinder (o. V. 2018c).

7.3 Prägung der Gründer

7.3.1 Vorstellung des Gründers Maximilian Schay

Maximilian, 1990 in Heide geboren, war während seiner Kindheit Mitglied in einem Sportverein und nutzte schon früh jede Möglichkeit um selbst aktiv mitzugestalten. So war er beispielsweise zweieinhalb Jahre Schülersprecher an seinem Gymnasium und hat in dieser Zeit drei kreisweite Bildungsstreiks mit etwa 1000 beteiligten Schülern organisiert. Außerdem wurde er von der Schule für eine 14-tägige Schülerakademie während der Sommerferien vorgeschlagen. Hier kam er das erste Mal mit dem Thema Social Entrepreneurship in Berührung. Während seiner Schulzeit engagierte er sich zudem in einem JUNIOR-Projekt, in dem Schülerinnen und Schülern das Thema Gründung näher gebracht wird, indem sie eine eigene Schülerfirma gründen (o. V. 2018g).

Schon als Jugendlicher hegte er den Wunsch später Betriebswirtschaftslehre zu studieren und gründete mit einem eigenen Ebay Shop sein erstes Unternehmen. Anfangs verkaufte er Fußballposter aus der BRAVO Sport weiter, womit er ca. 200 € im Monat verdiente, später fokussierte er sich auf den Verkauf von gebrauchten PC-Spielen und brachte es damit auf etwa 50.000 € Jahresumsatz. Diesen Ebay Shop betrieb er bis zum Abitur. In seinen Eltern hatte Maximilian große Befürworter seiner Selbstständigkeit. Einerseits unterstützten sie ihn finanziell, andererseits durch ihr eigenes wirtschaftliches Interesse und Wissen, das sie mit ihm teilten. Sein Vater ist Geschäftsführer einer Firma, sodass zu Hause häufig geschäftliche und wirtschaftliche Themen zur Diskussion kamen. Neben den wirtschaftlichen kamen aber auch die politischen Diskussionen nicht zu kurz, woraus sich sein Engagement bei den Jungsozialisten in der SPD entwickelte.

Maximilian übernahm schon früh auch soziale Verantwortung, indem er sich während der Schulzeit bei „Schüler helfen Leben" engagierte, einer Stiftung, die in Südosteuropa, Jordanien und Syrien Projekte in den Bereichen Bildung, Engagementförderung, soziale Inklusion benachteiligter Gruppen, sowie Friedens- und Versöhnungsarbeit unterstützt (o. V. 2018h). Zwischen Schule und Studium machte er ein Freiwilliges Soziales Jahr in einer Behindertenwerkstatt und auch seine Eltern engagieren sich im sozialen Bereich. Seine Mutter arbeitet für das Jugendamt und ist sehr engagiert, während sein Vater im Stiftungsrat einer Behinderteneinrichtung tätig ist.

Im Jahr 2011 begann Maximilian mit dem BWL Studium an der Christian-Albrechts-Universität Kiel und lernte Jonas, seinen heutigen Geschäftspartner, kennen. Im dritten Semester ihres Studiums gründeten die beiden my Boo und stießen durch aktive Suche nach Büroräumen und Unterstützung im Gründungsprozess auf opencampus.sh.

Im Kern beschreibt Maximilian seine Beweggründe für den Gang in die Selbstständigkeit so, dass er den Reiz verspüre, etwas Eigenes aufbauen zu wollen – am besten ein tolles Produkt auf den Markt zu bringen. Ebenso spielte der Wunsch, in einem internationalen Kontext zu arbeiten eine wichtige Rolle, wodurch die Tätigkeiten in Ghana besonders wertvoll für ihn sind. Nichtsdestotrotz war ihm klar, dass er langfristig ein liquides Unternehmen aufbauen und sich selbst und seine Mitarbeiter aus eigenen erwirtschafteten

Mitteln finanzieren möchte. Ein essenzieller Einfluss auf die Gründungsentscheidung war außerdem, dass er Jonas, seinen späteren Mitgründer, kennenlernte. Diesen beschreibt er als einen Menschen, der ihn weiterbringt, weil er andere Talente und eine völlig andere Persönlichkeit besitzt, mit dem er sich aber gut vorstellen konnte langfristig eng zusammenzuarbeiten. Maximilian ist der Überzeugung, dass Jonas in vielen Bereichen eine optimale Ergänzung ist, da er Fähigkeiten in Bereichen besitzt, die nicht zu seiner eigenen Kernkompetenz zählen. Vor diesem Hintergrund können durch die unterschiedlichen Begabungen die unterschiedlichen Bereiche der my Boo GmbH abgedeckt werden.

7.3.2 Vorstellung des Gründers Jonas Stolzke

Jonas Stolzke ist 1992 in Hannover geboren, wo er acht Jahre lang mit seiner Zwillingsschwester und seinen Eltern lebte, bis sie von der Stadt auf das Land umzogen. Während seiner Kindheit und bis zum Abitur spielte er Tennis und empfand dies als persönlichkeitsbildend, da er lernte Verantwortung zu übernehmen und ein bestimmtes Ziel ambitioniert anzustreben. Nach seinem Abitur 2011 zog er nach Kiel, um seinem Interesse an wirtschaftlichen Themen folgend, ein BWL Studium zu beginnen. Die Wahl des Studienortes ergab sich durch seine Vorliebe zum Beachvolleyball spielen. Während der ersten zwei Studienjahre war er in der studentischen Unternehmensberatung Uniconsult aktiv, womit er sozusagen in die Fußstapfen seines Vaters trat, der sich als Unternehmensberater selbstständig gemacht hatte. Mit ihm hatte er sich auch schon in jungen Jahren über wirtschaftliche Themen unterhalten.

Für Jonas war zum Start des Studiums noch nicht klar, dass er mal ein eigenes Unternehmen gründen möchte. Dies ergab sich laut eigener Aussage erst dadurch, dass er Maximilian kennenlernte. Sie verstanden sich gut, trauten sich gegenseitig eine Gründung zu und hatten die passende Idee. Jonas war fasziniert von der gemeinsamen Idee und offen für eine Gründung. Außerdem empfand er seinen Freundeskreis als gründungsfördernd, weil alle in außeruniversitären Gruppen oder Projekten engagiert waren. Des Weiteren erfuhr er von seinen Eltern Unterstützung, indem sie ihm ein Gefühl von Sicherheit vermittelten, wodurch seine Angst vorm Scheitern sank.

Jonas Stolzke interessierte sich schon seit vielen Jahren für Nachhaltigkeit und umweltfreundliche Produkte, während die Leidenschaft für soziales Unternehmertum sich erst mit der Zeit entwickelte. Genauso wie Maximilian faszinierte ihn die Verknüpfung der wirtschaftlichen Vermarktung eines Produktes mit einem sozialen Faktor. Besonders der Besuch in Ghana bestätigte ihn darin, ihre Idee in die Realität umzusetzen. Nachdem Jonas die Verantwortlichen in Ghana kennengelernt hatte, stand für ihn fest, dass das Projekt umgesetzt werden muss.

Im Nachhinein betrachtet sagt Jonas, dass der Gründungsprozess für ihn eine höchst lehrreiche und intensive Lebensphase war, da er Verantwortung übernehmen musste und alles selbst erledigte. Zusätzlich gefiel es ihm, theoretisches Wissen in der Praxis umzusetzen, dass er sich vorher im BWL Studium angeeignet hatte.

Fragen

1. Das soziale Umfeld und persönliche Erfahrungen können die Gründungsentscheidung prägen. Diskutieren Sie, inwiefern prägende Einflüsse bei den Gründern von my Boo existieren, die zu der Gründung eines nachhaltig orientierten Unternehmens geführt haben.
2. Erläutern Sie, inwiefern das schulische und universitäre Umfeld die Entscheidung zu gründen beeinflusst hat.
3. Welche Vorteile hat die Kooperation zwischen my Boo und dem Yonso Project für das Start-up? Benennen Sie eventuelle Probleme, die im Rahmen einer solchen Kooperation entstehen können und erläutern Sie, wie ein Start-up mit diesen Herausforderungen umgehen könnte.
4. Diskutieren Sie, wie my Boo seinen gesellschaftlichen Mehrwert (social impact) messen kann. Machen Sie konkrete Vorschläge für quantitative und qualitative Kennzahlen zur Bewertung des gesellschaftlichen Mehrwertes.

Literatur

Barabasz, W., Albinska, D., Jaskowska, M., & Lipiec, J. (2002). Ecotoxicology of aluminium. *Polish Journal of Environmental Studies, 11*(3), 199–204.

Bartels, M. (2016). Der Einfluss früher Prägungen auf den Werdegang und Erfolg sozialer Unternehmer – Eine qualitative Studie. Unveröffentlichte Masterarbeit, Christian-Albrechts-Universität zu Kiel.

Hermanus, M. A. (2007). Occupational health and safety in mining-status, new developments, and concerns. *Journal of the Southern African Institute of Mining and Metallurgy, 107*(8), 531–538.

Isagi, Y., Kawahara, T., & Kamo, K. (1993). Biomass and net production in a bamboo Phyllostachys bambusoides stand. *Ecological Research, 8*(2), 123–133.

McCamy, L. (2015). How green is your bike? Momentum magazine. https://momentummag.com/how-green-is-your-bicycle-manufacturing. Zugegriffen am 26.06.2018.

o. V. (2016). Umwelt Bundesamt: Radverkehr. http://www.umweltbundesamt.de/themen/verkehr-laerm/nachhaltige-mobilitaet/radverkehr#textpart-1. Zugegriffen am 01.08.2018.

o. V. (2018a). Verbraucherzentrale Nordrhein-Westfalen: Rohstoffabbau schadet Umwelt und Menschen. http://www.verbraucherzentrale.nrw/rohstoffabbau-schadet-umwelt-und-menschen. Zugegriffen am 01.08.2018.

o. V. (2018b). my Boo: Modelle. https://www.my-boo.de/modelle.html. Zugegriffen am 19.06.2018.

o. V. (2018c). my Boo: Unsere Projekte. https://www.my-boo.de/unsere-projekte.html. Zugegriffen am 19.06.2018.

o. V. (2018d). my Boo: Produktion. https://www.my-boo.de/produktion.html. Zugegriffen am 26.06.2018.

o. V. (2018e). yoweedoo: Das Projekt. http://www.yooweedoo.org/das-projekt. Zugegriffen am 19.06.2018.

o. V. (2018f). opencampus.sh: Über uns. https://opencampus.sh/ueber-uns/. Zugegriffen am 26.06.2018.

o. V. (2018g). JUNIOR Programme. https://www.junior-programme.de/de/junior-schuelererlebenwirtschaft/. Zugegriffen am 08.08.2018.

o. V. (2018h). Schüler helfen Leben. http://www.schueler-helfen-leben.de/de/home/stiftung.html. Zugegriffen am 20.06.2018.

Penava, F., Jakovljević, S., & Alar, Ž. (2016). Bamboo bicycle- past or future? *Interdisciplinary Description of Complex Systems, 14*(1), 70–79.

Tremmel, J. (2003). *Nachhaltigkeit als politische und analytische Kategorie: Der deutsche Diskurs um nachhaltige Entwicklung im Spiegel der Interessen der Akteure*. München: Ökom-Verlag.

Vogtländer, J., van der Lugt, P., & Brezet, H. (2010). The sustainability of bamboo products for local and Western European applications. LCAs and land-use. *Journal of Cleaner Production, 18*, 1260–1269. https://doi.org/10.1016/j.jclepro.2010.04.015.

Purefood – Lebensmittel für eine nachhaltige Zukunft

8

Barbara Schrader und Constantin Niemann

Inhaltsverzeichnis

8.1	Einleitung	212
8.2	Vorstellung des Startups	212
	8.2.1 Unternehmenskonzept	212
	8.2.2 Gründungsprozess und Gründungsteam	213
	8.2.3 Kooperation mit der Welthungerhilfe und Wirkungsmessung	217
	8.2.4 Auszeichnungen	218
8.3	Prägung des Gründers Felix Leonhardt	219
Literatur		222

Zusammenfassung

Die Purefood GmbH ist ein soziales Startup der Lebensmittelindustrie, das seine nachhaltigen Eissorten und andere Snacks unter dem Markennamen „Lycka" vertreibt. Gegründet wurde die noch junge Firma unter anderem von Felix Leonhardt, mit dem Ziel den Konsum in entwickelten Ländern dafür zu nutzen, den Hunger in ärmeren Ländern der Welt zu bekämpfen. Das Startup folgt dabei dem One-for-One-Prinzip, indem es für jedes verkaufte Produkt eine feste Summe an die Welthungerhilfe spendet. Hierdurch wird pro verkauftem Produkt eine Schulmahlzeit in Entwicklungsländern ermöglicht und

---

Sofern nicht anderweitig gekennzeichnet, stammen die Informationen in dieser Fallstudie aus Interviews mit dem Gründer Felix Leonhardt in Q2/2016 (Bartels 2016), sowie Q2/2018 durch die Autoren dieser Fallstudie.

B. Schrader (✉) · C. Niemann
Institut für Betriebswirtschaftslehre, Christian-Albrechts-Universität zu Kiel, Kiel, Deutschland
E-Mail: bschrader@bwl.uni-kiel.de; cniemann@bwl.uni-kiel.de

dadurch ein großer Anreiz für arme Familien geschaffen, ihre Kinder in die Schule zu schicken. Die Purefood GmbH versteht diese Art der Hilfe zur Selbsthilfe als integralen Bestandteil ihres sozialen Geschäftsmodells und hat gleichzeitig den Anspruch sich aus den eigenen Umsätzen zu finanzieren. Diese Fallstudie geht neben dem Unternehmenskonzept und wichtigen Kooperationen des Start-Ups insbesondere auf den Gründungsprozess und die prägenden Faktoren ein, die diesen Prozess unterstützt haben.

8.1 Einleitung

In Deutschland wurden im Jahr 2017 über 3,7 Milliarden Euro für Fertiggerichte ausgegeben, die kaum noch natürliche Zutaten und viele Zusatzstoffe enthalten (o. V. 2018a). Oftmals werden bei der Herstellung solcher Produkte die Herkunftsländern der notwendigen Rohstoffe und deren Arbeiter ausgebeutet (Walters 2005). Gleichzeitig hungern weltweit etwa 800 Millionen Menschen (o. V. 2018b).

Das Hamburger Startup Purefood GmbH glaubt daran, dass der Konsum von Lebensmitteln in entwickelten Ländern aus nachhaltigen Zutaten dafür genutzt werden kann, den Hunger auf der Welt zu reduzieren. Deswegen vertreiben sie unter dem Slogan „Bessere Lebensmittel für eine Welt ohne Hunger" beispielsweise bio-zertifizierte Eiscreme, sowie Frozen Joghurts, Vegan Froyos und Mini Power-Riegel aus rein natürlichen Zutaten. Die Marke unter der sie ihre Produkte anbieten heißt „Lycka", wie das schwedische Wort für „Glück". Sie wollen nicht nur ihren Kunden durch den Eisgenuss Glück schenken, sondern eben auch hungernden Menschen wie beispielsweise Schulkindern in Entwicklungsländern – aktuell in Burundi. Dafür kooperieren sie mit der Welthungerhilfe und unterstützen dort ein Schulernährungsprogramm. Mit einem verkauften Lycka-Becher oder einer Tüte Power-Riegel kann eine Schulmahlzeit finanziert werden. Das Ziel der Purefood GmbH besteht darin, möglichst viele Schulmahlzeiten zu finanzieren und den Eltern in den Ländern, in denen sie aktiv ist, somit einen Anreiz zu verschaffen, ihre Kinder weiterhin in die Schule zu schicken.

Seit der Gründung in 2012 bis zum Jahr 2017 ist das Startup des Gründers Felix Leonhardt, dessen Prägungshintergrund in dieser Fallstudie beleuchtet wird, auf ein Unternehmen angewachsen, das deutschlandweit sowie in Österreich seine Produkte vertreibt, 25 Mitarbeiter beschäftigt und über 930.000 Schulmahlzeiten für Kinder finanzieren konnte.

8.2 Vorstellung des Startups

8.2.1 Unternehmenskonzept

Die Purefood GmbH hat es sich zur Aufgabe gemacht faire, leckere Bioprodukte zu verkaufen und soziale Verantwortung zu übernehmen. Mit ihrer Flagship Marke „Lycka" was auf Schwedisch „Glück" bedeutet, wollen sie genau das tun. „Mindfood statt mindless" ist die Mission: 100 % natürliche Produkte mit einer kurzen Zutatenliste, der gute Geschmack und das soziale Engagement stehen im Vordergrund. Laut Felix Leonhardt, einem der Gründer der Purefood GmbH, ist der Anspruch bei Lycka dabei gleichzeitig auf einen hervorragenden Geschmack und Nachhaltigkeit zu setzen. Im Vergleich zu Fairtrade-Produkten, möchte er darüber hinaus den Beitrag, den ein Kunde mit dem Kauf eines seiner Produkte leistet, noch transparenter machen. Konkret setzt die Purefood GmbH dies mit Hilfe eines festen Cent-Betrages um, der pro verkauftem Produkt an die Welthungerhilfe gespendet wird. Zurzeit wird mit diesen Spenden ein Schulernährungsprogramm in Burundi unterstützt. Dieser Ansatz gleicht also dem One-for-One Prinzip: Pro verkauftem Lycka Produkt, kann eine Schulmahlzeit finanziert werden.

Als Zielgruppe ihres Produkts beschreiben die Gründer von Lycka drei verschiedene Kundentypen. Erstens den jungen kreativen Mann, der ihr Produkt für das Design und den Geschmack wertschätzt. Zweitens die sozial engagierte Studentin, der das Produkt gut schmeckt und welche die soziale Mission unterstützen möchte. Und drittens die modebewusste 30 bis 45-jährige Mutter, die sowohl auf Design, als auch auf soziales Engagement Wert legt.

Das Sortiment von Purefood umfasst zurzeit bio-zertifizierte Eiscreme, sowie Frozen Joghurts, Vegan Froyos, Mini Power Riegel, Mini Snack Bites und Coldbrew Kaffee aus rein natürlichen Zutaten. All diese Produkte werden mit Hilfe von Lebensmittelketten wie Rewe und Budni mittlerweile deutschlandweit vertrieben. Das erste Produkt waren die Froyos. Allerdings merkte das Team schnell, dass sich die Umsätze der Purefood GmbH zu der Zeit ungleich über das Jahr verteilten, da Eis und somit eben auch Froyos Saisonware ist. Aufgrund dessen, gab es früh Überlegungen zur Erweiterung des Sortiments. Es entstanden weitere Bioprodukte mit natürlichen Zutaten, die sich in einer Preislage befinden, welche es ermöglicht, das Schulspeisungsprojekt zusätzlich zu unterstützen. Der Coldbrew Kaffee, die Mini Power Riegel und Mini Snack Bites waren dann eine sinnvolle Ergänzung des Sortiments, um konstante Umsätze über das Jahr hinweg zu generieren.

Nach wie vor werden die Rezepte und Geschmacksrichtungen der Produkte von Purefood selbst entwickelt. Für die Produktion und das Abfüllen wiederum sind Partner engagiert. Insgesamt gibt es ca. 10 Partner für die verschiedenen Produktkategorien. Bei der Auswahl dieser Partner wird besonders darauf geachtet, dass sie den Qualitätsstandard erfüllen können, den Purefood seinen Konsumenten verspricht. Bei der Verarbeitung der Produkte wird auf Farb-, Aroma- und Konservierungsstoffe verzichtet. Felix Leonhardt erklärt dies so: „was beispielsweise nach Erdbeere schmeckt, ist schlicht und einfach Erdbeere. Das ist gerade bei Eis leider keine Selbstverständlichkeit". Die Produkte von Lycka können zudem auch mit Nährwertangaben punkten, da sie beispielsweise weniger Fett und Kalorien haben, als vergleichbare Produkte. Als kleines Extra fügt Felix Leonhardt gerne hinzu, dass die Becher meist ein wenig voller sind als sie sollten, da die junge Firma noch per Hand abfüllen lässt.

8.2.2 Gründungsprozess und Gründungsteam

Die drei Gründer, Felix Leonhardt, Johannes Nass und Sven Perten, lernten sich während ihres Studiums an der Nordakademie in Elmshorn kennen. Schon zu Anfang ihres Studiums dachten sie über eine gemeinsame Unternehmensgründung nach, da das duale

Studium keinem von ihnen den Gestaltungsrahmen gab, den sie sich gewünscht hätten. Daher diskutierten sie schon früh über mögliche Gründungsvorhaben, hatten jedoch vor der eigentlichen Gründung noch Respekt.

Im Jahr 2011 machten die drei ein Auslandssemester an jeweils verschiedenen Hochschulen in Boston, Seattle und Madrid. Während dieser Zeit konnten sie wertvolle Erfahrungen sammeln, die sie bei Ihrem Wunsch selbst unternehmerisch tätig zu werden, bestärkt haben. So hat Felix Leonhardt beispielswiese am Massachusetts Institute of Technology (MIT) in Boston an Gründerkursen teilgenommen, die er als sehr inspirierend empfand. Das Ziel eines der Kurse war es, ein echtes Unternehmen innerhalb von vier Monaten zu gründen. So hatte er die Möglichkeit die ersten Schwierigkeiten, die beispielsweise im Rahmen einer Anmeldung eines Geschäftes entstehen, schon einmal kennenzulernen. Zurück in Deutschland, überlegten die drei Freunde dann mit welcher Idee sie ihr Unternehmen starten wollten. Ihre Entscheidung fiel auf Frozen Joghurt, da sie dieses Produkt alle im Ausland als trendige und gesündere Eisalternative kennengelernt haben. Zudem sahen sie dafür eine Marktlücke in Deutschland, weil es in Ihrer Heimat nicht so präsent angeboten wurde.

Um zu Anfang die passende Rezeptur zu finden, kontaktierten sie mehrere Eismanufakturen mit der Frage einen Frozen Joghurt herzustellen. Wichtig war ihnen, dass er möglichst viel Joghurt und Frucht, sowie einen geringen Anteil an natürlichen Süßungsmitteln enthält. Die Herstellerwahl fiel nach einiger Suche auf ein kleines Familienunternehmen in Wales, das mit einem eigenen Bauernhof angefangen hatte und inzwischen nur noch Joghurt und Eis produzierte. Also gründeten sie im September 2012, neben ihrem Studium, die Berryjoy GmbH und entwickelten die ersten Produkte.

Als nächstes gingen die Gründer die Vertriebsfrage an, um ihren Frozen Joghurt auch verkaufen zu können. Anfang 2013 starteten sie dann ein Shop-in-Shop-Modell mit einem kleinen Café in Elmshorn und Lübeck. Der Besitzer des Cafés war zu der Zeit der ideale Partner, da er von Anfang an hinter der Idee der Gründer gestanden hat. In seinen Cafés wurde der selbst gemachte Frozen Joghurt direkt aus einer Maschine hinter der Theke abgefüllt. Allerdings erkannten die drei Gründer schnell, dass die Umsetzung nicht vollumfänglich ihren Vorstellungen entsprach. Das Konzept schien nicht zu funktionieren, da sie zu viel Zeit in den reibungslosen Ablauf der Prozesse investieren mussten. Somit waren sie nach zwei Monaten am ersten Tiefpunkt ihrer Selbstständigkeit angelangt.

Ganz im Sinne des Limonaden-Prinzips nutzten die Gründer diese Schwierigkeiten, als Chance ihr Unternehmen zu redefinieren (Sarasvathy 2009). Sie stellten sich daher die Frage, was genau sie eigentlich antreibt und was sie mit ihrem Unternehmen bewirken wollen. Im Rahmen dieses Prozesses wurde schnell klar, dass sie von Anfang an mehr leisten wollten, als einfach nur Geld zu verdienen. Dabei waren besonders Sven und Felix die treibenden Kräfte für eine soziale Neuausrichtung ihres Unternehmens. Sie wollten einen sozialen Mehrwert schaffen. Vor allem das Thema Hunger in ärmeren Teilen der Welt im Gegensatz zu der extremen Konsumgesellschaft in den reicheren Ländern hat die Gründer zu der Zeit besonders beschäftigt. Sie hatten diesen Zwist während verschiedener Reisen immer wieder aufgezeigt bekommen. Daher haben sie fortan versucht beide

Aspekte in ihrem Unternehmenskonzept miteinander zu verbinden, um mit dem Wohlstand der sich in der Konsumgesellschaft manifestiert, positive Effekte für ärmere Teile der Welt zu bewirken.

In der konkreten Umsetzung bedeutete dies, dass sie in ihrer Heimat Deutschland eigene Produkte verkaufen wollten, die gleichzeitig für finanzielle Unterstützung in wirtschaftlich schwächeren Regionen der Welt sorgten. Hierbei folgten sie Vorbildern wie dem Hamburger Unternehmen Viva con Agua, welches Mineralwasser verkauft und von den Erlösen die Trinkwasserversorgung in armen Ländern verbessert (o. V. 2018c) oder auch dem sozialen Limonadenhersteller LemonAid, der mit jeder verkauften Flasche Projekte in den Anbaugebieten seiner Zutaten unterstützt (o. V. 2018d). Im Gegensatz zu Wasser und Limonade wollten sie allerdings einen anderen Trend, nämlich die stetig wachsende Nachfrage von Konsumenten nach natürlichen und fair gehandelten Produkten (Renard 2003) nutzen, den sie im Lebensmittelbereich erkannt hatten. Zu diesem Zeitpunkt war Frozen Joghurt das Produkt, mit dem sie an den Start gingen. Allerdings setzten sie mit dieser Vision den Grundstein für alle Erweiterungen des Sortiments, die noch folgen sollten.

Um sich auf die Produktion und den Verkauf von Frozen Joghurt konzentrieren zu können, schauten sie sich nach einem Kooperationspartner um, mit dessen Hilfe sie den sozialen Aspekt ihres Gründungsvorhabens umsetzen konnten. Den Gründern um Felix Leonhardt war dementsprechend wichtig, dass das Thema Ernährung auch das Kernziel ihres Partners ist. So kam es zur Zusammenarbeit mit der Welthungerhilfe, mit der sie gemeinsam das Motto „Jeder Becher hilft" ins Leben riefen und damit starteten, dass jeder verkaufte Becher eine kostenfreie Mahlzeit für ein Schulkind ermöglicht.

Noch im selben Jahr also Ende 2013 unternahmen die Gründer einen weiteren wichtigen Schritt, der mit dafür sorgte, dass sie heute so erfolgreich sind. Ihnen war klar, dass nur gekauft wird, was gut schmeckt und gut aussieht. Nachdem sie ihre Zeit zuvor primär in den Geschmack und die natürlichen Inhaltsstoffe gesteckt haben, musste nun also noch ein passendes Design entwickelt werden. Sie schickten daher unzählige Anfragen an Designagenturen in ganz Europa, um für Ihre Idee zu werben und Designentwürfe zu erhalten. Mit diesem unkonventionellen Ansatz hatten sie dann auch Erfolg. Eine Designagentur in Stockholm entwickelte die minimalistischen aber wiedererkennbaren weißen Boxen, die an Verpackungen für asiatische To-Go-Gerichte erinnern und setzte den Namen „Lycka" – schwedisch für „Glück" – in großen und knalligen Buchstaben darauf.

Nachdem die Basis für die Neuausrichtung des sozialen Startups gelegt wurde, lernten die drei Hamburger Anfang 2014 Kaja Ringert und Stella Peters von der Schnuppkrom GmbH kennen. Bei dieser Firma handelte es sich ebenfalls um ein Frozen Joghurt Startup. Die beiden Gründerinnen dieses Wettbewerbers kannten sich schon seit der Schulzeit und haben, genauso wie die Männer von Berryjoy, Frozen Joghurt während ihres Auslandssemesters kennengelernt. Sie verband also ein ähnlicher Hintergrund. Die fünf Gründer tauschten sich über den Vertrieb und das Marketing in Supermärkten aus und kamen schnell zu der Erkenntnis, dass es sinnvoller wäre, sich zusammenschließen, als gegeneinander zu kämpfen. Vor allem im Hinblick auf den sonstigen Wettbewerb. Somit wurden im März 2014 die beiden Startups Berryjoy und Schnuppkrom zusammengelegt und die neue Purefood GmbH gegründet, die ihre Produkte weiterhin unter der Marke „Lycka" vertreibt. Zu Anfang arbeiteten nur Kaja Ringert, Johannes Nass und Felix Leonhardt Vollzeit für die neue Firma. Hierbei hat Kaja sich der Produktentwicklung gewidmet, Sven dem Marketing und Felix den Finanzen und dem Vertrieb. Die anderen zwei Gründer arbeiteten Teilzeit für Purefood und hatten noch einen weiteren Job.

Nach diesen grundlegenden Änderungen in der Vision und der Teamzusammensetzung stellten sich dann auch schnell große Erfolge für Purefood ein. Schon im Mai 2014 waren die ersten Lycka Produkte, die ab der Produktion ein Jahr haltbar sind, im Supermarkt erhältlich. Der Weg dahin war allerdings nicht leicht. Es wurden viele Verhandlungen mit den Lebensmitteleinzelhändlern geführt und das Konzept und das Produkt vorgestellt. In dieser Phase war laut der Gründer vor allem Hartnäckigkeit entscheidend, um letztendlich erfolgreich gelistet zu werden.

Im Laufe des Jahres 2015 wurde das Produktportfolio erstmals erweitert. Es gab zu der Zeit erstmals Eis von Lycka in den Sorten Erdbeere, Vanille, Mango und Zitrone in etwa 800 Supermärkten und damit deutschlandweit zu kaufen. Außerdem konnte das Unternehmen zu dem Zeitpunkt die ersten Mitarbeiter einstellen. Nichtsdestotrotz gab es in 2015 auch Rückschläge für das Startup, welche zu einer weiteren Umstrukturierung führten. Sie hatten drei Geschäftsbereiche definiert: Veranstaltungen, eigene Shops und Einzelhandel. Allerdings mussten sie feststellen, dass sie es als Startup nicht schafften, so viele Geschäftsfelder gleichzeitig zu skalieren. Sie entschieden sich daher dafür, vorerst den ausschließlichen Fokus auf den Lebensmitteleinzelhandel zu legen, obwohl dadurch natürlich Umsätze der anderen Geschäftsfelder wegfallen würden. Felix Leonhardt beschreibt diesen Schritt im Nachhinein als einen Schritt nach vorne, da er wichtig für das weitere Wachstum von Purefood war.

Auch das Jahr 2016 stand voll im Zeichen des Sortimentsausbaus. So erweiterte Purefood sein Sortiment zuerst mit drei veganen Frozen Joghurts in den Sorten Blaubeere, Himbeere und Schoko, die laktose-, gluten- und gentechnikfrei sind. Wie bei allen Lycka-Produkten kommt das hierfür genutzte Soja aus nachhaltigem Anbau. Durch den Schritt in den Markt der veganen Lebensmittel konnte Purefood neue Kundengruppen für sich gewinnen. Als nächstes, im Februar 2016 präsentierten die Hamburger ihre neuen Mini Power-Riegel, auf der BIOFACH in Nürnberg, einer weltweit führenden Fachmesse für Bioprodukte aller Art. Ab Oktober stellte Purefood dann auch dem Handel die Riegel genauer vor und verkaufte erste Chargen. Obwohl also auch dieses Geschäftsjahr mit erfolgreichen Meilensteinen durchzogen war, musste sich Purefood neuen Herausforderungen stellen. Sven und Kaja hatten sich dafür entschieden, das Startup aus persönlichen Gründen zu verlassen.

Nach einer weiteren Expansion in 2017, während derer der österreichische Markt erschlossen wurde, ist ihr Produkt nun auch dort in etwa 1000 Supermärkten von Billa und Merkur erhältlich. In Deutschland konnten ihre Produkte 2017 in etwa 2500 Supermärkten der Ketten Rewe, Edeka, Budni und der Bio Company gekauft werden. Das dafür notwendige Team besteht zu diesem Zeitpunkt aus 25 Mitarbeitern: 12 Festangestellte von denen jeder von Ihnen Anteile am Unternehmen besitzt, sowie 13 Praktikanten und Werksstudenten. Allerdings ist Felix Leonhardt mittlerweile der einzig verbliebene Gründer. Nichtsdestotrotz hat Purefood die Grundlage dafür gelegt, seine definierte Vision mit Leben zu füllen. So plant die junge Firma zurzeit weitere Produkte, die sie zu einer Produktpalette ergänzen wollen, von der Kunden wissen, dass sie sich selbst und anderen etwas Gutes tun.

8.2.3 Kooperation mit der Welthungerhilfe und Wirkungsmessung

Um dafür zu sorgen, dass die Spenden der Purefood GmbH auch bei der hungernden Bevölkerung in Entwicklungsländern ankommen, ist eine Kooperation mit der Welthungerhilfe ins Leben gerufen worden. Die Welthungerhilfe wurde 1962 gegründet und ist eine der größten privaten Hilfsorganisationen in Deutschland. Die Organisation ist politisch und konfessionell unabhängig und ermöglich hunderte Projekte in rund 40 Ländern mit nachhaltigen Lösungsansätzen, die das Problem Hunger auf der Welt lösen sollen (o. V. 2018e). Die Purefood GmbH entschied sich 2015 aus verschiedenen Gründen für die Kooperationen mit der Welthungerhilfe. Zum einen überzeugte sie die Einstellung der Welthungerhilfe, dass jeder Mensch das gleiche Recht auf ein selbstbestimmtes Leben hat, egal aus welchem Land er kommt. Zum anderen glauben auch sie fest an das Prinzip der Hilfe zur Selbsthilfe. Darüber hinaus verfügt die Welthungerhilfe über mehr als 50 Jahre Erfahrung und besitzt eine hohe Spendeneffizienz. Das Purefood als kleines Startup von Anfang an ernst genommen wurden, ist keine Selbstverständlichkeit und bestärkte die Gründer zusätzlich darin, die richtige Organisation gewählt zu haben. Durch die Welthungerhilfe ist es ihnen möglich geworden, ihrem individuellen Engagement nachzukommen.

Die Zusammenarbeit besteht konkret darin, dass im Schnitt neun Cent pro Eisbecher an die Welthungerhilfe gespendet werden; für jeden großen Becher 9 Cent, 11 Cent, 6 Cent und für jeden kleinen Becher 6 Cent. Das erste Projekt, das Purefood mit seinen Spenden unterstützte, war in Mali. Die Welthungerhilfe war mit Mitarbeitern vor Ort und finanzierte durch die Spendengelder den Aufbau und Unterhalt von Schulen. Dabei war ein wichtiger Bestandteil das Schulspeisungsprogramm an 66 Schulen, welches jedem Schüler eine kostenfreie Mahlzeit pro Tag ermöglichte. Ein verkauftes Produkt von Lycka bedeutet für die Schüler eine warme Schulmahlzeit (One-for-One-Prinzip). Die Entwicklung des Programms verlief so positiv, dass der malische Staat es übernommen hat. Daher unterstützt die Purefood GmbH nun ein neues Projekt mit ihren Spenden, nämlich ein Schulernährungsprogramm in Burundi. Das Projekt findet diesmal an 125 Schulen gleichzeitig statt, wobei eine davon direkt durch Purefood finanziell unterstützt wird. Diese Schule besuchen 1400 Kinder und täglich engagieren sich 12 Väter und Mütter freiwillig, um Brennholz zu sammeln und für die Schüler zu kochen. Ein Teil der Lebensmittel wird mit den Spenden von Purefood von der Welthungerhilfe geliefert und der andere Teil kommt aus lokalen Schulgärten. Somit ist auch dieses Programm eingebettet in die sozialen Systeme vor Ort. Auch bei einer Beendigung des Projektes, wäre dementsprechend

Know-how aufgebaut, mit dem das Projekt ohne die Welthungerhilfe weiter bestehen könnte. Neben der Minderung des Hungers, kann vor allem eine deutliche Steigerung der Einschulungsrate in der Region als Erfolg des Projektes verbucht werden, denn eine kostenlose warme Mahlzeit ist ein großer Anreiz dafür die Kinder zur Schule zu schicken.

Die Messung seiner Wirkung ist für viele soziale Startups von großer Bedeutung, um ihren Beitrag zur Bekämpfung von Problemen, nachvollziehbar und sichtbar zu machen. Um dem Thema der Wirkungsmessung die notwendige Aufmerksamkeit zu schenken, nutzt Purefood daher eine volle Personalstelle dafür sein eigenes Wirkungsmessungskonzept zu entwickeln und nachzuhalten. Im Rahmen ihrer Social Impact Roadmap hat Purefood drei Kernbereiche definiert, nämlich die Entwicklungszusammenarbeit, Transparenz im Rahmen der Lieferkette und die Nachhaltigkeit der Produkte und der Verpackung. Im ersten dieser drei Kernbereichen, wird beispielsweise die Anzahl an Schulmalzeiten als Erfolgsindikator herangezogen. Das Unternehmen konnte seit Beginn der Kooperation mit der Welthungerhilfe bis 2017 eine Spende von insgesamt 93.000 Euro aufbringen, was ca. 930.000 Schulmahlzeiten entspricht. In den anderen Bereichen ist der Vorgang zur Messung der Wirkung dagegen deutlich komplexer. Im Prinzip funktioniert die Social Impact Roadmap allerdings auch in diesen Bereichen so, dass Meilensteine vom Team definiert werden und nachgehalten wird, ob sie erreicht wurden.

8.2.4 Auszeichnungen

Purefood gewann seit seiner Gründung verschiedene Preise. Den ersten bereits 2012, als die drei Gründer im Rahmen des Gründungswettbewerbs „start2grow" für ihr Geschäftskonzept ausgezeichnet wurden. Darüber hinaus gewannen sie 2015 den Designpreis „Red Dot Award" für ihre Eisverpackung. Außerdem wurden sie im Jahr 2016 zum Gewinner des KfW Award „GründerChampion" für Schleswig-Holstein gekürt. Der Preis „GründerChampion" ist eine Qualitätsauszeichnung für junge Unternehmen. Sie waren durch eine Einladung von der Investitionsbank Schleswig-Holstein auf den Wettbewerb aufmerksam geworden. Eine Jury mit erfahrenen Vertreterinnen und Vertretern aus Politik und Wirtschaft, Landesförderinstituten sowie Industrie- und Handelskammern, wählten die besten Geschäftsideen anhand ihres Innovationsgrades, ihrer Kreativität und ihres Grades an gesellschaftlicher Verantwortung aus. Hierbei bewertete sie Firmenpräsentationen und Finanzkennzahlen. Außerdem achtete sie darauf, wie umweltbewusst die Umsetzung erfolgte und inwiefern Arbeits- und Ausbildungsplätze sowohl geschaffen als auch erhalten wurden.

Neben diesen Preisen, die im Kern das unternehmerische Geschick und das Konzept der jungen Firma prämierten, konnte Purefood allerdings auch schon Preise gewinnen, die originär den Erfolg der eigentlichen Produkte unterstreicht. Im Jahr 2016 beispielsweise wurde ihr Produkt „Lycka Vegan Froyo-Blaubeere" mit dem Good Food Award in der Kategorie „Laktosefreie Innovationen" von Women's Health and Men's Health Deutschland ausgezeichnet. Darüber hinaus konnten sie den Hamburg Startups Food Award

2017 in der Kategorie „bestes Produkt" für ihre Mini Power Riegel gewinnen. Dieser Award beinhaltete eine deutschlandweite Listung ihres Riegelsortiments in allen budni Filialen und ist zusätzlich gekoppelt an ein Media-Paket in Höhe von 50.000 Euro. Mit diesem Mediapaket konnte Werbung für das Jahr 2017 in der Hamburger Morgenpost finanziert werden.

Die Gründer beschreiben diese Erfolge als etwas, auf das sie natürlich sehr stolz sind und führen an, dass es Ihnen auch viel Aufmerksamkeit gebracht hat, die im Rahmen ihres Wachstumskurses von Vorteil gewesen ist.

8.3 Prägung des Gründers Felix Leonhardt

Der Gründer Felix Leonhardt ist in Cuxhaven an der Nordseeküste groß geworden. Er hat einen älteren Bruder, seine Mutter ist als Lehrerin tätig und sein Vater ist selbstständiger Diplom-Kaufmann. Besonders seine Mutter engagiert sich ehrenamtlich, indem sie interkulturelle Austausche organisiert und in einer Organisation mitarbeitet, die Geflüchteten hilft.

Felix Leonhardts Kindheit und Jugend waren gekennzeichnet von sportlichen Aktivitäten. Er spielte gleichzeitig Fußball, Tennis, Tischtennis, Eishockey und ging Kitesurfen. Insbesondere letzteres, nämlich das Kitesurfen betrieb er ausgiebig und lernte es schon im Alter von zehn Jahren, was dazu führte, dass er mit 14 Jahren die anderen Sportarten aufgab. Da man beim Kitesurfen natürlich wetterabhängig ist, machte er seit diesem Alter nur noch im Sommer Sport. Damit dieses Verhalten nicht zu einer Gewichtszunahme führte, fühlte sich Felix Leonhardt dazu veranlasst seine Ernährung komplett umzustellen. Seine Eltern hatten ihm zwar schon immer eine gesunde Ernährung vorgelebt, jedoch lehnte er diese bis dahin stets ab. Diese Kehrtwende war nach eigenen Angaben nicht zuletzt notwendig, um seinem Traum Profi-Kitesurfer zu werden, den er zu der Zeit hegte, etwas näher zu kommen. Seit diesen Jugendtagen besitzt er daher eine Affinität zu gesundem Essen. Dies hat nach seiner Wahrnehmung einen Teil dazu beigetragen, dass er heute in der Lebensmittelbranche tätig ist, um schmackhafte und auch gesunde Lebensmittel zu produzieren.

Im Alter von 17 Jahren war nicht nur seine Leidenschaft für das Kitesurfen groß, er begann auch eine Leidenschaft für das Bereisen verschiedener Länder zu entwickeln. So führte es ihn in dieser Zeit oft durch Entwicklungsländer, was sein Bewusstsein für Hunger auf der Welt schon früh stärkte. Zur selben Zeit zog es ihn auch nach Ägypten, wo er sich für die deutschen Meisterschaften im Kitesurfen vorbereiten wollte. Sein Traum Profi-Kitesurfer zu werden platzte jedoch, als er sich hierbei einen Halswirbel brach. Dabei hatte er Glück im Unglück, denn obwohl die Ärzte in Ägypten den Bruch nicht erkannten und er sich 12 Tage mit gebrochenem Halswirbel bewegte, ist er Schlimmerem, wie einer Querschnittslähmung entgangen. Trotzdem beschreibt Felix Leonhardt diesen Unfall als ein sehr einschneidendes Erlebnis, woraufhin er sich die Frage stellte, was er aus seinem Leben machen möchte. Er begann, die Zeit, die er hatte intensiver zu nutzen und sich sozial zu engagieren. Er wollte Gutes tun, sowohl für sich selber und seine Familie bzw. Freunde als auch für andere Menschen die Hilfe benötigten.

Neben diesen kritischen Ereignissen gab es während seiner Kindheit und Schulzeit auch einige Erlebnisse, die ihn schon früh an das Thema Unternehmertum heranführten. Sein Vater beispielsweise war in der Branche der erneuerbaren Energien selbstständig. Felix Leonhardt ist der Meinung, dass er durch die Selbstständigkeit seines Vaters zum einen ein ausgeprägtes Risikobewusstsein und zum anderen auch ein gewisses Maß an Optimismus entwickelt hat. Darüber hinaus nahm er während seiner Schulzeit an einem einjährigen Projekt teil (business@school), welches von der Boston Consulting Group (BCG), einer global tätigen Strategieberatung angeboten wurde (o. V. 2018f). Das Ziel des Projektes ist es, Schülern der gymnasialen Oberstufe Wirtschaftsthemen anschaulich und praxisnah zu vermitteln, indem sie unter anderem eine eigene Geschäftsidee inklusive Businessplan entwickeln. Dabei erkannte Felix Leonhardt, dass ihm Betriebswirtschaftslehre zugänglicher war, als gedacht. In dem Wissen ein gewisses Organisationstalent zu haben, rief er zusammen mit einem Schulfreund einige Partys ins Leben, um eine Abifahrt und den Abiball davon finanzieren zu können. Die Partys waren so beliebt, dass ca. 25.000 Euro für den Abiturjahrgang erwirtschaftet werden konnten.

Nach seiner Schulzeit, die er mit dem Abitur abschloss, nahm er ein Duales Studium auf. Er versprach sich davon gleichzeitig theoretisches Wissen und praktische Erfahrung aufbauen zu können. Ein weiterer Grund, der das Duale Studium für ihn attraktiv erscheinen ließ, war, dass er sich sein Leben so selber finanzieren konnte. Dieser Wunsch ist nicht zuletzt in seinem ausgeprägten Drang nach Freiheit und Unabhängigkeit begründet. Er studierte Betriebswirtschaftslehre an der Nordakademie in Elmshorn und arbeitete bei einem traditionellen Kaufmannsunternehmen in Hamburg. Das erste Jahr im Unternehmen hat seine Erwartungen zum damaligen Zeitpunkt aufgrund verschiedener Rahmenbedingungen nicht erfüllt. So musste er beispielsweise täglich mit Anzug und Krawatte erscheinen, es gab feste Arbeitszeiten, anstatt Internet am eigenen Arbeitsplatz existierte nur ein internetfähiger PC pro Abteilung und seine Tätigkeiten bestanden eher aus einfachen Hilfstätigkeiten. Angestellter in einem Unternehmen dieser Größe zu sein und das Gefühl zu haben nichts verändern zu können entsprach nicht seiner Wunschvorstellung vom Arbeitsleben. Auch seinen Kommilitonen erging es oft nicht anders und sie tauschten sich über ähnliche Frustrationen aus. Der Austausch mit ihnen über die Problematiken und die Lösungen dafür, motivierte Felix Leonhardt immer mehr zur eigenen Unternehmensgründung. Während seiner Ausbildung hatte er, wie die anderen dual Studierenden, einen Mentor an seiner Seite, der als Ratgeber fungierte. In seinem Fall war es die damalige Abteilungsleiterin des Bereichs Controlling, die ihm aufzeigte, welche Möglichkeiten er hätte, wenn er im Unternehmen bliebe. Hier erkannte er schnell, dass die Wege, die sie ihm aufzeigen konnte nicht seinen Motiven entsprachen. Hierdurch fühlte er sich zusätzlich darin bestärkt die Selbstständig anzustreben. Die Möglichkeit Teil von etwas, wie er sagt, Größerem zu sein und der Umstand, dass auch andere von der eigenen guten Arbeit profitieren können, war etwas, das er als wünschenswerter empfand. Rückblickend betrachtet er die Zeit dennoch als wertvoll, obgleich es ihm damals als vergeudete Lebenszeit erschien.

Angespornt durch den Drang eigene Ideen umzusetzen, fing er im ersten Semester an sich in einer studentischen Unternehmensberatung für soziale Projekte zu engagieren. Dort arbeitete er über zwei Jahre mit einer Hamburger Organisation zusammen, die IT-Infrastrukturen für Schulen zur Verfügung gestellt hat.

Als ein wichtiges Erlebnis in seiner Laufbahn beschreibt er selber darüber hinaus sein Auslandsstudium im 5. Semester an der Universität Harvard. Da die Universität eine Kooperation mit dem MIT hat, konnte er auch dort Kurse besuchen. Zu Anfang hatte er sehr großen Respekt vor seiner Gastuniversität. Er verband mit Harvard und dem MIT eine absolute Bildungselite und fragte sich, ob er den Anforderungen, die an ihn gestellt werden würden, entsprechen kann. Er merkte allerdings schnell, dass er sich gut in das neue Umfeld einfinden konnte, was ihn stark ermutigte und ihm zeigte, dass vieles möglich ist, wenn man es zielstrebig verfolgt. Besonders in Erinnerung geblieben ist ihm ein Kurs, welcher die Studierenden in sechs Monaten zu einer Unternehmensgründung führte. Dieser Kurs wurde von Unternehmern aus der Praxis geleitet und nach der ersten Vorlesung mussten sich die Studierenden je drei Geschäftsideen überlegen. Bewertet wurden die ca. 90 Ideen gemeinsam von Studierenden und Unternehmern. Die besten 30 Studenten durften ihre Idee präsentieren und aus den besten 10 Ideen wurden Teams gebildet. Diese Teams hatten vier Monate Zeit ihre Idee vollständig umzusetzen und am Ende stand ein Pitch vor den größten Venture Capital Firmen der USA. Auch wenn der Kurs sehr intensiv war und viel von den Teilnehmern verlangte, empfand er eine steile Lernkurve. Felix Leonhardt ist in dieser Zeit bewusst geworden, dass es ihm möglich ist ein eigenes Unternehmen zu gründen. In dieser Erkenntnis kehrte er mit dem klaren Willen nach Deutschland zurück, eine eigene Gründung umsetzen zu wollen.

Nach dem Start seines ersten Unternehmens, der Berryjoy GmbH, absolvierte Felix Leonhardt Anfang 2013 noch ein Praktikum im Bereich der Unternehmensberatung. Diese Erfahrung in einem sehr konservativen betriebswirtschaftlichen Bereich, den er von vielen Bezugspersonen vorgelebt bekommen hat, unterstrich noch einmal seine gefasste Entscheidung nach seinem Studium selbstständig sein zu wollen, um eigene Ideen umsetzen zu können.

Im Sommer 2013 zog es ihn für sein Masterstudium wieder ins Ausland, diesmal nach Paris, wo er an der HEC School of Management einen Master of Science in Management mit Schwerpunkt auf Finanzierung absolvierte. Zu diesem Zeitpunkt hatte Felix Leonhardt allerdings bereits gegründet und arbeitete schon am Wachstum seines Unternehmens.

Fragen
1. Diskutieren Sie, inwieweit die Kindheit und Jugend der Gründer den Nachhaltigkeitsfokus des später gegründeten Unternehmens geprägt hat.
2. Welche prägenden Quellen haben aus Ihrer Sicht einen maßgeblichen Einfluss auf die Gründung von Purefood ausgeübt? Beschreiben Sie die Art und Richtung des vermuteten Einflusses der prägenden Quellen.
3. Bewerten Sie den Marketing- und Vertriebsansatz von Purefood. Was könnten die Gründer aus Ihrer Sicht unternehmen, um (a) ihre Produkte noch bekannter zu machen und (b) neue Kunden zu gewinnen?

4. Entwickeln Sie einen Vorschlag zur Messung des gesellschaftlichen Mehrwertes (social impact), den Purefood schafft. Beschreiben Sie hierfür sowohl quantitative als auch qualitative Kennzahlen.

Literatur

Bartels, M. (2016). *Der Einfluss früher Prägungen auf den Werdegang und Erfolg sozialer Unternehmer – Eine qualitative Studie*. Unveröffentlichte Masterarbeit. Kiel: Christian-Albrechts-Universität.

o. V. (2018a). Umsatz der Hersteller von Fertiggerichten in Deutschland. https://de.statista.com/statistik/daten/studie/298343/umfrage/umsatz-der-hersteller-von-fertiggerichten-in-deutschland/. Zugegriffen am 06.07.2018.

o. V. (2018b). The state of food security and nutrition in the world. http://www.fao.org/state-of-food-security-nutrition/en/. Zugegriffen am 01.06.2018.

o. V. (2018c). Viva con Agua Projekte. https://www.vivaconagua.org/projekte. Zugegriffen am 01.06.2018.

o. V. (2018d). Lemonaid Projekte. https://lemon-aid.de/projekte/. Zugegriffen am 01.06.2018.

o. V. (2018e). Welthungerhilfe – Über uns. https://www.welthungerhilfe.de/ueber-uns/unsere-arbeit/. Zugegriffen am 08.06.2018.

o. V. (2018f). Bildungsinitiative business@school. https://www.business-at-school.net. Zugegriffen am 20.07.2018.

Renard, M. C. (2003). Fair trade: Quality, market and conventions. *Journal of Rural Studies, 19*, 87–96.

Sarasvathy, S. D. (Hrsg.). (2009). *Effectuation: Elements of entrepreneurial expertise*. Gloucestershire: Edward Elgar Publishing.

Walters, R. (2005). Crime, bio-agriculture and the exploitation of hunger. *The British Journal of Criminology, 46*, 26–45.

Rock Your Life! – Bildungsgerechtigkeit für alle

Lena Reschke und Rahel Graeber

Inhaltsverzeichnis

9.1 Einleitung 224
9.2 Vorstellung des Start-ups 225
    9.2.1 Unternehmenskonzept 225
    9.2.2 Der Gründungsprozess 227
    9.2.3 Wirkungsmessung 228
9.3 Prägung der Gründerin Elisabeth Hahnke 229
Literatur 232

Zusammenfassung

In unserer heutigen Gesellschaft sind soziale Mobilität, Bildungsgerechtigkeit und Chancengleichheit längst nicht für alle Menschen Realität. Dadurch werden etablierte soziale Strukturen nicht aufgebrochen und diese fehlende soziale Durchlässigkeit hindert häufig die Entfaltung des individuellen Potenzials von Schülern. Diese soziale Herausforderung sahen Stefan Schabernak, Elisabeth Hahnke und Christina Veldhoen und beschlossen sie anzugehen. Deshalb riefen Sie ROCK YOUR LIFE! ins Leben, eine Eins-zu-Eins-Mentoring-Methode, die Hauptschüler mit Studierenden zusammenbringt. Die Schüler erfahren als Mentees Unterstützung während ihre Mentoren, die Studierenden, sich sozial engagieren und ihr Wissen einbringen können. Dadurch

---

Sofern nicht anderweitig gekennzeichnet, stammen die Informationen in dieser Fallstudie aus einem Interview mit der Gründerin Elisabeth Hahnke in Q2 2016 (Bartels 2016)

L. Reschke (✉) · R. Graeber
Institut für Betriebswirtschaftslehre, Christian-Albrechts-Universität zu Kiel, Kiel, Deutschland
E-Mail: rgraeber@bwl.uni-kiel.de; lena.reschke@posteo.de

profitieren sowohl Mentees als auch Mentoren von diesem Programm. Als Social Franchise Konzept sind lokale RYL!-Vereine bereits in über 50 Städten in Deutschland, den Niederlanden und der Schweiz vertreten. Die Fallstudie zeigt den Hintergrund des Sozialunternehmens auf und stellt den Werdegang, insbesondere im Hinblick auf die Prägung auf die Gründerin Elisabeth Hahnke, dar.

9.1 Einleitung

Seit Jahren wird in Deutschland ein starker Zusammenhang zwischen der sozialen Herkunft und dem Bildungserfolg beobachtet und diskutiert. Kinder und Jugendliche aus bildungsfernen Milieus haben aufgrund fehlender individueller Förderung durch das Bildungssystem und das persönliche Umfeld häufig Schwierigkeiten in der Schule und daraufhin mit dem Einstieg ins Berufsleben. Je niedriger das Bildungsniveau, desto schwerer fällt jungen Menschen dieser Einstieg (o. V. 2018a). Dementsprechend wird der Klassenposition einer Person eine große Bedeutung zugeschrieben, denn Eltern aus nachteiligen Klassenpositionen gelingt es selten, ihren Kindern einen Aufstieg zu ermöglichen, da sowohl gute Bildung als auch zusätzliche Unterstützung fehlen. Diese fehlende soziale Mobilität trägt zu der beschriebenen Problematik bei und Schülern aus benachteiligten Verhältnissen fällt es generell schwerer, den Weg auf eine weiterführende Schule einzuschlagen oder einen Ausbildungsplatz zu finden (o. V. 2018b). Studien zeigen auf, dass sich 77 % der Kinder aus Akademikerfamilien für ein Studium entscheiden, während es nur 23 % der Kinder aus Nicht-Akademikerfamilien tun (Middendorff et al. 2013).

Diese Probleme wollen die Gründer von ROCK YOUR LIFE! bekämpfen. Die Idee für ihr Projekt hatten die Studierenden Stefan Schabernak, Elisabeth Hahnke und Christina Veldhoen im Jahr 2008. Im darauffolgenden Jahr starteten sie bereits ein Pilotprojekt in Friedrichshafen, denn die Sozialunternehmer glauben daran, dass in jedem Schüler Talente und Träume stecken, die verwirklicht werden können (o. V. 2018a). Der Lösungsansatz des vielfach ausgezeichneten Programmes basiert auf einem individuellen Mentoring-Programm zwischen Jugendlichen (Mentees) und jungen Erwachsenen (Mentoren), die aus unterschiedlichen sozialen Schichten zusammenkommen. Die benachteiligten Schüler werden zwei Jahre lang von ehrenamtlichen Studierenden in ihrer individuellen Entwicklung gefördert und unterstützt. Neben dem Mentoring kooperiert RYL! mit Unternehmen, um sowohl die Schüler als auch die Studierenden mit diesen Unternehmen zusammenzubringen. Mit den Zielen Bildungsgerechtigkeit und Chancengleichheit im Blick, baut die gemeinnützige GmbH somit Brücken zwischen Schülern, Studierenden und Unternehmen auf.

Die Idee für RYL! entstand 2008 als studentische Initiative in Friedrichshafen. Der Schritt in die Professionalisierung folgte 2010 durch die Gründung der gGmbH. Die gemeinnützige GmbH sitzt seit 2013 in München, von wo aus die zentrale Organisation geführt wird. Ehrenamtliche engagieren sich vor Ort in lokalen Vereinen. Inzwischen hat sich die Initiative durch die Bildung dieser lokalen Vereine in Deutschland, der Schweiz und den Niederlanden weit verbreitet. Rock Your Life! basiert auf einem Franchisekonzept, welches auf den Non-Profit-Bereich zur Erreichung von Gemeinwohlzwecken übertragen wurde (Beckmann und Zeyen 2014). Der Name bedeutet laut Gründerin Elisabeth Hahnke so viel wie: „Nimm dein Leben in die Hand. Du bist wertvoll. Du kannst deine Ziele erreichen."

9.2 Vorstellung des Start-ups

9.2.1 Unternehmenskonzept

Grundsätzlich basiert das Konzept von Rock Your Life! auf einer Eins-zu-Eins-Mentoring-Methode zwischen Schülern mit Studierenden. Bewusst wurden Studierende als Mentoren ausgewählt, weil sie sich in einer ähnlichen Berufsorientierungsphase befinden, der Altersunterschied nicht allzu groß ist und sie wertvolles Wissen weitergeben können. Um Paare zu bilden, lernen die Schüler die Studierenden bei einem Speed Dating kennen und im Anschluss wählt sich jeder Schüler einen passenden studentischen Mentor aus. Hierbei steht der Grundgedanke im Vordergrund, dass das Mentoring keine Früchte tragen wird, wenn die Chemie zwischen Mentee und Mentor nicht stimmt.

Diese neue Beziehung verfolgt vielfältige Ziele. Einerseits soll die Beziehung, die sich bestenfalls über die letzten zwei Schuljahre des Mentees erstreckt, helfen das individuelle Potenzial der Jugendlichen zu entfalten. Andererseits soll die Eröffnung neuer Chancen und Perspektiven ermöglicht werden und dadurch der Abbau von Vorurteilen unterstützt. Um diese Ziele zu erreichen, finden regelmäßige Treffen mit dem Mentor statt, bei denen die beiden gemeinsam herausfinden sollen, welchen Weg der Schüler einschlagen möchte und wie sich dessen Zukunft gestalten könnte.

Aufgaben des Mentors schließen beispielsweise die Hilfe beim Schreiben einer Bewerbung für einen Ausbildungsplatz oder der Vorbereitung auf ein Bewerbungsgespräch ein. Auch schulische Herausforderungen können behandelt werden, wobei aber klar abgegrenzt sein soll, dass der Mentor kein Nachhilfelehrer ist. Viel eher sollen die Studierenden in die Rolle der „großen Geschwister" schlüpfen und den Schülern bei persönlichen Themen zur Seite stehen. Zusätzlich zu den regelmäßigen Mentor-Mentee Treffen werden während dieser zweijährigen Phase drei Trainings mit professionellen Trainern angeboten, um die Schüler bei ihrer Zukunftsplanung zu unterstützen.

Auch die Studierenden profitieren von ihrem Engagement bei RYL!. Sie zeigen nicht nur soziales Engagement für mehr Bildungsgerechtigkeit, sondern erwerben auch praktische Fähigkeiten für den Berufseinstieg, die einer Hochschulausbildung häufig fehlen. Die RYL! gGmbH bietet daher sowohl eine umfangreiche Mentoring-Ausbildung, als auch kontinuierliche Betreuungs- und Fortbildungsmöglichkeiten für die Mentoren an. Außerdem erweitern die Studierenden ihren Horizont und lernen die Lebenswelt ihres Mentees kennen und verstehen. Außer als Mentor können sich Studierende auch auf anderen Wegen für RYL! engagieren. Aufgaben entstehen in den lokalen Vereinen in vielfältigen Bereichen, beispielsweise der IT, den Finanzen, der Pressearbeit, der Koordination, der Gründung des Vereins oder der

Evaluation des Angebots (o. V. 2018c). Für das Mentoring, die Organisation der lokalen Standorte, die Teilnahme an Trainings und Veranstaltungen und alle weiteren Aufgaben als Mentor wenden diese durchschnittlich zwei Stunden pro Woche von ihrer Freizeit auf. Insgesamt wurden im Jahr 2017 über 200.000 Stunden ehrenamtlicher Arbeit investiert. Seit Beginn des Programms konnten Ende 2017 bereits über 5930 Schüler erreicht werden und bisher haben sich ca. 7600 Studierende bei RYL! engagiert. Außerdem verfügt die gGmbH über eine Pool von über 168 selbst ausgebildeten Trainerinnen und Trainern (Rack 2017).

Unterstützend zum Mentoring-Programm werden von RYL! weitere Programme angeboten. So werden beispielsweise mit „Rock Your Company" Mentoring-Beziehungen zwischen Auszubildenden und erfahrenen Mitarbeitern in Unternehmen aufgebaut. RYL! hält außerdem ein deutschlandweites Netzwerk mit zahlreichen Unternehmen aufrecht, wodurch den RYL! Mentees Praktikums- und Ausbildungsplätze sowie weitere Informationsveranstaltungen angeboten werden können. Die Schüler können dieses Angebot für konkrete Zukunftsperspektiven nutzen, während Unternehmen bereits vorzeitigen Zugang zu motivierten und zielstrebigen Arbeitnehmerinnen und Arbeitnehmern erhalten (Hanselmann 2010). Für Schüler ist die Teilnahme an diesem Mentoringprogramm also eine Möglichkeit, sich potenziellen Arbeitgebern gegenüber engagiert und motiviert zu zeigen. Nach erfolgreicher Teilnahme erhalten sie dafür eine offizielle Urkunde, das sogenannte „Bachelor-of-Life"-Zertifikat.

Durch die Konzeption als Social Franchise kann das Programm überall aufgegriffen werden, einzige Voraussetzungen sind Bedarf und Engagement. In Städten, in denen sich Studierende zusammentun, können sie einen lokalen Verein gründen und diesen innerhalb weniger Monate ehrenamtlich aufbauen. Im Rahmen des Social Franchise Konzeptes werden den lokalen Vereinen von der gGmbH, inhaltliche Unterstützung und ein organisatorischer Rahmen gegeben. Um den Austausch zwischen den Standorten zu fördern, wird ein Newsletter verfasst und zu regelmäßigen Standortbesuchen aufgefordert. Die lokalen Vereine sind für die Begleitung der Coaching Beziehungen, das lokale Fundraising, den Aufbau eines lokalen Unternehmensnetzwerkes, die lokale Presse- und Öffentlichkeitsarbeit und die Organisation und Durchführung regionaler Events verantwortlich. Sie werden von einem fünfköpfigen, regionalen Vorstand geleitet, bestehend aus den beiden Vorsitzenden, dem Schatzmeister, dem Netzwerk-Koordinator und dem Mentoring-Koordinator (o. V. 2018c). Grundsätzlicher organisatorischer Baustein für RYL! ist seit Mitte 2016 „Heldennetz". Dies ist eine browserbasierte Plattform, die den lokalen Vereinen als Basis der Organisation dient, indem zum Beispiel Email-, Kalender- und Projektmanagementfunktionen bereitgestellt werden. Auf eben dieser Plattform gibt es auch die Möglichkeit Mentoringpaare abzubilden, wodurch ein Wissensaustausch stattfinden kann (o. V. 2018d). Zur stetigen Motivation solcher Mentoringbeziehungen wird angestrebt, möglichst alle Paare auf der Plattform darzustellen.

Die organisatorische Leitung der gGmbH übernehmen zwei Geschäftsführer, die in engem Austausch mit dem Beirat, dem Standortrat und dem Kuratorium stehen. Die Aufgabe des Beirates ist es, die Arbeit der gGmbH zu beaufsichtigen und durch eine neutrale Sichtweise neue Perspektiven einzubringen. Der Standortrat, mit dem die gGmbH im engsten Austausch steht, setzt sich aus Standortvertretern zusammen, die pro Cluster (Norden, Westen, Mitte, Osten, Süden) für ein Jahr gewählt werden. Dies soll den Standorten ermöglichen vermehrt und frühzeitig bei der Programmentwicklung mitzuarbeiten. Das Kuratorium bietet qualifizierte Beratung und gibt Hilfestellungen bei der strategischen Ausrichtung von RYL!. Ein Treffen zwischen Kuratorium und gGmbH findet mindestens einmal jährlich statt. Zu den Kuratoren zählen Persönlichkeiten aus der Unternehmenspraxis, der Stiftungswelt und dem Universitätsleben (Rack 2017).

Für ihre Arbeit erhielt das Projekt RYL! bereits zahlreiche Auszeichnungen; u. a. waren sie 2009 „start social" Bundessieger, 2014 wurde ihnen der „Deutsche Lokale Nachhaltigkeitspreis" verliehen und 2016 wurden sie durch den Rat für nachhaltige Entwicklung als „Werkstatt N Projekt 2016" ausgezeichnet. Darüber hinaus ist RYL! freiwilliges Mitglied der „Initiative Transparente Zivilgesellschaft" und veröffentlicht im Rahmen dieser Initiative aktuelle Informationen über Tätigkeiten, Strukturen und Finanzierung auf der Homepage (o. V. 2018e).

Finanziert wird RYL! hauptsächlich durch Spenden, aber auch durch Mittel von Unternehmen und dem RYL! Netzwerk (o. V. 2018e).

9.2.2 Der Gründungsprozess

Den Impuls für das ehrgeizige Sozialprojekt hat Elisabeth Hahnkes Mentor, Professor Dr. Peter Kenning in einem Mentoring-Gespräch mit ihr gesetzt. Er ermutigte sie dazu, sich für ein Projektstipendium zu bewerben. Gemeinsam mit ihrer Freundin Christina Veldhoen hat sie daraufhin das erste RYL! Konzept geschrieben. Mit diesem Konzept gewannen sie bei einem Wettbewerb der Hypovereinsbank am Bodensee ein soziales Projektstipendium in Höhe von 5000 Euro für die Durchführung dieses Projektes. Durch das Preisgeld übernahmen sie Verantwortung für die Umsetzung des Projektes, um ihren gesellschaftlichen Mehrwert zu verwirklichen. Die Gründerin Elisabeth Hahnke berichtete: „Ich hatte noch nie so viel Geld in meinem Leben in der Hand. Geschweige denn überhaupt gesehen. Das war für mich unfassbar viel Geld. Ohne das Preisgeld hätte ich einfach zu viel Angst gehabt, ein Unternehmen zu gründen."

Unabhängig davon beschäftigte sich auch ein Team rund um Stefan Schabernak mit der gleichen Thematik. Den Impuls dafür gab im Herbst 2008 der damalige Bundesfinanzminister Peer Steinbrück bei einem Besuch an der Zeppelin Universität in Friedrichshafen. In einer Diskussion ging es darum, wie mangelnde soziale Mobilität und die starke Bildungsungerechtigkeit in Deutschland behoben werden können. Dabei stellte der Minister die These auf, dass die Perspektivlosigkeit in sozial benachteiligten Schichten „vererbbar" sei. Diese Behauptung weckte den Ehrgeiz des Studierenden und war der Anstoß für Stefan Schabernak sich für mehr Bildungsgerechtigkeit in Deutschland einzusetzen.

RYL! entstand dadurch, dass sich diese beiden Gruppen zusammentaten und ihr Konzept gemeinsam verfeinerten. Die drei Studierenden recherchierten und konzipierten mit ihrem Team lange bis ein zufriedenstellendes Konzept gefunden war. Heraus kam das beschriebene Eins-zu-Eins-Mentoring-Programm zwischen Hauptschülern und Studierenden in Verbindung mit einer flächendeckenden Kooperation mit Unternehmen als Ausbildungsgebern (Hanselmann 2010). Die drei Gründer starteten dann im Februar 2009 mit einem Pilotprojekt in Friedrichshafen, welches im ersten Jahr als studentisches Engagement neben dem Studium lief. Seitens der Universität erhielten sie viel Unterstützung, so bekamen sie beispielsweise eine Spende über 10.000 € von der Zeppelin Universitäts-Gesellschaft und gewannen den Young Leader Award der BMW Stiftung Herbert Quandt im Jahr 2010, weil ein Universitätsprofessor als Teil des Netzwerkes dieses Projekt bewarb. Das Preisgeld in Höhe von 25.000 € nutzten sie, um die bisherige GbR in die gemeinnützige GmbH Rock Your Life! umzuwandeln.

Von Anfang an war es das Ziel, das Projekt im Sinne eines Sozialunternehmens professionell und mit hohen Qualitätsstandards deutschlandweit durchzuführen. Das Konzept war erfolgreich und expandierte innerhalb kürzester Zeit in andere Städte in Form von lokalen Vereinen. Um den Herausforderungen dieses dezentralen Netzwerks gewachsen zu sein, fungiert die RYL! gGmbH als Zentrale und sorgt für die Qualitätsgewährleistung des Mentoring, die Weiterentwicklung des Programms und das einheitliche Auftreten der Marke RYL! in ganz Deutschland. 2013 expandierten sie sogar über die Grenzen Deutschlands hinweg in die Schweiz. Im Jahr 2017 existieren bereits über 45 Standorte und die Verbreitung nimmt zu (o. V. 2018a). Inzwischen arbeiten 10 Hauptberufliche, sowie wechselnde FSJler und Praktikanten an den Herausforderungen, die das RYL! Netzwerk mit sich bringt. Basis für die Funktionalität und Durchführung des Projektes vor Ort sind vor allem auch die über 3000 Ehrenamtlichen, die sich für RYL! engagieren (o. V. 2018e).

9.2.3 Wirkungsmessung

Die Wirkungsmessung und stetige Weiterentwicklung ist für RYL! von großer Bedeutung. Zweimal im Jahr gibt es ein Reporting, das von den RYL! Standorten ausgefüllt wird, um die wichtigsten Kennzahlen von RYL! zu erfassen. Dreimal im Jahr finden Standortgespräche zwischen den Vorsitzenden und der gGmbH statt, mit Fokus auf sieben Dimensionen: Mentoring-Vorbereitung, Mentoring-Beziehung, Verein und Führung, Strategie und Stabilität, Partnerschaften, Finanzen und Kooperationen mit der RYL! gGmbH. Zusätzlich werden regelmäßig unterschiedliche Projekte angestoßen, die ebenfalls zur Qualitätssteigerung beitragen sollen, wie beispielsweise das Projekt „Wirksames Mentoring". Hier wird das RYL! Programm auf die Wirkfaktoren aus Forschung und Praxis hin geprüft und weiterentwickelt. Die Ergebnisse aller Maßnahmen werden mindestens zweimal im Jahr auf den Netzwerkveranstaltungen vorgestellt, über externe Kanäle kommuniziert und intern zur Weiterentwicklung des Programms genutzt.

Für diese Wirkungsmessung und stetige Weiterentwicklung der Arbeit von RYL! hat die gGmbH eine spezielle Stelle eingerichtet, die „Leitung Qualitätsentwicklung und Evaluation". Um den ehrenamtlichen Mitarbeitern trotzdem eine freie Arbeitsatmosphäre gewährleisten zu können, wurde 2011 das Konzept der TOOLBOX Evaluation eingeführt – ein digitaler Werkzeugkasten mit allen Dokumenten, Anleitungen und Methoden, die für die regelmäßigen Berichte und zur Wirkungsmessung genutzt werden. Im Laufe der Mentoring-Beziehung finden drei Evaluationen statt, auf denen später das Bachelor-of-Life Zertifikat basieren soll. Aber nicht nur die Mentoring-Paare profitieren von der regelmäßigen Reflektion, sondern auch die Vereine, welche aufgrunddessen ihr Angebot an die Bedürfnisse der Mentees und Mentoren anpassen können. Als das bereits beschriebene Heldennetz eingeführt wurde, konnte die TOOLBOX Evaluation auch dort integriert werden. Neben der kontinuierlichen Evaluation der Mentoring-Beziehungen werden alle Seminare bewertet. Dies hilft die Relevanz und Nützlichkeit der Inhalte zu überprüfen und eine persönliche Bewertung für die Trainer zu erstellen. Dadurch werden wichtige Verbesserungsprozesse angestoßen.

Zahlen aus einer internen Evaluation von Januar 2015 bis März 2016 zeigen, dass das Konzept von RYL! erfolgreich ist: 59 % der teilnehmenden Schüler haben einen Platz auf einer weiterführenden Schule, 24 % haben einen Ausbildungsplatz und 8 % verfolgen andere Pläne, wie z. B. die Reise ins Ausland oder ein freiwilliges Soziales Jahr. Lediglich 9 % der Jugendlichen wissen noch nicht genau, welchen Weg sie einschlagen sollen. Eine Schülerin berichtete: „Dadurch, dass ich Unterstützung hatte, war ich motivierter, für die Schule zu lernen und nicht nur zuhause rumzusitzen. Ich wollte die Schule abbrechen, doch meine Betreuerin hat mir gezeigt, dass es noch eine Chance gibt, etwas zu erreichen im Leben."

2015 startete die erste externe Evaluation von RYL! mit einer Pilotstudie, gefördert durch gemeinnützige Stiftungen und die Beauftragte der Bundesregierung für Migration, Flüchtlinge und Integration. Dabei untersucht das ifo Institut in einer langfristig angelegten Studie die Auswirkungen von RYL! auf die Schüler. Die Ergebnisse sind nach einer mehrjährigen Evaluationsphase zu erwarten. Das unabhängige Analysehaus PHINEO verlieh RYL! 2012 und 2015 nach einer mehrmonatigen Überprüfung ihrer Aktivitäten das „Wirkt-Siegel", welches in Deutschland als Erkennungszeichen für wirkungsvolles Engagement vergeben wird (o. V. 2018f).

9.3 Prägung der Gründerin Elisabeth Hahnke

Die Gründerin Elisabeth Hahnke wurde 1984 in Anklam in Mecklenburg-Vorpommern geboren und mit sechs Jahren zog sie mit ihrer Familie nach Berlin. Aufgewachsen ist Elisabeth Hahnke in Berlin-Hellersdorf, einem Stadtteil Berlins der durch Plattenbauten und leer stehende Häuser geprägt war. Anfangs gab es weder einen Supermarkt noch Spielplätze, doch in den ersten Jahren, in denen sie dort lebte, wandelte sich der Stadtteil und florierte, wodurch bald viele Familien mit Kindern dort wohnten. Allerdings hielt die Hochphase nicht lange an, sodass Hellersdorf in der Pubertät von Elisabeth Hahnke zu einem sozialen Brennpunkt wurde. Elisabeth Hahnke berichtet, dass sie es spannend fand zu sehen, was für einen sozialen Wandel ein Bezirk durchmachen kann. Anfangs war alles harmonisch, sogar die Kelly Family war zu Besuch und spielte kostenlos auf dem Marktplatz, doch dann zogen viele Menschen weg, Läden schlossen, es gab kaum noch Arbeit und soziale Probleme wurden sichtbar. Trotz dieser großen sozialen Umbrüche in ihrer direkten Umgebung erfuhr sie einen starken familiären Zusammenhalt und empfand dadurch nur geringe Auswirkungen auf sich selbst. Daraus festigte sich ihre Meinung, dass es egal ist, wo man aufwächst, so lange man zu Hause eine liebevolle und sichere Umgebung vorfindet, in der Wert auf Bildung und Potenzialentfaltung gelegt wird. Diese Erkenntnis war sehr wichtig für die Gründerin und war auch einer der Gründe, warum sie RYL! gründete. RYL! stellt Schülern einen Studierenden zur Seite, der ihnen im besten Fall die beschriebene Umgebung und Stabilität geben kann. Außerdem hat der Schüler die Möglichkeit eine Bindung zu einer Person aufzubauen, die eine ganz andere Perspektive besitzt. Ein gutes Beispiel dafür ist Bildung: wenn Kinder aus einem bildungsfernen Haushalt kommen, dann fördern die Eltern diese häufig auch nicht. Doch die Studierenden können aufgrund ihrer eigenen positiven Erfahrungen zeigen, dass Bildung auch Spaß machen kann und sich lohnt. Durch ihre eigene Familiengeschichte lernte Elisabeth Hahnke außerdem, dass enge Beziehungen, wie beispielsweise zu Mentoren, eine wichtige Rolle in der Lebensentwicklung spielen.

Als Elisabeth Hahnke auf das Gymnasium kam, steckte sie anfangs in einer Rebellionsphase, schrieb schlechte Noten und hatte das Gefühl, den Lehrern völlig egal zu sein. Als sie anfing, sich anzustrengen und plötzlich gute Noten schrieb, waren die Lehrer skeptisch. Nur eine einzige Lehrerin erkannte ihren Willenswandel und ihr Bedürfnis gefördert zu werden. Diese Erfahrung trug zu der Entscheidung, sich im Bildungssystem zu engagieren bei. Sie identifizierte dies als Schwäche des Bildungssystems und entwickelte die Meinung, dass die Schule als geschlossenes System keine großen Veränderungen zulasse und daher Impulse von außen gesetzt werden müssten.

Nach dem Abitur zog Elisabeth Hahnke nach Magdeburg, um den Bachelorstudiengang „Cultural Engineering" zu beginnen. Durch die theoretischen Auseinandersetzungen in ihrem Studium veränderte sich ihre Denkweise und sie beschäftigte sich mit Fragen zur Gestaltung von Gesellschaft. Ihr wurde bewusst, dass Gesellschaft durch den Menschen geschaffen wurde, wodurch alle am Entstehungsprozess teilhaben können. An diesem Punkt wurde ihr bewusst, dass dann jeder einzelne Mensch die Möglichkeit hat, aktiv soziale und gesellschaftliche Beziehungen durch das eigene Handeln und Denken mitzugestalten und zu verändern. Dies war für die Gründerin ein Perspektivenwechsel, denn an der Universität verstand sie erst, dass nicht Netzwerke und Geld grundlegend sind, sondern das eigene Verhalten und Engagement den Grundstein legen, um Ergebnisse zu erzielen. Außerdem wurde ihr bewusst, dass es keine Privilegien braucht, um sich zu engagieren und sie begann direkt an mehreren Projekten mitzuarbeiten. Unter dem hohen Engagement litt ihre Freizeit, aber sie genoss es, sich ausprobieren zu können und zu sehen, was man aufbauen kann. Durch ihr Engagement lernte Elisabeth Hahnke viele unterschiedliche Menschen aus der ganzen

Welt kennen und erhielt erste Einblicke in die Organisation und Finanzierung sozialer Projekte. Positive Erfahrungen machte sie beispielsweise, als sie für ein Projekt das Fundraising übernahm und auf viel positive Resonanz und eine große Spendenbereitschaft stieß. Diese Erfahrung zeigte ihr, dass es möglich ist für soziale Projekte genügend Ressourcen aufzubringen.

Das Jahr 2007 brachte für Elisabeth Hahnke ein einschneidendes Lebensereignis, denn sie begann ihr Masterstudium „Communication and Cultural Management" an der Zeppelin Universität in Friedrichshafen, gefördert durch ein Stipendium der Universität und der Friedrich-Ebert-Stiftung. Im darauffolgenden Jahr kam ihre Tochter zur Welt und sie verspürte den Wunsch, ihrer Tochter zu zeigen, dass sie ihr Leben selbst gestalten könne und dass Frauen die Möglichkeit haben Familie und Beruf zu vereinen. Sie wollte ihrer Tochter diesen Lebensstil selbst vorleben und in einem Gespräch mit ihrem Mentor Professor Dr. Peter Kenning wurde ihr bewusst, wie das für sie funktionieren könnte. Er schlug ihr vor, aus ihrer Arbeit mit Jugendlichen im Bildungsbereich ein Sozialunternehmen zu gründen. Bis zu diesem Zeitpunkt kannte sie zwar soziales Engagement, aber die Möglichkeit, professionell eine Organisation aufzubauen, die sich einem sozialen Anliegen verpflichtet, ist ihr nicht bewusst gewesen.

Eine weitere wichtige Station für ihren Karriereweg war ein Praktikum im Forschungsinstitut von Siemens in München und Princeton, bei dem sie den kulturwissenschaftlichen Blick auf soziale Netzwerke erforschte. Ein Promotionsangebot in Kooperation mit Siemens lehnte sie allerdings ab, da sie keine Konzernkarriere anstrebte und laut eigener Aussage käme sie mit den Strukturen eines Konzerns nicht zurecht. Sie strebte nach Autonomie. Daher beschloss Elisabeth Hahnke, dass die Selbstständigkeit der richtige Weg sei. Sie wollte ihre eigenen Erfahrungen und Werte teilen und dadurch Sinn schaffen. Besonders liegt ihr das Wachstum am Herzen, aber, nicht auf sich selbst bezogen, sondern auf andere. Sie wünscht sich ein Miteinander und Zusammenarbeit, durch Aufbau von Inklusion und Integration und Abbau von Hürden und Hindernissen.

Somit gründete sie 2008 gemeinsam mit zwei Studienkollegen RYL!. In den ersten zwei Jahren machte sie wichtige Erfahrungen für ihren Gründungsprozess, zum Beispiel, dass man auch mit wenig Geld gut leben kann. Als ebenso prägend bezeichnet sie die Erfahrung, dass sie mit ihrer Idee, so verrückt sie auch sein mag, und zusätzlich starker Willenskraft trotzdem offene Türen einrannte. Neben der Implementierung von RYL! begann Elisabeth Hahnke über soziales Unternehmertum zu promovieren. Allerdings brach sie die Promotion nach einem halben Jahr wieder ab, um sich auf RYL! konzentrieren zu können und praktische Erfahrungen zu sammeln. Parallel zum Aufbau von RYL! schloss sie stattdessen diverse Mediatoren-, Trainer- und Coaching-Ausbildungen ab.

Vier Jahre nach der Pilotierung von RYL! gab sie die Geschäftsführung ab und gründete die ROCK YOUR LIFE! Akademie und Bildungsrocker. Parallel dazu arbeitete sie als Coach, Trainerin und Ausbildnerin. Bei RYL! engagiert sie sich weiterhin in den Bereichen Strategie, Seminarkonzeption, Aus- und Weiterbildung, Community Management und Qualitätssicherung.

Fragen
1. Welche prägenden Faktoren haben die Gründung der RYL! gGmbH beeinflusst?
2. Diskutieren Sie, inwiefern die Prägungen der Gründerin zu der stark sozialen Ausrichtung des Unternehmens geführt haben.
3. Erörtern Sie die Motive der Studierenden, sich aktiv bei RYL! zu engagieren.
4. Empfehlen Sie Maßnahmen, mit denen RYL! die hohe Anzahl an qualifizierten Mitarbeitern halten und ausbauen kann.
5. Diskutieren Sie Vor- und Nachteile von Social Franchising am Beispiel der RYL! gGmbH.

Literatur

Bartels, M. (2016). *Der Einfluss früher Prägungen auf den Werdegang und Erfolg sozialer Unternehmer – Eine qualitative Studie*. Unveröffentlichte Masterarbeit, Christian-Albrechts-Universität zu Kiel.

Beckmann, M., & Zeyen, A. (2014). Franchising as a strategy for combining small and large group advantages (logics) in social entrepreneurship: A Hayekian perspective. *Nonprofit and Voluntary Sector Quarterly, 43*(3), 502–522. https://doi.org/10.1177/0899764012470758.

Hanselmann, U. (2010). Nimm dein Leben in die Hand. DIE ZEIT. https://www.zeit.de/2010/23/C-Rock-your-life-Initiative. Zugegriffen am 03.06.2018.

Middendorff, E., Apolinarski, B., Poskowsky, J., Kandulla, M., & Netz, N. (2013). Die wirtschaftliche und soziale Lage der Studierenden in Deutschland 2012: 20. Sozialerhebung des Deutschen Studentenwerks durchgeführt durch das HIS-Institut für Hochschulforschung. Bundesministerium für Bildung und Forschung. https://www.studentenwerke.de/sites/default/files/01_20-SE-Hauptbericht.pdf. Zugegriffen am 03.06.2018.

o. V. (2018a). RYL! Programm. https://rockyourlife.de/informationen. Zugegriffen am 03.06.2018.

o. V. (2018b). Soziale Mobilität. http://www.bpb.de/nachschlagen/datenreport-2016/226457/soziale-mobilitaet. Zugegriffen am 08.08.2018.

o. V. (2018c). Wege zum Rocken. http://www.wegezumrocken.de/. Zugegriffen am 03.06.2018.

o. V. (2018d). Heldennetz Imagefilm. https://rockyourlife.de/news/die-heldennetz-tour-beginnt. Zugegriffen am 10.06.2018.

o. V. (2018e). RYL! Transparenz. https://rockyourlife.de/sonstiges/transparenz. Zugegriffen am 03.06.2018.

o. V. (2018f). PHINEO: Wirkt-Siegel. https://www.phineo.org/fuer-organisationen/wirkt-siegel. Zugegriffen am 10.06.2018.

Rack, G. (2017). ROCK YOUR LIFE! Jahresbericht 2017. http://rockyourlife.de/images/uploads/ryl18001_jahresbericht_2017_INTERAKTIV.pdf. Zugegriffen am 04.06.2018.

Ruby Cup – Ökologische, kostengünstige und gesunde Frauenhygiene

10

Rahel Graeber

Inhaltsverzeichnis

10.1	Einleitung	234
10.2	Vorstellung des Start-ups	234
	10.2.1 Unternehmenskonzept und Gründungsteam	234
	10.2.2 Gründungsprozess	236
	10.2.3 Wirkungsmessung	238
10.3	Prägung der Gründerin Maxie Matthiessen	239
Literatur		242

> **Zusammenfassung**
>
> Maxie Matthiesen, Veronica D'Souza und Julie Weigaard Kjær gründeten 2011 aus einem Studienprojekt heraus das Unternehmen Ruby Life. Damit vertreiben die drei das Produkt Ruby Cup: eine kleine Menstruationstasse, die einen großen Unterschied macht. Ruby Cup ist eine gesunde, nachhaltige, kostengünstige und umweltfreundliche Alternative zu herkömmlichen Menstruationsprodukten, wie Tampons und Binden. Das Konzept der Gründerinnen basiert auf einem „Buy One, Give One" Prinzip, bei dem für jede verkaufte Menstruationstasse eine zweite Tasse an ein bedürftiges Mädchen gespendet wird, das keinen Zugang zu Menstruationsprodukten hat. Für die Benutzerinnen in beispielsweise afrikanischen Ländern bedeutet dies sorgenfrei zur

---

Sofern nicht anderweitig gekennzeichnet, stammen die Informationen in dieser Fallstudie aus einem Interview mit der Gründerin Maxie Matthiesen in Q2 2016 (Bartels 2016)

R. Graeber (✉)
Institut für Betriebswirtschaftslehre, Christian-Albrechts-Universität zu Kiel, Kiel, Deutschland
E-Mail: rgraeber@bwl.uni-kiel.de

© Springer Fachmedien Wiesbaden GmbH, ein Teil von Springer Nature 2019
P. Dickel et al. (Hrsg.), *Fallstudien zu akademischen Ausgründungen*,
https://doi.org/10.1007/978-3-658-25700-2_10

Schule gehen zu können. Die Fallstudie stellt das Unternehmen Ruby Life und dessen Hintergrund vor. Hierbei werden neben der Beschreibung prägender Einflüsse auf die Gründungsentscheidung insbesondere auch Aspekte der sozialen Wirkungsmessung am Beispiel von Ruby Cup dargestellt.

10.1 Einleitung

Anstoß für die Gründung des Sozialunternehmens Ruby Life gab die Problematik, dass viele junge Mädchen und Frauen auf dem afrikanischen Kontinent aufgrund ihrer Periode nicht zur Schule gehen können. Dementsprechend verfolgt die Ruby Life Limited das langfristige Ziel, die Frauenhygiene von Mädchen und Frauen weltweit zu verbessern und gleichzeitig das weibliche Geschlecht zu stärken. Dazu werden Menstruationstassen verkauft, welche eine ökologisch nachhaltige und hygienische Alternative zu Tampons und Damenbinden darstellen. Durch das „Buy One, Give One" Modell wird mit jedem verkauften Ruby Cup eine zweite Menstruationstasse für ein bedürftiges Mädchen hergestellt und vor Ort zu einem geringen Preis verkauft. Inzwischen erreicht das Projekt Mädchen und Frauen in 11 Ländern, hauptsächlich in Afrika. Zusätzlich zu dem Vertrieb der Menstruationstassen bieten die Gründerinnen Maxie Matthiessen, Veronica D'Souza und Julie Weigaard Kjær Bildungsangebote zum Thema Menstruation. Durch diese Maßnahmen und die Tatsache, dass der Ruby Cup 10 Jahre lang genutzt werden kann, trägt das Sozialunternehmen zu einer langfristigen Verbesserung der Situation bei.

10.2 Vorstellung des Start-ups

10.2.1 Unternehmenskonzept und Gründungsteam

Die Menstruationstasse ist keine neue Erfindung. In den 30er-Jahren meldete Leona W. Chalmers in den USA das erste Patent dafür an (US2089113A). Allerdings konnte sich das Produkt bis heute nicht gegen Binden oder Tampons durchsetzen, obwohl die Menstruationstasse einige Vorteile gegenüber den herkömmlichen Produkten bietet. Tassen wie der Ruby Cup bestehen zu 100 % aus medizinischem Silikon und sind somit frei von Giftstoffen, Bleichmitteln oder Parfums und können problemlos bis zu 12 Stunden im Körper getragen werden. Eine Menstruationstasse sieht aus wie ein zusammenfaltbarer Eierbecher aus Silikon, der sich im Körper entfaltet, sobald er eingeführt ist. Dort bildet die kleine Tasse ein Vakuum und fängt so das gesamte Menstruationsblut auf. Da eine Menstruationstasse 10 Jahre lang verwendet werden kann, spart die Benutzerin gut 4000 Tampons ein. Diese Tatsache wirkt sich nicht nur positiv auf die persönlichen Ausgaben, sondern auch die Umwelt aus, welche durch die Benutzung und die Herstellung von Tampons belastet wird (o. V. 2018a). Der Ruby Cup kann online oder offline bei einem der Vertriebspartner in 20 Ländern der Welt gekauft werden. Mit jedem Kauf wird automatisch ein zweiter Cup gespendet, der dann für einen sehr geringen Preis an ein Mädchen in Afrika verkauft wird. Das Sozialunternehmen Ruby Life verteilt die gespendeten Menstruationstassen in Zusammenarbeit mit lokalen Organisationen. Dabei stellen sie Informationsmaterialien zur Verfügung und bieten Workshops an, um über reproduktive Gesundheit, Anatomie, Sexualität und Menstruationshygiene, insbesondere der Anwendung und Reinigung von Ruby Cup, aufzuklären (o. V. 2018b).

Für das Sozialunternehmen Ruby Life sind Kooperationen von großer Bedeutung. Seit September 2014 zählt die Organisation Femme International, die sich dafür einsetzt, dass Schulmädchen in Kenia und Tansania auch während ihrer Periode den Unterricht besuchen können, zu den wichtigsten Partnern von Ruby Life. Zusammen verteilen sie Femme Kits, welche alle wichtigen Informationen und Produkte enthalten, die eine Frau für eine gesunde und nachhaltige Menstruationshygiene benötigt. Bestandteile dieses Kits sind beispielsweise ein Ruby Cup, eine Seife plus Behälter, ein kleines Handtuch und eine Stahlschüssel für die Sterilisierung des Ruby Cups. Zudem bekommen die Mädchen und Frauen ein Handbuch bezüglich ihrer Periode und der Menstruationstasse, welches sie mit nach Hause nehmen dürfen. Für die Teilnehmerinnen bedeutet dieses Kit eine gesunde Monatshygiene, anstatt improvisierter Binden aus alten Zeitungen oder Klopapier, die zum einen keinen geeigneten Schutz bieten und zum anderen zu Infektionen oder anderen Krankheiten führen können. Außerdem bietet es den Mädchen die Möglichkeit, auch während ihrer Periode in die Schule zu gehen (o. V. 2018c). Deswegen ist Ruby Cup ein Produkt, das die Unabhängigkeit und Selbstständigkeit von Mädchen und Frauen stärkt (Sayer 2015). Ein weiterer wichtiger Partner der Ruby Life Limited ist WoMena, eine Nichtregierungsorganisation, die sich mit sozialen Themen, insbesondere in Bezug auf das Geschlecht, die reproduktive Gesundheit und die Menstruationshygiene in Afrika befasst (o. V. 2018d). 2012 führten sie in Zusammenarbeit mit dem Roten Kreuz in Uganda eine Studie zur Akzeptanz von Menstruationstassen durch. Für diese Forschungsstudie wurden Ruby Cups zur Verfügung gestellt und seitdem arbeitet die Ruby Life Ltd. mit WoMena gemeinsam an mehreren Verteilungskampagnen (Weigaard Kjær 2013). Inzwischen kooperiert Ruby Life mit vielen weiteren Organisationen, hauptsächlich in Kenia, aber auch in Ghana, Nigeria, Uganda, Tansania und Nepal (o. V. 2016).

Als Produktionsstandort wählten die Gründerinnen, nach einer intensiven Analyse möglicher Produktionsstätten, China aus. Dort sahen sie die höchsten Standards erfüllt und erhielten die qualitativ hochwertigsten Produkte. Die Ruby Cup Produktion garantiert laut eigenen Aussagen dort einen sehr hohen Standard in der Silikonproduktion, der sowohl die Standards der Europäischen Union als auch die der USA erfüllt. Für die Kontrolle der Produktion ist das Unternehmen Prolink Sourcing & Trading Ltd. zuständig, welches überprüft, ob die Produkte in einem einwandfreien Zustand sind und den vorgegebenen Standards entsprechen. Diese Kontrollen gewährleisten, dass jeder Ruby Cup zu 100 % aus sicheren und gesunden Materialien besteht. Generell ist die Produktion recht kapitalintensiv und wird von drei Ingenieuren geleitet, die Expertise im Bereich des medizinischen Silikons und der notwendigen Injektionsmethode mitbringen. In einem Öko-Test im Jahr 2017, in dem unter anderem auf kritische Inhaltsstoffe hin überprüft wurde, schnitt der Ruby Cup gut ab (Flatley 2017).

Das Gründungsteam des Unternehmens Ruby Life besteht aus Maxie Matthiessen, Veronica D'Souza und Julie Weigaard Kjær. Als sie das Unternehmen im März 2011 gründeten, verteilten die drei zunächst keine feste Strukturen oder Verantwortlichkeiten. Die Rollenverteilung kristallisierte sich mit der Zeit heraus und so übernahm Veronica D'Souza das Fundraising und betreut die Investor Relations, Julie Weigaard Kjær wurde zuständig für das Back-end und die Finanzen und Maxie Matthiessen für das Marketing und den Verkauf. Heute leitet Julie Weigaard Kjær das Unternehmen, die mit ihrem Team im Hauptsitz in Barcelona arbeitet. Der Versand der Ruby Cups wird in England abgewickelt, wo auch der Unternehmenssitz eingetragen ist. Durch die Vielzahl an Partnerorganisationen ist die Ruby Life Limited weltweit aktiv (o. V. 2016). Zusätzlich zum Vertrieb von Ruby Cups und der Organisation von Aufklärungsworkshops gehen die Gründerinnen weltweit gegen Menstruationsstigmata vor, beispielsweise widerlegten sie im Jahr 2015 mit der Organisation einer 28-tätigen Kampagne „Stop #Menstruphobia" jeden Tag einen Mythos zum Thema Menstruation.

Das Unternehmen Ruby Life wurde für das soziale Engagement schon mehrfach international ausgezeichnet, zum Beispiel mit dem Hauptpreis beim Global Social Entrepreneurship Award 2012 der Washington University in Seattle, dem Venture Cup 2012 in Dänemark, Sustainia100 Solution 2012, und dem Wilhelm Löhe Preis 2014 in Deutschland.

10.2.2 Gründungsprozess

Maxie Matthiesen ließ sich durch zwei Ereignisse in ihrem Leben zu der Gründung des Sozialunternehmens inspirieren. Das erste war ein Vortrag von Steve Jobs in Stanford, in dem er darstellte, dass Innovation bedeute, „Punkte zu verbinden". Anschließend nahm sie an einem Gründerseminar an der Copenhagen Business School teil und erhielt eine Auszeichnung für ihre Geschäftsidee. Daraufhin gründete Maxie Matthiessen zusammen mit den zwei Freundinnen und Kommilitoninnen, Veronica D'Souza und Julie Weigaard Kjær, im Jahr 2011 das soziale Unternehmen Ruby Life (o. V. 2018a).

Der erste Punkt, an dem die Sozialunternehmerinnen starteten, waren die Probleme, denen Frauen weltweit begegnen, mit welchen sich Maxie Matthiesen im Rahmen ihrer Forschung beschäftigte. Hier stieß sie auf das Problem der Menstruationshygiene und die Benachteiligung, die mit der Menstruation verbunden ist. Menstruation ist in einigen Teilen der Welt ein Tabuthema und es kommt vor, dass Frauen während ihrer Periode vom gesellschaftlichen Alltag ausgeschlossen werden. Außerdem kämpfen jeden Monat Millionen Frauen und Mädchen damit, sich Binden zu leisten und Mädchen verpassen aufgrund fehlender Menstruationsprodukte den Schulunterricht. Dementsprechend gilt die Monatshygiene als eines der größten Hindernisse zur Erreichung der Entwicklungsziele der Vereinten Nationen (o. V. 2014).

Der zweite Anknüpfungspunkt war die Entdeckung und Nutzung von Menstruationstassen als Alternative für Tampons. Als Maxie Matthiesen die beiden Punkte miteinander verband, kam ihr die Idee von Ruby Cup. Alle drei Gründerinnen waren bereits Nutzerinnen einer Menstruationstasse, allerdings unzufrieden mit dem Design. Darüber hinaus wollten sie Mädchen und Frauen, die sich keine Menstruationshygieneprodukte leisten können, unterstützen. Ihre Vision ist es, die bestehenden Konzepte von Wirtschaft und gesellschaftlicher Entwicklung auf die Probe zu stellen, weshalb sie ein Unternehmen gründeten, welches eine gesellschaftliche Problemstellung unternehmerisch löst. Die Gründerinnen wollen mit der Ruby Life Ltd. die wirtschaftliche Zukunft gestalten, indem sie anstelle von Profit hauptsächlich nach verantwortlichem Handeln und sozialer Innovation streben. Dieses Ziel wollen die drei mit Hilfe von Transparenz, Integrität und Vertrauen erreichen, wobei sie sich als Unternehmen gemeinsam mit ihren Partnern weiter entwickeln wollen und durch Partnerschaften ihre Mission erreichen.

Nachdem die Geschäftsidee feststand, sahen sich die Gründerinnen wiederum vor einer großen Frage: In welchem Land sollten sie als erstes ihre Menstruationstassen verteilen? Antworten fanden sie in einer Studie, die das African Population and Health Research Center (APHRC 2010) zur Akzeptanz von Menstruationstassen bereits durchgeführt hatte. Diese Studie zeigte, dass Menstruationstassen von kenianischen Frauen sehr gut akzeptiert werden und es keine kulturellen Barrieren gibt. Durch weitere Eigenschaften Kenias wie der Amtssprache Englisch sowie dem marktfreundlichen und hoch innovativen Geschäftsklima des Landes, erwies sich dieses Land als idealer Startpunkt für die Distribution von Menstruationstassen. Nachdem das Unternehmen einen Gründerfonds vom dänischen Ministerium für Entwicklung erhalten hatte, entwickelten sie zusammen mit einer dänischen Firma eine eigene Menstruationstasse und gingen wenige Monate nach der Firmengründung nach Kenia. Die drei Gründerinnen mieteten eine Wohnung in Nairobi, ließen 10.000 Ruby Cups liefern und knüpften Kontakte zu lokalen Partnern. Insbesondere in den ersten Wochen und Monaten vor Ort führten sie aufschlussreiche Gespräche mit unterschiedlichsten Interessengruppen, wie Nichtregierungsorganisationen, Regierungsstellen, Frauengruppen und sogar Taxifahrern (o. V. 2014).

Anschließend führten die Gründerinnen in Zusammenarbeit mit der Organisation WoMena und dem Roten Kreuz Uganda die bereits erwähnte Studie mit Frauen aus dem ländlichen Raum zur Nutzung der Menstruationstasse durch. Dabei stellten sie Fragen zum Interesse an Menstruationstassen und den finanziellen Möglichkeiten der potenziellen Nutzerinnen. Aus diesen Gesprächen erfuhren sie, dass Frauen im globalen Süden, wenn sie sich keine Binden oder Tampons leisten können, zu Papier, Rinde, Stofflumpen, Matratzenresten oder sogar Schlamm greifen. Doch nicht nur die mangelnde Menstruationshygiene wurde thematisiert, sondern auch viele Fragen bezüglich des weiblichen Zyklus im Generellen. Das Interesse an diesen Themen und an dem Ruby Cup war groß und viele Mädchen und Frauen wollten direkt wissen, wie sie eine Menstruationstasse bekommen könnten (o. V. 2014). Durch ihre Erfahrungen in Kenia, sowie aus den Gesprächen und dem Feedback lernten die drei Gründerinnen, dass Bildung und Aufklärung eine essenzielle

Rolle für die Nutzung dieses Sanitärproduktes spielt. Daraufhin entschlossen sie sich, einen umfassenden Ansatz zu entwickeln, der sowohl durch die Verteilung von Ruby Cups als auch durch Aufklärungsarbeit zum Thema Menstruationshygiene Hilfe bietet. Sie entwickelten entsprechende Lehrmaterialien, die unter anderem Zeichnungen der weiblichen Anatomie beinhalten und den weiblichen Zyklus erklären. Das Ruby Life Team erarbeitete Pläne, ein Tupperware-Modell aufzubauen, bei dem Frauen vor Ort die Ruby Cups auf Kommission selbst in den ärmlichen Gebieten verkaufen sollten. Die ersten 10.000 Ruby Cups wurden auf diese Art und Weise in drei Slums in Nairobi verkauft und kosteten zwischen 10–50 Cent. Ruby Life kooperiert dabei mit der Golden Girls Foundation, die eine kostenlose Unterrichtseinheit zur richtigen Verwendung des Ruby Cups und zu Hygiene für die Mädchen gaben. Darüber hinaus stellt die Organisation den neuen Nutzerinnen Mentorinnen zur Seite, die selbst einen Ruby Cup verwenden, damit sie Antworten auf ihre Fragen von weiblichen Ansprechpartnerinnen bekommen können (o. V. 2018a).

Maxie Matthiessen blieb zwei Jahre lang in Nairobi und stellte während dieser Zeit fest, dass Kenianerinnen sehr interessiert an ihrem Menstruationsprodukt sind. Allerdings ist die Kaufkraft generell sehr gering und sie würden als Jungunternehmerinnen langfristig nicht von diesem Geschäft leben können. Als ihre Wohngemeinschaft in Nairobi von bewaffneten Männern überfallen wurde, entschloss sie sich, zurück nach Deutschland zu gehen, um von dort aus das Unternehmen weiter zu führen.

Der Start und die Entwicklung von Ruby Cup wurden von der Initiative „Innovation Against Poverty" der schwedischen Agentur für internationale Entwicklungszusammenarbeit (Sida) mit 128.000 € gefördert (o. V. 2014). Die erste Crowdfunding Kampagne schalteten die Gründerinnen 2012 im Rahmen der Social Capital Markets Konferenz (SOCAP), die in San Francisco stattfand (Poswolsky 2012). Die SOCAP ist eine jährliche Veranstaltung, die Gründer und Investoren zusammenbringt, damit gesellschaftlicher Wandel finanziert werden kann (o. V. 2018d). Dafür werden fünf Gründerteams ausgewählt, welche anschließend zwei Stunden Zeit haben, um eine Kampagne auf der internationalen Crowdfunding-Webseite indiegogo zu entwickeln. Diese Chance bekamen auch die Gründerinnen von Ruby Cup (Poswolsky 2012).

2014 starteten die Gründerinnen eine zweite große Crowdfunding Kampagne, ebenfalls auf der Webseite indiegogo, um ein internationales Publikum anzusprechen. Dabei kamen insgesamt $ 42.000 zusammen.

10.2.3 Wirkungsmessung

Die Ruby Life Ltd. legt Wert darauf, ihre Wirkung auf die Gesellschaft und die Umwelt zu messen, weshalb jährlich ein aktueller Impact Report auf der Homepage veröffentlicht wird. Durch Unterstützung und Käufe auf der ganzen Welt konnte 2016 die Menge an Ruby Cups, die an bedürftige Mädchen verteilt wird, vervierfacht werden. Dementsprechend wurden 19.290 Menstruationstassen durch Spenden bereitgestellt und anschließend verteilt. Insgesamt haben schon mehr als 24.000 Mädchen und Frauen einen Ruby Cup bereitgestellt bekommen.

Konkret wurde beispielsweise in der Mwika Realschule in Moshi, Tansania sechs Monate nach der Verteilung von Femme Kits untersucht, inwiefern sich die Verwendung von Ruby Cups auf das Leben der Mädchen ausgewirkt hat. Die ersten Zählungen zeigen, dass die Abwesenheit von Schülerinnen um 49 % gesunken ist. Des Weiteren ist die Anzahl der versäumten Schultage signifikant zurückgegangen, und 83 % der Mädchen geben an, dass sie sich dank der Menstruationstasse besser auf den Unterricht konzentrieren können. Dementsprechend kann auch eine deutlich bessere akademische Leistung bei 78 % der Mädchen beobachtet werden (Sayer 2015). Außerdem entwickelten sich verschiedene Community Strukturen, wie beispielsweise die Gründung von Ruby Cup Clubs, in denen sich Mädchen über Menstruation und reproduktive Gesundheit austauschen.

Neben dieser sozialen Wirkung misst das Start-Up auch seine Wirkung auf die Umwelt, denn durch die Nutzung von Menstruationstassen kann der Müll durch Einwegmenstruationsprodukte wie Tampons vermieden werden. Das Umweltziel von Ruby Life ist es außerdem, ab 2017 Verpackungs- und Werbematerialien nur noch aus nachhaltigen Quellen zu beziehen. Auch für ihre soziale Wirkung haben die Gründerinnen ein Ziel. Aus ihren bisherigen Programmen haben sie gelernt, dass die Zufriedenheit und die Adaptionsrate der Nutzerinnen höher sind, wenn umfassende Workshops und spätere Unterstützung angeboten werden. Um eine langfristig positive Wirkung zu sichern, sollen diese Komponenten bei keinem Ruby Cup Programm mehr fehlen. Des Weiteren sollen bis Ende 2018 50.000 Ruby Cups gespendet worden sein (o. V. 2016).

10.3 Prägung der Gründerin Maxie Matthiessen

Maxie Matthiessen ist 1984 in Eckernförde geboren und lebt in Berlin. Sie macht Yoga, singt im „Berliner Kneipenchor" und beschreibt sich selbst als einen sehr vielseitigen Menschen, mit einem Interesse an vielen unterschiedlichen Dingen. In ihrer Kindheit und Jugend ist sie viel geritten und spielte Badminton und Fußball im Verein. Beim Fußball zeigte sie durch ihr Engagement als Mannschaftskapitänin, dass sie gerne Verantwortung übernimmt. Aufgewachsen ist Maxie Matthiessen zusammen mit ihren beiden jüngeren Schwestern in Eckernförde in Norddeutschland. Die Eltern pflegten eine Erziehung, in der sie ihre Kinder ermutigten, Verantwortung zu übernehmen und ihnen den Mut gaben, etwas Eigenes auf die Beine zu stellen. Sie versicherten ihnen, dass man alles hinbekommen könne. Die Gründerin bezeichnet ihre Familie als Sicherheitsnetz, aus dem sie viel Kraft speist. Ihre Mutter ist Diplom-Psychologin und die Leiterin der Tagesklinik Baumhaus in Schleswig und ihr Vater, ein ausgebildeter Tierarzt, arbeitet inzwischen als Landtagsabgeordneter für Europapolitik und Umwelt, sowie als Energieberater. Außerdem sind ihre Eltern sozial sehr engagiert. Ihre Mutter engagierte sich hauptsächlich im beruflichen Bereich, in dem sie das Konzept „FiSch – Familie in Schule" entwickelte, welches ein Programm zur Multifamilientherapie im Schulbetrieb ist. Ihr Vater ist Mitglied beim Naturschutzbund Deutschland (NABU), bei ProVieh, in der Regionalen Landwirtschaft und im Bund der Energieverbraucher. Ihre Eltern wünschten sich immer, dass sie später einen Beruf ausübe, der einen sozialen Beitrag für die Gesellschaft leistet. Inspiriert hat Maxie Matthiesen aber vor allem ihr Großvater, ein früherer Fabrikant bei den Optiwerken. Dieser sei ein wahres „Stehaufmännchen" gewesen, so Matthiesen.

Die Gründerin besuchte eine dänische Gemeinschaftsschule in Flensburg, in der besonders die kreativen Eigenschaften der Schüler gefördert wurden. Dementsprechend konnten sich die Schüler im Kunsthandwerk erproben, gemeinsam Kochen oder Theater spielen; mit letzterem beschäftigte sich Maxie Matthiessen besonders intensiv. In der 11. Klasse verbrachte sie ein High-School Jahr in den USA, wo sie die Sportart Lacrosse kennenlernte und viel Spaß daran fand. Nach dem Auslandsaufenthalt ging sie direkt in die 12. Klasse und schloss die Schule 2004 mit dem deutsch-dänischen Abitur ab. Danach zog es sie wieder ins Ausland, diesmal für neun Monate nach Zentralamerika. Bei der Deutschen Gesellschaft für Internationale Zusammenarbeit (GIZ) in León, Nicaragua, machte sie ein dreimonatiges Praktikum, um ihrem Interesse an der Entwicklungszusammenarbeit nachzugehen. Die GIZ unterstützt die Bundesregierung bei der Erreichung ihrer Ziele in der internationalen Zusammenarbeit, indem sie Dienstleistungen für eine nachhaltige Entwicklung anbieten (o. V. 2018e). Nach ihrer Rückkehr aus Zentralamerika absolvierte sie von Februar bis Mai 2005 ein freiwilliges Praktikum bei der Otto Group in Berlin im Bereich Corporate Social Responsibility (CSR). Im selben Jahr begann sie ihren Bachelor „Business, Language & Culture" an der Copenhagen Business School. Ein weiteres Mal übernahm sie Verantwortung, als sie innerhalb ihres Studienganges zur Studierendenvertretung gewählt wurde, um sich für die Bedürfnisse ihrer Kommilitonen einzusetzen. In ihrer Anfangszeit in Kopenhagen befand Maxie Matthiesen sich in einem Selbstfindungsprozess, fühlte sich einsam im Ausland und war hin- und hergerissen zwischen Dänemark und Deutschland. Von 2007 bis 2008 studierte sie, gefördert durch das Erasmus Programm, an der Universidad Autónoma in Madrid. Dort belegte sie Kurse in den Bereichen Sustainable Development und Business Administration & Strategy. 2008 beendete sie ihr Bachelorstudium und sammelte im Anschluss erste Berufserfahrungen mit Hilfe unterschiedlicher Praktika. Für das erste Praktikum zog es die Unternehmerin wieder nach Kopenhagen, wo sie von Juni bis August 2008 im Bereich Investor Relations bei MyC4 arbeitete. MyC4 ist eine Internetplattform, auf der Investoren aus der ganzen Welt ihr Geld direkt in Unternehmen investieren können, die in Afrika unternehmerisch tätig sind. Hintergrund dieser Idee ist, dass durch die finanzielle Unterstützung gemeinsam Wachstum geschaffen werden kann (o. V. 2018f). Im Anschluss absolvierte sie ein fünfmonatiges Praktikum bei der Allianz in München, wo sie in der Abteilung für Forschung und Entwicklung arbeitete. Das dritte Praktikum machte sie bei dem Global Public Policy Institute GPPi, einem non-profit Think Tank mit Sitz in Berlin. Dort unterstützte sie vier Monate die Abteilung für humanitäre Hilfe. Besonderes Interesse zeigte sie für die Bereiche rund um Strategie und CSR, wobei sie stets ihre Vision im Hinterkopf behielt, einen positiven Beitrag für die Welt zu leisten. Die Gründerin selbst beschreibt ihr Praxisjahr als eine lehrreiche Erfahrung mit unterschiedlichsten Eindrücken.

2010 nahm die Gründerin das Masterstudium „International Business and Politics" ebenfalls an der Copenhagen Business School auf. Sie genoss das Studium, vor allem die Gruppenarbeiten. Neben dem Studium arbeitete sie zwei Jahre lang im Bereich CSR und Strategie bei dem dänischen Versicherungsunternehmen Tryg in Kopenhagen. Das Unternehmen war Sponsor des Projektes „my NGO Business", mit dessen Hilfe junge Immigranten unterstützt wurden, Selbstbewusstsein zu gewinnen um ihr eigenes Unternehmen zu gründen.

2010 ging Maxie Matthiesen ein weiteres Mal für ein Semester ins Ausland, um an der University of California in Berkeley, USA, Political Economy zu studieren. Während ihres Masterstudiums in Kopenhagen kam sie das erste Mal mit Social Entrepreneurship in Kontakt und belegte Kurse in diesem Bereich sowie in Social Innovation. Kai Hockerts, ihr Professor in Social Entrepreneurship an der Copenhagen Business School, gab ihr den Glauben ans Gründen. „Er war der Ansicht, dass man kein geborener Gründer sein muss, sondern alles erlernbar ist", erzählt Maxie Matthiessen im Interview. Er vertrete den Standpunkt, dass es kein sogenanntes Gründergen gibt. Damit gab er ihr sowohl Sicherheit, als auch Kraft und Mut, dass jeder das Gründen lernen kann und jeder für diese Thematik durch Kurse an der Universität sensibilisiert werden kann. Sie belegte u. a. den Kurs „Business Plan Writing for Social Enterprises" bei Professor Hockerts und im Rahmen dieses Kurses gewann sie mit ihrer Idee von Ruby Cup den Wettbewerb um den besten Businessplan. Somit fand sie von Anfang an in Professor Hockerts einen wichtigen Begleiter und Unterstützer ihrer Gründungsidee. Kurze Zeit später gewann sie einen weiteren Wettbewerb, den „Best Business Plan for Development" des dänischen Ministeriums. Das Feedback war so positiv, dass Maxie Matthiessen ihre zwei Kommilitoninnen, Veronica D'Souza und Julie Weigaard Kjær schnell davon überzeugen konnte, mit ihr gemeinsam diese Idee umzusetzen. Obwohl sie den Wunsch verspürte, ihr eigens Unternehmen zu gründen, hätte sie den Mut alleine nicht aufgebracht. Zu diesem Zeitpunkt waren die drei Gründerinnen noch Studentinnen und dadurch an ein Leben mit begrenzten finanziellen Mitteln gewohnt. Außerdem vertraten alle drei die Ansicht, dass sowohl Erfolge als auch Fehler wichtige Lernerfahrungen für die Zukunft darstellen. 2011 zogen Sie mit ihren Menstruationstassen nach Kenia und starteten ihr Gründungsprojekt Ruby Life.

Fragen
1. Diskutieren Sie, inwieweit das soziale Umfeld der Gründerinnen von Ruby Life deren Entscheidung, ein Sozialunternehmen zu gründen, beeinflusst hat.
2. Recherchieren Sie nach weiteren (kommerzielle und soziale) Unternehmen, die das „Buy one, give one" Prinzip anwenden und vergleichen Sie diese mit dem Modell von Ruby Cup.
3. Skizzieren Sie mit Hilfe des (Social) Business Model Canvas das Geschäftsmodell von Ruby Life.
4. Entwickeln Sie ein Konzept zur Skalierung des Geschäftsmodells von Ruby Life.

Literatur

Bartels, M. (2016). *Der Einfluss früher Prägungen auf den Werdegang und Erfolg sozialer Unternehmer – Eine qualitative Studie*. Unveröffentlichte Masterarbeit, Christian-Albrechts-Universität zu Kiel.

Flatley, A. (2017). Öko-Test: Tampons und Menstruationstassen im Test. https://utopia.de/oeko-test-tampons-menstruationstassen-67742/. Zugegriffen am 16.05.2018.

o. V. (2014). Ruby Cup, the number-one choice. http://www.sida.se/English/where-we-work/Africa/Kenya/examples-of-results/Ruby-Cup-a-number-one-choice/. Zugegriffen am 16.05.2018.

o. V. (2016). Annual impact report 2016. http://rubycup.com/annual-impact-report-2016/. Zugegriffen am 22.05.2018.

o. V. (2018a). Ruby Cup. http://rubycup.com/. Zugegriffen am 16.05.2018.

o. V. (2018b). Ruby Cup: How we give. http://rubycup.com/how-we-give/. Zugegriffen am 16.05.2018.

o. V. (2018c). Femme International. https://www.femmeinternational.org/our-work/. Zugegriffen am 15.05.2018.

o. V. (2018d). Womena. http://womena.dk/. Zugegriffen am 30.05.2018.

o. V. (2018e). GIZ. https://www.giz.de/de/ueber_die_giz/1689.html. Zugegriffen am 23.05.2018.

o. V. (2018f). About MyC4. http://www.myc4.com/About. Zugegriffen am 12.06.2018.

Poswolsky, A. (2012). Ruby Cup: An innovative menstruation cup to empower women and girls. SOCAP. http://socialcapitalmarkets.net/2012/12/ruby-cup-an-innovative-menstruation-cup-to-empower-women-and-girls/. Zugegriffen am 16.05.2018.

Sayer, L. (2015). Wie Ruby Cup Mädchen in Afrika hilft, in die Schule zu gehen. https://rubycup.com/de/blog/wie-ruby-cup-maedchen-in-afrika-hilft-in-die-schule-zu-gehen/. Zugegriffen am 16.05.2018.

The African Population and Health Research Center (APHRC), Nairobi, Kenya. (2010). Attitudes towards, and acceptability of, menstrual cups as a method for managing menstruation: Experiences of women and schoolgirls in Nairobi, Kenya. Policy Brief No. 21. https://www.susana.org/en/knowledge-hub/resources-and-publications/library/details/984. Zugegriffen am 29.05.2018.

Weigaard Kjær, J. (2013). Ruby Cup study in Uganda. https://rubycup.com/blog/ruby-cup-study-in-uganda. Zugegriffen am 16.05.2018.

Leonhard gGmbH – Unternehmertum für Gefangene

11

Constantin Niemann, Barbara Schrader und Lena Reschke

Inhaltsverzeichnis

11.1	Einleitung	244
11.2	Vorstellung des Startups	245
	11.2.1 Unternehmenskonzept	245
	11.2.2 Finanzierung	246
	11.2.3 Gründungsprozess und Gründungsteam	247
	11.2.4 Partner und Auszeichnungen	249
11.3	Prägung des Gründers Bernward Jopen	251
Literatur		254

Zusammenfassung

Die Leonhard gGmbH ist ein soziales Startup, das sich um die unternehmerische Qualifizierung und Resozialisierung von Strafgefangenen in Bayern kümmert. Der serielle Gründer (Serial Entrepreneur) Dr. Bernward Jopen bietet zusammen mit seiner Tochter und weiteren Mitarbeitern in der JVA München Kurse an, in denen Strafgefangenen betriebswirtschaftliche Kenntnisse vermittelt werden, um sie so zu unternehmerisch denkenden und handelnden Menschen zu machen. Ihr Konzept ist so erfolgreich, dass die Absolventen des Leonhard Programms schon über 40 Unternehmen gegründet

---

Sofern nicht anderweitig gekennzeichnet, stammen die Informationen in dieser Fallstudie aus Interviews mit dem Gründer Dr. Bernward Jopen in Q2/2016 (Bartels 2016), sowie Q2/2018 durch die Autoren dieser Fallstudie.

C. Niemann (✉) · B. Schrader · L. Reschke
Institut für Betriebswirtschaftslehre, Christian-Albrechts-Universität zu Kiel, Kiel, Deutschland
E-Mail: cniemann@bwl.uni-kiel.de; bschrader@bwl.uni-kiel.de

© Springer Fachmedien Wiesbaden GmbH, ein Teil von Springer Nature 2019
P. Dickel et al. (Hrsg.), *Fallstudien zu akademischen Ausgründungen*,
https://doi.org/10.1007/978-3-658-25700-2_11

haben und eine deutlich geringere Rückfallquote aufweisen, als es im Bundesschnitt üblich ist. So erfolgreich sogar, dass Überlegungen bestehen, ob und wie man Leonhard mit Hilfe von Social Franchising skalieren kann. Diese Fallstudie zeigt, wie der Gründungsprozess und das Konzept von Leonhard aussehen und geht auf den Gründer Dr. Bernward Jopen und seinen Prägungshintergrund ein.

11.1 Einleitung

Die Rückfallquote von Strafgefangenen liegt in Deutschland bei durchschnittlich 35 %, variiert dabei aber stark nach Geschlecht, Alter und begangenem Delikt (Bundesministerium der Justiz und für Verbraucherschutz 2016). Sobald Häftlinge aus der Haft entlassen werden, beginnt ein schwieriger Teil ihres Lebens, da sie sich mit unzähligen Vorurteilen konfrontiert sehen, wenn sie versuchen, wieder Teil der Gesellschaft zu werden. Viele ehemalige Häftlinge möchten nach ihrer Entlassung ein neues Leben führen, doch es fehlt an der nötigen Unterstützung, welche aber unbedingt notwendig ist, um straffrei zu bleiben und Geld zu verdienen. Die ehemaligen Häftlinge stoßen zudem bei vielen potenziellen Arbeitgebern auf Einstellungshürden. Außerdem sind Lösungen staatlicher Institutionen in Deutschland, die sich mit der Resozialisierung ehemaliger Strafgefangener beschäftigen, sehr selten und bislang wenig erfolgreich.

Die Leonhard gGmbH (im Folgenden mit Leonhard abgekürzt) aus Gräfeling bei München hat es sich zur Aufgabe gemacht, Häftlinge bei der Resozialisierung und dem Wiedereinstieg in den Arbeitsmarkt zu unterstützen. Sie bietet ein 20-wöchiges Programm zur unternehmerischen Qualifizierung von Strafgefangenen an, welches wirtschaftliche und unternehmerische Grundlagen vermittelt und ein umfassendes Persönlichkeitstraining beinhaltet. Gegründet wurde Leonhard im Jahr 2010 von Bernward Jopen und seiner Tochter Maren Jopen. Die Idee zu diesem sozialen Unternehmen entstand, als Bernward Jopen ein ähnliches Konzept in den USA kennenlernte und von diesem sofort begeistert war.

Zahlen aus dem Jahr 2017 belegen, dass das Konzept der beiden Gründer wirkt: ca. 28 % der Teilnehmenden machten sich selbstständig, 60 % fanden schnell eine Beschäftigung oder begannen ein Studium und 87 % der Absolventen blieben in dem Sinne straffrei, dass sie nicht erneut zu einer Freiheitsstrafe ohne Bewährung verurteilt wurden (o. V. 2018a). Damit liegt die Rückfallquote von Teilnehmern dieses Programms erheblich unter dem allgemeinen Bundesdurchschnitt. Bisher beschränkt sich die Tätigkeit von Leonhard noch auf Bayern, allerdings ist laut eigener Aussage das Geschäftsmodell darauf ausgelegt, beispielsweise durch Social Franchising, in andere Bundesländer übertragen zu werden.

11.2 Vorstellung des Startups

11.2.1 Unternehmenskonzept

Das Programm von Leonhard hat zum Ziel, den Häftlingen bei der Wiedereingliederung in die Gesellschaft zu helfen. Es wird ein wirtschaftliches Weiterqualifizierungsprogramm angeboten, das Strafgefangene auf eine selbstständige Dienstleistungstätigkeit vorbereitet. Die grundlegende Motivation für das Programm liegt in der Überzeugung, dass Inhaftierte zum Teil viele unternehmerische Fähigkeiten besitzen. Oftmals ergreifen sie Initiative, sind engagiert, können Probleme kreativ lösen und verfügen über eine gewisse Risikobereitschaft. Im Zentrum des Programms steht ein Wertesystem, das auf zehn Eigenschaften basiert. Zu diesem Wertesystem gehören: Recht auf eine zweite Chance, Dienstleistungsmentalität, Wertschätzung, Innovationsgeist, Verantwortung, Aufrichtigkeit, Tun, Spaß, Leistungsbereitschaft und kluges Wirtschaften.

Das Leonhard Programm erfolgt in zwei Phasen, wobei die erste Phase in den Zeitraum der Inhaftierung fällt und die zweite Phase zum Zeitpunkt der Entlassung startet.

Die erste Phase setzt sich aus drei Programmteilen zusammen. Im ersten Teil, der unternehmerischen Ausbildung, gibt es eine Einführung in die Grundzüge des Unternehmertums. Das bedeutet konkret, dass das Führen von geschäftlicher Kommunikation geübt wird und über Ethik im Geschäftsleben, sowie über das Thema der sozialen Verantwortung gesprochen wird. Außerdem erlernen die Teilnehmer das grundlegende Handwerkszeug zur Erstellung von Marktuntersuchungen, sowie der Berechnung und Interpretation von Finanzkennzahlen. Die theoretischen Inhalte werden dabei in der ersten Phase des Programms, mit Hilfe von sechs praktischen Veranstaltungen pro Kurs vermittelt, bei denen Unternehmer und Führungskräfte aus der Wirtschaft eingeladen werden. Den Kursteilnehmern wird dadurch ein professionelles Feedback zu ihren Geschäftsideen ermöglicht und sie erhalten die Chance, wichtige Kontakte für die Zukunft zu knüpfen. Diese Veranstaltungen setzen sich zusammen aus einer Ideenpräsentation, Businessplan-Workshops, Übungen zum Vertriebstraining und für Bewerbungsgespräche. Dabei ist den Gründern von Leonhard wichtig, sich nicht nur auf die Frage zu konzentrieren, wie Umsätze und schlussendlich Profite erwirtschaftet werden können, sondern Unternehmerpersönlichkeiten auszubilden.

Um diese Persönlichkeiten auszubilden, die sich durch flexible Denkmuster und Einstellungen, sowie ein gesundes Selbstwertgefühl auszeichnen sollten und bereit sind, Verantwortung zu übernehmen, gibt es neben der unternehmerischen Ausbildung einen zweiten Teil. Hierbei handelt es sich um ein Persönlichkeitstraining mit verschiedenen Workshops. Im Rahmen dieses Trainings spielen Führung und der Umgang mit Widerständen, sowie die Motivation von Mitarbeitern eine wichtige Rolle. Diese Aspekte bilden die Basis, um die Teilnehmer in die Lage zu versetzen, mit Gruppendynamiken und Teamkommunikation umzugehen.

Der dritte Teil von Phase 1 ist das Verfassen eines Businessplans. Hierbei kann die zugrunde liegende Gründungsidee real, aber möglicherweise auch fiktiver Natur sein. Ziel dieses Teils ist es, dass die Teilnehmer einen kompletten Businessplan erstellen, der auch eine Finanzplanung für 12 bis 36 Monate enthält. Jeder Kursteilnehmer präsentiert seinen Businessplan in einem Abschlussworkshop vor einer Jury und erhält im Anschluss daran sein Abschlusszertifikat als „Innovation & Business Creation Specialist".

Die zweite Phase des Programmes beginnt, wenn die Kursteilnehmer entlassen werden. Leonhard kooperiert an diesem Punkt mit etablierten Einrichtungen zur sozialen Wiedereingliederung, welche Unterstützung im Rahmen der Rückkehr in die Freiheit anbieten. So werden beispielsweise Unterbringungsmöglichkeiten in Integrationshäusern vermittelt, Schuldnerberatungen organisiert, sozialtherapeutische Angebote vorgestellt oder bei Bedarf eine Suchtberatung arrangiert. Wenn sich die Teilnehmer des Leonhard Programms entschließen, ihr eigenes Unternehmen zu gründen, werden sie auch dabei unterstützt. Bei den Gründungen handelt es sich meist um kleine Dienstleistungsunternehmen, die weniger kapitalintensiv sind. In den letzten Jahren wurden beispielsweise ein Callcenter, ein Smartphone-Reparatur-Service und ein Elektro-Installationsbetrieb gegründet. Leonhard selbst finanziert allerdings keine Unternehmensgründungen. Zusätzlich wird in der zweiten Phase des Leonhard Programms ein Mentoren-Programm angeboten. Dieses Programm richtet sich an die Kursteilnehmer, die Initiative, Motivation und verantwortungsbewusstes Handeln zeigen. Der Mentor soll zum Teilnehmer selbst und seinem Beruf passen, damit er bei der weiteren Entwicklung behilflich sein kann. Grundsätzlich nehmen die Mentoren eine Vorbildfunktion für verantwortliches Handeln ein. Darüber hinaus unterstützen sie die entlassenen Kursteilnehmer bei der Wiedereingliederung in die Gesellschaft, dem Fortschritt der beruflichen Karriere, der Kontaktvermittlung und dem Aufbau bzw. der Entwicklung eines eigenen Unternehmens.

Das Leonhard Programm wird zwei Mal pro Jahr mit 15 bis 20 Kursplätzen pro Zyklus angeboten. Der Kurs findet 20 Wochen lang an fünf Tagen pro Woche mit einem Unterrichtsvolumen von 36 Unterrichtsstunden pro Woche statt. Da die Teilnehmer während dieser Zeit von der Arbeitspflicht befreit sind, wird der Unterricht mit einer Ausbildungsbeihilfe nach der Lohnstufe 2 vergütet (Stand April 2017: 1,41 € je Stunde) (o. V. 2018b). Der Unterricht findet zentral in der Justizvollzugsanstalt (JVA) München statt. Es können sich dazu männliche Inhaftierte aus allen 36 bayerischen Anstalten für eine Teilnahme bewerben. Die Bewerbungsgespräche werden von einem Persönlichkeitscoach durchgeführt, der auch die Eignung der Kursteilnehmer beurteilt. Das wichtigste Kriterium ist, dass die Teilnehmer eine Bereitschaft zur Veränderung erkennen lassen. Da es in deutschen Gefängnissen eine getrennte Abteilung für Frauen und Männer gibt, ist ein gemeinsamer Unterricht nicht möglich. Bisher ist das Programm daher noch auf Männer beschränkt.

11.2.2 Finanzierung

Leonhard finanziert sich durch die Gründer, Stiftungen, sowie Spenden von Privatpersonen und Unternehmen. Darüber hinaus tragen Aktivierungs- und Vermittlungsgutscheine der Agentur für Arbeit und Bußgeldzuweisungen zur Finanzierung bei. Etwa ein Drittel der Spender sind Leonhard Absolventen. Die Planung und Durchführung des gesamten Kurses einschließlich der einjährigen Betreuung nach der Haft und dem Betrieb eines kleinen Integrationshauses mit vier Plätzen kosten pro Jahr etwa 400.000 €. Für die Startfinanzierung investierten die beiden Gründer 45.000 € aus eigenen Ersparnissen in das Unternehmen.

Weitere Mittel wurden durch Crowdsponsoring gesichert. Auf einer Internetplattform erhielten Herr Dr. Jopen und sein Team von Leonhard innerhalb von 90 Tagen 26.140 € und übertrafen damit ihr angestrebtes Ziel. Die Spender erhielten im Gegenzug Spendenbescheinigungen, Projektdokumentationen, eine Einladung zu einem persönlichen Abendessen oder eine mögliche Begleitung eines Programmteilnehmers, abhängig von der Spendensumme.

Von 2012 bis Juni 2015 erhielt Leonhard darüber hinaus über das bayerische Arbeits- und Sozialministerium eine Teilfinanzierung aus dem Sozialfonds der Europäischen Union. Damit konnten 80 % der Kosten des Leonhard Programms gedeckt werden. Auch Privatpersonen können auf der Homepage von Leonhard entweder einmalig spenden oder Fördermitglied werden. Fördermitglieder sind Personen, die regelmäßig einen selbst festgelegten Betrag an Leonhard spenden. Mit einer Spende von beispielsweise 40 € pro Monat, kann Leonhard die Teilnahme am Businessplan-Unterricht und die Betreuung nach der Haft für einen Teilnehmer finanzieren.

11.2.3 Gründungsprozess und Gründungsteam

Während der Lehrtätigkeit am UnternehmerTUM, dem Zentrum für Innovation und Gründung der TU München, wurde Dr. Bernward Jopen im April 2009 im Rahmen seiner Recherche für Unterrichtsmaterialien auf einen Artikel aufmerksam. Dieser berichtete in der Financial Times Deutschland über das „Prison Entrepreneurship Program (PEP)" in Texas (o. V. 2018c). Dabei handelt es sich um ein Programm eines Gefängnisses in Cleveland, welches Strafgefangene zu Unternehmern ausbildet. Der Artikel machte deutlich, dass viele Häftlinge über eine Reihe wichtiger Fähigkeiten, wie Kreativität, Risikobereitschaft, Organisationstalent und Durchsetzungsvermögen verfügen, welche ideale Voraussetzungen für eine Unternehmensgründung darstellen.

Herr Dr. Jopen war sehr angetan von dem vorgestellten Ausbildungsprogramm für Strafgefangene. Er sah darin eine Möglichkeit, unternehmerisches Potenzial auszuschöpfen und gleichzeitig eine Randgruppe zu fördern, welcher sich dadurch neue Chancen eröffnen. Da sich seine Rolle am UnternehmerTUM zu eben diesem Zeitpunkt ändern sollte (wie im Abschnitt zum Prägungshintergrund von Herrn Dr. Jopen beschrieben wird) und er mit dieser Änderung unzufrieden gewesen wäre, entschied er sich Ende 2009 dazu, seine Tätigkeit dort nach acht Jahren zu beenden. Stattdessen wollte er in Bayern ein ähnliches Projekt wie das PEP starten.

Anfang 2010 fanden dann die ersten Gespräche mit dem Staatsministerium der Justiz in Bayern statt. Hier wurden die Idee und das vorläufige Konzept von Leonhard vorgestellt. Um das Ministerium von seinem Vorhaben zu überzeugen, sollte ein Bericht über das PEP in Cleveland und die Möglichkeiten der Adaption und Umsetzung in Deutschland angefertigt werden. Herr Dr. Jopen überwies dem Projekt in Texas eine großzügige Spende und reiste daraufhin zweimal für insgesamt drei Wochen nach Cleveland, um sich das Programm vor Ort genauer anzuschauen. Zur Vorbereitung recherchierte er über Resozialisierung, Rückfallquoten und das Leben im Gefängnis. Vor Ort ging er täglich in das Gefängnis, um den Kurs zu beobachten und auch teilweise selbst zu unterrichten. Dabei konnte er sich ein sehr umfangreiches Bild von dem Konzept und seiner Umsetzung verschaffen. Bei einer der beiden Reisen nach Cleveland begleitete ihn auch seine Tochter Maren Jopen. Sie war fortan ebenfalls aktiver Unterstützer der Idee und nach ihrer Rückkehr beschloss sie, das Projekt in Deutschland gemeinsam mit ihrem Vater umzusetzen.

Vor der Gründung war Maren Jopen als Gruppenleiterin im Marketing bei einem internationalen Telekommunikationsunternehmen angestellt. Dort sammelte sie sieben Jahre lang Erfahrungen in den Bereichen Management, Sponsoring, Fundraising und Führungskräfteschulungen. Außerdem absolvierte Maren Jopen eine Weiterbildung im Neurolinguistischen Programmieren (NLP), um professionelle Methoden zu erlernen, mit denen die Kommunikation zwischen Menschen zielgerichtet verbessert und kreativ gestaltet werden kann.

Für die darauffolgende Konzipierung des Programmes erhielten Dr. Bernward und Maren Jopen bedeutende inhaltliche Unterstützung durch das Modellprojekt in Texas und von einem ähnlichen Projekt aus Belgien. Vater und Tochter schrieben daraufhin einen Businessplan und führten weitere Verhandlungen mit dem bayerischen Staatsministerium der Justiz. Obwohl das bayerische Justizministerium die Idee gerne unterstützen wollte, mussten noch einige Abstimmungen mit verschiedenen Stellen des bayerischen Justizvollzugs durchgeführt werden, bevor das Programm starten konnte. Durch die Hartnäckigkeit der beiden Gründer und den Willen des Ministeriums ein solches Programm aufzusetzen, konnten die notwendigen Stellen schließlich überzeugt werden, sodass im November 2010 Leonhard als gemeinnützige GmbH mit Sitz in Gräfelfing bei München gegründet wurde. Der Name „Leonhard" bezieht sich auf den Schutzpatron der Strafgefangenen.

Die ersten zwei Kurse des Leonhard Programms fanden in der JVA in Landsberg und Rothenfeld, einer Unteranstalt von Landsberg, statt. Hierbei stieß das Programm allerdings auf interne Widerstände und Gegenwehr, sodass eine konstruktive Zusammenarbeit nur schwer möglich war, weshalb man das Programm ab Sommer 2012 in die JVA München verlegt hat.

Nach den ersten erfolgreich abgeschlossenen Kursen in München überarbeiteten die Geschäftsführer ihr Konzept mit dem gewonnenen Wissen und Erfahrungen. Anfangs lag der Fokus auf der Vermittlung von betriebswirtschaftlichen Fähigkeiten, doch inzwischen ist das Persönlichkeitstraining von gleich großer Bedeutung. Zudem wird nun auch mehr Zeit in die Auswahl der Teilnehmer investiert, um ihre Persönlichkeit und die Motivation besser zu ergründen. Außerdem wurden und werden die Kursunterlagen für die Strafgefangenen immer weiter ausgearbeitet und haben mittlerweile einen sehr großen Umfang erreicht, sodass unter anderem beispielsweise 31 hochwertige Broschüren und diverse Foliensätze, sowie Tests zu verschiedenen Themen vorliegen. Insgesamt hat es zwei Jahre gedauert, um das Programm beispielsweise in steuerlichen Fragen an die Gegebenheiten in Deutschland zu adaptieren.

Bis Juni 2017 besuchten 147 Häftlinge die Kurse von Leonhard. Dabei fanden 60 % dieser Absolventen nach durchschnittlich 27 Tagen eine Beschäftigung und 28 % machten sich sogar selbstständig. Zu diesen Gründungen zählen beispielsweise eine Firma, die im Geschäftsfeld der Suchmaschinenoptimierung aktiv ist, eine Reinigungsfirma mit mehreren hundert Mitarbeitern, aber auch handwerkliche Kleinbetriebe, sowie ein Immobilienunternehmen. Das Team von Leonhard nimmt auch ein besonderes Interesse an sozialen Gründungen unter den Teilnehmern wahr. Besonders stolz sind sie darauf, dass die Rückfallquote von Absolventen besonders niedrig ist, da ca. 87 % der Teilnehmer nach der Entlassung in dem Sinne straffrei blieben, dass sie nicht erneut zu einer Freiheitsstrafe ohne Bewährung verurteilt wurden. Leonhard konnte sich mit diesen Erfolgen Ansehen verschaffen und ist inzwischen so etabliert, dass sich die Mitarbeiter ähnlich wie Gefängnisbeamte bewegen dürfen und die gGmbH fast wie ein Anstaltsbetrieb behandelt wird.

Leonhard besteht zurzeit aus den Gründern und Geschäftsführern Dr. Bernward und Maren Jopen. Darüber hinaus sind noch fünf weitere Personen fester Bestandteil des Leonhard Teams. Sie beschäftigen sich mit dem Projektmanagement, Unternehmenscoachings, Übergangsmanagement, Persönlichkeitstrainings und der Öffentlichkeitsarbeit. Im Jahr 2017 waren auch über 150 Personen ehrenamtlich für Leonhard tätig. Unter diesen ehrenamtlichen Helfern befinden sich Geschäftsführer, Führungskräfte, Berater, Investoren und Privatpersonen. Hinzu kommen Programmpartner aus drei Münchener Universitäten und Hochschulen. Hier unterstützen knapp 180 ehrenamtlich tätige Studierende als Leonhard-Businessplan-Berater, die gemeinnützige GmbH.

Aufgrund der insgesamt sehr positiven Resonanz planen die Gründer für 2019 einen zweiten Standort im Norden von Bayern und würden das Programm ebenfalls gerne über die bayerischen Grenzen hinaus in weiteren Bundesländern etablieren. Hierfür bekommt Leonhard Unterstützung von der Managementberatung Oliver Wyman (o. V. 2018d). Im Rahmen eines Pro-Bono Projekts soll hierbei die Grundlage für eine Expansionsstrategie in andere Bundesländer entwickelt werden. Dabei ist es Leonhard besonders wichtig, die Personen selbst auszubilden, welche das Programm in anderen Bundesländern etablieren sollen.

11.2.4 Partner und Auszeichnungen

Leonhard arbeitet mit mehreren Partnern zusammen, um ein erfolgreiches Programm zu gewährleisten. Zum einen steht Leonhard nach wie vor mit dem Prison Entrepreneurship Program (PEP) in Texas in engem Kontakt, welches über zehn Jahre Erfahrung im Bereich unternehmerische Qualifizierung von Strafgefangenen hat. Zum anderen ist die Steinbeis-Hochschule Berlin mit ihrer Tochtergesellschaft der Steinbeis+Akademie ein wichtiger Partner, da es das Leonhard Programm im Rahmen der Zertifizierung der Lehrgänge unterstützt.

Darüber hinaus sorgen Mitarbeiter des Lehrstuhls für Entrepreneurship an der Technischen Universität München für eine wissenschaftliche Begleitung des Programms und sichern darüber hinaus die Qualität und positive Ergebnisse im Rahmen von Evaluierungen. Während der Kurse engagieren sich auch Mitarbeiter des unternehmerischen Qualitätsprogramms Manage&More des UnternehmerTUM ehrenamtlich als Businessplan-Berater (o. V. 2018e). Sie helfen hauptsächlich bei der Recherche zur Erstellung der Businesspläne, da die Häftlinge keinen Internetzugang haben. Hierbei wird beispielsweise geklärt, ob die Idee schon existiert oder der Name bereits vergeben ist.

Weitere wichtige Partner helfen bei der Unterstützung der Teilnehmer während und nach dem Programm. Hierbei stellt die evers&jung GmbH eine Finanzsoftware zur Verfügung, die bei der Entwicklung des Businessplans helfen soll (o. V. 2018f). Auch nach der Entlassung kann die Software von den Absolventen genutzt werden und bei der Gründung und Unternehmensführung helfen. Ein anderes Beispiel solcher Partner ist der Bundesverband „Menschen in Insolvenz und neue Chancen e.V.", welcher Leonhard bei den Themen unternehmerisches Scheitern und Umgang mit Schulden unterstützt und Absolventen berät.

Gemeinsam mit dem Strascheg Center for Entrepreneurship und der Social Entrepreneurship Academy werden außerdem Workshops für die Absolventen nach ihrer Entlassung ermöglicht. Auch das Mentoren-Programm und die damit verbundene Pflege und Vergrößerung des Netzwerks wird durch zwei Partner, den Münchner UnternehmerKreis IT (o. V. 2018g) und die Wackstum GmbH Innovation & Nachhaltigkeit (o. V. 2018h), unterstützt.

Das Leonhard Programm mit all seinen Partnern ist inzwischen bei der bayerischen Justiz sehr angesehen und wird zuweilen als Aushängeschild verwendet. So blieb Leonhard durch seine Erfolge nicht unbemerkt und gewann seit der Gründung verschiedene Preise. 2011 belegten sie den 1. Platz bei der Social Entrepreneurship Challenge „Leuchtturm". Darauf folgte eine Ehrung als Ausgewählter Ort 2012 von der Initiative „Deutschland – Land der Ideen". Hierbei werden die vielversprechendsten Zukunftsideen in Deutschland gekürt, sichtbar gemacht und vernetzt. Ein „Ausgezeichneter Ort" zeichnet sich durch eine außergewöhnliche und innovative Idee aus, die eine nachhaltige Lösung für ein aufkommendes Problem in Deutschland darstellt (o. V. 2018b). Außerdem wurde Leonhard im Jahr 2013 vom Europäischen Wirtschaftsforum als Sonderpreisträger des Bayrischen Mittelstandspreises ausgewählt. Ausgezeichnet werden hier die erfolgreichen, innovativen, mittelständischen Unternehmen, die als tragende Säulen der Wirtschaft in Bayern gelten. Im Jahr 2017 konnten sie auch den Engagementpreis der ehemaligen Stipendiaten der Friedrich Ebert-Stiftung gewinnen. Dieser Preis zeichnet nachhaltige, soziale Initiativen und Projekte aus, die Schwache oder Benachteiligte unterstützen (o. V. 2018g).

11.3 Prägung des Gründers Bernward Jopen

Der Gründer Dr. Bernward Jopen ist 1943 als ältester von vier Brüdern in Düsseldorf aufgewachsen. Sein Vater war Musiker, seine Mutter Lehrerin. Durch seine Geschwister und die Erziehung seiner Eltern hat er schon früh einen sehr sozialen Umgang erlernt, bei dem Hilfsbereitschaft und nicht der Egoismus im Vordergrund steht. Mit zehn Jahren ist er der Jungschar, einer kirchlichen Jugendgruppe, beigetreten und half als Messdiener bei Gottesdiensten. In seiner Kindheit und Jugend hatte er Stotter- und Konzentrationsprobleme. Dieser Umstand bereitete ihm während der Schulzeit und der beruflichen Ausbildung viele Schwierigkeiten. Die Stotterprobleme hielten bis über das 30. Lebensjahr hinaus an und haben laut eigener Aussage seine Entwicklung überschattet. Trotzdem war er schon als Schüler unternehmerisch tätig, beispielsweise indem er Verstärker und Lautsprecheranlagen baute und diese auf Wagen montierte. Diese selbst aufgerüsteten Lautsprecherwagen vermietete er anschließend an politische Parteien. Trotz dieser unternehmerischen Erfahrungen, dachte er in seinem jungen Alter nicht daran, später eine eigene Firma zu gründen.

Im Jahr 1960 beendete Bernward Jopen seine Schullaufbahn mit der mittleren Reife und begann eine gewerbliche Lehre als Fernmeldemonteur bei einem Telekommunikationsunternehmen. Die Arbeit bereitete ihm viel Spaß und war mit vielen Erfolgserlebnissen verbunden, was dazu führte, dass sein Stotterproblem sukzessive abnahm. Im Anschluss an die Lehre besuchte er die staatliche Ingenieurschule für Maschinenwesen in Krefeld. Während seiner Zeit auf der Ingenieurschule war er zweimal für mehrere Monate in England, um seine Sprachkenntnisse aufzubessern. Nachdem er die Ingenieurschule abgeschlossen hatte, begann er 1967 ein Studium der Elektrotechnik an der Rheinisch-Westfälischen Technischen Hochschule (RWTH) Aachen. Während des Studiums ging er für ein Auslandssemester nach Lyon in Frankreich und arbeitete anschließend für einige Monate bei einer Telekommunikationsfirma in Chile. Die Zeit im Ausland, welche über den Deutschen Akademischen Auslandsdienst (DAAD) finanziert wurde, sah er hauptsächlich als eine weitere Möglichkeit, seine Sprachkenntnisse zu erweitern und zu verbessern. 1973 beendete er dann erfolgreich sein Studium.

Nach dem Studium begann er 1973 eine Stelle als Softwareentwickler bei International Business Machines (IBM), wo er vornehmlich in der Abteilung für Verteidigungslösungen in Flensburg arbeitete. Herr Dr. Jopen war sich über eine gewisse Brisanz dieser Anstellung im Klaren, da zu jener Zeit starke pazifistische Studentenbewegungen aufkamen. Er nahm das Stellenangebot allerdings trotzdem an, da die Software, die er entwickelte, für die Verteidigung und insbesondere nachrichtendienstliche Zwecke genutzt wurde. In seiner Zeit bei IBM, während der er auch zum Betriebsrat gehörte, lernte er nach eigenen Angaben, was es bedeutet ein „ehrbarer Kaufmann" zu sein und wie Unternehmen ihren ethischen Standards und Prinzipien treu bleiben können. An diese Grundsätze hielt er sich auch später in seiner weiteren Laufbahn und orientierte sich an ihnen. Darüber hinaus kann Herr Dr. Jopen auch auf viele Anekdoten und Fallbeispiele aus dieser Zeit zurückgreifen, die auch für das Leonhard Programm und seine anderen späteren Lehrtätigkeiten sehr wertvoll sind.

Nachdem er bei einem von IBM durchgeführten Assessment Programm für Nachwuchsmanager aus verschiedenen Gründen nicht die Erwartungen erfüllen konnte, beschloss er, sich beruflich neu zu orientieren. Daher folgte Herr Dr. Jopen im Jahr 1980 einer Stellenanzeige eines kleineren Softwarehauses, das einen Abteilungsleiter für technische Kommunikation suchte. Allerdings konnte er sich mit den Prinzipien des Unternehmens nicht identifizieren und empfand seinen neuen Arbeitgeber als zu wenig professionell. So kam ihm zu dieser Zeit auch das erste Mal die Idee für eine eigene Gründung.

Sein Gründungsvorhaben, sich in der Telekommunikationsbranche selbstständig zu machen, setzte er dann auch im Jahr 1982 um und gründete seine erste große Firma, die Telenet GmbH. Angeschoben durch ein erstes Großprojekt entwickelte er zusammen mit einem Partner dieses Beratungs- und Softwarehaus, das nach und nach auf ein Unternehmen mit ca. 100 Mitarbeitern wuchs. Zu den Kunden der Firma mit Standorten in München, Stuttgart und Darmstadt gehörten beispielsweise Postgesellschaften, Netzbetreiber und Telekommunikationsgesellschaften. Herr Dr. Jopen beschreibt die Zeit der Gründung als eine, die durch viele Erfolge wie beispielsweise den Gewinn des erwähnten Großprojektes gekennzeichnet ist. Nichtsdestotrotz mussten er und sein Mitgründer auch Rückschläge und Niederlagen in Kauf nehmen. Im Jahr 1990, direkt nach dem Mauerfall, bot sich für Herrn Dr. Jopen und die Telenet die Chance, nach Osteuropa zu expandieren. Hierzu baute er zusammen mit weiteren Partnern eine neue Firma in Ostberlin auf, indem er ca. 15 Mitarbeiter aus dem Zentralinstitut für Kybernetik und Informationsprozesse der ehemaligen DDR mit hohem technischen Know-How im Bereich des Computer Aided Designs und Computer Aided Manufacturing für eine Unternehmensgründung begeisterte. Obwohl das Konzept aufzugehen schien, entschied er sich nach drei Jahren dafür, das neue Projekt wieder abzustoßen, da seine persönlichen Kapazitäten für das Kerngeschäft von Telenet benötigt wurden. Er empfand, seinen Pflichten in der Zentrale in München nicht ausreichend nachkommen zu können. Hinzu kamen gesundheitliche Probleme bei einem seiner Partner, die dazu führten, dass er noch dringender mit voller Tatkraft in München gebraucht wurde. Im Nachhinein beschreibt er den Schritt nach Osteuropa expandieren zu wollen daher als eher unvernünftig und wirtschaftlich unsinnig. Als wichtiger Nebeneffekt seines Schritts nach Osteuropa sieht er heute allerdings seine Dissertation an der Humboldt-Universität zu Berlin, in der er seine Erfahrungen aus dieser Zeit wissenschaftlich aufarbeitete.

Ein weiteres noch gravierenderes Beispiel für Rückschläge liegt im Jahr 1992, als Herr Dr. Jopen versuchte, mit Hilfe einer Tochtergesellschaft in das Geschäftsfeld der Spracherkennung und Sprachverarbeitung einzusteigen. Im Rahmen dieser Geschäftsfeldentwicklung ergaben sich große Probleme, da das richtige Know-How fehlte und die gewonnenen Kunden nicht zufriedenstellend beliefert werden konnten. Die Tochtergesellschaft der Telenet GmbH und Herr Dr. Jopen in Person übernahmen sich mit diesem neuen Geschäftsfeld und er merkte, dass er seinem Anspruch, ein ehrbarer Kaufmann sein zu wollen, der nichts verspricht, was er nicht halten kann, nicht nachkommen konnte. Obwohl der Start dieser Tochtergesellschaft also keine Glanzstunde seines unternehmerischen Handelns darstellt, konnte Herr Dr. Jopen dennoch eine wichtige Erkenntnis daraus ziehen. Er sagt, dass man sich als Unternehmer häufig großen Problemen stellen muss und man genau dann nicht aufgeben darf, sondern durchhalten und Lösungen finden muss. „There is no free lunch", wie er sagt und diesen Spruch in schweren Zeiten zu erinnern, macht nach seinem Dafürhalten einen erfolgreichen Unternehmer aus. Über diese Erkenntnis hinaus war die Gründung der Tochtergesellschaft später aber auch im Rahmen des Verkaufes der Telenet GmbH an einen großen Telekommunikationskonzern nach 16 Jahren wertvoll, da diese Tochtergesellschaft Technologien von großem Interesse hervorgebracht hatte.

In der ersten Zeit nach dem Verkauf seiner Firma beriet und finanzierte Herr Dr. Jopen als Business Angel noch verschiedene Startups bei der Gründung. Diese neu gegründeten Unternehmen waren vor allem in den Bereichen Informationstechnik, Mobilfunk, E-Commerce und Biometrie, aber auch in den Bereichen Marktforschung sowie Marketing und Merchandising im Sportbereich tätig. Herr Dr. Jopen bewertet diese Tätigkeit im Nachhinein allerdings nicht als etwas, in dem er seine Kernkompetenz sieht, da eigenes unternehmerisches Handeln und das Geben von guten Ratschlägen zwei verschiedene Dinge sind.

Nachdem Herr Dr. Jopen dieses erkannt hatte, kehrte er noch einmal an die Hochschule zurück. Er begann diese Zeit im Rahmen von kleineren Lehraufträgen an der Hochschule für angewandte Wissenschaften in Mittweida / Sachsen. Sein Ziel bestand darin, jungen Menschen mit einer hohen Affinität zu Technik, das unternehmerische Denken und Handeln beizubringen. Er hatte diese Kombination selbst als sehr wertvoll empfunden und wollte sie bei anderen Menschen fördern. Hierfür war auf der einen Seite von Vorteil, dass er während seiner Zeit bei Telenet promoviert hatte, da der akademische Grad ihm nach eigener Einschätzung ein gewisses Maß an wissenschaftlicher Seriosität verlieh. Auf der anderen Seite begann er sich selbst als eine Person mit gewissen didaktischen Fähigkeiten wahrzunehmen. Diese Fähigkeiten waren ihm lange unbewusst. Allerdings wurden sie beispielsweise dadurch in sein Bewusstsein gerückt, als sein jüngerer Bruder, der im Gegensatz zu Herrn Dr. Jopen immer unter den Klassenbesten gewesen war, ihm signalisiert hat, dass er ihn immer für seine erfolgreiche Mathematik-Nachhilfe bewundert hat.

Nach diesen kleineren Lehraufträgen zog es Herrn Dr. Jopen dann im Jahr 2002 nach München an die Technischen Universität (TU) München zurück. Hier gründete er mit einem Partner nach anfänglich starken internen Schwierigkeiten das Zentrum für Innovation und Gründung, welches unter seinem Namen UnternehmerTUM mittlerweile europaweit bekannt ist. Dieses Center leitete er auch nach der Gründung als Co-Geschäftsführer. Um die zugrunde liegende Motivation für sein anhaltendes Engagement im Rahmen der Entrepreneurship-Lehre darzulegen nutzt er gern folgendes Bild: „Ich gebe gerne 1 € aus, wenn es anderen einen Nutzen von 20 € stiften kann." Die Möglichkeit mit seinem Wissen und Fähigkeiten anderen Menschen bei der Existenzgründung zu unterstützen, empfindet er also als einen effektiven und effizienten Weg für sich selbst und andere, eine Bereicherung darzustellen. An der UnternehmerTUM wurden pro Jahr zwischen 1000 und 1200

Studierende und wissenschaftliche Mitarbeiter ausgebildet, wobei Herr Dr. Jopen auch aktiv als Dozent für Businessplan Seminare mitwirkte. Im Laufe der folgenden Jahre bis Ende 2009 entwickelte er eine starke Leidenschaft für diese Aufgabe. Dieser Umstand führte dazu, dass er auf die Anfrage hin, er solle aus der operativen, lehrenden Tätigkeit in eine Aufgabe wechseln, in der er sich ausschließlich mit der Internationalisierung der UnternehmerTUM beschäftigen würde, kündigte. Daraufhin entschied er sich dazu, sich mit der neuen Geschäftsidee „Leonhard" erneut selbstständig zu machen.

Als Motivation zur Gründung von Leonhard (dessen Prozess im vorherigen Abschnitt detailliert dargelegt wurde) nennt Herr Dr. Jopen zum einen eben diese Leidenschaft und Begabung dafür, mit Menschen umzugehen und diese auch zu unterrichten. Zum anderen störte ihn der schlechte Ruf vom Unternehmertum in Deutschland. Dabei bekämen einige Gründer den Stempel als gierige oder ausbeutende Arbeitgeber aufgedrückt. Deswegen setzte er sich zum Ziel, tüchtige Unternehmer hervorzubringen, die nicht diesem Bild entsprechen, sondern eben dem des „ehrbaren Kaufmanns", wie er ihn schätzen gelernt hat.

Nach der Gründung von Leonhard hat Herr Dr. Jopen noch weitere Ideen verwirklicht. Im Jahr 2012 gründete er das Steinbeis-Transfer-Institut Innovation & Business Creation der Steinbeis-Hochschule Berlin, welches den Technologietransfer von Steinbeis-Unternehmen und Partnerhochschulen durch Spin-offs und andere Formen der Ausgründung organisiert. Darüber hinaus gründete er im Jahr 2016 zusammen mit einem Partner das CYID Returnee Entrepreneurship Development Centre in Nigeria. Im Rahmen dessen engagiert er sich für die unternehmerische Qualifizierung von Flüchtlingen, die aus Europa abgeschoben wurden, und von Jugendlichen, die in Lagos ansässig sind und von einer Auswanderung nach Europa abgehalten werden sollen. Es zeigt sich also, dass Herr Dr. Jopen nach immer neuen Wegen sucht, um sein unternehmerisches Geschick an viele Menschen weiterzugeben und er diese Wege auch findet.

Fragen

1. Welche unternehmerischen und prosozialen Persönlichkeitsmerkmale weist der Gründer Dr. Bernward Jopen auf?
2. Welche prägenden Faktoren haben die Gründung der Leonhard gGmbH beeinflusst?
3. Wie sieht das Social Business Model Canvas von Leonhard aus?
4. Wie könnte Social Franchising dabei genutzt werden, um Leonhard auch in andere Bundesländer zu bringen? Worauf sollte Leonhard dabei achten?

Literatur

Bartels, M. (2016). *Der Einfluss früher Prägungen auf den Werdegang und Erfolg sozialer Unternehmer – Eine qualitative Studie*. Unveröffentlichte Masterarbeit, Christian-Albrechts-Universität zu Kiel.

Bundesministerium der Justiz und für Verbraucherschutz. (2016). Legalbewährung nach strafrechtlichen Sanktionen. Eine bundesweite Rückfalluntersuchung 2010 bis 2013 und 2004 bis 2013. https://www.bmjv.de/SharedDocs/Downloads/DE/Service/StudienUntersuchungenFachbuecher/

Legalbewaehrung_nach_strafrechtlichen_Sanktionen_2010_2013.pdf;jsessionid=31C6779E9F99BB-4EB2C8B2E19EE0ADC9.2_cid297?__blob=publicationFile&v=1. Zugegriffen am 10.08.2018.

o. V. (2018a). Leonhard – Unternehmertum für Gefangene. https://www.leonhard.eu/. Zugegriffen am 13.06.2018.

o. V. (2018b). Leonhard Informationsbroschüre. https://www.leonhard.eu/wp-content/uploads/2012/10/2_Infobrosch_Leonh_K8-Direktansprache_2015-06-03.pdf. Zugegriffen am 22.06.2018.

o. V. (2018c). Prison Entrepreneurship Program (PEP). https://www.pep.org. Zugegriffen am 04.07.2018.

o. V. (2018d). Oliver Wyman. Projekt Leonhard – „Wir machen aus Gefangenen Unternehmer". https://www.oliverwyman.de/our-culture/society/social-impact/projekt-leonhard.html. Zugegriffen am 10.08.2018.

o. V. (2018e). UnternehmerTUM – Manage&More. https://www.unternehmertum.de/manage-and-more.xhtml?lang=de. Zugegriffen am 10.08.2018.

o. V. (2018f). evers&jung GmbH. https://www.eversjung.de/. Zugegriffen am 10.08.2018.

o. V. (2018g). Preisträger 2017 – Deutscher Engangementpreis. https://www.deutscher-engagement-preis.de/wettbewerb/vor-ort-nominierungen/engagementpreis-fes/. Zugegriffen am 22.06.2018.

o. V. (2018h). Wackstum GmbH. http://www.wackstum.de/. Zugegriffen am 10.08.2018.

The manufacturer's authorised representative in the EU is Springer Nature Customer Service Centre GmbH, Europaplatz 3, 69115 Heidelberg, Germany. If you have any concerns regarding our products, please contact ProductSafety@springernature.com

Printed and bound by CPI Group (UK) Ltd, Croydon, CR0 4YY

23/03/2026

02076679-0018